小学教育（全科教师）专业系列教材

宋乃庆 靳玉乐 总主编

小学科学基础

主编 林长春 吴育飞

副主编 李秀明 陈莉 王思锦 卞祖武

编委 王剑 徐彩霞 吴畏 王言景 刘连中 冯艳娜 冯士季

西南师范大学出版社
国家一级出版社 全国百佳图书出版单位

图书在版编目(CIP)数据

小学科学基础 / 林长春, 吴育飞主编. -- 重庆：西南师范大学出版社, 2019.12(2021.12重印)
 ISBN 978-7-5621-9901-4

Ⅰ.①小… Ⅱ.①林… ②吴… Ⅲ.①科学知识—教学法—小学—师资培训—教材 Ⅳ.①G623.62

中国版本图书馆CIP数据核字(2019)第169419号

小学科学基础

主编 林长春 吴育飞

总　策　划	宋乃庆　刘春卉　杨景罡
执行策划	钟小族　翟腾飞
责任编辑	高　勇
责任校对	翟腾飞
装帧设计	观止堂_未　氓
排　　版	瞿勤
出版发行	西南师范大学出版社 地址:重庆市北碚区天生路2号 邮编:400715 市场营销部电话:023-68868624 网址:http://www.xscbs.com
印　　刷	重庆长虹印务有限公司
幅面尺寸	185mm×260mm
印　　张	20
字　　数	451千字
版　　次	2019年12月 第1版
印　　次	2021年12月 第4次印刷
书　　号	ISBN 978-7-5621-9901-4
定　　价	49.00元

小学教育（全科教师）专业系列教材

总主编
宋乃庆　靳玉乐

丛书编委会

主　任

陈时见　彭寿清　吕德雄

委　员（以姓氏笔画排序）

马　宏	马银海	申培轩	皮军功	吕立杰
吕德雄	刘　慧	江净帆	孙德芳	李志强
李铁安	李　敏	李　森	杨如安	杨南昌
何华敏	邹　渝	陈立万	陈时见	林长春
罗　文	罗　滨	胡　兴	侯宏业	袁　旭
顾建军	曹士勇	康世刚	彭寿清	蒋　蓉

序

小学教育是基础教育中最重要的一环，是孩子们学知识的第一步。孩子们在小学教育阶段，顺利完成了学业，进一步学习就不会有太大的困难。小学是儿童的思维从具体到抽象、综合到分析逐步发展的阶段。他们常常不管面对教什么学科的老师，都会提出各种各样的问题，认为老师是万能的，什么都知道的。所以我主张小学老师最好是全科型的，能够适应小学生认知特点的需要，特别是农村的小学老师。农村的学校规模比较小，一般不容易配备所有学科的老师，许多老师都要兼教几门课，更需要全科型的教师。教育部《关于实施卓越教师培养计划2.0的意见》也提出了培养小学全科教师。当然，全科教师不是说小学的所有课程都能教，而是一专多能、一主多辅，或者两主多辅。

有些学者认为，小学教师也需要学科专业化，认为现代科学日新月异，学科内容知识不断更新，教师需要有学科的专业知识，才能保证教学质量。在大城市规模比较大的小学，实行单科教师，当然有利于学科教学。但是我认为，小学教师也需要具有比较广泛的知识，一方面适合小学生综合思维的特点，另一方面小学教师也需要有文化修养、人文气质，这是多学科才能培养的。

如何培养小学全科教师？首先要有一套教材。以宋乃庆教授为首的教育部西南基础教育课程研究中心组织了16个省（区、市）60余所高校以中西部为主的专家学者编写了"小学教育（全科教师）专业系列教材"。这是师范院校教师组织师范生学习的素材，是小学全科教师培养（训）的重要载体。该系列教材主要包括教师教育类、学科基础类和学科课程与教学类3个模块。该系列教材本着小学生的特点，帮助职前和职后的小学教师逐步掌握2~4门学科的知识与技能、过程和方法，形成正确的情感态度和价值观，因此，每一学科的知识与技能要求适当降低。他们提出了宽基础、重实践操作，重师范素质养成，重文化素养提升的原则，使教材低起点、降难度、缓坡度，便于自学，便于阅读，文字通俗易懂。

该教材的编写人员，都是几十所师范院校对小学教育有专门研究的专家，站位高、设计科学、合理，切合小学的教育教学实际，教材编写有特色，为小学全科教师的培养做了一件重要的工作。

2019年8月12日

（注：顾明远 北京师范大学原副校长，中国教育学会原会长，曾任世界比较教育学会联合会联合主席）

编者的话

党的十九大要求培养高素质教师队伍。习近平总书记明确提出成为党和人民满意的好教师要满足"四有""四个引路人"和"四个相统一"的标准,为培养师德高尚、业务精湛、结构合理、充满活力的高素质教师队伍指明了方向。

基础教育是我国教育的重要阵地,小学教育是基础教育中的基础。2012年以来,教育部先后出台了多个文件,提出了发展小学全科教师,解决小学(尤其是农村小学)结构性缺编问题,提升小学教师综合素养,借鉴国际小学全科教师培养经验。近年来,我国多省(区、市)已经开展了全科教师培养,编写了部分教材,在此基础上,我们在教师工作司和多省(区、市)教育主管部门的支持下,邀请了16个省(区、市)60余所高校的专家、学者编写了此系列教材。我们力求体现以下主要特点:

第一,注重综合素质,降低单科要求。小学全科教师要掌握2~4门学科的专业知识与技能、过程与方法,形成正确的情感态度与价值观,因此,每一学科的知识与技能适当降低要求,且适当增加综合素质的培养(训)内容与要求。

第二,拓宽学科基础,重视实践操作。小学全科教师走上工作岗位会执教多个学科,因此,教材既注重多学科的基础学习,又注重学科之间的贯通性,适当增加实践技能,注重学生师范素质的养成,注重学生教学技能的培养。

第三,适当降低起点,放缓坡度。教材注重便于自学与阅读,通俗易懂。适当降低起点和学科理论要求,适当放缓坡度和减少内容,适当减轻小学全科教师负担。

第四,注重学生文化素养提升,发展核心素养。教材贯彻"立德树人"根本任务精神,每章设置了名人名言、学习提要、思维导图、思考与练习、小结等板块,让学生在潜移默化中提升自身文化素养,具备终身发展的能力。

本套教材邀请了30余位小学教育领域有影响的高师院校、教科院、进修学院和小学知名的专家、领导组成了"小学教育(全科教师)专业系列教材"编委会。编委会对教材使用和教师的培养(训)进行指导。

由于时间紧、任务重、科目多,编写团队庞大,且编者编写风格和水平上存在差异,问题和错漏在所难免。恳请各位学者、教师、学生,及时向我们提出宝贵意见和建议并发送至邮箱xszjfs@126.com。

教育部西南基础教育课程研究中心　小学全科教师教材编写组

2019年8月

前言

为深入贯彻落实党的十九大精神,办好人民满意的教育,《中共中央 国务院关于全面深化新时代教师队伍建设改革的意见》《教师教育振兴行动计划(2018—2022年)》《教育部关于实施卓越教师培养计划2.0的意见》等文件提出了培养小学全科教师的理念,以此解决乡村教师结构性缺编问题,提升教师综合素养,提高教师专业水平,打造卓越教师队伍。为了全面落实培养小学全科教师的要求,西南师范大学出版社组织专家学者和一线优秀教师,潜心打造了这套小学教育(全科教师)专业系列教材。

本教材的编写力求充分体现基础性、选择性、时代性、发展性、科学性、思想性等教材编写原则,把提高小学教育全科师范生的科技知识素养和未来可持续发展学习能力作为本教材编写的出发点。本教材以《义务教育小学科学课程标准》为依据,从小学全科教师担任小学科学课程教学所需要的自然科学基础知识,以及技术与工程基础知识的实际需求出发,分别从物质科学、生命科学、地球与宇宙科学、技术与工程等四大领域的基础知识进行简要的介绍。本教材对《义务教育小学科学课程标准》涉及的课程内容领域及其18个主要概念和75个学习内容实现了全覆盖。为了减轻小学教育全科师范生的学习负担,同时考虑到基础性与发展性结合的要求,本教材在内容选择上采取基础1和基础2的呈现方式,基础1的内容是最基本的学习内容,基础2是拓展性的学习内容。全书划分为四篇,涉及四大学习领域,具体情况如下:

第一篇为物质科学领域,涉及物理学、化学的基础知识等。化学部分主要包括:水、空气;水体污染与净化的化学原理;大气污染与防治的化学原理;物质的微粒组成;元素周期律;化学键;现代材料化学;电化学能源应用技术;金属腐蚀与抑制技术等。物理学部分主要包括:运动学;动力学;以及声、光、热、电等不同的能量存在形式及其能量转换的基本规律等。

第二篇为生命科学领域,涉及生命科学的基础知识。主要包括:生物的基本特征;细胞的基本结构、分化和代谢;植物的基本结构和营养;动物的基本结构与功能;动物的消化、呼吸、神经系统和感官;动植物对环境的适应;动植物的繁殖与发育;生物遗传的基本规律和变异;达尔文和进化论思想;生物与环境的关系;生物种群、生物群落、生态系统和环境保护相关知识。

第三篇为地球与宇宙科学领域,涉及地球与宇宙的基础知识。主要包括:人类对宇宙的认识历程;宇宙的组成和结构;太阳和月球的基本特征及其对地球的影响;地球自转和公转及其地理意义;观察星空的基本知识和技能;在地球上建立坐标系确定位置的方法;岩石圈;大气圈;水圈;自然地理环境规律;自然资源和自然灾害;人与自然关系的发展史等。

第四篇为技术与工程领域,涉及技术、工程的基本概念、原理和方法。主要包括:技术和工程的含义与性质;现代技术简介;现代工程简介;科学、技术、工程的联系与区别;现代科学、技术、工程发展的特点与趋势;技术发明的一般过程与方法;常用的技术工具;工程设计的一般过程与方法;科学创新、技术创新与工程创新。

为了利于教学和自学,本教材的每一章增设了"名人名言"以激发学生的学习热情;在每一节前增加了"学习提要",以便为教与学提供明确的目标和要求。在章节之中根据教材内容设计了多样化的学习栏目,以"资料卡片""资料链接""案例分析"等形式呈现;在每一章后则列出"本章小结""思维导图""思考与练习""应用拓展"和"推荐阅读"等内容。此外,本教材对部分知识拓展内容采取二维码的方式编排,实现了纸质资源与数字资源的有效整合,为学习者进一步学习提供参考线索,充分体现了新形态的教材编写模式。本教材主要供小学教育全科师范生学习小学科学基础课程使用,同时也可以作为一线小学科学教师的学习和培训教材。

本教材由林长春、吴育飞担任主编,李秀明、陈莉、王思锦、卞祖武担任副主编,全国9所高等院校专家联合编写。具体写作分工为:王剑(重庆师范大学)第一章,吴育飞(河北师范大学)第二章,卞祖武(南昌师范学院)第三章,徐彩霞(重庆师范大学)第四章1~3节,王思锦(北京市海淀区教师进修学校)第四章第4节,韩明扬(北京市海淀区教师进修学校)第四章5~6节,王言景(郑州师范学院)第五章和第六章第1、3节,李秀明(重庆师范大学)第六章第2节和第七章,吴畏(上海师范大学)第八章,陈莉(湖南第一师范学院)第九章,刘连中(重庆师范大学)第十章1~5节,冯士季(广西师范大学)第十章第6节,林长春(重庆师范大学)第十一章1~2节、5~6节和第十二章,冯艳娜(北京联合大学师范学院)第十一章3~4节。

西南师范大学出版社翟腾飞、高勇编辑为本教材的出版付出了辛勤的劳动,值教材出版之际,深表谢意!

在本书写作过程中,我们曾参考并引用了国内外许多专家的著述,在此一并表示衷心的感谢!尽管编写团队做出了艰辛的努力,但是由于时间仓促以及编写水平有限,难免存在不足之处,诚挚地希望广大使用本教材的教师和学生予以批评与指正。

编者
2019年8月

目录

第一篇　物质科学领域

第一章　常见而重要的物质　3
第一节　单一物质——水　3
第二节　混合物质——空气　9
第三节　水体污染与处理　16
第四节　大气污染与治理　18

第二章　物质微观结构与能量变化　22
第一节　物质的微粒组成　22
第二节　元素周期性变化规律　26
第三节　物质微粒的结合方式　29
第四节　现代材料化学　31
第五节　电化学能源应用技术　35
第六节　金属腐蚀与抑制技术　37

第三章　运动和力　41
第一节　机械运动　41
第二节　力与运动　48
第三节　牛顿力学与航空航天　63
第四节　牛顿力学的局限性　66

第四章　物质科学中常见的能量形式　70
第一节　机械能　70
第二节　声和波　77
第三节　光和热　82
第四节　电与磁　94
第五节　能量守恒定律　109
第六节　能量与人类社会　110

第二篇　生命科学领域

第五章　地球上生活着不同种类的生物　121
第一节　生物的特征与分类　121
第二节　细胞的组成与分裂分化　124
第三节　细胞代谢　130

第六章　生物结构与功能对环境的适应　136
第一节　植物的结构与功能　136
第二节　人体的结构与功能　140
第三节　生物对环境的适应　154

第七章　生物繁殖与进化　160
第一节　生物的繁殖与发育　160
第二节　生物的遗传与变异　165
第三节　达尔文和进化论　175

第八章　生物圈与人类的关系　181
第一节　生物与环境的关系　181
第二节　生物种群　185
第三节　生物群落　190
第四节　生态系统　193
第五节　生态环境保护　197

第三篇　地球与宇宙科学领域

第九章　地球的宇宙环境　207
第一节　人类认识的宇宙　207
第二节　太阳、地球和月球的关系　212
第三节　地球运动　217
第四节　观察星空　224
第五节　经纬度坐标系　226

第十章　地球系统　230
第一节　岩石圈　230
第二节　大气圈　238
第三节　水圈　245

第四节	土壤圈	249
第五节	自然环境的整体性和差异性	250
第六节	人与自然关系发展史	252

第四篇　技术与工程领域

第十一章　技术与工程概述　259
第一节　技术的含义与性质　259
第二节　工程的含义与性质　262
第三节　现代技术简介　264
第四节　现代工程简介　270
第五节　科学、技术、工程的联系与区别　274
第六节　现代科学、技术、工程发展的特点与趋势　278

第十二章　技术与工程的原理和方法　285
第一节　技术发明的一般过程与方法　285
第二节　工程设计的一般过程与方法　293
第三节　技术方法、技术发明方法与科学方法的关系　301
第四节　科学创新、技术创新与工程创新　303

第一篇

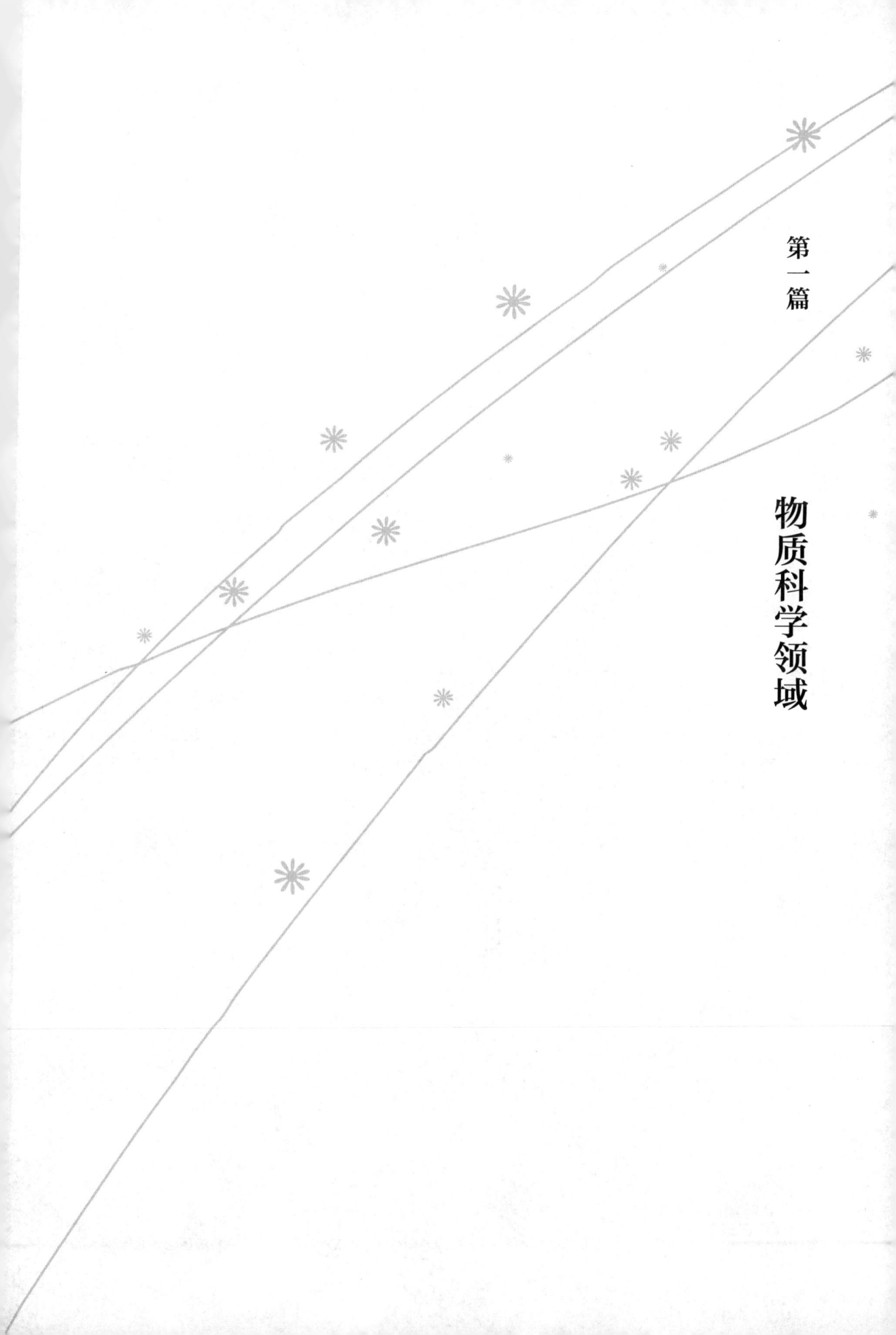

物质科学领域

第一章
常见而重要的物质

> 科学的种子,是为了人民的收获而生长的。
>
> ——[俄国]门捷列夫

世界上,我们周围所有的客观存在都是物质。物质是不依赖于意识而又能为人的意识所反映的客观实在。物质的种类、形态万千,物质的性质多种多样。我们生活中最常见而重要的物质是水和空气。

本章主要介绍了水和空气的基本知识,以及水和空气的污染和净化。基础1(第一、二节)主要介绍水的性质、溶液、溶解和电解质以及离解平衡等概念,以及空气的组成和主要组成物质的性质;基础2(第三、四节)主要介绍水体污染物的种类和治理方法,空气的主要污染物及其控制原理。

【基础1】

第一节 单一物质——水

学习提要

1. 掌握水的物理性质和化学性质。(重点)
2. 掌握溶液概念和溶解现象。(重点)
3. 理解电解质溶液和离解平衡。(难点)

一、水的物理性质与化学性质

(一)水的物理性质

常温常压状态下,水是无色无味的透明液体。水的沸点为373 K(101.325 kPa时),凝固点为273 K(101.325 kPa时),密度为1×10^3 $kg\cdot m^{-3}$(277K时),比热容为4.186 8 $kJ\cdot kg^{-1}\cdot ℃^{-1}$。

水的密度在277 K时最大,温度高于277 K时,水的密度随温度升高而减小;在273~277 K时,水热缩冷胀,密度随温度的升高而增加。温度降低时,水的缔合度增大,分子热运动减慢,致使水的密度增大;但低于277 K时,出现较多的$(H_2O)_3$及具有冰的结构的较大缔合分子,它的结构较疏松,致使密度减小。水上浮冰,这是由于水有不合"常理"的密度。

在所有的液态和固态物质中,水的比热容最大。水分子中,氢原子除了和本身所在的分子内氧原子牢牢地结合在一起,它还与邻近分子中的氧原子结合,形成氢键,因此,水在受热时,需要消耗大量的热量来使氢键断裂,所以其比热容较大。

(二)水的化学性质

水的热稳定性很大:在2 000 ℃以上开始分解。

$$2H_2O(g) \xrightleftharpoons{\Delta} 2H_2(g) + O_2(g) \quad \Delta_r H^\varnothing = +241.8 \text{ kJ}\cdot\text{mol}^{-1}$$

与金属的反应:水跟较活泼金属的反应表现其氧化性,氢被还原成氢气。

$$2Na(s)+2H_2O(冷)===2NaOH(l)+H_2(g)$$
$$3Fe(s)+4H_2O(g)===Fe_3O_4(s)+4H_2(g)$$

与非金属的反应:水能与碳反应,表现其氧化性;与卤素反应,表现其还原性。

$$C+H_2O(g)\xrightarrow{高温}CO(g)+H_2(g)$$
$$2F_2+2H_2O===4HF+O_2$$

与可溶性氧化物的反应:水可与活泼金属的碱性氧化物、大多数酸性氧化物以及某些不饱和烃发生水化反应。

$$Na_2O+H_2O===2NaOH$$
$$CaO+H_2O===Ca(OH)_2$$
$$CO_2+H_2O===H_2CO_3$$
$$P_2O_5+3H_2O===2H_3PO_4$$
$$CH_2=CH_2+H_2O\rightleftharpoons C_2H_5OH$$

水还能使化合物发生水解反应,还可以与许多物质形成结晶水合物,如明矾$KAl(SO_4)_2\cdot 12H_2O$。

$$CaC_2(电石)+2H_2O(饱和氯化钠)===Ca(OH)_2+C_2H_2\uparrow$$
$$C_2H_5ONa+H_2O\longrightarrow C_2H_5OH+NaOH$$

二、溶液与溶解

(一)溶液

广义溶液的定义是:溶质以分子、原子或离子状态分散于溶剂中所构成的均匀而稳定的体系,又称为分散系。溶液中被溶解的物质称为溶质,也叫分散质;能溶解溶质的物质称为溶剂,也叫分散剂。

按照分散质微粒的大小,可将分散系分为浊液、胶体和溶液。分散质微粒直径大于100 nm 的分散系为浊液,其中分散质是固体小颗粒悬浮在液体中形成的混合物为悬浊液;由两种不相溶的液体所组成的分散系,即一种液体以小液滴的形式分散在另一种液体之中形成的混合物叫乳浊液。分散质微粒直径在 1~100 nm 的溶液为胶体;分散质微粒直径小于 1 nm 的为溶液。

根据物质的三种不同状态,溶液也有三种状态:固体溶液,如合金;液态溶液,如葡萄糖水、盐水等;气态溶液,如大气。一般所指的溶液为液体溶液,液体溶液包括两种,即能够导电的电解质溶液和不能导电的非电解质溶液。

(二)溶解

在一定温度和压力下,物质在一定量溶剂中溶解的最大量为该物质的溶解度。固体物质的溶解度是指在一定的温度下,某物质在 100 g 溶剂里达到饱和状态时所溶解的质量,用字母 s 表示。在未注明的情况下,溶解度通常指的是物质在水里的溶解度。例如:在 20 ℃时,100 g 水里最多能溶 36 g 氯化钠(这时溶液达到饱和状态),因此,在 20 ℃时,氯化钠在水里的溶解度是 36 g。由于各种物质的溶解度差别很大,根据固体物质的溶解度不同,在室温条件下,对于溶解度大于 10 g 的物质称为易容物质;溶解度在 1~10 g 之间的物质称为可溶物质;溶解度在 0.01~1 g 之间的物质称为微溶物质;溶解度小于 0.01 g 的物质称为难溶物质。溶解度的大小主要取决于溶质、溶剂的本性以及温度等因素。本性方面,即所谓的"相似相容"原理,如乙醇能溶于水,而苯不能溶于水。

大多数固体物质的溶解度是随温度的升高而增大的。固体物质的溶解实际上存在两个相反的过程:一是溶解的过程,即固体表面的分子或离子由于自身的振动以及受到溶剂分子的撞击和吸引脱离固体表面,扩散到溶剂中去;二是结晶的过程,即已溶解的溶质粒子在溶液中不停地运动,当它们与未溶解的固体表面相撞时,又重新吸引到固体表面上。开始时,溶解速度大于结晶速度,随着溶液浓度的增大,最后溶解的速度与结晶的速度相等,此时体系达到动态平衡。

当溶液体系处于溶解动态平衡时,溶液中多余的固体不再溶解,溶液的浓度达到最大,这种处于溶解平衡状态的溶液,称为饱和溶液。因此,溶解度也可理解为在一定的温度和压强下,某物质溶解在一定量溶剂中而达到饱和状态时的量。当溶液体系未达到溶解平衡状态,溶液的浓度小于它的饱和溶液的浓度,这种溶液称为不饱和溶液;相反,溶液的浓度大于它的饱和溶液的浓度,并且没有晶体析出,此时的溶液称为过饱和溶液。在过饱和溶液中,若投入晶种或用玻璃棒摩擦容器或振动容器,过量的溶质就会从溶液中析出,溶液变成饱和溶液。可见过饱和溶液是一种不稳定的体系,处于亚稳定状态。需要指出的是,饱和溶液不一定是浓溶液,不饱和溶液不一定是稀溶液。

物质在溶解的过程中,常常伴随着能量的变化,溶解的热效应取决于溶解过程和结晶过程中两个热效应的总和。溶解的过程中,还伴随着体积的变化。

三、电解质溶液与离解平衡

溶液中粒子的存在形式有两种情况:带电的离子或者不带电的分子。在水溶液或熔融状态下能导电的化合物叫电解质,在水溶液或熔融状态下不导电的化合物叫非电解质。在水溶液或熔融状态下发生完全电离的电解质是强电解质,发生部分电离的电解质是弱电解质。

常见的强电解质有强酸,如 HCl、H_2SO_4、HBr、HNO_3 等;强碱,如 $NaOH$、KOH 等;大多数盐类(除少数 $Pb(Ac)_2$、$HgCl_2$ 和 Hg_2Cl_2)。常见的弱电解质有弱酸,如 HAc、H_2CO_3、H_2S 等;弱碱,如 $NH_3·H_2O$、CH_3NH_2 等。强弱电解质的对比见表1-1。

表1-1 强弱电解质的对比

性质	强电解质	弱电解质
导电能力	强	弱
结构类型	离子键,极性键	弱极性键
表观电离度	> 30%	< 3%
电离平衡	$NaCl \Longrightarrow Na^+_{(aq)} + Cl^-_{(aq)}$	$XY \Longrightarrow X^+ + Y^-$
溶液中主要存在的形式	水合离子	共价分子
未电离的部分	离子对	共价分子

(一)强电解质

强电解质在溶液中是全部电离的,其离解度应该是100%,但实际测得溶液的导电性的离解度小于100%。1923年,德拜-休克尔强电解质理论认为强电解质在溶液中是完全离解的,但由于溶液中的离子浓度较高,离子间距小,离子间彼此受到静电引力和斥力的作用,影响到离子运动的速率,因而在导电度的测定中表现出的离解度就不可能达到100%,称为表观电离度。

在单位体积的电解质溶液中,表观上所含的离子浓度就是有效浓度,也叫活度,常用 α 表示。

$$\alpha = f \cdot c \text{ 或 } \alpha = \gamma \cdot c$$

f(或γ)表示溶液中离子活动的有效程度,称为活度系数。当溶液无限稀释时,$\gamma=1$,离子活动的自由度接近于100%;不过,一般将强电解质在稀溶液中的离子浓度以100%解离计算。溶液中离子浓度越大,γ越小;离子所带电荷数越大,γ越小;弱电解质中$\gamma \to 1$,近似计算时用c代替α。

离子的活度系数不仅受本身浓度和电荷的影响,溶液中其他离子的浓度和电荷也会对其产生影响。其关系式如下:

$$I = \frac{1}{2}(c_1 Z_1^2 + c_2 Z_2^2 + c_3 Z_3^2 + c_4 Z_4^2 + \cdots)$$

其中I为离子强度,c_1、c_2、c_3和c_4为各离子的浓度,Z_1、Z_2、Z_3和Z_4为各离子的电荷数。

离子强度是溶液中存在的离子所产生电场的强度的量度,它仅与溶液中各离子的浓度和电荷数有关,与离子的本性无关。

因此,电解质溶液的浓度与活度之间一般是有差别的,但在稀溶液中,当弱电解质或难溶电解质的离子强度很小时,f值$\to 1$,可进行近似计算,即用浓度代替活度。

资料链接

离子氛

溶液中某一阳离子(称为中心离子)的周围,总是有较多的阴离子包围着,而且越靠近中心离子,负电荷的密度就越大,越远离中心离子,负电荷的密度就越小。可以认为在阳离子周围存在一球形对称且带负电荷的离子云,称为离子氛;同样,在阴离子的周围也有带正电荷的球形离子氛存在。

(二)弱电解质

1. 水的电离和溶液的酸碱性

水是极弱的电解质,有微弱的导电能力。水的离解平衡:

$$H_2O \rightleftharpoons H^+ + OH^-$$

$K_i = \dfrac{[H^+][OH^-]}{H_2O}$($K_i$为水的离解平衡常数)

水的离子积常数$K_w = K_i[H_2O] = [H^+][OH^-]$,其中$[H_2O]$为常数,即

$$K_w = [H^+][OH^-]$$

水的离子积表明,在一定温度下,水中的H^+和OH^-的浓度存在一定的关系。由于水的离解是吸热反应,升高温度,有利于平衡向右进行,离子积增大。不同温度时水的离子积见表1-2。

表 1-2 不同温度时水的离子积

T/K	273	283	295	298	313	323	373
K_w	$0.13×10^{-14}$	$0.36×10^{-14}$	$1.00×10^{-14}$	$1.27×10^{-14}$	$3.8×10^{-14}$	$5.6×10^{-14}$	$7.4×10^{-14}$

值得注意的是,我们通常说的 1 L 纯水仅有 $1×10^{-7}$ mol 水分子离解,纯水的离子积常数为 $1.00×10^{-14}$ 时,是指温度在 295 K(即 22 ℃),而不是指 298 K(25 ℃)。

水溶液中,H^+ 和 OH^- 同时存在,对于不同溶液其相对浓度不同,常温 295 K 条件下:

中性溶液,$[H^+]=[OH^-]=1×10^{-7}$ mol·L^{-1};

酸性溶液,$[H^+]>[OH^-]$;

碱性溶液,$[H^+]<[OH^-]$。

2.pH 的概念和计算

氢离子浓度是溶液酸碱度的一种衡量尺度。1909 年,丹麦生物化学家 Soren Peter Lauritz Sorensen 提出用氢离子浓度的负对数来表示溶液酸碱度,称为 pH,数学式为:

$pH=-lg[H^+]$ 或 $[H^+]=10^{-pH}$

$pOH=-lg[OH^-]$ 或 $[OH^-]=10^{-pOH}$

$K_w=[H^+][OH^-]$ $lgK_w=lg[H^+]+lg[OH^-]$ $-lgK_w=-lg[H^+]+(-lg[OH^-])$

∵ $-lgK_w=14$ ∴ pH+pOH=14

常温 295K 时:

中性溶液,pH= pOH=7;

酸性溶液,pH<7 或 pOH>7;

碱性溶液,pH>7 或 pOH<7。

pH 愈小,溶液的酸性愈强;pH 愈大,溶液的碱性也就愈强。通常 pH 是一个介于 0~14 之间的数,当 $[H^+]$ 大于 1 mol·L^{-1} 时用 H^+ 的浓度来表示,当 $[OH^-]$ 大于 1 mol·L^{-1} 时用 OH^- 的浓度来表示。

(三)一元弱酸(碱)的离解平衡

一元弱酸和一元弱碱在水中只能部分离解,大部分仍以分子状态存在,这个离解过程是可逆过程。

一元弱酸的离解平衡式为:

$$HA + H_2O \rightleftharpoons H_3O^+ + A^- \quad 或 \quad HA \rightleftharpoons H^+ + A^-$$

根据化学平衡原理,弱酸的离解平衡常数 K_a 为:

$$K_a = \frac{[H^+][A^-]}{[HA]}$$

一元弱碱的离解平衡式为:

$$BOH \rightleftharpoons B^+ + OH^-$$

同理,根据化学平衡原理,弱碱的离解平衡常数 K_b 为:

$$K_b = \frac{[B^+][OH^-]}{[BOH]}$$

K_a和K_b不受浓度的影响,与电解质的本性和温度有关。同类型的弱电解质的K_a和K_b可以表示弱酸或者弱碱的相对强度。

电解质的离解程度可以定量地用离解度(degree of dissociation)来表示,它是指电解质达到离解平衡时,已离解的分子数和原有分子数之比。用α来表示:

$$\alpha = \frac{已离解的分子数}{弱电解质的总分子数} \times 100\%$$

离解度相当于化学平衡中的转化率,其大小反映了弱电解质离解的程度,α越小,离解的程度越小,电解质越弱。其大小主要取决于电解质的本身,除此之外还受溶液起始浓度、温度和其他电解质存在等因素的影响。

(四)盐类的水解

在溶液中,强碱弱酸盐、强酸弱碱盐或弱酸弱碱盐电离出来的离子与水电离出来的H^+与OH^-生成弱电解质的过程叫作盐类水解。盐类水解的实质是弱电解质的生成,破坏了水的电离,促进水的电离平衡发生移动。

强酸强碱作用生成的盐,如$NaCl$,其水溶液呈中性;弱酸强碱作用生成的盐,如$NaAc$,其水溶液呈碱性;强酸弱碱作用生成的盐,如NH_4Cl,其水溶液呈酸性;弱酸弱碱作用生成的盐,如NH_4Ac、NH_4CN,其水溶液可能呈中性、酸性、碱性,取决于弱酸和弱碱的相对强弱。

(五)难溶电解质的水解

在难溶电解质的饱和溶液中,未溶的固体和溶液中相应的离子存在平衡。在一定温度下,难溶电解质饱和溶液中各离子浓度以其化学计量数为指数的乘积是一个常数,称为难溶电解质的溶度积,用K_{sp}表示。

$$A_mB_n(S) \rightleftharpoons mA^{n+}{}_{(aq)} + nB^{m-}{}_{(aq)}$$

$$K_{sp} = [A^{n+}]^m[B^{m-}]^n$$

第二节　混合物质——空气

学习提要

1. 掌握空气的组成。(重点)
2. 掌握氧气、二氧化碳和氮气的性质。(重点)

3.了解氧气、二氧化碳和氮气的制备方法。(重点、难点)

一、空气的组成

空气是指地球大气层中的气体混合物。一般说来,空气的成分是比较固定的,这对人类和其他动植物的生存是非常重要的。空气的恒定组成部分为氧气、氮气、氩气和稀有气体等,其中氮气的体积分数约为78%,氧气的体积分数约为21%,稀有气体的体积分数约为0.94%。可变组成部分为二氧化碳和水蒸气,它们在空气中的含量随地理位置和温度不同在很小限度的范围内会微有变动,二氧化碳的体积分数约为0.03%,其他物质(如水蒸气、杂质等)的体积分数约为0.03%。

空气的相对分子质量是29。常温状态下的空气是无色无味的气体,液态空气是一种易流动的浅黄色液体。在0 ℃及标准大气压下(101.325 kPa)时,空气密度为1.293 g·L^{-1},此状态称为标准状态,空气在标准状态下可视为理想气体,摩尔体积为22.4 L·mol^{-1}。

资料链接

氮气的发现

法国科学家拉瓦锡(Lavoisier,1743—1794)于200多年前用定量试验的方法测定了空气成分,通过实验,得出了空气是由氧气和氮气组成的,氧气占其中的1/5。19世纪前,人们一直认为空气中仅有氮气与氧气;直到1892年,英国物理学家瑞利(Rayleigh,1842—1919)发现从空气中分离氧气后得到"氮气"的密度(1.2572 g·L^{-1})与氨化合物分解出来的氮气的密度(1.2505 g·L^{-1})之间总是存在着微小的差异。瑞利重新翻读了1795年卡文迪许手稿,卡文迪许曾经用静电仪放电来氧化氮气,发现尽管放电时间很长很长,总是留下一点点不能化合的气体。读了这个报告以后,瑞利就相信空气里除了氧气和氮气以外,一定还有另外的一种气体。他后来与英国化学家拉姆赛(William Ramsay 1852—1916)合作,终于发现空气中还存在着一种化学性质不活泼的"惰性"气体——氩气。在接下来的几年中,拉姆赛等人又陆续发现了氦气、氖气、氪气、氙气和氡气这六种稀有气体。目前,人们已能精确测量空气的成分。

随着现代化工业的发展,排放到空气中的有害气体和烟尘,改变了空气的成分,造成了对空气的污染。排放到空气中的有害物质主要包括一氧化碳、二氧化碳、二氧化硫、氮氧化物、碳氢化合物、氧化剂、卤素及其化合物和颗粒物等。这些气体主要来自矿物燃料(煤和石油)的燃烧和工厂的废气。

二、氧气及其性质

氧气是由氧分子构成的,两个氧原子结合形成氧分子,是一种无色无味的气体,化学式为O_2。O_2的结构为双自由基,顺磁性分子(如图1-1)。

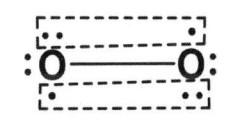

图1-1 氧分子的结构

(一)物理性质

氧气为无色无味气体,熔点为-218 ℃,沸点为-183 ℃,不易溶于水。

(二)化学性质

氧气的化学性质表现为具有极强的氧化性,是一种强氧化剂。氧的非金属性和电负性仅次于氟。常温下氧气能使一些还原性强的物质被氧化,与许多低氧化态氧化物反应生成高氧化态的物质。

1. 与金属的反应

与碱金属反应,可生成普通氧化物、过氧化物、超氧化物和臭氧化物。生成普通氧化物,反应均释放出大量热量,并伴随不同颜色的光产生。

锂和ⅡA族金属在氧气中燃烧生成氧化物:

$$4Li + O_2 \xrightarrow{点燃} 2Li_2O$$

$$2M + O_2 \xrightarrow{点燃} 2MO$$

除Be外,所有IA、ⅡA族元素都能形成含有O_2^{2-}离子的离子型过氧化物:

$$2Na + O_2 =\!=\!= Na_2O_2$$

K、Rb、Cs在过量O_2中燃烧得超氧化物MO_2:

$$K + O_2(过量) =\!=\!= KO_2$$

与铁的反应:红热的铁丝剧烈燃烧,火星四射,放出大量热,生成黑色固体。

$$3Fe + 2O_2 \xrightarrow{点燃} Fe_3O_4$$

2. 与非金属的反应

与氢气的反应:安静地燃烧,产生淡蓝色的火焰,生成水并放出大量的热。

$$2H_2 + O_2 \xrightarrow{点燃} 2H_2O$$

与碳的反应:剧烈燃烧,发出白光,放出热量,生成使澄清石灰水变浑浊的气体。

$$C + O_2 \xrightarrow{点燃} CO_2$$

$$2C + O_2 \xrightarrow{点燃} 2CO\ (氧气不充足时)$$

与红磷的反应:发出耀眼白光,放热,生成大量白烟。

$$4P+5O_2 \xrightarrow{\text{点燃}} 2P_2O_5$$

与白磷的反应:白磷在高于44 ℃时会在氧气中自燃,发光发热,生成白烟。

$$P_4+5O_2 == 2P_2O_5$$

(三)氧气的制备

1. 实验室制法

加热高锰酸钾法:

$$2KMnO_4 \xrightarrow{\triangle} K_2MnO_4+MnO_2+O_2\uparrow$$

二氧化锰与氯酸钾共热法:

$$2KClO_3 \xrightarrow[\triangle]{MnO_2} 2KCl+3O_2\uparrow$$

过氧化氢催化分解法:

$$2H_2O_2 \xrightarrow{MnO_2} 2H_2O+O_2\uparrow$$

2. 工业制法

分离液态空气法:利用氧气和氮气的沸点不同,液态氮的沸点是-196 ℃,比液态氧的沸点(-183 ℃)低。首先把空气预冷、净化(去除空气中的少量水分、二氧化碳、乙炔、碳氢化合物等气体和灰尘等杂质),再进行压缩、冷却,使之成为液态空气;然后在精馏塔中把液态空气多次蒸发和冷凝,氮气首先从液态空气中蒸发出来,剩下的主要是液态氧,从而将氧气和氮气分离开来,得到纯氧(可以达到99.6%的纯度)和纯氮(可以达到99.9%的纯度)。

膜分离技术:利用膜分离技术,在一定压力下,让空气通过具有富集氧气功能的薄膜,可得到含氧量较高的富氧空气。利用这种膜进行多级分离,可以得到90%以上氧气的富氧空气。

分子筛制氧法(吸附法):首先,用压缩机迫使干燥的空气通过分子筛进入抽成真空的吸附器中,空气中的氮分子被分子筛所吸附,氧气进入吸附器内,当吸附器内氧气达到一定量(压力达到一定程度)时,即可打开出氧阀门放出氧气。经过一段时间,分子筛吸附的氮逐渐增多,吸附能力减弱,产出的氧气纯度下降,需要用真空泵抽出吸附在分子筛上面的氮,然后重复上述过程。这种制取氧的方法亦称吸附法。

电解制氧法:把水放入电解槽中,加入氢氧化钠或氢氧化钾以提高水的导电性,然后通入直流电,水就分解为氧气和氢气。

三、二氧化碳及其性质

CO_2分子形状是直线形的,分子中碳氧键键长为116 pm,介于碳氧双键(键长为124 pm)和碳氧叁键(键长为113 pm)之间,故CO_2中碳氧键具有一定程度的叁键特征,结构如图1-2。

图 1-2 二氧化碳的分子结构

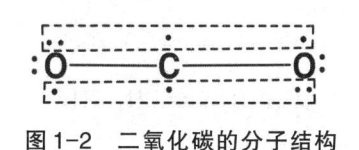

(一)物理性质

二氧化碳在常温常压下为无色无味或无色无嗅而略有酸味的气体,其熔点为 $-78.5\ ℃$,沸点为 $-56.6\ ℃$,密度为 $1.997\ g·L^{-1}$($0\ ℃$,$101.325\ kPa$),比空气密度大(标准条件下)。在 $6\ 250.549\ 8\ kPa$ 压力下,把二氧化碳冷凝成无色的液体,再在低压下迅速凝固可制得干冰。干冰是固态二氧化碳,容易升华变成气态二氧化碳。

(二)化学性质

二氧化碳是一种无机物,不可燃,通常也不支持燃烧,低浓度时无毒性。它也是碳酸的酸酐,属于酸性氧化物,具有酸性氧化物的通性;二氧化碳中碳元素的化合价为+4价,处于碳元素的最高价态,因此具有氧化性而无还原性,但氧化性不强。

1. 酸性氧化物的通性

与水的反应:二氧化碳溶于水,与水反应生成碳酸,碳酸不稳定,又分解生成水和二氧化碳。

$$CO_2 + H_2O = H_2CO_3$$

$$H_2CO_3 = H_2O + CO_2\uparrow$$

与碱性氧化物的反应:一定条件下,二氧化碳能与碱性氧化物反应生成相应的盐。

$$CO_2 + CaO = CaCO_3$$

$$CO_2 + Na_2O = Na_2CO_3$$

与碱的反应:向澄清的石灰水中加入二氧化碳,会使澄清的石灰水变浑浊,生成碳酸钙沉淀(此反应常用于检验二氧化碳),由于碳酸氢钙溶解性大,长时间往已浑浊的石灰水中通入二氧化碳,沉淀渐渐消失。

$$CO_2 + Ca(OH)_2 = CaCO_3\downarrow + H_2O$$

$$CaCO_3 + CO_2 + H_2O = Ca(HCO_3)_2$$

2. 氧化性

氧化碳单质:高温条件下,二氧化碳能与碳单质反应生成一氧化碳。

$$C + CO_2 \xrightarrow{\text{高温}} 2CO$$

氧化镁单质:在点燃的条件下,镁条能在二氧化碳中燃烧。

$$2Mg + CO_2 = 2MgO + C$$

氧化氢气:二氧化碳和氢气在催化剂的作用下生成甲醇、一氧化碳和甲烷等。

$$CO_2 + 3H_2 \rightleftharpoons CH_3OH + H_2O$$

$$CO_2+H_2 \rightleftharpoons CO+H_2O$$

$$CO_2+4H_2 \rightleftharpoons CH_4+2H_2O$$

3. 与过氧化物的反应

二氧化碳能与过氧化钠反应生成碳酸钠和氧气。

$$2CO_2+2Na_2O_2 =\!=\!= 2Na_2CO_3+O_2$$

(三)二氧化碳的制取

1. 实验室制取

实验室制二氧化碳,用大理石与稀盐酸反应,采用向上排空气法收集气体;将收集的气体通入澄清的石灰水中,石灰水变浑浊,证明该气体为二氧化碳;用燃着的木条放在集气瓶口(不能伸入瓶内),如果火焰熄灭,证明已集满。

$$CaCO_3+2HCl =\!=\!= CaCl_2+H_2O+CO_2\uparrow$$

2. 工业制备方法

煅烧法:高温煅烧石灰石(或白云石)产生的二氧化碳,经水洗、除杂、压缩,制得气体二氧化碳。

$$CaCO_3 \xrightarrow{高温} CaO+CO_2\uparrow$$

发酵气回收法:收集生产乙醇发酵的过程中产生的二氧化碳气体,经水洗、除杂、压缩,制得二氧化碳。

副产气体回收法:氨、氢气、合成氨生产过程中往往有脱碳(即脱除气体混合物中二氧化碳)过程,使混合气体中二氧化碳经加压吸收、减压加热解吸可获得高纯度的二氧化碳。

炭窑法:将炭窑窑气和甲醇裂解所得气体精制而得二氧化碳。

吸附膨胀法:一般以副产物二氧化碳为原料气,用吸附膨胀法从吸附相提取高纯二氧化碳,用低温泵收集产品;也可采用吸附精馏法制取,吸附精馏法采用硅胶、3A分子筛和活性炭做吸附剂,脱除部分杂质,精馏后可制取高纯二氧化碳产品。

四、氮气及其性质

氮气分子中有三对电子,形成两个π键和一个σ键,形成N≡N叁键,所以N_2分子具有很大的稳定性,将它分解为原子需要吸收 941.69 kJ·mol^{-1} 的能量,N_2分子的结构如图1-3。N_2分子是已知的双原子分子中最稳定的,相对分子质量是28。

图1-3 氮气分子的结构

(一)物理性质

在常温常压状态下氮气是一种无色无味的气体,熔点是-210 ℃,沸点是-196 ℃,临界温度是-147 ℃,难于液化。氮气在极低温下会液化成无色液体,进一步降低温度时,会形成白色晶状固体。其溶解度很小,常压下在10 ℃时1体积水可溶解0.02体积的氮气。

在生产中,通常采用黑色钢瓶盛放氮气。

(二)化学性质

由于氮气分子中存在N≡N叁键,不容易被破坏,因此其化学性质十分稳定。氮气通常不易燃烧且不支持燃烧,只有在高温高压并有催化剂存在的条件下,氮气可以和氢气反应生成氨;与金属反应一般需要在高温下化合;与其他族元素的单质反应则需要更高的反应条件。

1. 与氧气的反应

放电条件下,氮气可以氧气化合生成一氧化氮。

$$N_2+O_2 == 2NO$$

2. 与活泼金属的反应

氮气与金属锂在常温下可直接反应,与钙需要在加热的条件下发生反应,与镁在点燃的条件下反应。

$$6Li+N_2 == 2Li_3N$$

$$3Ca+N_2 \xrightarrow{\triangle} Ca_3N_2$$

$$3Mg+N_2 \xrightarrow{高温} Mg_3N_2$$

3. 与非金属的反应

氮气与氢气在高温高压和催化剂条件下反应,与硼在白热的温度下反应,与硅和其他元素的单质一般在高于1 200 ℃的温度下才能发生反应。

$$N_2+3H_2 == 2NH_3（高温\ 高压\ 催化剂）$$

$$2B+N_2 \xrightarrow{高温} 2BN$$

(三)氮气的制备

1. 实验室制法

制备少量氮气的基本原理是用适当的氧化剂将氨或铵盐氧化。

$$NH_4NO_2 \xrightarrow{高温} N_2\uparrow +2H_2O$$

$$NH_4Cl+NaNO_2 == NaCl+N_2\uparrow +2H_2O$$

$$2NH_3+3CuO \xrightarrow{\triangle} 3Cu+3H_2O+N_2$$

$$(NH_4)_2Cr_2O_7 \xrightarrow{\triangle} N_2\uparrow +Cr_2O_3+4H_2O$$

2. 工业制法

利用空气中各气体的沸点不同,使用液态空气分离法将氧气和氮气分离,主要有三类:深冷空分制氮、变压吸附制氮和膜分离制氮。

深冷空分制氮是一种传统的空分技术,它的特点是产气量大,产品氮纯度高,无须再纯化便可直接应用于磁性材料,但工艺流程复杂,占地面积大,基建费用高,需专门的维修力量,操作人员较多,产气慢(18~24 h)。它适宜于大规模工业制氮。

变压吸附制氮以空气为原料,用碳分子筛做吸附剂,利用碳分子筛对空气中的氧和氮选择吸附的特性,运用变压吸附原理(加压吸附、减压解吸并使分子筛再生),在常温下使氧和氮分离制取氮气。

膜分离制氮是以空气为原料,在一定的压力下,利用氧和氮在中空纤维膜中的不同渗透速率来使氧、氮分离制取氮气。它具有设备结构更简单、体积更小、无切换阀门、操作维护也更为简便、产气更快(3 min以内)、增容更方便等特点。

【基础2】

第三节 水体污染与处理

学习提要

1. 了解水体污染物的种类。(重点)
2. 了解污水治理方法。(难点)

一、水体污染

水污染是由有害化学物质造成水的使用价值降低或丧失而引起的环境污染。水体污染物进入水体后使水体的正常组成和性质发生变化,直接或间接有害于人类。污染物有的是人类活动产生的,也有天然的。

水体中污染物的种类很多,分类方法也很多,一些学者把它分成八大类:①耗氧污染物:耗氧污染物主要来自生活污水以及工农业排污,能被微生物降解生成二氧化碳和水,用五日生化需氧量表示。②致病污染物:致病污染物来自人类排泄物,医院、屠宰场以及船舶废水排入水体的病原微生物与细菌,可使人类和动物传染患病,通常规定用细菌总数和菌指数为病原微生物污染的间接指标。③合成有机物:包括洗涤剂中的表面活性剂、农药、工业有机产品和其他有机物及其降解物,它们以毒性和使水中溶解氧减少的形式对生态系统产生影响,危害人体健康。④植物营养物:营养性污染物是指可引起水体富营养化的物质。⑤无机物:分为无机无毒污染物和无机有毒污染物。⑥沉积物:它主要来自土壤碎屑、砂粒以及岩石冲刷下来的无机矿物的沉积,部分来自工业排放的颗粒物以及无机物在迁移过程中所产生的颗粒物。⑦放射性污染:它主要来源于核工业、核试验、核电站、核燃料的后处理以及人工放射性核素的应用等。⑧热污染:火力发电厂、核电站和钢铁厂的冷却系统排出的热水,以及石油、化工、造纸等工厂排出的生产性废水中均含有大量废热。这些废热排入地面水体之后,能使水温升高。

资料链接

中国水环境现状

中国是一个水资源短缺、水灾害频繁的国家,水资源总量居世界第六位,人均占有量只有2500 m³,约为世界人均水量的1/4,在世界排第110位,已被联合国列为13个贫水国家之一。《2018中国生态环境状况公报》显示,我国1935个国控地表水水质断面中,I-III类断面比例为71%,劣V类断面比例为6.7%。

二、污水处理

污水处理方法按照原理可分为物理法、化学法和生物法等。物理法主要利用物理作用分离污水中的非溶解性物质,在处理过程中不改变化学性质。常用的有重力分离、离心分离、反渗透、气浮等。物理法处理污染物较简单、经济,用于村镇水体容量大、自净能力强、污水处理程度要求不高的情况。化学法是利用化学反应作用来处理或回收污水的溶解物质或胶体物质的方法,多用于工业废水。常用的有混凝法、中和法、氧化还原法、离子交换法等。化学处理法处理效果好、费用高,多用作生化处理后的出水,做进一步的处理,提高出水水质。生物法是利用微生物的新陈代谢功能,将污水中呈溶解或胶体状态的有机物分解氧化为稳定的无机物质,使污水得到净化。常用的有活性污泥法和生物膜法。生物法处理程度比物理法要高。

按照处理程度来分,污水处理方法可分为一级处理、二级处理和三级处理。一级处理主要是去除污水中呈悬浮状态的固体物质,采用的方法主要有筛滤、沉淀、上浮和预曝气。一级处理后的废水BOD去除率只有20%,仍不宜排放,还须进行二级处理。二级处理的主要任务是大幅度去除污水中呈胶体和溶解状态的有机物,采用的方法主要是生物法,BOD去除率为80%~90%。一般经过二级处理的污水就可以达到排放标准,常用活性污泥法和生物膜处理法。三级处理的目的是进一步去除某种特殊的污染物质,如除氟、磷等,属于深度处理,常用化学法。

第四节 大气污染与治理

学习提要

1. 了解大气中有哪些主要污染物。(重点)
2. 了解大气中主要污染物的控制。(难点)

一、大气的主要污染物

空气污染物是由气态物质、挥发性物质、半挥发性物质和颗粒物质(PM)的混合物造成的,其组成成分变异非常明显。目前,我国监测的主要污染物有粉尘、可吸入颗粒物、二氧化硫、氮氧化物和一氧化碳等。

资料链接

中国大气环境现状

《2018中国生态环境状况公报》显示,我国338个地级及以上城市中,121个城市环境空气质量达标,占全部城市数的35.8%,比2017年上升6.5个百分点。

PM2.5、PM10、O_3、SO_2、NO_2和CO浓度分别为39 μg/m³、71 μg/m³、151 μg/m³、14 μg/m³、29 μg/m³和1.5 μg/m³,超标天数比例分别为9.4%、6.0%、8.4%、不足0.1%、1.2%和0.1%。

(一)一氧化碳及其性质

一氧化碳是一种无色、无味的易燃有毒气体,熔点为-205.1 ℃,沸点为-191.5 ℃。标准状况下气体密度为1.25 g·L⁻¹,与空气密度(标准状况下1.293 g·L⁻¹)相差很小,这也是容易发生煤气中毒的因素之一。难溶于水,不易液化和固化。在空气中燃烧时为蓝色火焰,较高温度时分解产生二氧化碳和碳,在血液中极易与血红蛋白结合,形成碳氧血红蛋白,使血红蛋白丧失携氧的能力和作用,造成窒息,严重时会致死。

(二)氮氧化物及其性质

氮氧化物包括多种化合物,如一氧化二氮(N_2O)、一氧化氮(NO)、二氧化氮(NO_2)、三氧化二氮(N_2O_3)、四氧化二氮(N_2O_4)和五氧化二氮(N_2O_5)等。除二氧化氮以外,其他氮氧化物均极不稳定,遇光、湿或热会变成二氧化氮及一氧化氮,一氧化氮又变为二氧化氮。空气污染物的主要成分是一氧化氮和二氧化氮。

一氧化氮是一种无色无味难溶于水的有毒气体。由于一氧化氮带有自由基,这使它的化学性质非常活泼。当它与氧气反应后,可形成具有腐蚀性的气体二氧化氮,二氧化氮可与水反应生成硝酸。

二氧化氮分子呈 V 形,是极性分子。二氧化氮是一种黄褐色液体或棕红色气体,具有刺激性气味,其固体呈无色。常温下,二氧化氮能叠合成四氧化二氮,能溶于浓硝酸中而生成发烟硝酸,能与水作用生成硝酸和一氧化氮,能与碱作用生成硝酸盐,还能与许多有机化合物发生剧烈反应。

(三)二氧化硫及其性质

二氧化硫分子呈 V 形,属于极性分子。二氧化硫为无色透明气体,有刺激性臭味,溶于水、乙醇和乙醚。二氧化硫溶于水,形成亚硫酸;二氧化硫化学性质极其复杂,在不同的温度下可作为非质子溶剂、路易斯酸、还原剂、氧化剂、氧化还原试剂等;二氧化硫还能使品红溶液褪色,加热后颜色还原,具有漂白的作用。

(四)颗粒物质

颗粒物质主要指分散悬浮在空气中的液态或固态物质,粒径在 0.0002~100 μm 之间,包括气溶胶、烟、尘、雾和炭烟等多种形态。其来源有天然来源,如风沙尘土、火山爆发、森林火灾等造成的颗粒物;也有人为来源的颗粒物,如工业活动、建筑工程、垃圾焚烧以及车辆尾气等。由于颗粒物可能附着有毒金属、致癌物质和致病菌等,因此其危害更大。空气中的颗粒物又可分为降尘、总悬浮颗粒物和可吸入颗粒物等。其中可吸入颗粒物,能随人体呼吸作用深入肺部,产生毒害作用。

二、污染物的治理

大气污染物依据其形态不同,治理方法也不相同,可概括为两大类:颗粒污染物的治理方法和气态污染物的治理方法。

(一)颗粒污染物的治理方法

净化颗粒污染物通常采用除尘装置,将气体从中分离出来,并加以捕集和回收。按照分离粉尘的主要机理,除尘装置主要分为机械除尘、湿式除尘、过滤除尘和电除尘。

机械除尘是利用重力、惯性力和离心力等力的作用使粉尘与气流分离沉降,达到净化目的。湿式除尘器是通过粉尘与液体密切接触,利用水滴和尘粒的惯性碰撞及其他作用捕集尘粒,或使粒径增大的装置。过滤式除尘器是使含尘气体通过一定的过滤材料来达到分离气体中固体粉尘的一种高效除尘设备。电除尘是含尘气体经过高压静电场时被电分离,尘粒与负离子结合带上负电后,趋向阳极表面放电而沉积。

(二)气体污染物治理方法

气体净化技术是使气态污染物从气流中分离出来或者转化成无害物质的方法与措

施。气体混合物的净化方法根据不同的作用原理一般可以分为三大类：吸收法、吸附法和催化转化法。

吸收法净化气态污染物是废气与选定的液体紧密接触，其中的一种或多种有害组分溶解于液体中，或者与液体中的组分发生选择性化学反应，从而将污染物从气流中分离出来的操作过程。气体吸收的必要条件是废气中的污染物在吸收液中有一定的溶解度。

吸附法是利用多孔性固体物质表面上未平衡或未饱和的分子力，把气体混合物中的一种或几种有害组分吸留在固体表面，将其从气流中分离而除去的净化操作过程。具有吸附能力的固体物质称为吸附剂，被吸附到固体表面的物质称为吸附质。

催化转化法是利用催化剂的催化作用，使废气中的污染物转化成无害物，甚至是有用的副产品，或者转化成更容易从气流中分离而被去除的物质。前一种催化转化操作直接完成了对污染物的净化过程，而后者则还需要附加吸收或吸附等其他操作工序，才能实现全部的净化过程，利用催化转化法净化气态污染物，一般是属于前一种过程，即在催化剂作用下转化成无害的物质。

本章小结

本章重点介绍了人类生活中常见而重要的物质——水和空气。水是一种具有特殊性质的化合物，能溶解某些物质形成溶液，包括电解质和非电解质溶液。强电解质在水溶液中能全部离解；弱电解质在溶液中只能离解一部分，在一定条件下可达到离解平衡的状态。空气是大气层中的气体混合物，主要包括氧气、氮气、氩气和稀有气体，以及一些可变的成分，性质和用途各不相同。水和空气作为人类生活不可缺少的物质，在日益发达的今天，受到严重的污染，威胁着人类的健康，因此，我们必须保护好我们的水和空气，保护好地球这个美丽家园。

【思维导图】

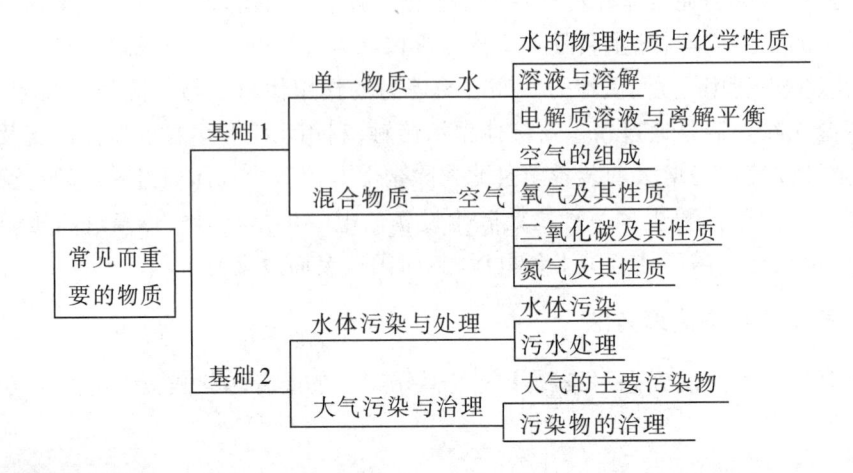

```
                                    ┌── 水的物理性质与化学性质
                        ┌── 单一物质——水 ──┼── 溶液与溶解
                        │                    └── 电解质溶液与离解平衡
              ┌── 基础1 ─┤
              │         │                    ┌── 空气的组成
              │         └── 混合物质——空气 ─┼── 氧气及其性质
常见而重要的物质 ┤                             ├── 二氧化碳及其性质
              │                              └── 氮气及其性质
              │         ┌── 水体污染与处理 ──┬── 水体污染
              └── 基础2 ─┤                    └── 污水处理
                        └── 大气污染与治理 ──┬── 大气的主要污染物
                                             └── 污染物的治理
```

【思考与练习】

【基础1】

1. 试描述水的性质,举例说明溶解的过程。
2. 试描述空气中主要物质的性质和功能。
3. 试阐述溶液、胶体和浊液之间的区别和联系。
4. 试述氮气为什么不容易被破坏。
5. 试阐述强电解质和弱电解质的区别。

【基础2】

1. 试阐述怎样减少水和空气的污染。
2. 举例说明水污染物对人类造成的影响。

【应用拓展】

阅读《义务教育小学科学课程标准》第20~22页,围绕课程内容之物质科学领域主要概念2"水是一种常见而重要的单一物质"和主要概念3"空气是一种常见而重要的混合物质",针对"学习内容"进行研讨,就"活动建议"涉及的活动开展探究。

【推荐阅读】

1. 马宏佳,陈娴.物质科学精要[M].北京:高等教育出版社,2003.
2. 汪小兰,等.基础化学[M].北京:高等教育出版社,1995.
3. 廖家耀.普通化学:第2版[M].北京:科学出版社,2016.
4. 戴树桂.环境化学:第2版[M].北京:高等教育出版社,2006.

第二章
物质微观结构与能量变化

在任何情况下,都应该使我们的推理受到实验的检验,除了通过实验和观察的自然道路去寻求真理之外,别无他途。

——[法国] 拉瓦锡

我们生活中所能感受到的宏观物质的区别,归根到底是其微观组成和结构的差异。为深入认识物质性质和变化规律的内在本质及其社会应用,本章从微观层面对物质进行较为深入探讨,其主要内容包括:物质的元素组成、原子分子结构、元素周期律、化学键、现代材料化学、电化学能源应用技术、金属腐蚀与防腐技术等。

其中,基础1(第一节~第三节)从起步阶段为学习者建立基本的化学微粒和能量变化观念;基础2(第四节~第六节)则从科学技术与社会(即STS)的视角展示物质结构与化学能量原理的社会技术应用,以及从更深的学理层面揭示其化学科学的本质。

【基础1】

第一节 物质的微粒组成

学习提要

1. 认识物质的分子与原子的概念。(重点)
2. 理解原子的结构和原子结构对元素性质的影响。(难点)
3. 了解人类对原子结构的探索历程。

一、扩散现象与物质微粒

(一)扩散现象

日常生活中我们都有过这样的经历:进入医院就会闻到消毒水的味道;走过花店就会闻到花香;将一勺盐放入杯底,过一会儿整杯水都会变咸……

类似的生活现象在很久以前就引起了一些学者的探究兴趣,为了解释这类现象,他们提出物质都是由看不见的微小粒子构成的设想。这些微小粒子可以运动,当它们从高浓度区域向低浓度区域运动时,便形成了扩散现象。

科学技术的进步,证明了物质是由分子、原子等微观粒子构成的。现在我们通过先进的科学仪器能够观察到一些分子和原子。

(二)物质由分子构成

通常,分子的质量和体积都很小。例如,1个水分子的质量约是 $3×10^{-26}$ kg,1滴水(以20滴水为1 mL计)中大约有 $1.67×10^{21}$ 个水分子,如果10亿人来数1滴水里的水分子,每人每分钟数100个,日夜不停,需要3万多年才能数完。

由分子构成的物质在发生物理变化时,分子本身没有发生变化。例如,水在蒸发时,它只是由液态变成了气态,而水分子没有变成其他分子,它的化学性质也没有改变;当品红溶于水时,品红分子和水分子都没有变成其他分子,它们的化学性质也各自保持不变。

由分子构成的物质在发生化学变化时,一种物质的分子会变成其他物质的分子。例如,我们在实验室用过氧化氢分解制取氧气时,过氧化氢分子就变成了水分子和氧分子,水分子和氧分子是与过氧化氢不同的分子;再如,氢气在氯气中燃烧时,氢分子和氯分子都发生了变化,生成了氯化氢分子,不再保持氢气和氯气的性质。可见,分子是保持化学性质的最小粒子。

(三)分子由原子构成

分子是由原子构成的。有些分子由同种原子构成,如1个氧分子是由2个氧原子构成的,1个氢分子是由2个氢原子构成的。大多数分子由两种或两种以上的原子构成,如1个二氧化碳分子是由1个碳原子和2个氧原子构成的,1个氨分子是由1个氮原子和3个氢原子构成的。

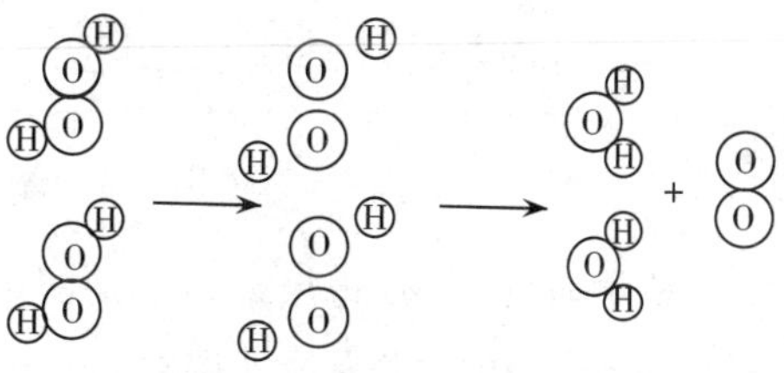

在化学变化中,分子可以分成原子,原子又可以结合成新的分子。例如,由过氧化氢分解制取氧气时,过氧化氢分子分解,生成水分子和氧分子(如图2-1);加热红色的氧化汞粉末时,氧化汞分子会分解成氧原子和汞原子,每2个氧原子结合成1个氧分子,许多汞原子聚集成金属汞。可见,在化学变化中,分子的种类可以

图2-1 过氧化氢的分解

发生变化,而原子的种类不会发生变化,因此,原子是化学变化中的最小粒子。

二 原子核外电子排布与元素性质

(一)原子核外电子结构

与原子相比,原子核的体积更小。由于电子极其微小,即使使用最先进的扫描隧道显微镜(STM),也只能观察到原子,而观察不到比原子小得多的电子,因此,一个多世纪以来,科学家们主要采用建立模型的方法对核外电子的运动情况进行研究。

> **资料链接**
>
> 1913年,丹麦物理学家玻尔在核式原子模型的基础上指出:核外电子是处在一定的轨道上绕核运行的,正如太阳系的行星绕太阳运行一样;在核外运行的电子分层排布,能量高低不同而距离核的远近不同,这个模型被称为玻尔原子模型。现代物质结构理论在新的实验基础上保留了玻尔原子模型合理的部分,并赋予其新的内容。

现代物质结构理论认为,在含有多个电子的原子里,能量低的电子通常在离核较近的区域内运动,能量高的电子通常在离核较远的区域内运动。据此可以认为,电子是在原子核外距核由近及远、能量由低到高的不同电子层上分层排布的。通常把能量最低、离核最近的电子层叫作第一层;能量稍高、离核稍远的电子层叫作第二层;依次类推为第三、四、五、六、七层,离核最远的也叫最外层。核外电子的这种分层运动又叫作分层排布。

图 2-2 部分原子的原子结构示意图

科学研究表明:每层最多容纳的电子数为 $2n^2$(n 代表电子层数),而最外层电子数则不超过8个(第一层为最外层时,电子数不超过2个)。人们常用原子结构示意图来简明地表示电子在原子核外的分层排布情况(如图2-2)。

经过分析发现,元素的性质与原子的最外层电子排布密切相关。例如,稀有气体元素原子最外层电子数为8(氦除外,它的最外层只有2个电子),结构稳定,既不易得电子,也不易失电子;金属元素原子最外层电子数一般小于4,较易失去电子;非金属元素原子最外层电子数一般大于或等于4,较易获得电子。

化合价是元素的一种重要性质。元素的化合价的数值,与原子的电子层结构特别是最外层电子数有关。例如,钠原子最外层只有1个电子,容易失去这个电子而达到稳定结构,因此钠元素在化合物中通常显+1价;氯原子最外层有7个电子,只需得到1个电子便可达到稳定结构,因此氯元素在化合物中可显-1价。

(二)原子中的基本粒子

1.元素与质子数

原子是由原子核和核外电子构成的,而原子核又是由更小的微粒——质子和中子构成的。元素是具有相同质子数的同一类原子的总称。元素的种类是由原子核内的质子数决定的。

表2-1 构成原子的微粒的基本数据

	电子	质子	中子
质量/kg	$9.109×10^{-31}$	$1.673×10^{-27}$	$1.675×10^{-27}$
相对质量	0.000 548 4	1.007	1.008
电量/C	$1.602×10^{-19}$	$1.602×10^{-19}$	0
单位电荷	-1	+1	0

由表2-1可见,电子的质量很小,相对于质子、中子的质量,可以忽略不计。因此原子的质量几乎全部集中在原子核上,原子的质量可以看作原子核中质子的质量和中子的质量之和。人们将质子数和中子数之和称为质量数。

质子数(Z)+中子数(N)=质量数(A)

一般用符号 $^A_Z X$ 表示一个质量数为A、质子数为Z的原子。

2.核素与同位素

既然元素的种类是由原子核内的质子数决定的,同种元素的原子的质子数相同,那么,中子数是否也相同呢?

科学家们发现氢原子有3种:氕、氘、氚。这3种氢原子中质子、中子和电子的数量关系如表2-2所示。

表2-2 不同氢原子中的微粒

原子	质子数	中子数	电子数	质量数	原子名称及符号	元素符号
原子①	1	0	1	1	氕,^1_1H	H
原子②	1	1	1	2	氘,^2_1H 或 D	
原子③	1	2	1	3	氚,^3_1H 或 T	

人们把具有一定数目质子和一定数目中子的一种原子称为核素。氢元素有氕、氘、氚3种核素，分别用 $_1^1H$、$_1^2H$、$_1^3H$ 表示。

除氢外，在天然元素中，还有许多元素具有多种核素，如碳元素有3种核素（$_6^{12}C$、$_6^{13}C$、$_6^{14}C$），氧元素有3种核素（$_8^{16}O$、$_8^{17}O$、$_8^{18}O$），铀元素有3种核素（$_{92}^{234}U$、$_{92}^{235}U$、$_{92}^{238}U$），氯元素有2种核素（$_{17}^{35}Cl$、$_{17}^{37}Cl$）等；有些元素则只有1种核素，如氟（$_9^{19}F$）、钠（$_{11}^{23}Na$）等。元素的相对原子质量，是由它的各种天然核素相对原子质量与其原子百分组成计算出来的平均值。

质子数相同而中子数不同的同一种元素的不同核素互为同位素。例如，$_1^1H$、$_1^2H$ 和 $_1^3H$ 互为同位素，其中 $_1^2H$、$_1^3H$ 用作制造氢弹的原料；$_{92}^{234}U$、$_{92}^{235}U$、$_{92}^{238}U$ 互为同位素，其中 $_{92}^{235}U$ 是制造原子弹的原料和核反应堆的燃料。同位素分为稳定同位素和放射性同位素两种。放射性同位素最常见的应用是作为放射源和进行同位素示踪。例如，追踪植物中放射性磷-32发出的射线，能确定磷在植物中的作用部位；应用放射性同位素发射出的射线，可进行金属制品探伤、食物保鲜和肿瘤治疗等。

放射性同位素与医疗、未来的能源——核聚变能

（三）原子结构对元素性质的影响

氖、氩等稀有气体不易与其他物质发生反应，化学性质比较稳定，它们的原子最外层都有8个电子（氦为2个电子），这样的结构被认为是一种相对稳定的结构。钠、镁、铝等金属的原子最外层电子一般都少于4个，在化学反应中易失去电子；氯、氧、硫、磷等非金属的原子最外层电子一般都多于4个，在化学反应中，易得到电子。它们都趋于达到相对稳定的结构。

以金属钠与氯气的反应为例，钠原子的最外层有1个电子，氯原子的最外层有7个电子，当钠与氯气反应时，钠原子最外层的1个电子转移到氯原子的最外层上，这样两者都形成相对稳定的结构。

在上述过程中，钠原子因失去1个电子而带上1个单位的正电荷；氯原子因得到1个电子而带上1个单位的负电荷。这种带电的原子叫作离子。带正电的原子叫作阳离子，如钠离子（Na^+）；带负电的原子叫作阴离子，如氯离子（Cl^-）。带相反电荷的钠离子与氯离子相互作用就形成了氯化钠。

第二节　元素周期性变化规律

学习提要

1. 认识元素周期性的变化规律。（重点）
2. 把握元素周期表的内涵和使用方法。（难点）

物质世界尽管丰富多彩、变化无穷，但究其本质都是由元素组成的。人类在长期的生产活动和科学实验中，逐渐认识了元素间的内在联系和元素性质变化的规律性，并以一定的方式将它们表现出来。

目前已经发现和人工合成的元素有110多种。在元素周期表中，元素是有序排列的。那么，元素为什么会按照这样的顺序在元素周期表中排列？它们之间存在着什么关系？人们怎样描述这种关系？

一、元素周期律

对原子序数为1~18的元素的研究，可帮助我们认识元素之间的内在联系和元素性质变化的规律性。

原子序数是元素在元素周期表中的序号，其数值等于原子核内的质子数或原子核外的电子数。

通过探究可以发现：随着原子序数的递增，元素原子的最外层电子排布、原子半径、元素的化合价等均呈现周期性变化。

1~18号元素的基本信息

在大量科学研究的基础上，人们会发现：元素周期表中随着核电荷数的递增，原子的核外电子排布呈现周期性变化。元素的一些基本性质，如原子半径、电离能、电子亲和能和电负性，以及物理性质和化学性质，也随着核电荷数的递增而呈现周期性的变化。这种周期性的变化正是原子内部结构周期性变化的反映。元素性质随着核电荷数的递增而呈周期性变化的规律叫作元素周期律。

元素周期律的发现是19世纪化学科学的重要成就之一，它极大地推动了人们对物质世界的认识，指导着人们开展诸如预测元素及其化合物的性质，寻找或合成具有特殊性质的新物质等科学研究工作。元素周期律有力地推动现代科学技术的发展。

资料链接

元素周期律的发现

现代化学的元素周期表是1869年俄国科学家门捷列夫首创的，他将当时已知的63种元素依原子量大小并以表的形式排列，把有相似化学性质的元素放在同一行，这就是元素周期表的雏形。利用周期表，门捷列夫成功地预测当时尚未发现的元素(镓、钪、锗)的特性。

1913年，英国科学家莫色勒利用阴极射线撞击金属产生X射线，发现原子序数越大，X射线的频率就越高。因此他认为核的正电荷决定了元素的化学性质，并把门捷列夫元素依照核内正电荷(即质子数或原子序数)排列，经过多年修订后才成为当代的周期表。

二、元素周期表

元素周期律帮助人们认识了看似杂乱无章的化学元素之间的相互联系和内在变化规律。元素周期表是元素周期律的具体表现形式，它是化学学习和化学研究的重要工具。

通过元素周期表，可以了解关于某元素的名称、元素符号、相对原子质量、原子序数等信息。元素周期表还对金属元素和非金属元素进行了分区。如果沿着元素周期表中硼、硅、砷、碲、砹与铝、锗、锑、钋的交界处画一条虚线，虚线的左侧是金属元素，右侧是非金属元素；位于虚线附近的元素，既表现金属元素的某些性质，又表现非金属元素的某些性质。

在元素周期表中，行称为周期，列称为族。元素周期表共有7个周期。其中，第1、2、3周期称为短周期；第4、5、6周期称为长周期；第7周期尚未填满，称为不完全周期。

元素周期表中，有"国防金属"美誉的镁位于ⅡA族，与它同主族的元素有铍（Be）、钙（Ca）、锶（Sr）、钡（Ba）、镭（Ra），人们称它们为碱土金属元素。这些元素的原子容易失去两个最外层电子，因此它们性质活泼，在自然界中都以化合态存在。该主族中的每一种金属元素的单质都呈亮白色，而且具有良好的导电性。含钙、锶、钡等元素的物质灼烧时会产生绚丽的颜色，因此，这些元素的化合物可用于制造焰火。

元素周期表

又如，氮元素位于ⅤA族，与它同主族的元素有磷（P）、砷（As）、锑（Sb）、铋（Bi）。其中，氮和磷是典型的非金属元素。磷元素有白磷和红磷两种同素异形体，它们在室温下都是固体。单质磷在空气中易被氧化，因此，自然界里没有游离态的磷元素，磷元素主要以磷酸盐的形式存在于矿石中。此外，动物的骨骼、牙齿、脊髓和神经组织里，植物的果实和幼芽里也含有磷元素。磷元素对维持生物体的正常生理活动有着重要作用。

元素周期表中第3~12列中的元素称为过渡元素。大部分过渡元素的单质既坚硬，又有光泽；金、铜以及其他一些过渡元素的单质具有独特的色泽。所有过渡元素的单质都具有良好的导电性。多数过渡元素的单质比较稳定，与空气和水的反应缓慢或根本不能反应。例如，古金币虽历经上千年的风雨侵蚀，仍能保持原有的光泽，其上的各种花纹依然清晰可见。

元素周期表是一个化学知识的宝库，它的内涵十分丰富。我们不仅可以从元素周期表中直接获得元素的名称、元素符号、相对原子质量、电子层结构等信息，还可以根据元素在元素周期表中的位置认识它们的性质。

第三节 物质微粒的结合方式

> **学习提要**
>
> 1. 离子键和共价键的概念。(重点)
> 2. 化学过程能量变化与化学键的关系。(难点)

在化学反应中,不仅有物质的变化,还伴随着能量的变化。人们利用化学反应,有时是为了制取所需要的物质,如从铜矿石中提炼金属铜;有时则是为了利用反应所释放的能量,如在汽车发动机里,汽油与空气中的氧气反应生成水、二氧化碳,同时释放大量的能量,产生动力,推动汽车前进。

水在通电时能够发生分解反应,但为什么要通电呢?原来,在水分子中氢原子和氧原子之间存在着很强的相互作用,要破坏这种相互作用就要消耗能量,通电正是为水的分解提供所需的能量。化学上,把分子或晶体中原子或离子间强烈的相互作用称为化学键。

【示例】 水在通电时分解生成氢气和氧气

$$2H_2O \xrightarrow{通电} 2H_2\uparrow + O_2\uparrow$$

水分子中氢原子和氧原子间的化学键断裂;氢原子间形成新的化学键,氧原子间形成新的化学键。

研究证实,化学反应中的物质变化是旧化学键断裂和新化学键生成。

一、常见的化学键

化学键可分为共价键、离子键和金属键三种类型,这里主要讨论共价键和离子键。

(一)离子键

原子获得或失去电子变成阴、阳离子时,与最接近的惰性气体原子具有相同的核外电子排布;阴、阳离子间靠静电作用而形成化学键,这种化学键称为离子键。通过离子键结合而成的化合物称为离子化合物,如 $NaCl$、KOH、CaO、$MgCl_2$ 等。

由于离子电场具有球形对称性,所以阴、阳离子之间的静电引力与方向无关,只要空间条件许可,每种离子在其任何方向上均可与相反电荷的离子相互吸引而形成离子键。离子键的特点就是既无方向性又无饱和性。离子键适用于电负性相差较大(一般大于1.7)的原子之间成键。

(二)共价键

原子化合形成分子时,原子之间共用了价电子后就能变得更稳定,由两个原子共享电子形成的化学键称为共价键。只含有共价键的化合物称为共价化合物,如 HCl、H_2O、CO_2、CH_4、NH_3 等。

例如,2个氟原子生成1个氟气分子。每个氟原子有7个价电子,各提供一个电子与另一个氟原子共用从而形成分子。当知道某个原子的价电子数后,你就能算出每次的共用电子对数。通过共享,两原子都有了8个价电子。在共价键中,两个原子同时吸引两个共用电子。

一般情况下,活泼金属元素原子与活泼非金属元素原子间易形成离子键,而非金属元素原子形成的是共价键。

二、物质反应中的能量变化

在化学反应中,反应物转变为生成物,经历了旧化学键断裂和新化学键形成的过程,也正是这一过程,使化学反应在发生物质变化的同时还伴随着能量的变化。

在化学反应过程中,破坏旧化学键,需要吸收一定的能量来克服原子(或离子)间的相互作用;形成新化学键时,又要释放一定的能量。因此,在化学反应中,不仅有新物质生成,而且伴随着能量变化。

每一个化学反应都伴随着能量的变化,有的释放能量,有的吸收能量。人们发现,在化学反应过程中,如果新化学键形成时释放的能量大于破坏旧化学键所需要吸收的能量,反应开始后,就会有一定的能量以热能、电能或光能等形式释放出来;如果新化学键形成时释放的能量小于破坏旧化学键所需要吸收的能量,则需要不断地吸收能量才能使反应持续进行。因此,可把化学反应的过程看作"储存"在物质内部的能量(化学能)转化为热能、电能或光能等释放出来,或者是热能、电能或光能等转化为物质内部的能量(化学能)被"储存"起来的过程。

在人类生产、生活对能量的需求日益增长的今天,研究化学反应及其能量变化,对合理利用常规能源和开发新能源具有十分重要的意义。

【基础2】

第四节　现代材料化学

学习提要

1. 四种主要材料组成与结构的特点。(重点)
2. 材料结构对材料性质的影响。(难点)

材料是人类赖以生产和生活的物质基础,是社会进步的物质基础与先导,材料发展的历史从生产力的侧面反映了人类社会发展的文明史。历史学家往往根据当时的标志性材料将人类社会划分为石器时代、青铜器时代、铁器时代和高分子时代等。如今,正跨入人工合成材料的新时代,为了满足21世纪国民经济对材料的需求,开展新材料的研究和开发新型材料是一项重要的战略任务。

材料的品种繁多。按材料的基本化学组成分类,可分为金属材料、无机非金属材料、有机高分子材料以及复合材料等。

一、金属材料

金属材料在产量和使用方面占有极为重要的地位,而其种类和使用领域却发生了巨变,并焕发出现代所特有的异彩。金属材料具备许多可贵的使用性能和加工性能,但是工程上实际使用的金属材料绝大多数是合金材料,因为单纯的一种金属远不能满足工程上提出的众多的性能要求。从经济上说,制取纯金属成本极高,所以不可取。

合金材料的种类众多,下面简单介绍一些典型的合金材料。

(一)轻质合金

轻质合金是由镁、铝、钛、锂等轻金属所形成的合金,借助于轻质合金密度小的优势,在交通运输、航空航天等领域中得到广泛应用。铝合金相对密度小、强度高、易成型,广泛用于飞机制造业;钛合金密度小、强度高、无磁性、耐高温、抗腐蚀,是制造飞机、火箭发动机和宇宙飞船船舱等的重要结构材料。

(二)耐热合金

耐热合金是以铁、钴、镍等第Ⅷ族金属元素为基体,再与其他元素复合时可以形成熔点特别高的合金材料。它们被广泛地用于制造涡轮发动机、各种燃气轮机热端部件、涡轮工作叶片、涡轮盘、燃烧室等。

(三)形状记忆合金

形状记忆合金有一个特殊转变温度,一旦把它加热到转变温度以上,不稳定结构就转为成稳定结构,合金就恢复了原来的形状,好像"记得"原先所具有的形状。形状记忆合金还应用于医疗方面,如把冷却后稍加拉伸的镍钛合金板安装在骨折部位,再稍以加热让它收缩(恢复原状),可把骨折端牢固地接在一起,显著降低陈旧性骨折率。

形状记忆原理

二、无机非金属材料

无机非金属材料,又称陶瓷材料,是人类最早使用的人工制造的材料,主要特点是耐高温、抗氧化、耐磨、耐腐蚀和硬度大,通常分为传统陶瓷材料和新型无机材料(又称精细陶瓷材料)等。前者主要是指陶瓷、玻璃、水泥等以天然硅酸盐为原料的制品;后者是用人工合成方法制得的材料,包括氧化物、氮化物、碳化物等化合物,以及一些非金属单质如碳、硅等。

下面简单介绍几种典型的无机非金属材料。

(一)玻璃

玻璃是一种非晶无机非金属材料。凡熔融体经冷却,因黏度逐渐增加而具有固体性质和结构特征的非晶体物质都统称为玻璃。玻璃种类繁多,常见的玻璃有普通玻璃(钠玻璃)、变色玻璃、钢化玻璃等。

玻璃纤维是一种玻璃材质,具有绝缘性好、耐热性强、抗腐蚀性好、机械强度高等优点。它可以和其他的材料相结合提升建筑材料的性能,因为这种材料可以对外界的噪声进行阻隔、可以使居室增加采光度、对室内的温度进行调控,因此被很多建筑设计人员选择为室内装饰的材料。

(二)半导体材料

半导体材料是导电能力介于导体与绝缘体之间的一类物质,其电阻率在 $1~\text{m}\Omega/\text{cm} \sim 1~\text{G}\Omega/\text{cm}$ 之间。半导体可以用来做半导体器件和集成电路的电子材料,是最重要的信息功能材料。

根据化学组成的不同,半导体可分为单质半导体和化合物半导体。单质半导体有 Si、Ge、Sn 等,其中 Si、Ge 应用最广。化合物半导体可分为无机化合物半导体、有机化合物半导体等。无机半导体化合物有二元体系如 SiC、GaAs、ZnS 等,三元体系如 $ZnSiP_2$、$ZnGeP_2$、$ZnGeAs_2$ 等。

现阶段,半导体材料的光伏应用是目前世界上增长最快、发展最好的清洁能源市场。太阳能电池的主要制作材料是半导体材料。

(三)光导纤维材料

光导纤维是以传光和传像为目的的一种光波传导介质,它根据光的全反射原理制成。光导纤维具有的主要特征:

(1)信息容量大。一根头发丝粗细的光纤可以通几万路电话或2000路电视,20根光纤组成的铅笔尖粗细的光缆,每天可通话7.6万人次,而1 800根铜线组成的碗口粗细的电缆,每天只能通话几千人次。

(2)光纤通信抗干扰、保密性好,工作稳定可靠。

(3)光纤质量轻,成本低,加工和使用方便,可任意弯曲,材料来源广。

基于此,光导纤维是一种极为理想的信息传递材料。

资料链接

纳米材料

材料被按尺寸大小进行分类,纳米材料也就应运而生。它指的是颗粒尺寸在1~100 nm的材料物质(1 nm等于10^{-9}m)。纳米材料被誉为"21世纪最有前途的新型材料",纳米材料主要有以下应用:

可制造各种高性能催化剂,如超细的Fe、$\gamma\text{-}Fe_2O_3$、Ni混合物烧结体可代替贵金属做汽车尾气净化的催化剂。

在防晒品中,加入表面遮盖力强、吸光性好且对身体无害的聚合物纳米粒子,可增强防晒品阻挡紫外线的能力。

血液中的血球直径大于100 nm,把有治疗或探测功能的某种材料制成小于100 nm的超微粒子注入血管内,使之随血液流到体内各个部位,可以达到药物定位发药对疾病进行更有效的治疗或做健康检查。

三、有机高分子材料

有机高分子材料的工业化生产直到20世纪初才开始。根据聚合物的性能和用途分类,有机高分子材料可分为塑料、橡胶、纤维三大类。

(一) 塑料

根据塑料制品的用途可分为通用塑料、工程塑料和特殊塑料。通用塑料是指产量大、价格低、日常生活中应用范围广的塑料,如聚乙烯、聚氯乙烯等;工程塑料是指机械性能好、能用于制造各种机械零件的塑料;特殊塑料是指具有特殊功能和特殊用途的塑料,例如迪拜利用特殊塑料制作世界杯用球、日本研发出特殊塑料的啤酒瓶等。

(二)橡胶

橡胶可分为天然橡胶和合成橡胶(如图2-3、图2-4)。天然橡胶主要取自热带的橡胶树,弹性虽好,但在数量和质量上都满足不了现代工业对橡胶制品的需求,因此,人们仿造天然橡胶的结构,以低分子有机化合物为原料合成了各种人工橡胶。合成橡胶不仅在数量上弥补了天然橡胶的不足,而且在某些性能如耐磨、耐油、耐寒等方面,往往优于天然橡胶。

图2-3 天然橡胶　　图2-4 合成橡胶制品

(三)纤维

纤维可分为两大类:一类是天然纤维,如棉花、羊毛、蚕丝、麻等;另一类是化学纤维,如再生人造纤维和合成纤维等。

合成纤维具有强度大、弹性好、耐磨、耐腐蚀、不怕虫蛀等优良性能,被广泛用于工农业生产和人们日常生活中。在合成纤维中,列为重点发展的"六大纶"是锦纶、涤纶、腈纶、维纶、丙纶和氯纶,其中最主要的是前三种,其产量占合成纤维总产量的90%以上。

四、复合材料

前面介绍的三类材料各有特色,但也有其缺点,如金属材料易腐蚀,高分子材料易老化不耐高温。人们将这三大类不同的材料通过复合组成新的复合材料,使它既能保持原材料的长处,又能弥补短处,优势互补,提高材料的性能,扩大应用范围。

复合材料是当今应用最广泛的一类材料。大部分复合材料由一类纤维和某一材料黏合而成,通常称这种材料为基质,基质的主要作用是使增强材料黏合成型,且对承受的外力起传导和分散作用。典型的复合材料中基质的质量通常占到总质量的$\frac{1}{3}$。

复合材料按基体材料不同可分为聚合物基复合材料、金属基复合材料和陶瓷基复合材料。

(一)聚合物基复合材料

聚合物基复合材料是以有机聚合物为基体,连续纤维为增强材料组成的复合材料。其中玻璃纤维复合材料可用作结构材料,如汽车和飞机中的某些部件、桥体的结构材料等,其强度可与钢材相比。增强的聚酰亚胺树脂可用于汽车的"塑料发动机",使发动机质量减轻,节约燃料。

玻璃钢是第一代复合材料的杰出代表,它具有强度高、质量轻、耐腐蚀、抗冲击、绝缘性能好等性能。玻璃钢的生产技术成熟,早已广泛用于飞机、汽车、船舶、建筑甚至家具等的生产。

(二)金属基复合材料

基体金属用得较多的是铝、镍、钛及某些合金。铝基复合材料(如碳纤维增强铝基复合材料)是应用最多、最广的一种,由于其具有良好的塑性和韧性,加之具有易加工性、工程稳定性、可靠性及价格低廉等优点,受到人们的广泛青睐。

镍基复合材料的高温性能优良,这种复合材料被用来制造高温下工作的零部件。镍基复合材料应用的一个重要目标,是用它来制造燃气轮机的叶片,从而进一步提高燃气轮机的工作温度,预计可达到 1 800 ℃以上。

(三)陶瓷基复合材料

陶瓷本身具有耐高温、高强度、高硬度及耐腐蚀等优点,但其脆性大,将增强纤维包埋陶瓷中可以克服脆性大的缺点。陶瓷复合材料应用于或即将应用于的领域包括刀具、航空航天构件、发动机制作、能源构件等。

未来的材料
——石墨烯

第五节 电化学能源应用技术

学习提要

1. 四种主要化学电池的化学与电能关系特点。(重点)
2. 不同电池的化学反应本质,即化学反应过程的机理。(难点)

电池是一种常见的能移动使用的化学能源,是一种能使化学能直接转变成电能的储存或换能装置。因为它无须传动部件,所以无噪声,根据需要可将其做成任意大小,便于移动。近几十年来,化学电源工业已成为电化学工业的一个重要部分,获得快速发展,新产品不断涌现,已在工农业交通运输、电子通信、国防以及日常生活等领域获得广泛应用。

按工作性质的不同,一般可将电池主要分为四种类型:一次电池(干电池)、二次电池(蓄电池)、燃料电池(连续电池)和储备电池(激活电池)。

一、一次电池

一次电池是放电后不能通过充电或补充化学物质使其复原的电池。日常生活中人们经常使用一次电池,最普遍的是酸性的锌锰干电池和碱性的锌汞电池。

锌锰干电池由于使用方便、价格低廉,至今仍是一次电池中使用最广,产值、产量最大的一种电池。生活中常见的"南孚"电池就是锌锰干电池。

锌汞电池是一种放电电压十分平稳、比能量大的新型电池,被广泛使用于通信、航天、导弹以及小型计算器、手表、照相机中,但价格比较昂贵。

二、二次电池

放电后能通过充电使其复原的电池称为二次电池,常用的二次电池有铅蓄电池、镉镍电池和氢镍电池。

铅蓄电池的充放电可逆性好,稳定可靠,温度及电流密度适应性强,价格低,因此是二次电池中使用最广泛、技术最成熟的。

镉镍电池是常见的碱性二次电池,它内部电阻小,电压平稳,反复充放电次数多,使用寿命长,且能在低温环境下工作,常用于航天、电子计算器及收录机电源。

氢镍电池被称为绿色环保电池,无毒、不污染环境。其突出优点是循环寿命很长,有望成为航天、电子、通信领域中应用最广的高能电池之一。

三、燃料电池

连续电池在放电过程中不断地提供化学物质,使放电可以连续不间断地进行。燃料电池就是一种典型的连续电池,它能量转换率很高,理论上可达100%,实际转化率为70%~80%,而传统的火力发电,能量转化率还达不到40%。因此,燃料电池是名副其实的将燃料的化学能直接转化为电能的"能量转换器"。

现在的燃料电池,不仅能量转化率高、寿命长,而且还能够连续大功率供电,其无噪声、无污染的优点,更展示了化学在能源领域中的作用和魅力。

四、储备电池

储备电池是一种应急的备用电源,平时密封保存,需用时予以激活,在最短的时期内供电。激活的方式可以有水激活、海水激活、电解液激活、热激活、气体激活等。其储备寿命理论上是无限的,实际上一般为10年以上。储备电池广泛应用于一些特殊领域,如海空营救、炮弹引信、气象探测、医疗紧急照明等。

第六节 金属腐蚀与抑制技术

学习提要

1. 化学腐蚀和电化学腐蚀的区别。(重点)
2. 金属腐蚀的抑制技术与电化学过程机理。(难点)

当金属与周围介质接触时,由于发生化学作用或电化学作用而引起金属的破坏叫作金属的腐蚀。因此,了解腐蚀发生的原理及防护方法有十分重要的意义。

金属的腐蚀,就其反应特性而言,可区分为化学腐蚀、生物化学腐蚀和电化学腐蚀。化学腐蚀是氧化剂直接与金属表面接触而发生化学反应所致,例如金属 Zn 在高温干燥的空气中直接被氧化的过程。生物化学腐蚀是由各种微生物的生命活动所引起的,例如某些微生物以金属为培养基或以其排泄物侵蚀金属。一定组成的土壤、污水和某些有机物能加速生物化学腐蚀。电化学腐蚀是由于发生电化学反应所引起的,这种腐蚀现象最普遍,亦最严重,因此,人们对它的研究亦最广泛和深入。

一、化学腐蚀与电化学腐蚀

(一)化学腐蚀

单纯由化学作用而引起的腐蚀叫作化学腐蚀。金属在干燥气体或无导电性的非水溶液中的腐蚀,都属于化学腐蚀。温度对化学腐蚀的影响很大。例如,钢材在高温下容易被氧化,生成一层由 FeO、Fe_2O_3 和 Fe_3O_4 组成的氧化皮,同时还会发生脱碳现象。此外在原油中含有多种形式的有机硫化物,对金属输油管及容器也会产生化学腐蚀。

(二)电化学腐蚀

当金属与电解质溶液接触时,由电化学作用而引起的腐蚀叫作电化学腐蚀。金属在大气、土壤及海水中的腐蚀和在电解质溶液中的腐蚀都是电化学腐蚀。

电化学腐蚀的特点是形成腐蚀电池,电化学腐蚀过程的本质是腐蚀电池放电的过程。电化学腐蚀过程中,金属通常作为阳极,被氧化而腐蚀;阴极则根据腐蚀类型不同,可发生氢或氧的还原,析出氢气或氧气。

二、金属腐蚀的抑制技术

金属防腐的方法很多。可以在金属表面涂盖保护层,如油漆、搪瓷、塑料等,可以使腐蚀介质与金属隔离开,这种方法简单而方便;还可以用电镀的方法将抗腐蚀性较好的金属或合金覆盖在被保护的金属表面,当镀层受到损坏时,则不同的镀层就会产生不同的效果。

下面介绍缓蚀剂法和阴极保护法。

(一)缓蚀剂法

在腐蚀介质中,加入少量能减小腐蚀速率的物质以防止腐蚀的方法叫作缓蚀剂法。所加的物质叫作缓蚀剂。缓蚀剂按其组分可分成无机缓蚀剂和有机缓蚀剂两大类。

(二)阴极保护法

阴极保护法就是将被保护的金属作为腐蚀电池的阴极(原电池的正极)或作为电解池的阴极而不受腐蚀。前一种是牺牲阳极(原电池的负极)保护法,后一种是外加电流法。

牺牲阳极保护法,这是将较活泼金属或其合金连接在被保护的金属上,使其形成原电池的方法。较活泼金属作为腐蚀电池的阳极而被腐蚀,被保护的金属则得到电子作为阴极而达到保护的目的。一般常用的牺牲阳极材料有铝合金、镁合金、锌合金和锌铝镉合金等。牺牲阳极法常用于保护海轮外壳、锅炉和海底设备等。

外加电流法,在外加直流电的作用下,用废钢或石墨等难溶性导电物质作为阳极,将被保护金属作为电解池的阴极而进行保护的方法。我国海轮外壳、海湾建筑物、地下建筑物等大多已采用了阴极保护法来保护,防腐效果十分明显。

应当指出,工程上制造金属制品时,除了应该使用合适的金属材料以外,还应从金属防腐的角度对结构进行合理的设计,以避免因机械应力、热应力、流体的停滞和聚集等原因加速金属的腐蚀过程。由于金属的缝隙、拐角等应力集中部分容易成为腐蚀电池的阳极而受到腐蚀,所以合理地设计金属构件的结构是十分重要的。

本章小结

本章从中等化学与高等化学相衔接的层面,较为系统地介绍了物质的组成结构与变化规律、化学材料、电化学原理与应用等基本知识。以元素论、原子分子论、元素周期律、化学键等物质微观组成结构及性质变化规律等内容,系统构建起以原子和分子为核心概念的化学理论知识体系,建立现代基本的物质观与能量观。按照化学组成的分类,由若干典型的材料化学内容,了解化学材料的当代社会应用;由电化学原理入手,从原电池和电解池的理论角度把握不同化学电源之间的本质区别与联系,理解金属电化学腐蚀的机理和金属防腐蚀方法的化学依据。

【思维导图】

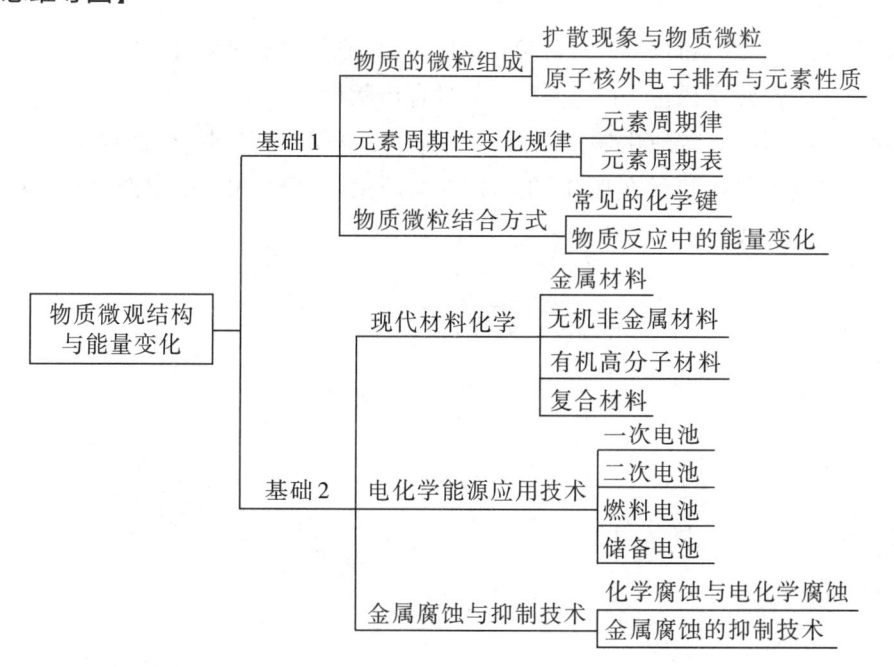

```
                    ┌─ 物质的微粒组成 ─┬─ 扩散现象与物质微粒
                    │                 └─ 原子核外电子排布与元素性质
              基础1 ┼─ 元素周期性变化规律 ┬─ 元素周期律
                    │                    └─ 元素周期表
                    └─ 物质微粒结合方式 ┬─ 常见的化学键
                                        └─ 物质反应中的能量变化
物质微观结构
与能量变化
                    ┌─ 现代材料化学 ┬─ 金属材料
                    │              ├─ 无机非金属材料
                    │              ├─ 有机高分子材料
                    │              └─ 复合材料
              基础2 ┼─ 电化学能源应用技术 ┬─ 一次电池
                    │                    ├─ 二次电池
                    │                    ├─ 燃料电池
                    │                    └─ 储备电池
                    └─ 金属腐蚀与抑制技术 ┬─ 化学腐蚀与电化学腐蚀
                                          └─ 金属腐蚀的抑制技术
```

【思考与练习】

【基础1】

1. 从现代化学的角度,描述物质的微粒组成。

2. 以 Na 原子为例,画出 Na 的原子结构示意图。

3. 以元素周期表为工具,如何预测未知元素的性质。

4. 阐述如何区分离子键与共价键。

5. 人类将如何利用氢的同位素实现新能源开发的突破。

【基础2】

1. 举出几种典型的有机高分子材料,并说明其特点。

2.到目前为止,化学电源的发展经过了哪几个主要阶段?

3.从电化学的角度,举例说明两种以上金属防腐的方法。

【应用拓展】

阅读《义务教育小学科学课程标准》第17、18页,学习课程内容之"物质科学领域"的主要概念1"物体具有一定的特征,材料具有一定的性能"和第32~33页的学习内容6.6"自然界有多种表现形式的能量转换",并就"活动建议"的内容设计探究活动。

【推荐阅读】

1.林静.生活中离不开的化学[M].北京:中国社会出版社,2012.

2.[美]帕迪利亚.科学探索者·物质构成[M].华曦,等译.杭州:浙江教育出版社,2003.

3.牟其善.人类探索自然的方法[M].北京:首都师范大学出版社,2005.

4.李阳光,等.化学概论[M].北京:高等教育出版社,2017.

5.康立娟,朴凤玉.普通化学:第3版[M].北京:高等教育出版社,2014.

6.[美]菲利普,等.科学发现者·化学概念与应用(上册)[M].王祖浩,等译.杭州:浙江教育出版社,2008.

第三章
运动和力

> 判天地之美,析万物之理。
>
> ——庄子

17世纪,在前人观察、实验和研究的基础上,牛顿运用归纳与演绎、综合与分析的科学思维方法,建立了天上物体和地上物体统一遵守的力学理论体系。经典力学的建立,标志着自然科学的诞生,并成为一切科学的典范。它是人类认识自然的第一次大飞跃和物理理论的第一次大综合,开辟了人类历史的新时代,对科学技术发展的进程以及人类生产、生活和思维的方式产生了深刻影响。

本章中,基础1(第一、二节)主要学习经典力学的运动学、动力学基本知识;基础2(第三、四节)学习经典力学的航天应用、牛顿力学的适用范围和人类的时空观。

【基础1】

第一节　机械运动

学习提要

1. 理解描述质点运动的物理概念,包括参考系、质点、路程、位移、速度、加速度等;理解描述质点运动的数学方法,包括矢量代数和矢量方程、平面几何和解析几何图像。(难点)

2. 理解直线运动、曲线运动的基本规律,包括匀速、匀变速、自由落体、平抛、匀速圆周运动的规律,领悟怎样用它们解决实际问题。(重点)

一、运动的描述

一切物体都在运动,看起来静止的物体,实际上在随地球运动。因此,运动是绝对的,静止是相对的。物体的空间位置随时间的变化,称为机械运动,简称运动。

(一)参考系

描述某个物体的位置及其随时间的变化,总是相对于其他物体而言的。这种用来做参照的物体称为参考系。参考系的选择是任意的,可以是运动物体,也可以是静止物体。但在讨论问题时,为了方便起见,被选为参考系的物体,通常假定是静止的,一般就选地球或地面为参考系来研究地球表面物体的运动。但在比较不同物体的运动时,应该也必须选同一个参考系。如果选不同的参考系研究同一个运动,结论可能不同。

例如,在研究物体在行驶的车辆上的运动时,通常选车辆为参考系;如果选择地面为参考系,不仅结果可能不同,问题也会变得更加复杂。

(二)质点

质点是用来代替物体,有质量无大小、有位置不占空间的点。它是一种"理想模型":把物体看作质点,会给研究物体的运动带来方便,有利于抓住主要矛盾,忽略次要因素。

但是,真正的质点是不存在的。在研究运动时,能否把物体看作质点,要看其大小、形状对研究有无影响,或者影响是否可以忽略不计,这样的情况下才能把物体看成质点。例如,在研究火车的整体运行情况时,可以忽视它的长度、体积而把它当成质点;但是在研究车轮的运动时,就不能把火车当成质点了。

(三)路程与位移

路程是质点实际运动轨迹的长度,只有大小,没有方向,是标量,一般用符号 s 表示。路径可以是直线,也可以是折线,但常见的是复杂曲线。

位移是由质点初位置指向末位置的有向线段,有大小,有方向,是矢量,一般用 s 表示。位移是表示质点位置变动的物理量,它只取决于质点初、末位置,与质点实际运动路径无关。位移大小等于质点初、末位置间的距离,其方向由初位置指向末位置。

一般来说,位移的大小不等于路程。只有当质点方向不变、一直往前做直线运动时,位移的大小才等于路程。位移和路程的单位相同,都是长度的单位。由于一个是有大小、有方向的矢量,另一个是只有大小的标量,因此两者不可能相等。实际上,两者类别不同,不可以比较。还要注意,质点的位置是与运动的"时刻"对应的,而质点的位移是与运动的"时间"对应的。

案例分析

(四)速度与加速度

1. 速度

质点发生的位移和完成位移所用时间的比值,叫作质点的速度,用 v 表示。在国际单位制中,速度的单位有 m/s(读作"米每秒")、km/h(读作"千米每时")等。

速度是描述质点运动快慢的物理量。和位移一样,速度也是矢量,有大小,有方向。速度的方向和质点运动的方向相同。

质点在直线运动中,其速度往往是变化的,这种运动叫作变速直线运动,这时用质点位移与时间的比值表示质点在这段位移(或这段时间)的平均速度。平均速度是矢量,它的大小用 $\bar{v}$ 表示,方向与这段位移的方向相同。通常,在不同的时间间隔内,质点的平均速度不同。

要精确描述质点的运动,就要知道质点在某一位置(即某一时刻)的运动快慢程度。质点经过某一位置(或在某一时刻)的速度,叫作瞬时速度。瞬时速度也是矢量,瞬时速度的方向即质点运动的方向。其大小叫作速率,速率是标量。汽车速度计或高铁电子屏显示的数值,就是速率。

生产、生活中还有一个所谓"平均速率",它被理解为质点运动路程与所用时间的比值。显然,它不等于平均速度的大小。因此,这只是一个生产、生活中"约定俗成"的说法,并非学术意义上的物理概念,需要注意它的使用场合。

2. 加速度

为了描述质点速度改变的快慢,引入加速度这个物理量。质点速度的改变与发生这个改变所用时间的比值,叫作质点的加速度,用 a 表示。在国际单位制中,加速度的单位是 m/s²(读作"米每二次方秒")。

在变速直线运动中,若用 v_0 表示质点初始时刻的瞬时速度(初速度),v_t 表示末时刻的瞬时速度(末速度),则加速度大小

$$a = \frac{v_t - v_0}{t}$$

(在曲线运动中,加速度的大小另当别论。)

加速度是矢量,其方向就是质点速度改变的方向。学了牛顿第二定律,就会知道,加速度的方向即质点所受合外力的方向。

加速度的大小与初速度、末速度等瞬时速度的大小没有直接关系。加速度很大时,瞬时速度既可以很大,也可以很小,甚至为零(如匀加速直线运动的起始时刻);加速度很小时,瞬时速度既可以很大,也可以很小,甚至为零。

加速度的大小与速度的变化量也没有直接关系。加速度很大时,速度的变化量既可以很大,也可以很小;反之亦然。这是由于,加速度是速度随时间的"变化率",反应质点速度变化的快慢,并不表示速度变化的大小。

当加速度方向与(瞬时)速度方向相同时,质点做加速运动,速度增大。若加速度增大,则速度增大得越来越快;若加速度减小,则速度增大得越来越慢,但仍然增大。当加速度方向与速度方向相反时,质点做减速运动,速度减小。若加速度增大,则速度减小得越来越快;若加速度减小,则速度减小得越来越慢,但仍然减小。

二、直线运动的规律

(一)匀速直线运动

质点沿直线运动,如果在相等时间里位移相等,这种运动叫作匀速直线运动,简称匀速运动。匀速运动的速度保持不变,且平均速度与速度相等。

匀速运动的规律可以写成一个公式,也叫作匀速直线运动方程,

$$s = vt$$

方程中各物理量单位分别是 m、m/s、s。

(二)匀变速直线运动

在相等时间里速度变化相等的运动,叫作匀变速直线运动。因为加速度就是速度改变与所用时间的比值,所以匀变速直线运动是加速度不变的运动。

根据变速直线运动的加速度大小

$$a = \frac{v_t - v_0}{t}$$

可以得出匀变速直线运动的速度公式

$$v_t = v_0 + at$$

由于匀变速直线运动的速度是均匀改变的,因此质点的平均速度就等于它的初速度和末速度的平均值,即

$$\bar{v} = \frac{v_0 + v_t}{2}$$

此式可以称为匀变速直线运动的平均速度公式。

再由 $s = \bar{v}t$,可推导出匀变速直线运动的位移公式

$$s = v_0 t + \frac{1}{2} at^2$$

从速度公式、位移公式中消去时间 t,还可推出匀变速直线运动的速度—位移公式

$$v_t^2 - v_0^2 = 2as$$

在以上四个方程中,只有两个是独立的,即可由任意两式推出另外两式。方程中,除标量 t 外,其余 v_0、v_t、a、s 都是矢量,故方程带有矢量方程的特点,在用它们进行计算时,需要规定正方向,凡与正方向相同者取正值,相反取负值。所求矢量最后结果为正值者,表示方向与正方向相同;为负值者,表示方向与正方向相反。通常规定 v_0 的方向为正方

向,以v_0对应的位置为质点初位置。

以上四个方程给出了匀变速直线运动的普遍规律。

当$a=0$时,质点做匀速运动,以v_0的方向为正方向;当$a>0$时,质点做匀加速直线运动;当$a<0$时,质点做匀减速直线运动。

(三)直线运动的图像

用图像表达物理规律,具有形象、直观的特点。由于位移、速度都是时间的函数,因此可以用$s-t$图像、$v-t$图像来描述质点运动的规律。

1.匀速运动的s-t图像

根据匀速动方程$s=vt$,匀速运动的$s-t$图像是一条倾斜直线(如图3-1)。

$s-t$图像中,斜率的大小表示速度的大小,$v=\tan\alpha$,即质点运动的快慢——速度的大小。斜率越大,速度越大。

$s-t$图像中,斜率为正,表示速度方向与所选正方向相同。反之,表示方向相反。

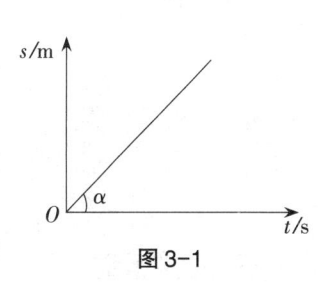

图3-1

2.匀变速直线运动的$v-t$图像

由匀变速直线运动的速度公式$v_t=v_0+at$作图,得到匀变速运动的$v-t$图像(如图3-2)。

$v-t$图像中,纵轴上的截距表示质点的初速度。

斜率的大小表示质点加速度a的大小。斜率为正,表示加速度方向与所设正方向相同;斜率为负,表示方向相反;斜率大小不变,表示加速度大小亦不变。

图像中阴影部分的"面积"表示质点在相应时间里所发生的位移s的大小。t轴上面的阴影,对应的位移为正值;t轴下面的阴影,对应的位移为负值。

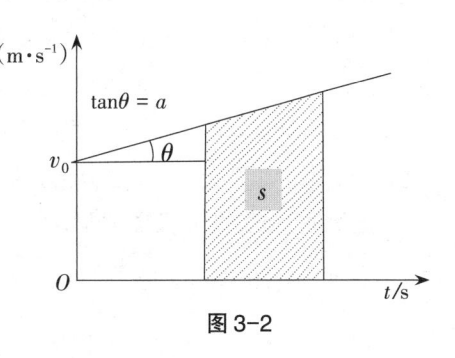

图3-2

(四)自由落体运动

物体只在重力作用下由静止开始下落的运动,叫作自由落体运动。实际上,物体下落时还受到空气阻力,因此,自由落体运动是一种理想化运动。在忽略空气阻力的前提下,落体可看成质点。

1.自由落体运动的特点

自由落体运动是初速度为零的匀加速运动。

在地面上同一地点,一切自由落体运动的加速度都是重力加速度,用符号g表示。g

的方向总是竖直向下。在地球上不同地点,g的大小略有差异,赤道处最小,两极处最大,一般取 $g = 9.8 \text{ m/s}^2$。

2.自由落体运动的规律

匀变速直线运动的基本公式及其推论都适用于自由落体运动,只要把公式中的初速度v_0取为0、加速度a取为g即可。

速度方程

$$v_t = gt$$

位移方程

$$h = \frac{1}{2}gt^2$$

速度—位移方程

$$v_t^2 = 2gh$$

三、曲线运动

(一)曲线运动的条件

轨迹是曲线的运动叫作曲线运动。在曲线运动中,质点在某一位置的瞬时速度的方向就是通过曲线上这一点的切线方向。因此,质点在曲线运动中速度的方向时刻在变化。所以,曲线运动一定是变速运动。

平抛运动、匀速圆周运动是曲线运动的两个特例。

从运动学角度看,当加速度方向跟速度方向不在同一条直线上时,质点就做曲线运动。后面学了牛顿第二定律,从动力学角度看,如果所受合外力方向跟速度方向不在同一条直线上,质点就做曲线运动。

(二)匀速圆周运动

质点沿圆周运动,在相等时间里通过的圆弧长度相等,叫作匀速圆周运动。

1.匀速圆周运动的周期、频率、转速

质点运动一周所用的时间,叫作周期,用符号T表示,单位是s(秒)。

质点在1 s时间内转过的圆周数,叫作频率,用符号f表示,单位是Hz(赫兹)。

频率和周期互为倒数。

$$f = \frac{1}{T}$$

质点在1 s时间内转过的圈数,叫作转速,用符号n表示,单位是r/s。

周期、频率、转速都是描述匀速圆周运动快慢程度的物理量。

2. 匀速圆周运动的线速度

线速度即做匀速圆周运动质点的瞬时速度。质点在圆周上某一位置的线速度方向，即该点的切线方向。质点在圆周上各位置的线速度大小都相等。

$$v = \frac{2\pi r}{T}$$

虽然线速度大小不变，但是因为它的方向时刻在改变，所以匀速圆周运动是变速运动。

3. 匀速圆周运动的角速度

角速度即连接质点和圆心的半径转过的角度 θ 跟转过这个角度所用时间 t 的比值，用符号 ω 表示，它的单位是 rad/s（读作弧度每秒）。

$$\omega = \frac{\theta}{t}$$

角速度也能描述质点做匀速圆周运动的快慢。角速度与周期、频率的关系：

$$\omega = \frac{2\pi}{T} = 2\pi f$$

它与线速度的关系：

$$v = r\omega$$

它与转速的关系：

$$\omega = 2\pi n$$

【拓展阅读】

伽利略的理想实验

伽利略(1564—1642)设想把两个光滑斜面构成漏斗状，让一钢球在两斜面之间滚动。球从斜面某一高度静止滚下，由于只受重力，没有产生能量损耗，因此必定到达另一斜面的同一高度；若把斜面放平缓一些，会出现同样的情况；如果把斜面变成水平面，则球找不到同样的高度，会一直保持其运动状态，永远运动下去。

伽利略据此得出结论：物体不会自发地改变它的速度。如果物体原来在做直线的匀速运动，则它会继续沿原直线的方向匀速运动，除非它受到另外的作用。如果物体原来是静止的，它将继续静止。物体的这种性质叫作惯性。

笛卡儿完善了伽利略的观点，提出：如果运动中的物体没有受到除原来的力以外更多外力的作用，它将继续以同一速度沿同一直线运动，既不停下来也不偏离原来的方向。

牛顿总结前人的结论，用惯性概念作为运动第一定律：物体在不受力的时候，总保持匀速直线运动状态或静止状态，直到有外力作用在它上面迫使它改变这种状态为止。

伽利略"光滑斜面"实验的卓越之处不是实验本身，而是实验所使用的方法：在实验的基础上，进行理想化推理，也称作理想实验，它标志着物理学的真正开端。

第二节　力与运动

> **学习提要**
>
> 1.学习常见的三种力:重力、弹力和摩擦力;理解力的合成与分解。
> 2.理解牛顿运动定律,包括惯性、力和运动的关系、作用力与反作用力等。(重点)
> 3.理解万有引力定律,领悟天上、地上物体运动遵循的规律。(重点)
> 4.理解压强和浮力,能对有关现象进行定性分析、简单计算。(难点)

一、力的概念

(一)力

力是物体对物体的相互作用。发生作用的两个物体,一个是施力物体,一个是受力物体。力一般用符号 F 表示,它的单位是牛顿,简称牛,用符号 N 表示。

力不能离开物体单独存在,没有施力物体或受力物体的力是不存在的,这是力的物质性;力的作用是相互的,施力物体同时也是受力物体,受力物体同时也是施力物体,这是力的相互性;力是既有大小、又有方向的矢量,这是力的矢量性;一个力作用于物体产生的效果,与这个物体是否同时受其他作用力无关,这是力的独立性。

按力的性质,力可以分为重力、弹力、摩擦力、引力、分子力、电磁力、核力等。按作用效果,力可以分为拉力、压力、支持力、动力、阻力、向心力等。按作用方式,力可以分为接触力,如弹力、摩擦力;和非接触力,如重力、电场力、磁场力。按研究对象,力可以分为内力和外力。

力的大小、方向、作用点叫作力的三要素。可以用带箭头的线段表示力(如图3-3),线段的长度表示力的大小,箭头指向表示力的方向,箭尾或箭头表示力的作用点。这种表示力的方法,叫作力的图示。

图3-3　力的图示

(二)力的作用效果

力作用于物体,可以改变物体的形状,使其发生形变,如用力捏橡皮泥,拉弹簧。力还可以改变物体的运动状态,如使物体由静止开始运动或由运动变为静止,或改变运动的方向,或改变物体的快慢。

二、常见的力

（一）重力

地球上一切物体都受到地球的吸引，这种由于地球的吸引而使物体受到的力叫作重力，通常用字母 G 表示。重力的方向竖直向下，重力的大小跟物体的质量成正比。

物体各部分都受到重力的作用，从等效的角度看，可以认为各部分所受重力作用集中于一点，这一点叫作物体的重心。几何形状规则、质量分布均匀的物体，重心即它的几何中心；质量分布不均匀的物体，重心随物体形状和质量分布的不同而异。重心有可能在物体上，也有可能在物体外，如篮球、铁环。薄板状物体的重心可用二次悬挂法求得（如图3-4）。先在 A 点将物体悬挂起来，过 A 点画一条竖直线 AB。然后再选一点 D 把物体挂起来，通过 D 点画一条竖直线 DE。AB 和 DE 的交点 C 即为薄板的重心。

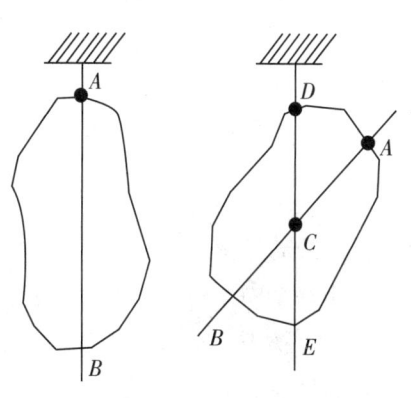

图3-4　悬挂法求薄板状物体的重心

（二）弹力

物体受力会发生形变。外力撤销后，物体能恢复原状的形变叫作弹性形变。发生弹性形变的物体，由于要恢复原状，会对跟它接触的物体产生力的作用，这种力叫作弹力。

弹力发生在直接接触并产生形变的物体之间。由于任何物体都会发生形变，不发生形变的物体是不存在的，因此弹力在自然界中广泛存在。放在桌面上的水杯受到桌面对它的支持力，支持力是弹力；桌面受到水杯的压力，压力也是弹力。压力和支持力的方向总是垂直于接触面，指向被压或被支持的物体。

弹力的大小跟形变的大小有关系。形变越大，弹力也越大，形变消失，弹力随着消失。弹力与形变的定量关系，一般来说比较复杂，但对形变明显的弹簧（弹性限度内），弹力的大小 F 跟弹簧伸长或缩短的长度 x 成正比，即

$$F = kx$$

式中，k 为弹簧的劲度系数，单位为牛顿每米（N/m）。这个规律是英国科学家胡克发现的，所以叫作胡克定律。

（三）摩擦力

1. 静摩擦力

两个物体相互接触，当接触面存在相对运动趋势但又没有发生相对运动时，接触面上就会产生一种阻碍相对运动的力，叫作静摩擦力。

静摩擦力 F，随沿相对运动趋势方向的外力，在 0 与最大静摩擦力 F_{max} 之间变化，即

$$0 < F \leqslant F_{max}$$

静摩擦力的大小与物体之间压力大小无关。由物体运动状态和物体所受其他力决定,根据平衡条件或牛顿第二定律求解。

如图3-5所示,物体 A、B 在外力 F 的作用下同沿水平方向向右以加速度 a 做匀加速直线运动。若 A 质量为 m,根据静摩擦力是 A 运动的动力,确定 A 受的静摩擦力大小为 ma(由牛顿第二定律可得),方向水平向右。

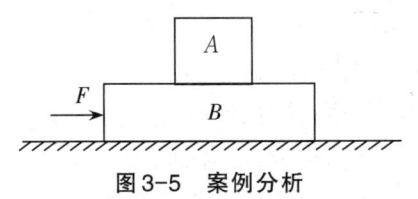

图 3-5　案例分析

2.滑动摩擦力

当一个物体在另一个物体表面滑动时,会受到另一个物体阻碍它滑动的力,这种力叫作滑动摩擦力。滑动摩擦力的方向总是沿着接触面,并且跟物体的相对运动方向相反。

如图3-6所示,在运行的传送带上放一个初速度为零的工件A,在工件A未达到与传送带速度相等前,A相对传送带向左滑动,但相对地仍为向右运动,这时工件所受滑动摩擦力的方向与工件的运动方向一致。

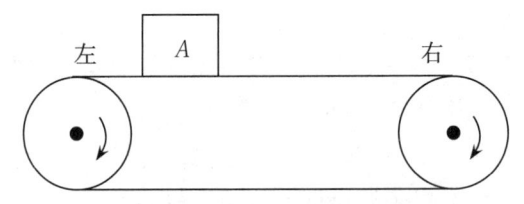

图 3-6　案例分析

滑动摩擦力的大小跟压力成正比,即

$$F_f = \mu F_N$$

其中 μ 为动摩擦系数,大小与相互接触的两个物体的材料及接触面的粗糙程度有关;F_N 是两物接触面间的正压力,大小不一定等于物体重力。

滑动摩擦力的大小与物体运动速度的快慢和两物接触面面积的大小无关。

常见的力产生条件及方向特征比较

三、力的合成与分解

(一)力的合成

当一个物体受到几个力的共同作用时,我们常常可以找出这样一个力,这个力产生的效果跟原来几个力共同作用的效果相同,这个力就叫作合力,原来的几个力叫作分力。

求几个力的合力的过程叫作力的合成。

两个力合成时，以表示这两个力的线段为邻边做平行四边形，这两个邻边之间的对角线就代表合力的大小和方向（如图3-7）。这个方法叫作平行四边形定则。

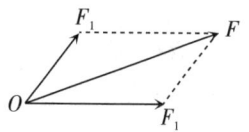

两个以上的力作用在同一个物体上，可以先求出任意两个力的合力，再求出这个力与第三个力的合力，以此类推，直到把所有的力都合成进去，最后得到所有这些力的合力。

图3-7 力的平行四边形定则

两个或多个力共同作用于物体的同一点上，或者虽不作用于同一点，但它们的延长线交于一点，这样的一组力叫作共点力。平行四边形定则只适用于共点力的合成。

(二)力的分解

已知一个力，求它的分力的过程，叫作力的分解。力的分解是力的合成的逆运算，同样遵守平行四边形定则。把一个已知力 F 作为平行四边形的对角线，那么，与力 F 共点的平行四边形的两个邻边，就表示 F 的分力。

由图3-8可以看出，对于同一条对角线，可以做出无数个平行四边形。因此，一个力究竟该怎样分解，要根据实际情况而定。图3-9是对斜面上的物体所受重力的分解，根据直角三角形中的三角函数关系可知 $F_1=G\sin\theta$，$F_2=G\cos\theta$。

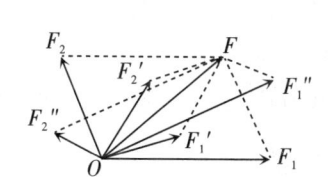

图3-8 一个力可以分解为无数对分力　　图3-9 重力的分解

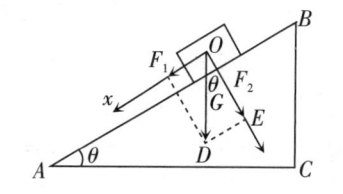

四、牛顿运动定律

在物理学中，只研究物体怎样运动而不涉及运动与力的关系的理论，称作运动学；研究运动与力的关系的理论，称作动力学。动力学的研究以牛顿运动定律为基础。

(一)牛顿第一定律

在伽利略和笛卡儿等人工作的基础上，牛顿提出了动力学的一条基本定律：一切物体总保持匀速直线运动状态或静止状态，直到有外力作用于物体迫使它改变这种状态为止。这就是牛顿第一定律。这条定律表明，物体具有保持原来匀速直线运动状态或静止状态的性质，我们把这个性质叫作惯性。因此，牛顿第一定律又称惯性定律。

物体受到外力作用时，其惯性大小表现在物体运动状态改变的难易程度上。观察和实验表明，质量是惯性大小的唯一量度。质量大的物体惯性大，质量小的物体惯性小。

牛顿第一定律揭示了力的本质：力是改变物体运动状态的原因，不是维持物体运动状态的原因。例如，运动物体逐渐减速直至停下来，不是因为不受力，而是因为受到阻力。

牛顿第一定律描述的是一种理想状态，实际上不受外力作用的物体是不存在的。但当物体所受合外力为零时，其作用效果跟不受外力相同。因此，可以把理想情况"不受外力作用"理解为实际情况"所受合外力为零"。这样，牛顿第一定律可以理解为，物体所受合外力为零时，将保持原有匀速直线运动状态或静止状态，直到有外力迫使它改变这种状态为止。

牛顿第一定律涉及不受外力作用的理想化情况，无法用实验直接验证。它是以伽利略"理想实验"为基础，将理想实验结论经过科学抽象、归纳推理而总结出来的。

(二)牛顿第二定律

物体加速度的大小跟它受到的作用力成正比，跟它的质量成反比，加速度的方向跟作用力的方向相同。这就是牛顿第二定律。其数学表达式为

$$F = ma$$

牛顿第二定律说明力的瞬时效应能产生加速度，物体的加速度跟所受的合外力同时产生、同时消失、同时变化，因此适合用来解决物体在某一时刻或某一位置的力和加速度的关系问题。

力和加速度都是矢量。物体加速度的方向由所受合外力决定。牛顿第二定律数学表达式中，等号既表示两边数值相等，也表示方向一致。

当物体受到几个力作用时，各力独立产生与其对应的加速度；而物体表现出来的实际加速度，是物体所受各力产生的加速度相叠加的结果。

(三)牛顿第三定律

两个物体之间的作用力和反作用力总是大小相等，方向相反，作用在同一条直线上。这就是牛顿第三定律。其数学表达式为

$$F = -F'$$

牛顿第三定律建立了相互作用的两个物体之间的联系，以及作用力和反作用力的相互依赖关系。即两个物体之间的作用是相互的，一个物体对另一个物体施加了力，另一个物体一定同时对这个物体也施加了力；两个物体之间的作用力和反作用力总是大小相等，方向相反，作用在同一条直线上；作用力和反作用力总是成对出现，同时产生，同时变化，同时消失；作用力和反作用力作用在两个不同物体上，各自产生其效果，永远不会抵消；作用力和反作用力是同一性质的力；物体之间的相互作用力可以是接触力，也可以是场力。

五、向心力

(一)向心加速度

向心加速度是描述线速度变化快慢的物理量。

做匀速圆周运动的物体,线速度大小始终不变,但沿圆周切向的速度方向时刻在变化。若圆半径一定,则线速度越大,线速度方向变化越快;若线速度一定,则圆半径越小,线速度方向变化越快。

向心加速度大小跟线速度大小、圆半径的关系为

$$a = \frac{v^2}{r}$$

因为

$$v = \omega r$$

$$\omega = \frac{2\pi}{T}$$

所以

$$a = \frac{4\pi^2 r}{T^2}$$

向心加速度的方向始终指向圆心,亦即向心力的方向。

(二)向心力

做匀速圆周运动的物体,所受合外力沿半径指向圆心的分量即为向心力。向心力只改变线速度的方向,不改变线速度的大小。因此,向心力对做圆周运动的物体不做功。

向心力的大小

$$F_{向} = ma_{向} = m\frac{v^2}{r} = m\omega^2 r = m\frac{4\pi^2 r}{T^2}$$

向心力的方向总是沿半径指向圆心,且时刻在变化,故向心力是变力。

(三)离心现象

做匀速圆周运动的物体,在合外力突然变为0,或者不足以提供做圆周运动所需要的向心力时,即 $F < m\frac{v^2}{r}$ 时,物体将做逐渐远离圆心的运动,这种现象叫作离心现象。生活中如洗衣机脱水桶、制作棉花糖、用离心机把温度计的水银柱甩回玻璃泡内等均属于离心现象。

在水平公路上行驶的汽车,转弯时所需向心力由车轮与路面的静摩擦力提供。若转弯时速度过快,所需向心力大于最大静摩擦力,则汽车将做离心运动,就可能造成交通事故。高速转动的砂轮、飞轮,因材料强度以及内部裂纹等原因,也可能发生离心现象,造

成碎裂并高速射出,如果防护措施不当,容易导致伤人事故。

六、万有引力定律

开普勒三大定律发现之后,人们开始更深入地思考:是什么原因使行星绕太阳运动?伽利略、开普勒、笛卡儿以及与牛顿同时代的科学家胡克、哈雷等都提出过自己的解释。牛顿在前人研究的基础上,利用他的运动定律把行星的向心加速度与太阳对它的引力联系起来,并进一步提出宇宙间一切物体都存在相互吸引,引力的方向在相互吸引的两个物体的连线上,引力的大小与它们质量的乘积成正比,与它们之间距离的平方成反比,即

$$F = G\frac{m_1 m_2}{r^2}$$

式中 G 为万有引力常量
$G = 6.67 \times 10^{-11} \text{N} \cdot \text{m}^2/\text{kg}^2$
这就是万有引力定律。

地球对物体的引力是物体具有重力的根本原因,但重力并不完全等于引力。这是因为,地球在不停地自转,而地球上的物体随地球自转,绕地轴做匀速圆周运动,这就需要向心力。这个向心力,方向垂直地轴,大小是

$$F_{向} = m\omega^2 r$$

式中 r 是物体与地轴的距离, ω 是地球自转的角速度。这个向心力来自地球对物体的引力 F,是引力 F 的一个分力,如图 3-10 所示。而引力 F 的另一个分力正是物体的重力 mg。

纬度不同的地方,物体做匀速圆周运动的角速度 ω 是一样的,然而圆周的半径 r 并不相同,半径在赤道上最大,在两极处最小(等于零)。

纬度为 α 处的物体随地球自转所需的向心力

$$f = m\omega^2 R\cos\alpha$$

R 为地球半径。由式可见,随着纬度升高,向心力减小。在两极处 $R\cos\alpha = 0, f = 0$。

作为引力的另一个分量,重力则随纬度的升高而增大;在赤道上,物体的重力等于引力与向心力之差,即

$$mg = G\frac{mM}{R^2} - m\omega^2 r$$

在两极处,引力就是重力。

由于地球的角速度很小,数量级仅为 10^{-5} rad/s,所以重力 mg 与引力 F 的差别很小。

在不考虑地球自转的条件下,地球表面物体的重力可以认为就等于引力

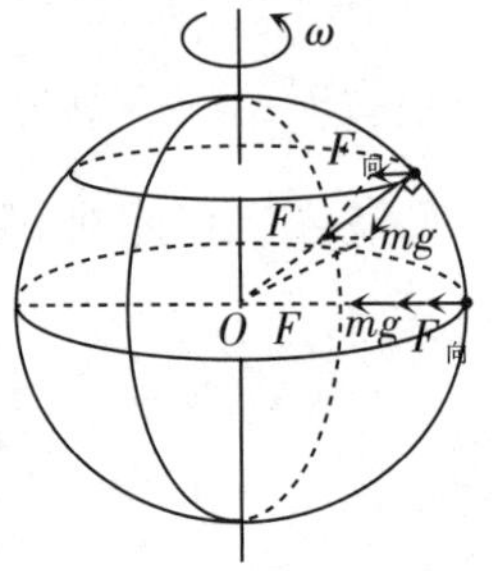

图 3-10 地球对物体引力的分解

$$mg = G\frac{Mm}{R^2}$$

从图 3-10 还可以看出，重力一般并不指向地心，只有在南北两极和赤道上重力才指向地心。

七、压强

(一)压力

垂直作用于物体表面上的力，叫作压力。压力的方向与受力物体的表面即支撑面垂直，指向受力物体。压力的方向总是与接触面垂直，这是压力与其他力的一个根本区别。

(二)压强

物体单位面积上受到的压力，叫作压强。数学表达式为

$$p = \frac{F}{S}$$

压力与重力的比较

式中 F 表示作用在物体表面上的压力，S 表示物体受压力作用的面积，也就是施压物体和受压物体实际接触的面积，p 表示压强。

在国际单位制中，压强的单位是帕斯卡，简称帕，符号是 Pa。

$$1\ \text{Pa} = 1\ \text{N/m}^2$$

表示物体 1 m² 面积上受到的压力是 1 N。这个单位比较小，生产、生活中常用千帕(kPa)、兆帕(MPa)等单位。

压强取决于压力和受力面积两个因素。注意，公式中的 F 是压力，不是重力。即使在某些情况下压力在数值上等于物体的重力，也不能理解为 $p = \dfrac{G}{S}$。公式中的 S 是受力面积，即受力物体发生形变的那部分面积，亦即两物体实际接触面积，不一定是受力物体的表面积。

压强是描述压力作用效果的物理量。压强的值越大，压力作用效果越显著；反之，压强的值越小，压力作用效果越差。

柱形固体包括圆柱体、长方体、正方体和普通墙体。密度均匀的柱体对支持面的压力

$$F = G = mg = \rho V g = \rho S h g$$

因此，柱体对支持面的压强

$$p = \frac{F}{S} = \rho g h$$

由此可知，密度均匀的柱形固体对支持面的压强只与柱体的密度和高度有关，与体积

和底面积无关。利用这一特性,可以解决施工选材、建筑物高度预测等方面的一些问题。

根据压强定义式,增大压强有三种办法。第一,在压力一定时,可以减小受力面积。例如,在压力不变的情况下,刀、斧、切削工具的刃要磨得很薄,钉子、针、锯齿的尖端加工得很尖。第二,当受力面积不变时,可以增大压力。第三,在条件允许的情况下,可以同时增大压力、减小受力面积。反之,可以减小压强。

(三)液体压强

在如图3-11所示的玻璃管中装入液体,由于液体受到重力作用,且具有流动性,所以液体对容器底部和容器壁都会产生压强。不仅如此,各部分液体之间也相互挤压,产生压强。

用图3-12所示的液体压强计可以测量液体内部不同位置的压强。当探头上的橡皮膜受到压强时,U形管两边液面出现高度差,此高度差即表示压强的大小。压强越大,液面高度差也越大。实验发现,液体对容器底和侧壁都有压强,液体内部向各个方向都有压强;液体的压强随深度的增加而增大;同一深度,液体向各个方向的压强相等;不同液体的压强跟液体的密度有关。

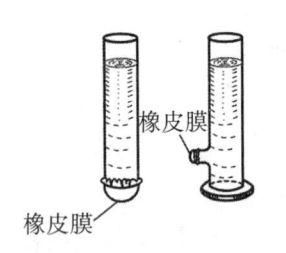

图3-11 液体压强的产生   图3-12 液体压强计

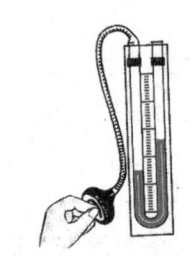

液体压强的计算公式为

$$p = \rho g h$$

ρ 的单位是 kg/m^3,h 的单位是 m,$g = 9.8 \text{ N/kg}$,计算出的压强单位是 Pa。

注意深度是指从液体的自由面到液体内某一点之间的竖直距离,即深度是从上往下量的;高度是指液体中某一点到底部的竖直距离,即高度是由下往上量的。正确判断出 h 的大小是计算液体压强的关键。计算出来的压强是液体由于自身重力产生的压强,不包括液体受到的外加压强。

静止在水平放置的容器中的液体,对容器底的压力不一定等于液体的重力。只有当容器是柱体(圆柱体、长方体、正方体等)时,容器底的压力才等于液体的重力。若容器是非柱体,无论底大口小、底小口大,容器底受到的压力都不等于液体的重力。

深度为 h 的液体,对容器底为 S 的压力

$$F = pS = \rho g h S = \rho g V_柱$$

$V_柱 = Sh$ 是以 S 为底、以 h 为高的柱体的体积。因此

$$F = \rho g V_柱 = m_柱 g = G_柱$$

$G_柱$是对应于体积为$V_柱$那部分液体的重力。

因此,水平放置的盛有液体的平底容器所受液体的压力(不考虑液面上的大气压或作用在液面上的其他力),其大小等于横截面积为容器底面积,高度为液体深度的液柱所受的重力,与容器形状无关。

由于固体和液体物理性质不同,导致二者产生的压强规律也有所不同。固体压强只能在某一方向上产生,液体产生的压强向各个方向都有。在平衡状态下,加在固体上的压强只能沿力的方向,大小不变地传递(如手压图钉);而加在密闭液体上的压强,能够大小不变地向各个方向传递(如油压千斤顶)。

压强定义式与液体内部压强公式比较

上端开口、底部连通的容器我们称之为连通器。静止在连通器内的同一种液体,各部分直接与大气接触的液面总是保持在同一高度(如图3-13)。

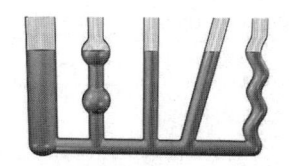

图3-13 连通器的特点

如图3-14所示。在U形玻璃管中装有同一种液体,在连通器底部正中设想有一个小液片AB。因为液体是静止的,左管中液体对液片AB向右侧的压强,等于右管中液体对液片AB向左侧的压强。又因为是同一种液体,左、右液柱密度相同。由液体压强公式$p = \rho g h$可知,两边液柱等高。

1648年,法国科学家帕斯卡做了一个著名实验(如图3-15)。在一个密闭、装满水的木桶桶盖上,插入一根细长的管,并从楼房阳台上向细管里灌水。结果,只用了几杯水,就把木桶压裂了,桶里的水从裂缝中流了出来。

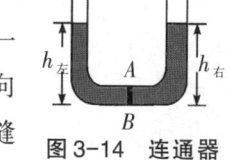

图3-14 连通器

加在密闭液体上的压强能够大小不变地由液体向各个方向传递,这个规律称为帕斯卡原理。在图3-15中,加在密封桶里的水的压强大小不变地由水向各个方向传递,结果把桶压裂了。

(四)大气压强

1. 大气压

大气对浸没在它里面的物体的压强,叫作大气压强,简称大气压或气压。由于空气受重力作用,又具有流动性,因此对浸没在它里面的物体产生压力,从而产生大气压强。大气内部向各个方向都有压强。

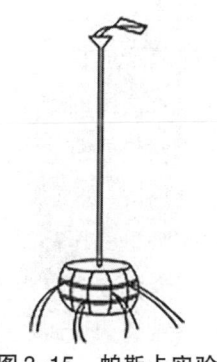

图3-15 帕斯卡实验

2. 马德堡半球实验

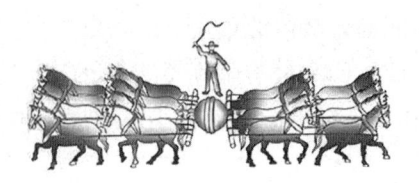

图 3-16

1654年5月8日，德国马德堡市，市长格里克在马德堡广场做了一个惊人的实验。他把两个铜质、直径三十多厘米的空心半球紧贴在一起，两个球的对口处经过研磨，在贴在一起之前，用布将对口处擦净，并涂上凡士林。两半球接触后，用力压紧，稍稍左右转动一下，然后打开阀门，用胶皮管把气嘴跟抽气机相连接，将球内气体抽出，球外的大气压使两半球合在一起。在半球两侧各装有一个铜环，环上各用八匹马向两侧拉动，16匹马费了很大的劲，才拉开铜质空心半球。这是由于球内空气被抽出，气压很小。外面的大气压就紧紧地将两个半球压在一起。这个实验不仅证明了大气压的存在，而且证明了大气压很大。

简易实验证明大气压的存在

3. 大气压的测定

1643年，意大利科学家托里拆利首先用实验的方法测量出大气压强的数值。如图3-17所示，在一根长约1 m、一端封闭的玻璃管中灌满水银，用食指堵住开口的一端，把管倒立在水银槽里。放开食指，管内水银面下降，降到管内水银面比管外水银面高约760 mm时，就不再下降了。这时作用在槽中水银面上的大气压强与玻璃管内760 mm高水银柱产生的压强相等。利用 $p = \rho g h$ 可以计算出大气压强的数值为

$p = \rho g h = 13.6 \times 10^3 \text{ kg/m}^3 \times 9.8 \text{ N/kg} \times 0.76 \text{ m} \approx 1.013 \times 10^5 \text{ Pa}$

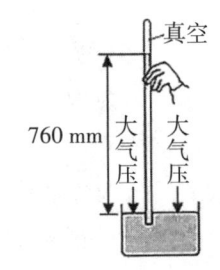

图 3-17 托里拆利实验

注意，实验中必须保证玻璃管内没有气体，这样管内水银柱产生的压强才等于管外大气压。若管内混入空气，外部大气压能支持的管内水银柱高度降低，则测出的大气压值偏小。实验中的 h 是指管内外水银液面的竖直高度差，它完全由当地的大气压决定，跟玻璃管的粗细、形状、是否倾斜、上提（管口不离开水银面）或下压一些无关。

大气压的数值不是固定不变的，通常将与760 mm高水银柱所产生的压强相等的大气压叫作标准大气压。一般在海平面附近，大气压强为1个标准大气压，离地面越高，空气越稀薄，大气压越小。同一地点大气压也不是固定不变的，一般晴天比阴天气压高，冬季比夏季气压高，原因是空气中水蒸气含量越大，气压越低。

为什么空气中水蒸气含量越大，气压越低呢？气压是由空气形成的。但是当空气中水蒸气含量大时，因为水汽的密度大于空气，所以空气上升，水汽下沉，此时人所感受到的是水汽所形成的压强。然而，水汽的压强达不到空气的压强那么大，又停留在近地端，于是就形成低气压了。

4. 流体压强与流速的关系

液体和气体都能流动，统称为流体。对于流体，流速大的地方压强小，流速小的地方压强大。

如图 3-18(a) 所示，在水面上放上两只小纸船，用水管向船中间区域冲水，两纸船向中间靠拢，说明外侧所受液体压强大，内侧受到的液体压强小。如图 3-18(b) 所示，在两支筷子中间放上两只乒乓球，用吸管向中间吹气，乒乓球向中间滚动，说明外侧所受气体压强大，内侧受到的气体压强小。

(a)　　　　　(b)

图 3-18

飞机的机翼都做成上面凸起、下面平直的形状（如图 3-19）。当飞机在跑道上滑行时，流过机翼上方的空气速度大、压强小；流过机翼下方的空气速度小、压强大，机翼上下方所受到的压力差形成向上的升力，当飞机滑行速度达到一定值时，机翼所受的升力超过飞机自重，飞机就起飞了。

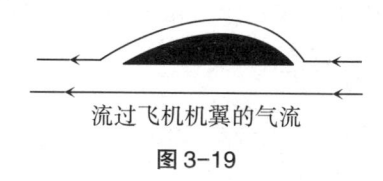

流过飞机机翼的气流

图 3-19

列车（地铁）站台距离列车一定的位置，工作人员要画一条黄线（如图 3-20），提醒乘客不要太靠近行驶的列车。因为，疾驰的火车旁边空气流速大、压强小，外侧较大的气压可能向人施加向里的推力，发生危险。

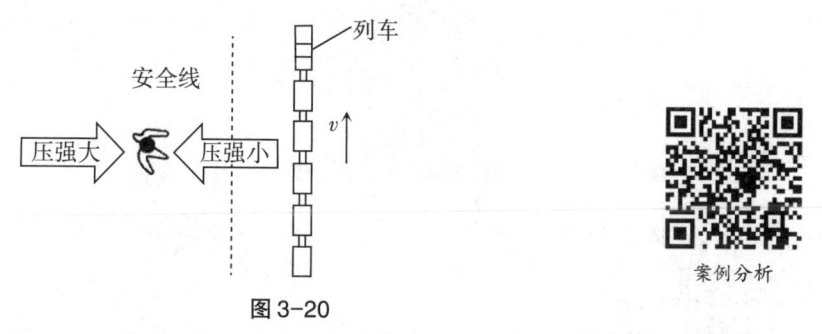

图 3-20

5. 大气与沸点的关系

实验表明，气压减小时，液体的沸点降低；气压增大时，沸点升高。因此，同种液体的沸点并非固定不变。通常所讲的沸点，是指在 1 个标准大气压下。比如，说水的沸点是 100 ℃，就是在 1 个标准大气压下。西藏拉萨海拔高，大气压低于 1 个标准气压，水的沸点不到 90 ℃。

6.气体压强与体积的关系

实验表明,温度不变时,一定质量的气体,体积越小,压强越大;体积越大,压强越小。水笔吸墨水、抽气机、打气筒、空气压缩机、风镐、风钻等都是利用气压与体积的关系来进行工作的。

八、浮力

(一)什么是浮力

浸在液体或气体里的物体,受到液体或气体向上托的力,叫作浮力。浮力的施力物体是液体或气体,受力物体是浸在液体或气体里的物体。浮力是由于液体或气体对物体上、下表面产生的压力差而产生的,方向总是竖直向上。

如图 3-21 所示,浸没在水中的立方体,左右、前后侧面所受水的压力大小相等,方向相反,彼此平衡。而上下侧面处于不同深度,所受水的压强不同,由于受力面积相等,因此压力不相等。下表面所受到的竖直向上的压力大于上表面所受到的竖直向下的压力,因而产生了浮力,方向竖直向上。即 $F_浮 = F_上 - F_下$。

浸没在液体中的物体不一定都受到浮力。如下端插入水底基岩的桥墩、拦河坝等,都不受浮力作用。同一物体浸在液体的不同深度,所受浮力不变。

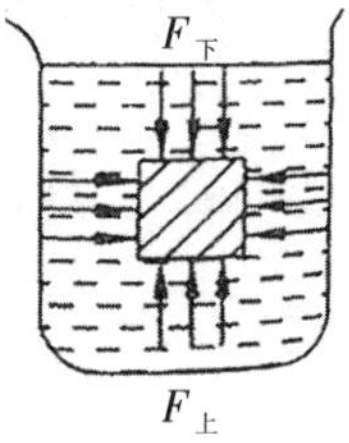

图 3-21

(二)浮力的大小

浸入液体中的物体受到向上的浮力,浮力的大小等于被物体排开的液体所受的重力。即

$$F_浮 = G_排 = \rho_液 g V_排$$

这个规律叫作阿基米德原理。

可以看出,浮力的大小只跟液体的密度和物体排开液体的体积这两个因素有关,而跟物体本身的体积、密度、形状、在液体中的深度、在液体中是否运动、液体的多少等因素无关。

阿基米德原理也适用于气体,但公式中的 $\rho_液$ 得改为 $\rho_气$。

(三)物体的浮沉

1.上浮

物体全部都浸没在液体中时,所受浮力最大。当 $F_浮 > G_物$ 时,物体在重力、浮力共同作用下,合力方向竖直向上,物体在液体中向上运动——上浮。

2.漂浮

当物体仍然浸没在液体中时,所受的浮力保持一定。随着物体上升,物体有一部分开始露出液面,此时若还是 $F_浮 > G_物$,则物体仍要继续上浮。随着物体露出液面的体积逐渐增大,物体浸在液体中的体积就逐渐减小,物体受到的浮力也随之减小,直至 $F_浮 = G_物$。此时物体所受合力为零,不再上浮,物体处于平衡状态,漂浮于液面上。

3. 下沉

当 $F_浮 < G_物$ 时,物体所受重力、浮力的合力方向竖直向下,物体向下运动——下沉。下沉到物体全部浸在液体中时,$F_浮$ 达到最大值。如果仍是 $F_浮 < G_物$,则物体将一直下沉到底。在下沉过程中,由于 $V_排$ 保持最大值不变,$F_浮$ 也就保持最大值不变,直到容器底部对物体产生一定的支持力为止。这时,物体在重力、浮力、支持力作用下处于平衡状态,下沉运动结束。

4. 悬浮

悬浮的物体是处于浸没状态的,它可以停留在液面下任何位置,随时都能保持 $F_浮 = G_物$ 的平衡状态。

5. 悬浮和漂浮的区别

悬浮的物体可以静止在液体内任一位置,漂浮的物体则静止于液体表面。处于悬浮状态的物体,其密度与液体密度相等,其体积等于物体排开液体的体积;处于漂浮状态的物体,其密度小于液体密度,其体积大于物体排开液体的体积。

(四)浮力的测量与计算

1. 浮力的计算

(1) 称重法

把物体挂在弹簧测力计上,记下弹簧测力计示数 F_1。把物体浸入液体中,记下弹簧测力计示数 F_2(如图 3-22)。则 $F_浮 = F_1 - F_2$。

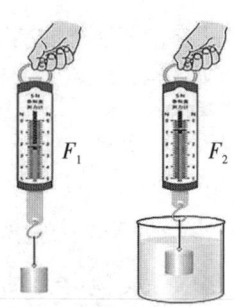

图 3-22

(2) 阿基米德原理法

根据

$$F_浮 = G_排 = \rho_液 g V_排$$

进行计算。

(3)平衡力法

当物体悬浮或漂浮时,根据二力平衡条件,

$$F_浮 = G_物$$

进行计算。

(4)压力差法

浸没在液体中的柱体(圆柱体、长方体、正方体)受到液体向上、向下的压力差即为浮力。

$$F_浮 = F_上 - F_下$$

2. 浮力大小的比较

几个物体处在同种液体中,那么液体的密度是相同的。根据阿基米德原理,几个物体中,排开液体体积大的物体,受到的浮力大。

同一个物体静止于不同液体中,判断浮力大小可以利用物体的浮沉条件。以物体的重力为参照标准:

当物体下沉,说明物体受到的浮力

$$F_1 < G$$

当物体上浮说明物体受到的浮力

$$F_2 > G$$

当物体悬浮说明物体受到的浮力

$$F_3 = G$$

故有

$$F_1 < F_3 < F_2$$

资料链接

阿基米德(公元前287—公元前212)

古希腊哲学家、数学家、物理学家,静力学和流体静力学的奠基人。

阿基米德确立了静力学和流体静力学的基本原理。证明物体在液体中所受浮力等于它所排开液体的重量,这一结论被称为阿基米德原理。他还给出正抛物旋转体浮在液体中平衡稳定的判据。

阿基米德发明的机械有引水用的水螺旋,能牵动满载大船的杠杆滑轮机械,能说明日食、月食现象的地球—月球—太阳运行模型。但他认为机械发明比纯数学低级,因而没写这方面的著作。

阿基米德还采用不断分割法求椭球体、旋转抛物体等的体积,这种方法已具有积分计算的雏形。

阿基米德是"理论天才与实验天才合于一人的理想化身",对数学和物理的发展做出了巨大贡献,对人类文明有不可磨灭的影响,达·芬奇、伽利略等人以他为楷模,牛顿、爱因斯坦都曾从他身上汲取过智慧和灵感。

【基础2】

第三节　牛顿力学与航空航天

学习提要

1. 理解超重和失重。(重点、难点)
2. 了解宇宙速度和人造天体。

一、超重和失重

(一)超重

物体对竖直悬绳的拉力(或对支持物的压力)大于物体重力的现象称为超重现象。之所以会出现超重现象，是因为物体具有向上的加速度。

因为
$$F > mg$$

由牛顿第二定律
$$F - mg = ma > 0$$

即
$$a > 0$$

故 a 与 F 同向，方向向上。这时物体或者向上做加速运动，或者向下做减速运动。总之，物体的加速度向上。

(二)失重

物体对竖直悬绳的拉力(或对支持物的压力)小于物体重力的现象称为失重现象。之所以会出现失重现象，是因为物体具有向下的加速度。

因为
$$F < mg$$

由牛顿第二定律
$$F - mg = ma < 0$$

即
$$a < 0$$

故 a 与 F 反向,方向向下。这时物体或者向上做减速运动,或者向下做加速运动,总之,物体加速度向下。

如果物体正好以大小等于 g 的加速度竖直下落,那么物体对支持物的压力(或对竖直悬绳的拉力)等于零,这种现象叫作完全失重状态。

完全失重状态不限于自由落体运动,只要物体 $a = g$ 且 a 方向竖直向下,物体就处于完全失重状态,例如不计空气阻力的各种抛体运动、环绕地球匀速圆周运动的人造天体(包括天体上的所有物体)等。在完全失重状态下,因重力而产生的现象不复存在。例如,物体对水平支持面不再有压力、对竖直悬挂线不再有拉力、无法再用天平测物体质量、液柱不再产生压强、液体中物体不再受浮力等。

(三)视重

物体挂在弹簧测力计下或放在水平台秤上,仪表显示的读数称为视重。根据力的平衡条件,视重大小等于仪表所受拉力或压力。

当物体处于超重或失重状态时,只是物体对竖直悬挂物的拉力或对水平支持物的压力发生变化,物体重力并无变化。所谓"超"与"失",指的是视重的"超"与"失"。视重"超"与"失"的多少,取决于物体质量和物体在竖直方向的加速度。

物体是处于超重还是失重状态,与运动速度无关,只由物体加速度决定;也不取决于物体是向上还是向下运动,而是取决于物体加速度方向是向上还是向下。

【拓展阅读】

载人航天与空间运动病

由于与地面环境差异巨大,航天员会产生空间定向失常、方位感缺失、恶心、胃肠不适、头晕、嗜睡等症状,统称为空间运动病,又称航天适应综合征,发生率约 $1/3 \sim 1/2$。

航天器在发射和返回时会出现超重,常用 G 值表示。一个 50 kg 的人在 1 G 的环境下体重是 50 kg,在 3 G 的环境下就是 150 kg。通常以周边视界消失时的 G 值代表人对超重的耐力,一般健康青年为 3.8 G。超过时会出现严重的头疼、眼球结膜充血、鼻衄、红视等危险症。4.5 G 以上持续数秒,可能引起精神紊乱甚至意识丧失。对航天超重最有效的防护方法,一是降低飞船在发射与返回段的过载,二是对航天员进行超耐力选拔和训练,三是综合应用各种防护措施。

航天器进入失重状态后,航天员同样会出现头晕、恶心、腹部不适、体位翻转等症状。在生理机能上,失重导致航天员骨质损失,肌肉松弛,免疫力下降和衰老。航天员返回地面后,经过一段时间,失重造成的各种生理反应会消失,身体机能也会逐步恢复。

二、宇宙速度

(一)第一宇宙速度

牛顿曾经设想,站在高山上把物体水平抛出,力越大物体获得的初速度越大,落点越远。当速度足够大时,物体不再落回地面(不考虑大气作用),而是环绕地球做圆周飞行。这个速度就是第一宇宙速度,是绕地人造卫星的最小发射速度,也称近地轨道速度。

飞行器运动所需的向心力是由万有引力提供的,所以

$$G\frac{M_{地}m_{星}}{r^2} = m_{星}\frac{v^2}{r}$$

$$v = \sqrt{\frac{GM_{地}}{r}}$$

$$v \propto \sqrt{\frac{1}{r}}$$

当 $r = R_{地}$ 时,v 即第一宇宙速度。

由于

$$G\frac{M_{地}m_{星}}{R_{地}^2} = m_{星}g$$

因此

$$GM_{地} = gR_{地}^2$$

所以

$$v_1 = \sqrt{\frac{GM_{地}}{R_{地}}} = \sqrt{\frac{gR_{地}^2}{R_{地}}} = \sqrt{gR_{地}} = 7.9 \text{ km/s}$$

(二)第二宇宙速度

当物体(航天器)飞行速度达到 11.2 km/s 时,就可以摆脱地球引力的束缚,飞离地球进入环绕太阳运行的轨道。这个脱离地球引力的最小速度就是第二宇宙速度。各种行星探测器的起始飞行速度都高于第二宇宙速度。

(三)第三宇宙速度

从地球起飞的航天器飞行速度达到 16.7 km/s 时,就可以摆脱太阳引力的束缚,脱离太阳系进入更广阔的宇宙空间。这个从地球起飞,飞向太阳系以外恒星际空间的最小发射速度就是第三宇宙速度。

第四节 牛顿力学的局限性

学习提要

1. 了解经典力学的局限性（重点）。
2. 理解牛顿的绝对时空观和爱因斯坦的相对论时空观（难点）。

一、经典力学的局限

牛顿力学又称经典力学。牛顿运动定律和万有引力定律在宏观、低速、弱引力的广阔领域，包括天体力学的研究中取得了巨大的成就。但是随着科学研究的不断进步，经典力学逐渐暴露出它的局限性。

当物体运动的速率接近真空中的光速时，经典力学的许多观念将发生重大变化。如经典力学中认为物体的质量不仅不变，并且与物体的速度或能量无关，但相对论研究则表明，物体的质量将随着运动速率的增加而增大，物体的质量和能量之间存在着密切的联系。

牛顿运动定律不适用于微观领域中物质结构和能量不连续现象。19世纪和20世纪之交，物理学的研究由宏观领域进入微观领域，发现了电子、质子和中子等微观粒子，它们的运动规律在很多情况下不能用经典力学来解释。特别是20世纪初量子力学的建立，出现了与经典观念不同的新观念。例如，量子力学的研究表明，微观粒子既表现为粒子性又表现为波动性，粒子的能量等物理量只能取分立的数值，粒子的速度和位置具有不确定性，粒子的状态只能用粒子在空间出现的概率来描述等。

相对论和量子力学的出现，说明人类对自然界的认识更加广阔和深入，并没有使经典力学失去存在的价值，只是使人们认识到经典力学有它的适用范围。

资料链接

牛顿力学与第一次工业革命

16世纪以前，整个欧洲都受到宗教神学和经院哲学的影响，科学技术的发展受到严重阻碍。到16世纪末17世纪初，在文艺复兴运动的影响下，人们的思想获得解放，在自然科学方面也取得了显著成果。英国的培根提出"知识就是力量"，提倡认识自然要通过科学实验；波兰的哥白尼创立"日心说"；法国的笛卡儿发明解析几何；意大利的伽利略在动力学方面取得重大突破……英国的牛顿"站在巨人的肩膀上"，在多个领域取得重大成就。恩格斯说过："牛顿由于发现了万有引力定律而创立了科学的天文学，由于进行了光的分解而创立了科学的光学，由于创立了二项式定理和无限理论而创立了科学的数学，由于认识了力的本性而创立了科学的力学。"

在这些科学成果中，万有引力定律和力学三大定律，对自然科学的发展，对工业革命的兴起产生了巨大和直接的影响，为工业革命的发生奠定了坚实的科学理论基础。

二、人类的时空观念

人类的时空观念，从牛顿的经典时空观，到爱因斯坦的相对时空观，再到正在发展中的宇宙时空观，经历了三个不同发展阶段。

(一)经典时空观

物体运动时，它的空间位置在随时间变化。一般认为，时间和空间都是独立于物体及其运动而存在的。这就是经典时空观。

1. 时间的绝对性

时间本身具有单方向性，是一维的。描述运动需要建立时间坐标轴，坐标原点即计时起点。"时刻"是时间轴上的一点。时刻为正、为负表明在计时起点以后或以前。在一定的参考系中研究物体的运动时，与某一时刻对应的是物体所在的某一位置。时间间隔是指某一初始时刻至终止时刻所经历的时间，它与时间轴上的某一区间相对应，与运动物体位置的变动相对应。

2. 空间的绝对性

空间反映物质运动的广延性。物体在三维空间里的位置可由三个独立的坐标轴来确定。空间中两点之间的距离称为长度。

(二)相对论时空观

爱因斯坦在狭义相对论中否定了牛顿的经典时空观，提出了新的相对论时空观。他指出，在研究高速运动（速度接近真空中的光速）的物体时，物体占有的空间及其运动变化所持续的时间都与它们的运动状态有关。这样，时间和空间不再与物体及其运动无关了。时空联系在一起，它们互相联系又互相制约，物质的运动对时空有一定的影响。爱因斯坦把时间看作第四维，与三维的空间一起，组成了四维时空。

1. 空间的相对性

在某个运动的参考系中，一根沿运动方向放置且相对于此参考系静止的棒的长度，要比在一个静止的参考系中测得的棒的长度短一些。这种现象叫作长度收缩效应,或尺缩效应。这个效应显示了空间的相对性。由洛伦兹变换可知,物体的长度只在物体运动方向上收缩。在与物体运动垂直的方向上,长度并不收缩。

2.时间的相对性

时间并不是永远以人们感受到的现在的这种速度进行的,它也会发生变化。这一般是和速度有关的,速度越快,时间就会越慢。我们称这种现象为"时间膨胀"。

本章小结

本章以初等数学为工具,系统介绍了有关牛顿力学的基本知识。我们通过质点运动学和动力学的初步学习,可以从中领会物理学研究问题的方法。

这也是一次纯粹理论的学习,让我们初步感悟到科学的求真、求善、求美,给予我们不懈追求真理的感召和知识就是力量的信念。

【思维导图】

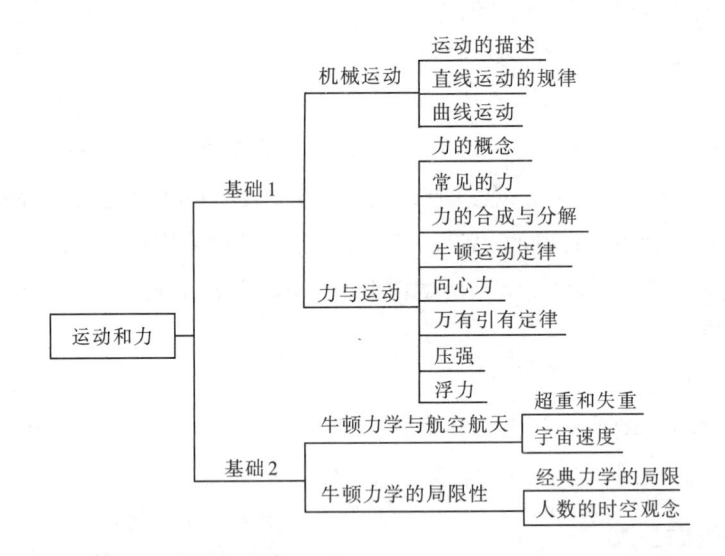

```
                              ┌─ 运动的描述
                    ┌ 机械运动 ├─ 直线运动的规律
                    │         └─ 曲线运动
                    │         ┌─ 力的概念
              基础1 ┤         ├─ 常见的力
                    │         ├─ 力的合成与分解
                    └ 力与运动 ├─ 牛顿运动定律
  运动和力 ┤                   ├─ 向心力
                              ├─ 万有引力定律
                              ├─ 压强
                              └─ 浮力
                                          ┌─ 超重和失重
                    ┌ 牛顿力学与航空航天 ─┤
              基础2 ┤                      └─ 宇宙速度
                    │                      ┌─ 经典力学的局限
                    └ 牛顿力学的局限性 ────┤
                                           └─ 人数的时空观念
```

【思考与练习】

1.用线绳、直尺等工具测量物体的位置,借助语言对物体的位置进行描述。

2.比较不同交通工具的速度,列出一个常见交通工具的速度表。

3.观察物体前进、后退、转弯、旋转、滚动、振动、绕圈等各种不同的运动形式,用语言、文字、图示等方式描述其特点、状态与过程。

4.观察磁铁吸引回形针。了解磁力可以隔着一段距离产生作用。

5.通过实验,观察常见的推力、拉力、摩擦力、弹力、浮力和重力。了解这些力对物体的作用,以及对物体体积和形状的改变,如弯曲、拉伸等。

6.尝试用推、拉的方式让物体启动、加速、减速或停止,观察力可以改变物体的运动状态。

【应用拓展】

阅读《义务教育小学科学课程标准》第 22~25 页,围绕课程内容之物质科学领域"主要概念 4.物体的运动可以用位置、快慢和方向来描述"和"主要概念 5.力作用于物体,可以改变物体的形状和运动状态",针对"学习内容"进行研讨,围绕"活动建议"中的活动开展探究。

【推荐阅读】

1.马宏佳,陈娴.物质科学精要[M].北京:高等教育出版社,2003.
2.[英]霍金.时间简史[M].许明贤,吴忠超,译.长沙:湖南科学技术出版社,2007.
3.[以]尤瓦尔·赫拉利.未来简史:从智人到智神[M].林俊宏,译.北京:中信出版社,2017.
4.[美]爱因斯坦.爱因斯坦文集(增补本)(全三卷)[M].许良英,等编译.北京:商务印书馆,2017.

第四章
物质科学中常见的能量形式

在观察的领域中,机遇只偏爱那种有准备的头脑。

——[法国] 巴斯德

对以往知识的熟知和对新鲜事物及其发展前景的敏感,是一个人创造力的源泉。

——[日本] 汤川秀树

自然界中存在着不同形式的能量,世界万物的运动都离不开能量的传递和转换。汽车和飞机等交通工具能够正常运转,多数是由于它们将汽油或柴油的化学能转换为交通工具的机械能。能量在自然界中不断传递和转换,但它同时也保持守恒,不能凭空产生和消失,即满足能量守恒定律。在自然界中,能量的存在形式具体可分为机械能、内能、太阳能、磁能、电能、化学能等。本章将对物质科学中常见的能量形式——机械能(动能、势能)、光能、内能、电磁能等进行介绍,并对一些能量转换过程中所满足的基本物理规律进行简单描述。其中,基础1(第一节至第四节)主要介绍了动能、势能以及它们之间通过做功方式的相互转化,另外介绍了能量的其他存在形式及其遵循的基本规律,包括声、光、热、电、磁能;基础2(第五、六节)主要介绍了不同形式能量之间的转化与守恒,另外第六节对能量知识在生活中的部分应用做了简单介绍。

【基础1】

第一节　机械能

学习提要

1.掌握常见力的做功特点,知道重力做功与路径无关、摩擦力做功与路径有关,掌握功的计算。(重点)

2.理解做功和能量的关系,知道做功是能量转换的量度,会分析简单运动中所涉及的能量存在形式和转换过程。(难点)

3.掌握机械能守恒定律的应用,能够利用机械能守恒定律分析简单的运动过程。(重点、难点)

4.了解动能定理和机械能守恒定律的区别。

一、功和功率

日常生活中,存在各种形式的能,这些能量的相互转换可以通过做功来实现,而能量转换的数值度量,可以由做功的多少来反映。做功的大小由力和位移两个物理量进行描述,且与两者均成正比,用数学表达式可以表示为

$$W = \vec{F} \cdot \Delta \vec{r}$$

$$W = |\vec{F}||\Delta \vec{r}|\cos\theta$$

该公式表示恒力的做功,其大小等于质点所受的力与其位移的标量积。可以通过两个角度来理解,其一是力乘以在力方向的位移,其二是位移乘以在位移方向的分力。由该公式导出,功的单位为 N·m(牛米),该单位称为焦耳(J)。功的其他两个常见单位分别是尔格和电子伏特,与国际单位焦耳之间的关系分别为:

$$1\,\text{erg} = 1\times 10^{-7}\,\text{J},\ 1\,\text{eV} = 1.6\times 10^{-19}\,\text{J}$$

在电工学和日常生活中,功的常见单位还有 kW·h(千瓦时)。

如图 4-1 所示,一箱子在恒拉力 F 的作用下由 A 点运动到 B 点,试计算力 F 和重力做功各为多少。

分析:该过程中拉力 F 为恒力,因此利用恒力做功公式进行求解。对于重力做功,因为该过程中重力方向与位移方向垂直,它们夹角余弦为零,因此做功为零。对于拉力做功,将 l_{AB} 分解到力 F 方向再与 F 相乘。

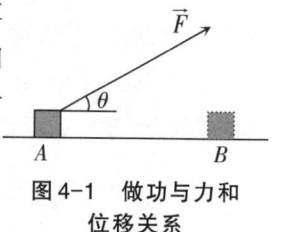

解答:力 F 做功为 $W = |\vec{F}|l_{AB}\cos\theta$。

从 A 点到达 B 点重力做功为零。

图 4-1 做功与力和位移关系

在实际应用中,力和位移方向往往会随时间而变化,这种情况下需要将位移分解为无数多个无限小之和,利用极限概念,认为无限小位移内的力为恒力,则总功表示为无限小位移内做功之和,用公式可以表示为

$$W = \lim_{\Delta r_i \to 0} \sum_{i=1}^{n} \vec{F}_i \cdot \Delta \vec{r}_i$$

(一)重力做功

如图 4-2 所示,一质点分别沿 AB 路径和 A_1CB_1 路径从 A 高度运动到 B 高度,求这两个

过程中重力做功各为多少。

解答：对于 AB 过程，利用恒力做功公式 $W=|\vec{F}|l_{AB}\cos\theta$，由题意可知，该过程 θ 为零，可得 $W=mgh_{AB}$。

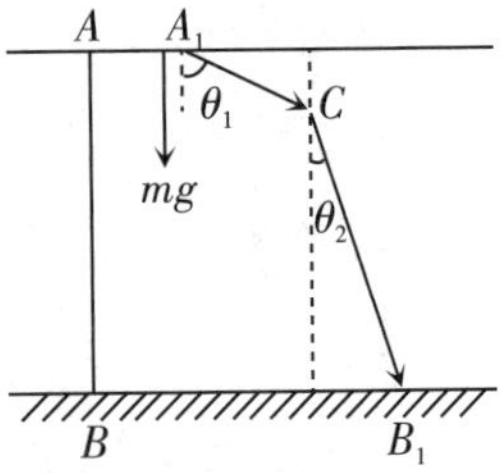

对于 A_1CB_1 过程，可分为 A_1C 和 CB_1 两个过程进行计算，利用恒力做功公式 $W=|\vec{F}|l\cos\theta$，可得 A_1C 和 CB_1 两个过程重力做功分别为

$$W_1 = mgh_{A_1C}\cos\theta_1$$

和

$$W_2 = mgh_{CB_1}\cos\theta_2$$

因此

$$W = W_1 + W_2 = mgh_{AB}$$

图 4-2 重力做功分析

两个过程重力做功相等，上述结果表明，重力做功只与质点的始末位置有关，而与质点经过的具体路径无关。这是重力做功的一个重要特点，弹性力做功也有相同的结果，也是只与始末位置有关而与运动路径无关，具有这种特点的力称为保守力。保守力的做功与物体的势能变化有直接关系，相关内容将在下一部分进行详细讲解。这里需要指出的是做功的多少与物体的能量相关，因为功是能量转换的量度，不同形式的能量之间的相互转换可以通过做功来实现。

（二）动能定理

通过中学学习，我们知道物体由于运动而具有的能量称为动能，表示为

$$E_k = \frac{1}{2}mv^2$$

其中，m 为该物体的质量，v 为物体在该时刻的速度。

对于单个物体，动能和做功之间的关系可以通过动能定理进行联系，即合外力对物体所做的功等于其动能的增量，用公式表示为以下两种形式

$$W = \frac{1}{2}mv_\text{末}^2 - \frac{1}{2}mv_\text{初}^2$$

$$W = E_k - E_{k_0} = \Delta E_k$$

如真空中，一质量为 m 的物体从高度为 H 的地方由静止开始下落，试分析其到达地面的动能和速度。

对物体进行受力分析可知其在下落过程中只受到重力的作用，因此重力做功即为合力做功，为 mgH，此过程中动能变化为 $\frac{1}{2}mv_\text{末}^2 - 0$，列出动能定理方程有 $mgH = \frac{1}{2}mv_\text{末}^2 - 0$。

由以上方程得知重力做功 mgH 全部转换为到达地面处的动能，计算可得到达地面的速度为 $\sqrt{2gH}$。

由此结果可知,重力做功全部转换为动能,功是能量转换的量度。

上述动能定理是针对单一物体的,然而任何一个物体都是处于与其他物体相互影响和相互制约之中的,那么对于由几个相互作用着的质点组成的系统(称为质点系),功与能之间的关系又将如何呢?动能定理的形式该如何表示?是否保持不变?下面我们将研究质点系的动能定理。

如图 4-3 所示是两个物体所组成的系统,m_1 和 m_2 受到的外力分别是 F_1 和 F_2,两个物体之间的内力(相互作用力)为 f_{12} 和 f_{21}。分别列出 m_1 和 m_2 所满足的动能定理方程,表达式如下

$$W_1 = \vec{F}_1 \cdot \vec{r}_1 + \vec{f}_{12} \cdot \vec{r}_1 = \Delta E_{k_1}$$

$$W_2 = \vec{F}_2 \cdot \vec{r}_2 + \vec{f}_{21} \cdot \vec{r}_2 = \Delta E_{k_2}$$

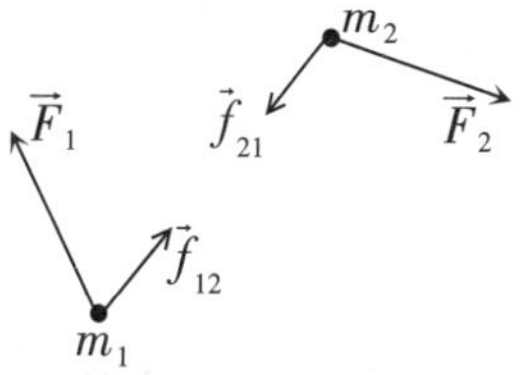

将两个表达式相加可得

$$W = \vec{F}_1 \cdot \vec{r}_1 + \vec{f}_{21} \cdot \vec{r}_2 + \vec{F}_2 \cdot \vec{r}_2 + \vec{f}_{12} \cdot \vec{r}_1 = \Delta E_k$$

$$W_{外} + W_{内} = \Delta E_k$$

图 4-3 两个质点组成的质点系

上式即质点系动能定理,表述为所有外力和内力对质点系所做功的代数和,等于质点系总动能的增量。

(三)摩擦力做功

如图 4-4 所示是一物体的运动轨迹,其质量为 m,在桌面上沿曲线路径从 A 点运动到 B 点,设物体与桌面的摩擦因数为 μ,求该过程中摩擦力所做的功。

解答:物体受到的摩擦力大小为

$$F_f = \mu m g$$

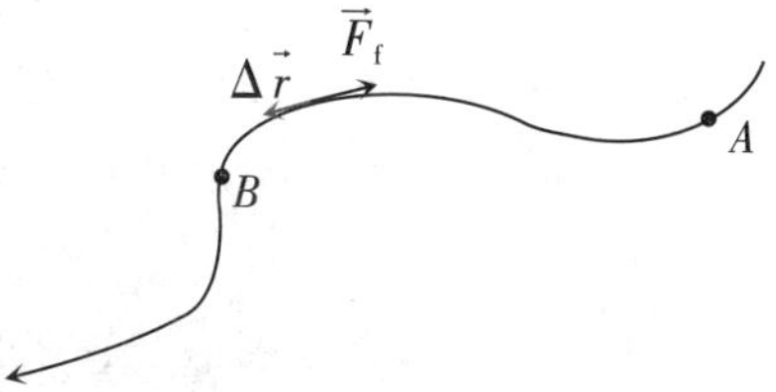

因为摩擦力方向时刻变化,为变力,因此用极限的概念进行求解。对由于该过程中摩擦力的方向与运动方向时刻保持 180°夹角,因而摩擦力做功可以表示为:

$$W = \lim_{\Delta r_i \to 0} \sum_{i=1}^{n} \vec{F}_f \cdot \Delta \vec{r}_i = -\mu m g s_{ab}$$

图 4-4 做功与位移关系

从该结果可得,摩擦力做功大小等于摩擦力与物体实际经过路径的乘积,与重力做功有较大不同。

(四)功率

在已知做功多少的前提下,往往会通过比较做功的快慢对一个系统的功率进行判断,功率即反映做功快慢的物理量,为功与时间的比值。平均功率的公式可以表示为

$$P = \frac{W}{\Delta t}$$

将做功的定义式带入可得

$$P = \frac{W}{\Delta t} = \frac{\vec{F} \cdot \Delta \vec{r}}{\Delta t} = \vec{F} \cdot \vec{v}$$

上述结果表明功率等于力和速度的标量积。在国际单位制中,该单位称为瓦特(W)。因为功是能量转换的量度,因此功率可以反映能量转换的快慢。

二、重力势能和弹性势能

与动能相对应的另外一种常见形式的能量为势能,常见的势能主要有两种:重力势能与弹性势能。动能是一种只与物体该时刻状态有关的物理量,故而称为状态量,而势能则与势能零点的位置选取有关。

(一)重力势能

物体由于被举高而具有的能量叫作重力势能,表达式可以表示为

$$E_p = mgh$$

一般选择地面或者末态为势能零点。根据做功和能量的关系可知,任意一点的重力势能数值大小等于从该位置到势能零点重力所做的功。

如图4-5所示,选择地面为势能零点,小球A在高度为h的位置所具有的重力势能即为其到达重力势能零点(地面)重力所做的功,该过程中重力所做的功为mgh,因此该点小球所具有的重力势能为mgh。

反过来可以这样理解,小球从静止开始,从势能零点的地面,将小球十分缓慢(末速度仍然为零)地抬高到h处,该过程中,克服重力做功为mgh,做的功就转换成了小球在h高度处的重力势能。

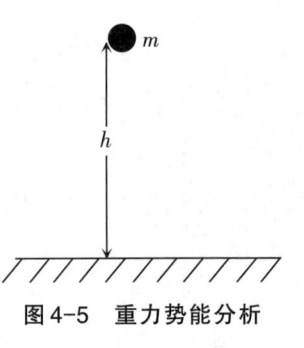

图4-5 重力势能分析

从初始位置到达地面的重力势能变化为mgh-0=mgh。

思考:如果将势能为零点的位置选取在h/2处,该过程中重力势能变化为多少?

初始位置的重力势能等于将物体由该点移动到h/2处重力所做的功,为

$$W = \frac{mgh}{2}\cos 0° = \frac{mgh}{2}$$

地面处重力势能等于将物体由地面移动到h/2处重力所做的功。

由于位移和重力方向夹角为180°,而cos 180°=-1,所以重力做功为

$$W = \frac{mgh}{2}\cos 180° = \frac{-mgh}{2}$$

因此从初始位置到达地面的过程中,重力势能变化为

$$\frac{mgh}{2} - \frac{-mgh}{2} = mgh$$

该结果表明,重力势能的变化与零势能位置的选取没有关系。

(二)弹性势能

在之前学习中我们了解了弹性力,是物体发生弹性形变后试图恢复到原来状态所产生的力。发生弹性形变的物体,除各部分间存在弹性力外,同时具有势能,称为弹性势能。在生活中被压缩的弹簧、拉伸的橡皮筋以及按压的手指头都具有弹性势能。

弹性势能的表达式可以表示为

$$E_{P_{弹}} = \frac{1}{2}kx^2$$

公式中的 k 仍然表示发生弹性形变物体的劲度系数,x 表示偏离平衡位置的距离。

一般选择未形变位置为势能零点,对于弹簧,选择原长为势能零点所在位置。

与重力势能类似,任意一点的弹性势能数值大小等于从该位置到势能零点弹性力所做的功。

弹性势能与零势能位置的选取有关,而弹性势能的变化与零势能位置的选取没有关系。

三、机械能守恒定律

(一)机械能

宏观物质所表现出的动能和势能的总和为机械能。用公式表示如下

$$E = E_k + E_p$$

一个系统在外力作用下,其机械能可能会发生变化。

如图4-6所示,一小球 m 在光滑地面上静止位于 A 点,对其施加水平向右的恒力 F,当小球到达 B 点处时,其机械能是否发生了变化?

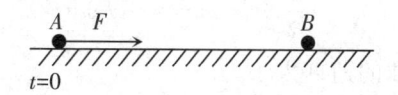

图4-6 恒力 F 作用下小球机械能的变化

取地面为零势能参考点,因此,小球位于 A 点和 B 点时的重力势能均为0,小球在 A 点时,速度为零,因此动能 $E_{k_0} = \frac{1}{2}mv_0^2 = 0$,因而机械能为 $E = E_{k_0} + E_{p_0} = 0$。

小球在力 F 的作用下,运动到 B 点时,由质点动能定理可知其动能为 $E_k = \frac{1}{2}mv^2 = Fl_{AB}$,因而机械能为 $E = E_k + E_p = Fl_{AB}$,因而在此过程中,小球机械能增加了 Fl_{AB}。

(二)机械能守恒定律及应用

当系统外力做功为零,且内力只有保守力(做功与路径无关的力,如重力、弹性力)做功时,只在系统内部发生动能和势能的相互转化,系统的机械能保持不变,即该系统的机械能守恒。

该定理可由质点系的动能定理得到,因此一般可以用机械能守恒定律解决的问题,也能用质点系动能定理解决。但在选择计算方法时需要注意区别。

在很多情况下,可以将机械能守恒定律表述为,系统只在重力或者系统间弹性力做功条件下,机械能守恒。

机械能守恒定律的表达式为

$$E_{k_1} + E_{p_1} = E_{k_2} + E_{p_2}$$

下面通过实例对机械能守恒的实际应用进行说明。

如图4-7所示,质量为m的小球悬挂于长度为L的轻绳(不计质量)底端,初始位置在水平位置A处,速度v_0为0,当其下降到摆线与水平位置夹角为θ角度的B处时,求该位置处小球的速度v。

分析:取小球和地球作为一个系统,小球只受到绳子的拉力(外力)F_T和重力(内力)的作用,又由于拉力F_T时刻垂直于速度,因此该过程中不做功,只有重力做功,而重力属于系统的内力,且为保守力,因此系统的机械能守恒。

解答:选择B位置为重力势能零参考位置。

A位置系统的机械能表示为

$$E_A = mgh_A + \frac{1}{2}mv_0^2 = mgh_A$$

B位置系统的机械能表示为

$$E_B = mgh_B + \frac{1}{2}mv^2 = \frac{1}{2}mv^2$$

由机械能守恒定律可知 $E_A = E_B$

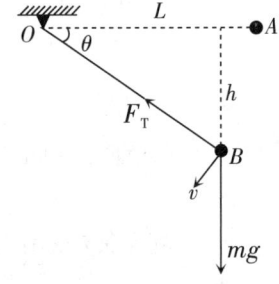

图4-7 小球受力分析图

$$\frac{1}{2}mv^2 = mgh = mgL\sin\theta$$

计算可得B位置处,小球的速度大小为

$$v = \sqrt{2gL\sin\theta}$$

此题也可以根据动能定理进行计算。

分析:选取小球作为研究对象,小球受到绳子拉力和重力的作用,合力做功即为拉力和重力对其做的功,等于动能的变化。

解答:该过程中,小球满足的动能定理表达式表示为

$$W_{F_T} + W_{mg} = \Delta E$$

由于拉力和速度一直保持垂直,因此拉力不做功,上述动能定理表达式可写为

$$mgL\sin\theta = \frac{1}{2}mv^2 - 0$$

因此,B位置处,小球的速度大小为

$$v = \sqrt{2gL\sin\theta}$$

第二节 声和波

> **学习提要**
>
> 1.掌握声音的产生条件、传播规律和传播特点,知道声音的音调和响度分别与什么物理量有关。(重点)
>
> 2.掌握简谐振动的特点,会判断简谐振动,理解振幅和频率所反映的物理意义。
>
> 3.了解单摆运动的特点,知道单摆摆动周期与哪些物理量有关,掌握单摆摆动过程中,所满足的能量转换关系。(重点)
>
> 4.了解简谐振动满足的表达式。
>
> 5.理解简谐波的波长和频率所反映的物理意义。(重点)

一、声音的产生、传播和特性

在日常生活中,声音的存在不可或缺,我们通过声音来快速传递信息、欣赏音乐、辨别不同的事物等。下面将对声音如何产生,又如何传播到我们耳中,声音在传播过程中有哪些特点进行描述。

(一)声音的产生

人在说话时,声带会发生振动;用力击打鼓面,在听到鼓声同时观察到鼓面发生了振动;向水中扔一个小石子,会听到"咕嘟"的声音,同时观察到该处位置水面会发生振动。这些现象都说明,声音的产生需要物体的振动,通常将此振动的物体称为振源或声源。通过观察身边的现象,可以总结得到,固体、液体、气体均能够发声。

(二)声音的传播

声源振动会产生声音,声音从声源处到被接收需要依靠介质,固体、液体和气体均可作为介质来对声音进行传播。在日常生活中,处在不同位置的两个人,一般通过空气进行声音的传播,此时空气就作为声音传播的介质。太空中的两名宇航员是不能够直接进行对话的,因为他们之间是真空,没有介质存在。

声音在15 ℃的空气中传播速度为340 m/s,气温每增加1 ℃,速度会增加0.6 m/s。

声音遇到障碍物会被反射回来,因此在空间较大的场所会听到回声,例如停车厂里、大山里。这是由于声音被墙壁或者山反射回来进入人耳。人耳对声音的分辨时间最小一般为0.1 s,因此要求声源与障碍物的距离要大于17 m,才能听到回声。

（三）声音的特性

听到指甲划玻璃的声音，我们往往会用刺耳或者尖锐来描述它。这其实是指声音的音调较高，声音的高低称为音调。音调是由声源的振动频率决定的，频率是描述声源振动快慢的物理量，它与声源的振动周期成倒数关系，表示每秒内声源的振动次数。频率越高，音调越高，听起来也就越刺耳。反之越低沉。

人耳能够听到的声音频率范围一般为 20 Hz 到 $2×10^4$ Hz 之间，频率低于 20 Hz 的称为次声波，高于 $2×10^4$ Hz 的称为超声波。

另外一个描述声音的物理量叫作响度，它用来描述声音的强弱。当观察者与声源距离相同时，响度由声源的振动幅度（振幅）决定。振幅越大，响度越大。反之越小。

响度除了由振幅决定，还与声源距离观察者的距离有关，传播距离越大，响度越小。这是由于传播过程中，振幅会衰减。

用来区分不同物体发出声音的物理量称为音色。它与振源的材质、结构、振动方式等均有关系，也是我们用来辨别不同物体发声的标准。需要注意的是，即使观察到的音调和响度均一致，其音色也并不一定相同。

声音的传播也被应用到生活和工作中的许多方面，例如利用声速探测海面高度，在海面上向下发射一组声波，通过接收到反射声波时刻与发射声波时刻的时间差可以计算出此时的海面高度。

蝙蝠是如何"看"到物体的

二、简谐振动、单摆与机械波

（一）简谐振动

机械振动是物体在一定位置附近所做的往复运动，其振动状态在空间的传播过程形成波。波在传播过程中，既是波形式的传播，又是能量的传播。

简谐振动是最简单、最基本的机械振动。

物体运动时，离开平衡位置的线位移 x（或角位移）随时间 t 按余弦或正弦规律变化，称物体做简谐振动。

简谐振动的物体满足以下两个特点：

其一，其在线性（力的大小与离开平衡位置的距离成正比）回复力（方向始终与位移的方向相反，使得物体回到平衡位置）的作用下进行振动。

其二，物体的位移满足 $x = A\cos(wt + \phi_0)$ 形式。

将位移与时间的函数进行作图，得到如图 4-8 所示的图示，横坐标代表时间 t，纵坐标代表任意时刻物体离开平衡位置的位移。

图 4-8　简谐振动图像

对于简谐振动位移表达式，除了自变量 t 和因变量 x 以外，其他的三个物理量称为简谐振动的特征量,下面就这三个特征量进行简单介绍和说明。

振幅 A(国际单位 m)描述振动物体离开平衡位置的最大位移的绝对值,可以表示为 $A=|x_{max}|$,因此做简谐振动的物体位移范围满足 $-A\leq x\leq A$。在图 4-8 中指的是波峰和波谷距离横轴的距离。

角频率 ω(国际单位 rad/s)表示单位时间内完成完全振动的次数与 2π 之积,频率 f 表示单位时间内完成完全振动的次数,与角频率之间的关系为 $\omega=2\pi f$,因此周期与角频率之间的关系为 $T=\dfrac{2\pi}{\omega}$。在图 4-8 中,周期 T 指的是该余弦函数相邻波峰或者波谷之间对应的横轴距离。

$x=A\cos(\omega t+\phi_0)$ 中的 $\omega t+\phi_0$ 表示该函数的相位,当时间 t 等于零时,相位表示为 ϕ_0,表示初始时刻的相位,称之为初相位。

相位在实际应用中十分重要,可以判断一个振动在某时刻的具体振动状态,也可以比较不同振动系统的振动步调。对于两个同频率的简谐振动,其表达式表示为如下形式。

$$x_1=A_1\cos(\omega t+\phi_{10})$$
$$x_2=A_2\cos(\omega t+\phi_{20})$$

则其相位差可以表示为

$$\Delta\varphi=\varphi_{20}-\varphi_{10}$$

当 $\Delta\varphi=\pm 2k\pi(k=0,1,2,\cdots)$,两振动步调相同,称之为同相。

当 $\Delta\varphi=\pm(2k+1)\pi(k=0,1,2,\cdots)$,两振动步调相反,称之为反相。

这两种状态的简谐振动图像可以分别表示为图 4-9 所示的形式。由图 4-9 函数图像可知,两个同周期(同角频率)的振动互相叠加时,同相叠加最强,反相叠加最弱。需要指出的是同相和反相仅用来描述两个同频率的振动。

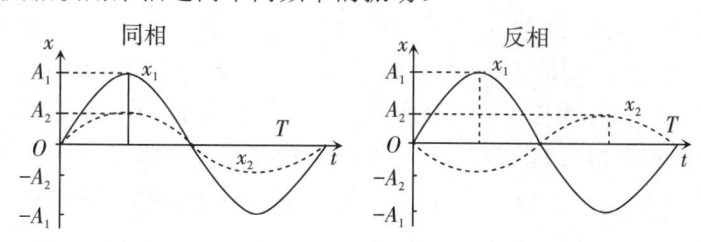

图 4-9 同相位和反相位

在简谐运动中,物体的速度在不断变化,因而它的动能在不断变化;物体的位移在不断变化,因而它的势能也在不断变化。理论上可以证明,如果摩擦等阻力造成的损耗可以忽略,在物体运动的任意位置,系统的动能与势能之和都是一定的,这与机械能守恒定律相一致。实际的运动都有一定的能量损耗,所以简谐运动是一种理想化的模型。

(二)单摆

单摆的摆动是生活中最常见的简谐振动之一,单摆由一小球(摆球)和一不可伸长且质量忽略不计的细绳组成。要求摆球的直径要远小于细绳的长度,摆线的长度为细绳的长度加摆球的半径,近似等于细绳的长度。

如图4-10所示为一单摆模型,摆球只受到重力和绳子拉力的作用,当小球处在竖直方向时,拉力竖直向上,重力竖直向下,且大小相等,此时摆球受力平衡。

图中所示为某一时刻,当摆线与竖直方向夹角为 θ 时的情况,对此时的小球进行受力分析,拉力与小球的速度方向垂直,因此使小球往返运动的力(回复力)只是重力的切向分力,且沿其运动方向,可以表示为:

$$F = mg\sin\theta$$

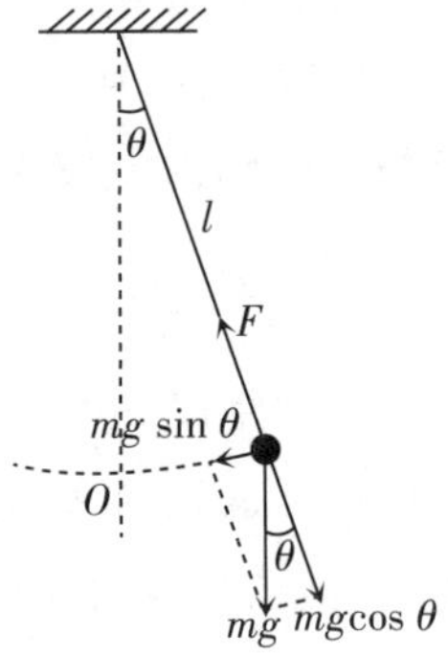

图4-10 单摆受力分析

力的大小随着 θ 角的增大而增大,即距离竖直方向越远,小球受到的回复力越大。当摆线长度远远大于小球半径时,认为 θ 角很小(小于10°),回复力大小可以表示为以下形式,与离开平衡位置的位移 x 呈线性关系,比例系数为 mg/l。

$$F = mg\theta \approx mg\frac{x}{l} = mg\frac{1}{l}x$$

通过对运动过程分析可知,摆球离开平衡位置的位移,始终与该回复力的方向相反,由此可知,小球是在线性回复力的作用下进行振动,因此做简谐振动。

单摆做简谐振动的振动周期与其摆球质量无关,只与摆线长度有关,具体可以表示为

$$T = \frac{2\pi}{\omega} = 2\pi\sqrt{\frac{l}{g}}$$

以上结论是在真空中的结果,单摆在做简谐振动过程中,其振幅和周期保持不变。当摆球到达最高位置(振幅)时,速度为零,动能为零,而重力势能最大;当其到达最低点(平衡位置)时,速度最大,动能最大,但重力势能最小。在整个运动过程中,由于只有重力做功,因此其机械能守恒(参考图4-7),即整个运动过程中,小球的动能和势能处在相互转换过程中,但二者之和保持不变。实际上单摆的摆球在空气中除了受到重力和拉力以外,还将受到空气阻力的作用,因此是在线性回复力和空气阻力的共同作用下振动,这种振动称为阻尼振动。当小球做阻尼振动时,在空气阻力作用下,振幅将越来越小,直到零。同样,机械能将越来越小直到零。因此,在日常生活中,我们更常见到的是阻尼振动。

(三)机械波

机械振动在弹性介质中传播而形成机械波。波在传播过程中遇到大的障碍物会被反射,不同波在同一空间中相遇会进行叠加。波在传播过程中会引起周围介质中质点的振动,质点的振动方向可能与波的传播方向平行,也可能垂直。

根据质点振动方向与波的传播方向之间的关系不同,可以将波分为两大类,横波和纵波。

横波是质点振动方向与波的传播方向相垂直的波,波的特点为凸凹相间的波,即具有交替出现的波峰与波谷。常见的有水波和电磁波。

纵波是质点振动方向与波的传播方向相平行的波,波的特点是具有交替出现的密部和疏部。常见的有声波和地震波。

在对机械波进行描述时,常常用到波长、周期以及波速等概念。

两个相邻的、在振动过程中对平衡位置的位移总是相等的质点间的距离叫波长。也是沿波的传播方向,两相邻同相位点之间的距离,用字母 λ(m) 表示。

在横波中,两个相邻的波峰(或波谷)间的距离等于波长。

在纵波中,两个相邻的密部(或疏部)间的距离等于波长。

波前进一个波长的距离所需的时间称为周期,用字母 T(s) 表示,它等于波源的振动周期。

振动在一个周期内在介质中传播的距离等于一个波长。

单位时间内波动所传播的完整波的数目称为频率,表示为 $f=\dfrac{1}{T}$(Hz)。

角频率(rad/s)与频率和周期之间的关系为

$$\omega = 2\pi f = \dfrac{2\pi}{T}$$

振动状态或相位在空间的传播速度,即单位时间内振动向外传播的距离称为波速,用 u 表示,它一般取决于介质的性质。

$$u = \dfrac{\lambda}{T} = f\lambda$$

我们知道最简单的机械振动是简谐振动。而机械波是机械振动在介质中向外传播的形式,因此最简单的机械波为简谐波。这样,简谐波也可以用一个余弦函数来表示(参看机械波图像内容)。前面提到过,波的传播既是波源振动形式的向外传播,也是能量的传播。波在传播过程中,介质中先振动的点带动后振动的点,均在平衡位置附近振动,具有振动动能,而该过程中介质由于发生形变而具有弹性势能。因此,波的能量可以认为是传播介质中各点的动能和势能的总和,可以用振幅、频率等相关物理量表述出来。波不仅携带信息,也传递能量,狂风巨浪使船舶颠簸,地震波对建筑物造成破坏……我们不仅要了解波的特性和规律,更要学会利用它,预防和减轻它造成的破坏。

| 机械波的图像 | 机械波和电磁波 | 波的衍射与干涉 |

第三节　光和热

学习提要

1. 掌握光沿直线传播和光的反射定律，会用光的折射定律解释有关现象。(重点)
2. 知道透镜对光的作用特点，理解光的色散并会用其解释有关物理现象。
3. 了解压强的微观解释。(难点)
4. 掌握物态变化的规律和吸、放热特点。(重点)
5. 理解热力学系统中热量、做功与内能的关系，掌握热力学第二定律。(重点)

一、光的传播、反射与折射

(一)光的产生，光源

发光的物体叫作光源。由于高温而辐射发光的物体叫作热光源，例如太阳、火炬、油灯、蜡烛、白炽灯等。不是由热转变为光的物体叫作冷光源，如日光灯、萤火虫等。萤火虫体内有荧光素和荧光酶，它们和氧发生化学变化，就会发出荧光。日光灯发出的光也属荧光。

(二)光的直线传播

通过对光的长期观察，人们发现沿着密林树叶间隙射到地面的光线形成射线状的光束，从小窗中进入屋里的日光也是这样。大量的观察事实，使人们认识到光是沿直线传播的。光沿直线传播是最为常见的自然现象之一，但光的直线传播是有条件的：光在同一种均匀的介质里(如在真空中或水中)是沿直线传播的。光在真空中的传播速度为 299 792 458 m/s。

为了证明光的这一性质，两千四五百年前我国科学家墨翟和他的学生完成了世界上第一个小孔成像的实验。将图4-11中的蜡烛的火焰看作由许多小发光点组成，每个发光点都向四面八方发射光。无数的光线中，总会有一小束光，笔直地穿过小孔，在白纸上形成一个小光斑。烛焰上的每一个发光点都会在白纸上形成对应的光斑，全部的光斑就组成了一个烛焰的像。从图中可以看出，烛焰上部发的光沿直线通过小孔，照在白纸的下部；烛焰下部发出的光，通过小孔，照在白纸的上部，所以在白纸上形成一个倒立的像。这正是光的直线传播所引起的。

图4-11　小孔成像原理图

从光源发出的光照射在不透光的物体上,沿直线传播的光就受到了该物体的遮挡,在物体后面光照不到的地方形成了影子。我们最为熟知的日食和月食就是这一原因引起的。日食是在同一直线上的太阳、月亮和地球之间,月亮把太阳光挡住,致使地球上的局部地方,即使是白天,也看不到太阳或只看到残缺的太阳,太阳完全被遮住称为日全食,遮住部分称为日偏食。而月食,是在同一直线上的地球把太阳光遮住,致使在晴朗的夜空,月亮也变得黑黑的,同样月食也分月全食和月偏食。在我国古代把月食叫作"天狗吃月亮",现在我们知道,日食和月食都是光的直线传播规律形成的自然现象。

(三)光的反射

光的反射是指光从一种物质传播向另外一种物质时,在分界面上改变传播方向又返回原来物质中的现象。光遇到水面、玻璃以及其他物体的表面都会发生反射。当光在两种物质分界面上改变传播方向又返回原来物质中的现象,叫作光的反射。

光的反射遵循反射定律(如图4-12),即反射光线和入射光线与法线在同一平面上;反射光线和入射光线分居在法线的两侧;反射角r等于入射角i。简单归纳为:三线共面,两线分居,两角相等。

根据反射面的不同,可以把反射分为镜面反射和漫反射两种。

镜面反射是指物体的反射面是光滑的,如镜子、平静的水面等。如图4-13左图所示,一束平行光射到平面镜上,反射光是平行的。

如图4-13右图所示,当一束平行的入射光线射到粗糙的表面时,表面会把光线向着四面八方反射,不平行的表面造成各点的法线方向不一致,导致反射光线向不同的方向无规则地反射,称为"漫反射"或"漫射",而这种被反射的光称为漫射光。

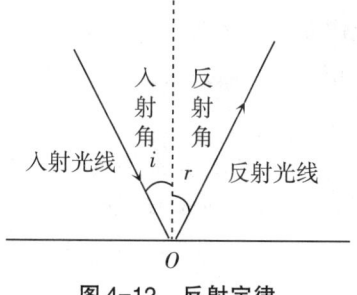

图 4-12 反射定律

镜面反射和漫反射都属于光的反射,因而都遵循光的反射定律。

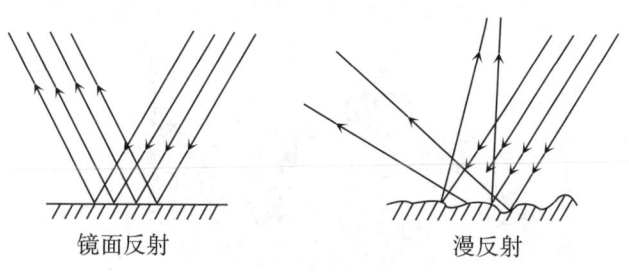

镜面反射　　　　漫反射

图 4-13 镜面反射和漫反射

平面镜成像,就是光线反射的结果。

平面镜所成的像是物体发出的光线照射到镜面上发生反射,由反射光线的反向延长线在镜后相交而形成的像,如图4-14所示。点光源S在镜后的像S'并不是实际光线会聚形成的,而是由反射光线的反向延长线相交形成的,所以S'叫作S的虚像。虚像与物体等大,距离相等,左右相反。所以像和物体对镜面来说是对称的。

平面镜成像在生活中有广泛的应用,如健身房墙壁上的镜子、口腔检查时用来观察的小镜子等都是平面镜;显微镜、投影仪等里面也都安装有平面镜。它们均利用到了平面镜成像的原理。

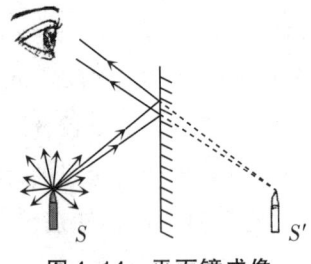

图4-14 平面镜成像

(四)光的折射

如果光从一种介质斜射入另一种介质时不再沿直线传播,光的前进角度会发生弯折,这种现象叫作光的折射。

光的折射与光的反射一样都是发生在两种介质的交界处,只是反射光返回原介质中,而折射光线则进入到另一种介质中。光在折射过程中,其入射角与折射角之间的关系,可以用斯涅尔定律来描述。如4-15左图所示,当光从介质1传播到介质2时,假若两种介质的折射率分别为n_1和n_2,其入射光和折射光都处于同一平面(称为"入射平面"),并且与界面法线的夹角满足如下关系:

$$n_1 \sin\theta_1 = n_2 \sin\theta_2$$

式中,θ_1和θ_2分别是入射光、折射光与界面法线的夹角,分别叫作"入射角"和"折射角"。该公式称为"斯涅尔公式"。

当光线穿过水面时会产生折射,这是由于水的折射率为1.33而空气的折射率是1的缘故。如果注视着一个水底的物体,如4-15右图中池底的球体,当光抵达眼睛时,人眼会认为其走的是直线从而沿着图中虚线回推(视线),这两条虚线在比光线实际产生位置要高的地方交会,这便导致小球的目测深度比实际要浅。

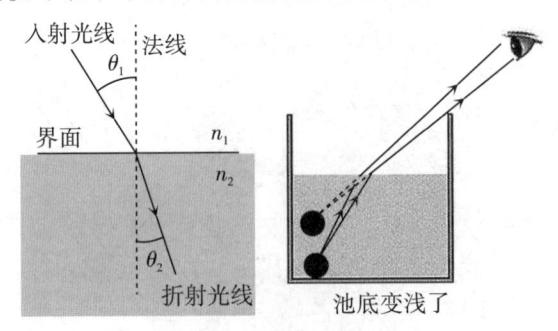

图4-15 光的折射示意图

(五)光的全反射

如图4-16所示,当光波从折射率较高的玻璃(折射率n_1)入射到折射率较低的水(折

射率 n_2）中时，随着入射角 θ_1 的增大，折射角 θ_2 也随之增大。当入射角达到一个临界角 θ_c 时，使得折射角 $\theta_2 = 90°$。此时，折射到折射率为 n_2 的介质中的光波消失，所有的光线向折射率为 n_1 的介质中反射。此时没有折射光线产生而都是反射光，故称之为全反射（又称全内反射）。根据折射定律，发生全反射时的临界角 θ_c 满足 $\theta_c = \arcsin \dfrac{n_2}{n_1}$。生活中常见的光纤就是利用了全反射这一原理制成的，由于反射时没有光波能量的损失，因此信号可以传输到极远的距离，从而广泛应用于通信领域。

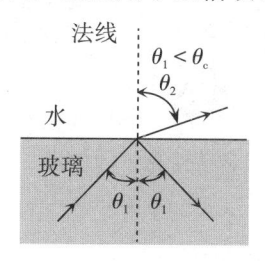

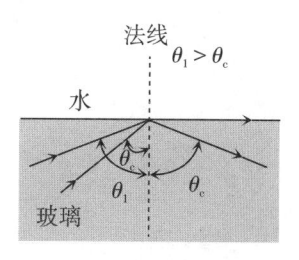

光纤通信

图 4-16　反射和全反射示意图

（六）凸透镜和凹透镜成像

利用光的直线传播原理和光的折射定律，可以制作一种将光束会聚或发散的器件，即透镜。透镜主要有两类，中间厚边缘薄、将光束会聚的叫凸透镜，中间薄边缘厚、将光束发散的叫凹透镜。

凸透镜对光线有会聚的作用，即折射光线相对于入射光线向主轴方向偏折，平行光线通过透镜后会相交于一点 F，该点称凸透镜的焦点，从凸透镜中心 O 到焦点 F 的距离为凸透镜的焦距 f（如 4-17 左图）。

由于平行光会聚在透镜中心 O 点的右侧，凸透镜也被称为"正透镜"或"会聚透镜"。根据光线的可逆性原理，位于主轴焦点 F 处的点光源发出的光经过凸透镜后，出射光线为一束平行于主轴的平行光（如 4-17 右图）。生活中，凸透镜对光线的作用被广泛应用在放大镜、远视眼镜等光学器件中。

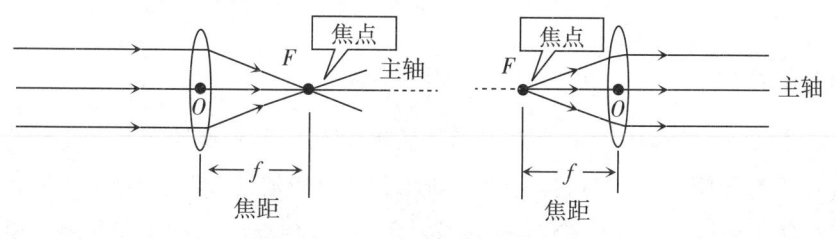

图 4-17　凸透镜对光线的作用

凹透镜对光线有发散作用，即折射光线相对于入射光线向偏离主轴方向偏折。如图 4-18 所示，平行光线通过凹透镜后会被发散，但其反向延长线相交于入射光一侧的主轴上一点 F，该点称为凹透镜的焦点。同样的，从凹透镜中心 O 到焦点 F 的距离为凹透镜的焦距 f。

由于平行光会聚在透镜中心 O 点的左侧,凹透镜也被称为"负透镜"或"发散透镜"。由于凹透镜能发散光线,其成像较小且视野较广,常被用作近视眼镜。

实际应用中,也有很多器件用到多组凸透镜和凹透镜的组合,如相机镜头、显微镜、光学望远镜等。

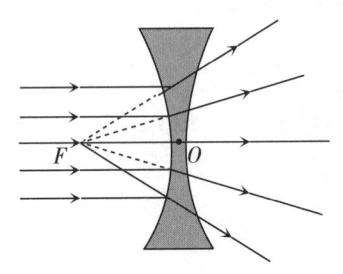

图 4-18 凹透镜对光线的作用

二、棱镜和光的色散

(一)光的波长和颜色

光波是一种电磁波。根据光的波长从小到大,可以将光波分为 γ 射线、X 射线、紫外线、可见光、红外线、微波以及无线电波等(如图 4-19),它们在真空中都以相同的速度 299 792 458 m/s(计算中为了简便,常被写作 $3×10^8$ m/s)传播,并且都沿直线传播。

可见光是电磁波谱中人眼可以感知的部分,一般人的眼睛可以感知的电磁波的波长在 390~760 nm 之间。人眼对波长约为 555 nm 的电磁波最为敏感,该波段处于光学频谱的绿光区域,可见光的颜色常被划分为红橙黄绿青蓝紫七种颜色,波长依次减小。

短波					长波
γ 射线	X 射线	紫外线	可见光	红外线	无线电波
10^{-3} nm	10^{-1} nm	10 nm	390 nm~760 nm	10^3 nm	10^9~10^{13} nm

图 4-19 常见电磁波

(二)光的色散

在真空中,不同波长的光束均以相同的速度传播。但是不同波长的单色光,在介质中传播时由于与介质相互作用,传播速度都比在真空中的速度小。此时的光速等于真空中的光速 c 除以介质的折射率 n,即 $v=c/n$。对于不同波长,介质的折射率并不相同,因而速度也不同。

法国数学家柯西发现介质的折射率和光波长的关系,可以用一个级数表示:

$$n(\lambda)=A+\frac{B}{\lambda^2}+\frac{C}{\lambda^4}$$

其中 A,B,C 是三个柯西色散系数,不同的物质数值不同。对于大部分介质而言(如空气、水或玻璃等),介质的折射率在可见光波段随着光波波长增大而减小,即 $dn/d\lambda<0$,这种色散被称为正常色散。在正常色散介质中,介质对红光的折射率小,对紫光的折射率大。

著名物理学家牛顿曾致力于研究颜色的现象和光的本性等问题。为了证实光的色散的本质,牛顿设计了用玻璃三棱镜分解太阳光的实验。他将房间里做成漆黑的,在窗户上开一个小孔,让适量的阳光通过小孔照射进来。然后又把棱镜放在光的入口处,使棱镜一个面的法线与入射光束的夹角为 θ_i。如图 4-20 所示,太阳光在射出三棱镜之前会经历两次折射。第一次折射发生时,太阳光从空气入射到玻璃介质中。根据光的折射定律 $\sin\theta_r = \sin\theta_i \dfrac{n_{空气}}{n_{玻璃}(\lambda)}$,由于玻璃棱镜对红光的折射率比对紫光的折射率小,因此在三棱镜内部红光的折射角 θ_r 比紫光更大。第二次折射发生时,太阳光从玻璃入射到空气介质中,光的折射角 θ'_r 满足 $\sin\theta'_r = \sin\theta_r \dfrac{n_{玻璃}(\lambda)}{n_{空气}}$,因此红光有更小的折射角 θ'_r。通过这个实验,牛顿成功地将太阳光分解成了红、橙、黄、绿、青、蓝、紫几种不同颜色的光束,也证实了太阳光(白光)是由多种颜色的光束叠加而成的。三棱镜分光实验也被评为"十大最美物理实验"之一。"光的色散"本质是"光的折射",是由于不同颜色的光相对于三棱镜具有不同的折射率造成的。牛顿对于光学的科学研究,开启了"光谱学"研究的先河。

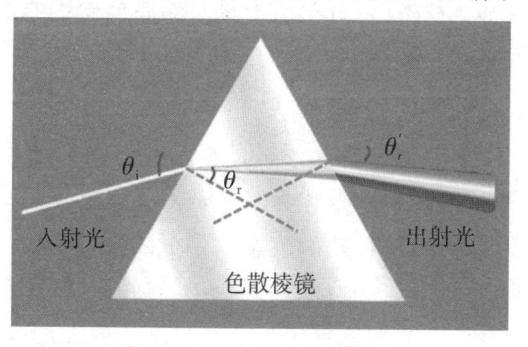

图 4-20 光的色散示意图

彩虹的形成　　　　光的干涉　　　　光的衍射

三、压强、温度与分子动理论

(一)分子动理论基本概念

一切与温度有关的物理性质的变化均称为热现象,因此自然界中的热现象是普遍存在的。它是大量分子无规则热运动的集体宏观表现。

对于单个分子运动的描述属于微观描述,而对于大量分子的整体运动描述则属于宏观描述,因此热现象可以通过微观和宏观两个方面进行研究。

分子动理论的研究方法正是从物质微观结构和分子运动规律的基本概念出发,依据每个粒子的力学规律,运用统计平均方法,揭示微观运动和宏观现象的内在联系,并确定宏观量与微观量之间的关系,从而研究热运动规律。

对于微观粒子的运动规律及其与宏观现象的关系可以通过以下三方面进行认识。

宏观物体由大量微观粒子组成。无论是气体、液体还是固体,都由大量分子或原子组成,且微粒之间存在间隙。1 mol物质中分子数为6.02×10^{23}个。我们把6.02×10^{23}/mol称为阿伏伽德罗常量,用符号N_A表示。

分子在不停地做无规则的热运动,运动的剧烈程度与物体的温度有关。由于分子无规则运动产生的物质迁移的现象称为扩散,温度越高,扩散现象越剧烈。

分子之间存在相互作用力。分子之间相互作用力包括引力和斥力,折断一个物体需要力的作用反映出分子间具有引力,且引力大小与物质的状态有关,固态引力大于液态,液态引力大于气态。

用一些表征体系宏观性质的物理量来决定体系的状态,称为体系的宏观态,描述其宏观状态的物理量叫作体系的状态参量,例如,压强p、体积V、温度T;宏观态由大量微观态组成,而描述个别分子特性的物理量称为微观量。

在描述气体状态时,存在一种特殊的状态——平衡态,它是在系统不受外界影响下,经过足够长的时间后不与外界进行能量交换,到达一种宏观性质(p,V,T)不变的状态。

需要注意的是,在平衡态下,只是系统的宏观性质不发生变化,每个分子的微观状态仍然在不断地改变,但相互处于一种动态平衡状态。

为了方便,在实际研究中,我们认为只要气体的温度不太低压强不太大,均看作理想气体进行分析。理想气体满足如下三点假设:

气体分子大小比分子之间的平均距离小得多,可看作质点,它们遵从牛顿运动定律;

气体分子之间平均距离很大,除碰撞的瞬间外,气体分子之间以及分子与容器壁之间的相互作用力以及重力忽略不计,分子做自由运动;

气体分子间的碰撞以及分子与器壁之间的碰撞都是完全弹性碰撞。

在进行分析时,对于大量粒子组成的体系不可能追踪各个微观态的复杂变化,需要统计规律性进行研究,因此下面我们从微观粒子的运动规律着手,通过统计规律对气体的宏观状态量进行说明。

(二)理想气体压强和温度的微观理解

气体压强从微观角度理解是由大量气体分子对容器壁不断碰撞的宏观表现。对于这些分子整体而言,宏观上则会表现出一个恒定且持续的压力。

对于理想气体,所有分子运动方向和运动速率均是随机的,且认为其在每个方向上运动概率相同,运动速率相等。

假设存在一密闭容器,容器中充满了做无规则热运动的气体分子,每个分子均有可能在运动过程中撞击到容器壁,且每一个分子撞击容器壁的速度大小以及每一处容器壁被撞击的概率均是相等的,因此平衡态下,器壁各处、各个方向受到气体压强相同。

根据理想气体的特点,将分子间以及分子与器壁之间的碰撞看作是完全弹性碰撞过程,对该过程利用动量定理(冲力对碰撞时间的累积等于分子动量的变化)进行分析,得到单个分子对容器壁的冲力。然后将一定范围内所有粒子的碰撞冲力整体看作对器壁的压力,最后利用压力和压强的关系,可以得到如下公式,称之为理想气体的压强公式:

$$p = \frac{2}{3} n \bar{\varepsilon}_t$$

其中,n 表示分子数密度,$\bar{\varepsilon}_t = \frac{1}{2} m v^2$ 表示分子的平均平动动能。

由此关系式可知,理想气体的压强只与分子数密度和平均平动动能有关。分子运动速度(平均平动动能)越大,压强越大。压强的微观实质是压强表示所有气体分子在单位时间内施于单位面积器壁的平均冲量。

根据理想气体的压强公式和状态方程,可以推导出气体的温度与分子的平均平动动能之间的关系:

$$\bar{\varepsilon}_t = \frac{3}{2} kT \text{ 或 } T = \frac{2}{3k} \bar{\varepsilon}_t$$

从上式可知,理想气体在平衡态下,其分子的平均平动动能只和温度有关,并且和热力学温度成正比;温度的微观本质是分子平均平动动能的量度;温度反映的是大量分子的集体表现,个别分子没有意义;在同一温度下,各种气体分子平均平动动能相等。结合以上压强和温度公式可知,温度越高,分子平均动能越大,压强也就越大。

通过理想气体的压强公式和温度公式可以将宏观可测量量 p 和 T 与微观统计平均量进行联系,实际上也是将微观粒子的热运动规律反映到宏观可测量上。

四、物态变化

(一)物质存在的状态

物质是由分子或者原子构成的。通常所见的物质有四种状态:气态、液态、固态和等离子态(如图4-21)。

气态:气态是物质的一种常见状态。气态物质的原子或分子间的距离很大,相互之间可以自由运动。它可以流动,可变形,可以扩散,其体积不受限制,原子或分子的动能比较高。气体形态可用其自身的体积、温度和压强三个重要物理量来描述。

液态:液体和气体一样,有流体的特质。液体的原子或分子的距离比气体小得多,粒子结合得非常牢固,粒子之间有一定的自由度可以移动。液体没有一定的形状,会随着容器的形状而改变,若是在密封容器中,容器每个表面都会受到相同的压强。液体和气体也有不同之处:气体一定可以和另一气体均匀混合,液体则不然,两种液体(例如水和油)可能无法均匀混合。另外,液体受压缩后的体积变化不大。

固态:在固态物体中,物体的微粒间距离很小,作用力很大。粒子只能在各自的平衡位置附近做无规律的振动,固体能保持一定的体积和形状,一般不存在自由移动的离子,它们的导电性通常由自由移动电子引起。在受到不太大的外力作用时,固体的体积和形状改变很小。

等离子态:等离子体是宇宙重子物质最常见的形态,其中大部分存在于稀薄的星系际空间和恒星之中。气体在高温或强电磁场下,会变为等离子体。在这种状态下,气体中的原子会拥有比正常更多或更少的电子,从而形成带负电荷或正电荷的粒子。气体中的任何共价键也会分离。由于等离子体含有许多载流子(正电荷和负电荷),因此它能够导电,对电磁场也有很强的反应。和气体一样,等离子体的形状和体积并非固定,但和气体不一样的是,在磁场的作用下,它会形成各种结构,例如丝状物、圆柱状物或双层等。

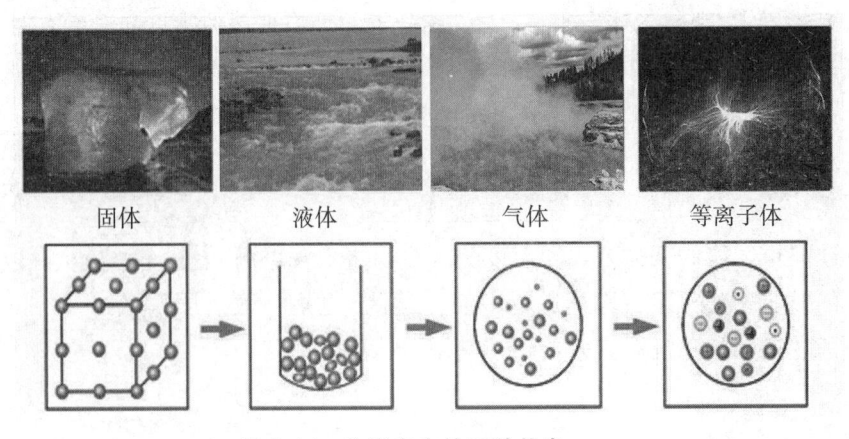

图4-21 物质存在的四种状态

> **资料链接**
>
> ### 超固态和中子态
>
> 除了以上四种物质常见的状态外，还存在超固态和中子态。
>
> 当物质在极高压状态下，原子外围的电子层被压碎，所有的原子核都紧紧地挤在一起，这时候物质里面不存在任何空隙，这样的物质状态称为"超固态"。超固态的密度很大，一个乒乓球大小的超固态物质，其质量大于等于1 000吨。在日常生活中一般不可能看到，在宇宙中的其他天体中可以存在，例如"白矮星"的内部就充满这样的超固态物质。
>
> 中子态是一种密度比超固态还要大的物质存在状态，其密度约为超固态的10万倍左右。在超固态的基础上，在更高压强下再次被挤压直到原子核破裂，从里面放出质子和中子。而放出的质子会和电子结合成中子，这样物质中仅剩下中子存在，故而称为中子态。这种形态大部分存在于一种叫"中子星"的星体中。

(二)物态变化

在物理学中，我们把物质从一种状态变化到另一种状态的过程，叫作物态变化。例如，我们熟知的冰、水和水蒸气是水在不同温度下的不同物态(固态、液态和气态)。接下来，我们就以水为例来分析三种物态之间的物态变化过程。

冰是由水分子组成的"结晶无机固体"。它以水分子"一个氧原子共价结合两个氢原子"，或表示为"H—O—H"的规律结晶所构成。水分子之间的距离很小，相互之间的范德瓦耳斯力(分子间相互作用力)使其可以维持固定的结构。而如果逐渐给固态冰提供能量，比如给它加热，水分子将逐渐获得足够的能量，用来克服分子间的相互作用，这时固体将渐渐膨胀。当物质中所有分子都可以跑离原先位置时，液态水就形成了。物质从固态变成液态的过程叫作熔化，转变中需要能量来进一步克服范德瓦耳斯力的作用，因此在此过程中物质需要吸热。

如果继续给液态水提供能量，以至于水分子之间的距离再一次增大，甚至能脱离相互之间范德瓦耳斯力的束缚自由自在地跑出物质表面，完全摆脱分子间的吸引力时，就形成了所谓的气态水(也就是水蒸气)，没有了固定的体积和形状。物质从液态变成气态的过程叫作汽化，在此转变中同样需要能量来进一步克服范德瓦耳斯力的作用，因此汽化过程也需要吸热。

与之相反，当水蒸气的温度降低或对水蒸气加压时，气体分子之间的距离减小，进而在范德瓦耳斯力的作用下相互吸引而凝结，并且无法脱离物质表面的束缚，转变成为液态水。物质由气态转变为液态的过程叫作液化，此过程中分子间在距离减小的过程中势能逐渐减小，因此在此过程中会有热量放出。

如果进一步降低液态水的温度，分子间的距离进一步减小。此时，水分子相互之间的范德瓦耳斯力使其可以维持在固定的形状，形成固态冰晶。物质由液态转变为固态的过程叫作凝固。与液化类似，凝固过程中，分子的势能随着分子间的距离减小而减小，因此在此过程中也会有热量放出。

寒冷的冬天，冰冻的衣服挂在零下十几摄氏度的室外几天后衣服会被晾干。在此过程中，固态的冰不经过液态过程直接转化为气态的水蒸气，这一过程被称为升华。在此过程中，需要足够多的能量去克服范德瓦耳斯力的作用，因此升华过程需要吸热。同样在寒冷的冬天，室内的水蒸气常在玻璃窗上会直接冻成冰花，在此过程中气态的水蒸气不经历液态水直接转变成固态的冰晶，这一过程被称作凝华。在凝华过程中，水分子的势能同分子间距一同减小，因此在此过程中也会有热量放出。

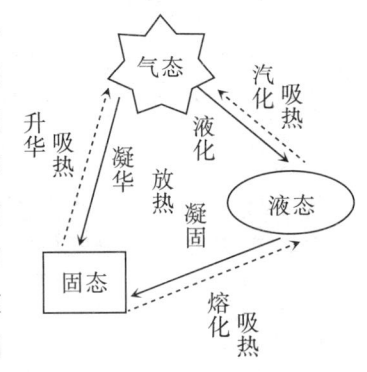

图 4-22 物态变化过程

从图 4-22 可以看出，熔化和凝固、汽化和液化、凝华和升华是三种可逆的物态变化过程，在此过程中随着物质内部的分子势能的变化会伴有吸热或放热。基于此，我们可以通过能量的变化规律来控制物态的变化方向。

五、热力学基本定律

前边我们学习了描述热现象和热运动的一种基本理论——分子动理论，其从微观粒子的角度对热现象和分子运动规律进行描述。描述分子热运动也可以通过宏观理论对某一系统的宏观热现象进行分析，这类理论称为热力学理论。

（一）热力学第零定律和第三定律

热力学系统是热力学的研究对象，其之外的物质统称为系统外界。

由前面内容可知热力学系统的内能是分子热运动的动能和势能的总和，对于理想气体，内能可以近似等于分子热运动动能。温度决定了热运动的动能和振动势能，而体积则决定了相互作用势能，因此热力学系统的内能由温度和体积两个物理量确定。

研究表明，热力学系统的内能可以通过两种方式进行改变——做功和热传递。这两种方式对于改变系统内能而言，作用相当，做功和热传递都是能量变化的量度。

如果两个热力学系统中的每一个都与第三个热力学系统进行接触，一段时间后具有相同的温度而处于热平衡，则这两个系统彼此也必定处于热平衡状态。此规律为热力学第零定律。

从宏观角度考虑，达到热平衡状态的系统具有相同的温度，因此，温度是决定某一系统是否与其他系统处于热平衡的宏观表现，它的特征就在于一切互为热平衡的系统都具有相同的温度。

在日常生活中我们常常会用温度的高低来描述一个物体内部分子热运动的剧烈程度,最常用的温标是摄氏温标(℃)。标准状态下,水的凝固点(0 ℃)和沸点(100 ℃)为两个定点,之间一百等分,每一份表示1 ℃,就是摄氏温标(℃)。常见的温标还有华氏温标与热力学温标。摄氏温度 t 与热力学温度 T 的关系为

$$t = T - 273.15 \text{ ℃}$$

热力学零度即为绝对零度,绝对零度是不可能达到的,这是热力学第三定律的内容。

(二)热力学第一定律

我们知道可以通过做功和热传递两种方式来改变热力学系统的内能,两种途径的效果是相同的。但这两种途径的物理过程是不相同的。

系统经过绝热过程(不与外界发生热量交换)后热力学状态发生变化时,其内能的增量等于外界对系统所做的功。做功是通过物体做有规则的宏观运动来完成的。热传递则是由于系统和外界的温度不同,通过分子做微观功而进行的内能传递过程,传递的能量叫热量。热传递是通过分子之间的无规则运动来完成的。因此做功和热传递改变内能的方式是不同的,但其结果均是改变了系统中分子无规则热运动的剧烈程度,对于理想气体而言,改变的宏观物理量即为系统的温度。

热力学第一定律的公式表示为

$$Q + W = \Delta E$$

式中,Q 代表系统从外界吸收的热量;W 代表外界对系统所做的功;ΔE 代表系统的内能变化。该公式表示系统的内能变化 ΔE 等于系统从外界吸收热量 Q 和外界对系统做功 W 之和。当系统内能变化只通过外界对其做功来实现时,对应的过程不存在热量的传递,称为绝热过程。

需要指出的是,热力学第一定律中每个字母均可能为负值,当这些值为负时,Q 代表系统对外界放出的热量,W 代表系统对外界所做的功,ΔE 仍代表系统的内能变化。

热力学第一定律适用于任何系统的任何过程。应用时,只要初态和末态是平衡态即可,中间过程所经历的各态不需要一定是平衡态。

由热力学第一定律得知,热力学系统与外界之间有热量的传递时会引起系统温度的变化。实际上,热量与温度之间的关系可用比热容表示。

为了科学地对比两种不同物质的比热容,我们引入摩尔比热容的概念,它表示每摩尔物质温度改变1 K时所吸收(或放出)的热量。单位为J/(mol·K),公式表示为

$$C_M = \lim_{\Delta T \to 0} \frac{\Delta Q}{\Delta T}$$

利用此公式,可以解释生活中常见的温差现象,沙漠地带的昼夜温差会相差较大,因为沙子的比热容相对较小,吸收或者散发相同热量后,温度改变较大。沿海地带则由于水的比热容较大,温差较小。

(三)热力学第二定律

热力学第一定律表明能量在相互转化的过程中,须满足能量守恒关系,并没有指出过程进行的方向。换言之,按照热力学第一定律进行理解,系统从外界吸收的热量 Q 可以分为两个部分,系统内能的改变和系统对外做功。当系统内能不变情况下,是否可以将吸收的热量全部用来对外做功呢?也就是热量到做功的转换效率能否达到百分之百呢?热力学第二定律对其进行了说明。

热力学第二定律包括两种表述方式,分别为开尔文表述和克劳修斯表述。

热力学第二定律的开尔文表述为,第二类永动机是不可能造成的。而第二类永动机为从单一热源吸收热量全部用来做有用功的系统。因此,热力学第二定律的开尔文表述还可以表述为不可能从单一热源吸收热量,使之完全变为有用功而不产生其他影响。开尔文表述揭示了热和功转换的方向性,功转换成热具有自发性,而热转换成功不会自发产生。

热力学第二定律的克劳修斯表述为,热量不能自动地从低温物体传向高温物体。它指出了热传递的方向性,热量只会自动地从高温物体传向低温物体。

热力学第二定律是关于自然过程方向的一条基本的、普遍的定律。说明功和热转换的条件,同时说明热传导的方向性。

热力学第二定律的开尔文表述和克劳修斯表述在本质上是完全等效的。如果违背了其中一种表述,则必然违背另一种表述。

通过热力学第二定律的两种表述可知,一切自然的热力学过程总是沿着分子的无序性增大的方向进行。

热力学第一定律表明了能量转换的数量关系,即任何热力学过程必须遵从能量守恒定律,而热力学第二定律则反映了自然过程进行的方向和条件,一切与热现象有关的实际宏观过程都是不可逆的。只有两条定律同时存在,才能完整科学地描述热现象和热力学过程。

第四节 电与磁

学习提要

1.了解人类对电现象和磁现象的认识过程,了解奥斯特、法拉第、麦克斯韦等科学家在电磁学研究中所起的重要作用,体会人类探索自然规律的科学方法、科学态度和科学精神。

2.认识电场、磁场和电磁场，了解"场"这种物质存在的特点，了解"场"的概念的建立是人类对客观世界认识的一个重要进展。（重点）

3.知道电压、电阻和电流，了解电流的微观机理及其定义，知道电流的方向是如何规定的。会看、会画简单的电路图，会连接简单的串联和并联电路。（重点）

4.了解电磁感应现象的发现过程，理解感应电流产生的条件，理解法拉第电磁感应定律。

5.了解交变电流的产生、变化规律及其在电子技术中的应用；了解变压器的构造及工作原理，知道减少远距离输电损失的主要途径。（难点）

6.了解电磁场在空间的传播形式——电磁波，通过实例认识电磁波谱，知道光是电磁波。

一、电场

（一）电荷

人类很早就注意到摩擦起电现象。东汉思想家王充（27—约97）在其著作《论衡》一书中记述了"顿牟掇芥"现象，即玳瑁的甲壳吸引芥子之类的轻小物体。古希腊人也发现琥珀等物体摩擦后能吸引草屑等小物体。通过大量的摩擦起电实验人们发现，经过摩擦的物体带了电荷。电荷有两种，正电荷和负电荷。同种电荷相互排斥，异种电荷相互吸引。

现在我们已经知道，物质的原子是由带正电的原子核和带负电的电子组成的。原子核所带正电荷的数量与周围电子的负电荷数量相等，所以整个原子对外表现为电中性。在摩擦的过程中，一些核外电子转移到其他物体上。于是失去电子的物体带正电，得到电子的物体带负电。也就是说，摩擦起电并不是创造了电荷，只是电荷的转移，使正负电荷分开。

（二）电场

与常见的弹力、摩擦力等物体之间的相互作用不同，电荷之间不需要接触就能产生力的作用。19世纪30年代，法拉第提出一种观点，认为在电荷的周围存在着由它产生的电场，处在电场中的其他电荷受到的作用力就是这个电场给予的。近代物理学的理论和实验证实并发展了法拉第的观点，电场被证明是客观存在的，只要有电荷存在，电荷周围就有电场。场的概念的建立，是人类对客观世界认识的一个重要突破。

实物和场是物质存在的两种基本形式。电场与实物的不同之处在于，它不是由分子原子所组成，我们也不能用眼睛看到，但它是客观存在的，我们可以通过电荷在电场中受到力的作用间接感知它的存在，即电场具有通常物质所具有的力和能量等客观属性。电场的力的性质表现为:电场对放入其中的电荷有作用力。这种力称为电场力。电场的能的性质表现为:当电荷在电场中移动时,电场力对电荷做功。这说明电场具有能量。

(三)电场强度

放入电场中某点的电荷所受静电力 F 跟它的电荷量的比值,叫作该点的电场强度,通常用 E 表示,也就是

$$E=\frac{F}{q}$$

电场强度是描述电场性质的物理量,与放入电场中的电荷无关,它的大小由电场本身决定。电场强度是矢量,不仅有大小,还有方向。物理学中规定,电场中某点的电场强度的方向跟正电荷在该点所受的电场力的方向相同。按照这个规定,负电荷在电场中某点所受的静电力的方向与该点的电场强度的方向相反。

法拉第不仅提出了场的概念,而且利用画图的方法直观呈现电场各处的电场强度分布情况。如果在电场中画出一些曲线,使曲线上每一点的切线都跟该点的电场强度方向一致,这样的曲线就叫作电场线。电场线从正电荷或无限远出发,终止于无限远或负电荷。电场线在电场中不相交,这是因为在电场中任意一点的电场强度不可能有两个方向。在同一幅图中,电场越强的地方,电场线越密,电场强度越小的地方电场线越稀疏。因此,电场线不仅可以表示电场强度的方向,还可以表示电场强度大小的分布情况。

不同电场中,电场强度分布不同,它们的电场线形状也不一样。如图4-23是几种电场的电场线。

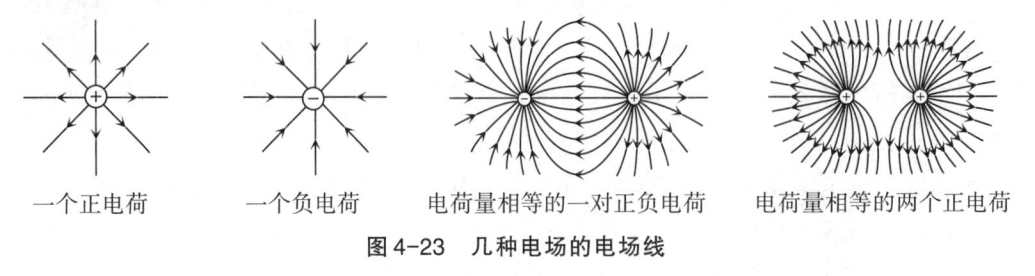

一个正电荷　　一个负电荷　　电荷量相等的一对正负电荷　　电荷量相等的两个正电荷

图 4-23　几种电场的电场线

应该指出的是,电场线不是实际存在的线,而是为了形象地描述电场而假想的线。

二、电流与电能

(一)电流和电路

电荷的定向移动形成电流。用导线把电源、用电器、开关等连接起来,组成电流可以流过的路径叫作电路。

在摩擦起电的现象中,电荷的移动瞬间就结束了,不能形成稳定的电流。把导体两端分别接在电源的两极上,导体两端有了电压,导体中的自由电荷在电场的作用下发生

定向移动,形成电流。电源的作用是保持导体上的电压,使导体中有持续的电流。

发生定向移动的电荷可能是正电荷,也可能是负电荷,还可能是正负电荷同时向相反方向移动。在19世纪初,物理学家刚刚开始研究电流时,并不清楚各种情况下究竟是哪种电荷在移动,当时就把正电荷定向移动的方向规定为电流的方向。常用的导线是金属制成的,金属中能够移动的是自由电子,电子带负电,所以,金属中电流的方向与电子定向移动的实际方向相反。

除了要连接电源,要产生持续的电流使用电器工作,还应将电源、用电器、开关等电器元件用导线连接起来形成闭合回路。只有电路闭合时,电路中才有电流。我们把正常接通、用电器能够工作的电路叫作通路;如果电路中某处被切断,就不会有电流流过,这种情况叫作断路;用导线将电源正负极连接起来,电流不经过任何用电器直接从电源正极流回负极,这种情况叫作短路。短路时电路中会有很大的电流,可能把电源烧坏,是非常危险的。

(二)串联电路和并联电路

把几个导体依次首尾相连接入电路,这种连接方式叫作串联(如图4-24)。把几个导体的一端连在一起,另一端也连在一起,然后把这两端接入电路,这种连接方式叫作并联(如图4-25)。串联电路和并联电路是最基本的电路,生活中的许多电路都是由最基本的电路组合而成的。因为并联的用电器有各自的工作回路,一个用电器出现故障不会影响其他用电器工作,因此,家庭里的电灯、冰箱、洗衣机等电器大多是并联在电路中的。而烘托节日气氛的小彩灯则大多是串联和并联组合而成的。

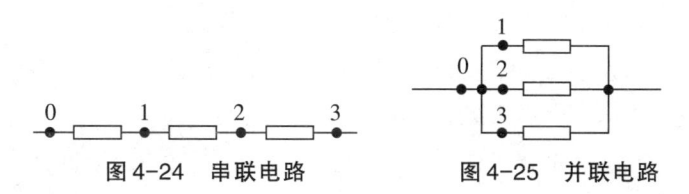

图 4-24 串联电路　　图 4-25 并联电路

(三)电流强弱

表示电流强弱的物理量是电流,通常用 I 表示,它的单位是安培,简称安,符号是 A。有些设备电流很小,我们常常使用毫安(mA)和微安(μA)。它们同安培的换算关系是

$$1 \text{ mA} = 10^{-3} \text{A}$$

$$1 \text{ μA} = 10^{-6} \text{A}$$

家用节能灯中的电流大约 0.1 A,家用电冰箱的电流大约为 1 A,而维持电子表液晶显示屏工作的电流只需要几微安。

串联电路各处的电流相等,即

$$I_0 = I_1 = I_2 = I_3$$

并联电路的总电流等于各支路电流之和,即
$$I_0=I_1+I_2+I_3$$

(四)电压

要让一段电路中有电流,它的两端就要有电压。电源的作用就是给用电器两端提供电压。通常用字母 U 表示电压,电压的单位是伏特,简称伏,符号是 V。较高的电压用千伏(kV)作为单位,较低的电压用毫伏(mV)作为单位。它们之间的换算关系是

$$1\ kV=1\ 000\ V=10^3\ V$$
$$1\ mV=0.001\ V=10^{-3}\ V$$

常见的干电池电压为 1.5 V,手机电池大约 3.7 V。在我国,家庭电路电压是 220 V。人体中也有电流,大约 10^{-3} V。一般来讲,36 V 以下的电压不会对人体造成伤害,我们称之为安全电压。

串联电路两端的总电压等于各部分电压之和,即
$$U_{03}=U_{01}+U_{12}+U_{23}$$

并联电路的总电压与各支路电压相等,即
$$U=U_1=U_2=U_3$$

(五)电阻

在物理学中,用电阻表示导体对电流阻碍作用的大小。电阻越大,表示导体对电流的阻碍作用越大。通常我们用 R 表示电阻,电阻的单位是欧姆,简称欧,符号是 Ω。比较大的单位有千欧(kΩ)、兆欧(MΩ),它们之间的换算关系是

$$1\ k\Omega=1\ 000\ \Omega=10^3\ \Omega$$
$$1\ M\Omega=1\ 000\ 000\ \Omega=10^6\ \Omega$$

手电筒里小灯泡灯丝的电阻大约是几欧到十几欧。长1米、横截面积1平方毫米的家用铜导线电阻约为百分之几欧。同样规格铁丝的电阻比铜丝要高6倍左右。不同材料的电阻差异很大。天然橡胶棒的电阻是同等粗细、长短铁棒的 2×10^{16} 倍。据此特性我们可以将材料分为导体和绝缘体两大类别。

电阻是导体本身的一种特性,它的大小与导体的材料、长度和横截面积等因素有关。同种材料的导体,其电阻 R 与它的长度 l 成正比,与它的横截面积 S 成反比。写成公式则是

$$R=\rho\frac{l}{S}$$

其中 ρ 是电阻率,它与导体的材料有关,是表征材料性质的一个重要物理量。

串联电路的总电阻等于各部分电路电阻之和,即
$$R=R_1+R_2+R_3$$

并联电路总电阻的倒数等于各支路电阻的倒数之和,即

$$\frac{1}{R}=\frac{1}{R_1}+\frac{1}{R_2}+\frac{1}{R_3}$$

(六)欧姆定律

19世纪20年代,德国物理学家欧姆对电流、电压、电阻之间的关系进行了大量实验研究,归纳出这样的规律:导体中的电流,跟导体两端的电压成正比,跟导体的电阻成反比。今天我们称之为欧姆定律。用公式表示就是

$$I=\frac{U}{R}$$

(七)电功率

现代化的生活离不开电。电灯把电能转化为光能为我们照明,电水壶把电能转化为内能使水温升高,电视机、电脑利用电能加工信息,转化为声光信号传达给我们。

我们使用的电大多来自发电厂。各种各样的发电厂和各种各样的电池都能把不同形式的能转化为电能。生活中电能的单位是千瓦时,也叫"度",符号是kW·h。在物理学中,能量的单位是焦耳。它们之间的关系是

$$1 \text{ kW·h}=1\times10^3 \text{ W}\times3\ 600 \text{ s}=3.6\times10^6 \text{ J}$$

功是能量转化的量度。电能转化为其他形式能的过程就是电流做功的过程。有多少电能发生了转化就说电流做了多少功,即电功。

电流做功的多少跟电流的大小、电压的高低、通电时间的长短都有关系。加在用电器上的电压越高、通过的电流越大、通电的时间越长,电流做功越多。用公式表示为

$$W=IUt$$

单位时间内电流做的功叫作电功率。电功率的单位是瓦特(W)。用公式表示即为

$$P=\frac{W}{t}=IU$$

家用电器上都标有额定电压和额定功率。用电器正常工作时的电压叫作额定电压,在额定电压下工作时的电功率叫作额定功率。如节能灯上标着"220 V 19 W",表示额定电压是220 V,额定功率是19 W。如果用电器的实际功率大于额定功率,则用电器可能会损坏;若实际功率小于额定功率,则用电器无法正常运行。

许多电器接通电源后都伴有热现象产生。电流通过导体时电能转化为内能,这种现象叫作电流的热效应。如果电流通过导体时,电能全部转化为内能,那么电流在这段电路中做的功W就等于这段电路发出的热量Q,即

$$Q=W=IUt$$

由欧姆定律得出

$$U=IR$$

代入上式可得

$$Q=I^2Rt$$

即电流通过导体产生的热量跟电流的二次方成正比，跟导体的电阻及通电时间成正比。这个关系最初是由英国物理学家焦耳通过实验直接得到的，因此我们称之为焦耳定律。

利用电流的热效应我们可以做很多事情，如电饭锅、电热壶、电熨斗等都是利用电能转化为内能加热物体的家用小电器。但是，很多情况下我们并不希望电器的温度过高，那样的话很容易引起火灾，所以使用时一定要注意通风散热。如安放冰箱时要与墙面保持一定距离，看电视时一定要把防尘布罩拿开。

三、磁场

(一)磁现象

人类很早就发现天然磁石吸引铁器的现象，我国春秋战国时期的一些著作里已经有了关于磁石的记载和描述。东汉学者王充在《论衡》一书中描述的"司南"，是人们公认的最早的磁性定向工具。作为我国古代四大发明之一，指南针在12世纪初就被用于航海。

人们最早发现的天然磁石其主要成分是Fe_3O_4。现在人们利用这些磁铁矿石、钢或某些合金及人工合成材料，根据需要制成各种形状的磁体。我们把磁体吸引铁、钴、镍等物质的性质称为磁性。磁体的各部分磁性强弱不同，两端磁性最强，我们称之为磁极。如果我们把磁体悬挂起来，使它能够自由旋转，会发现静止时磁体一端指北，我们称之为北极(N极)，一端指南，我们称之为南极(S极)。实验证明，同名磁极相互排斥，异名磁极相互吸引。

一些物体在磁体或电流的作用下获得磁性，这种现象叫磁化。不是所有材料都可以被磁化，只有少数金属及金属化合物可以被磁化。如用磁铁一端沿着一个方向摩擦缝衣针，缝衣针就会被磁化，从而具备一般磁体的基本性质。在小学科学课上，教师会指导学生使用这种方法自制指南针。

(二)磁场

与电荷周围存在电场一样，磁体周围存在磁场。磁场使磁体之间不必直接接触便能相互作用。

在条形磁体周围不同的地方放置若干小磁针，小磁针静止时指示不同的方向(如图4-26)。这说明磁场是有方向的。物理学中把小磁针静止时北极所指的方向规定为该点磁场的方向。

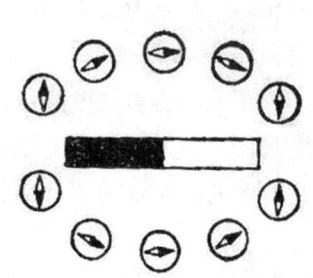

图4-26 条形磁铁的磁场分布

把小磁针在磁场中的排列情况用一些带箭头的曲线画出来,可以方便、形象地描述磁场,这样的曲线叫作磁感线。在磁感线上,每一点的切线方向都与该点的磁场方向一致。

如图4-27是用磁感线描述的条形磁体和蹄形磁体的磁场。可以看出,磁体外部的磁感线都是从磁体的N极出发,回到S极。与用电场线描述电场类似,磁感线越密的位置,磁场越强。

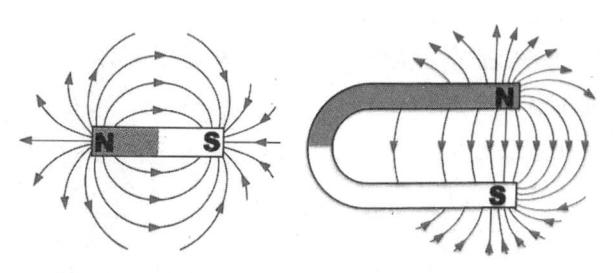

图4-27　条形磁体和蹄形磁体的磁感线

教学中常用铁屑在磁场中被磁化的性质来模拟磁感线的形状(如图4-28)。在磁铁上面放一块有机玻璃,玻璃上撒一层铁屑。轻轻敲打玻璃,可以看到铁屑有规则地排列起来,形象地显示出磁场的分布情况。

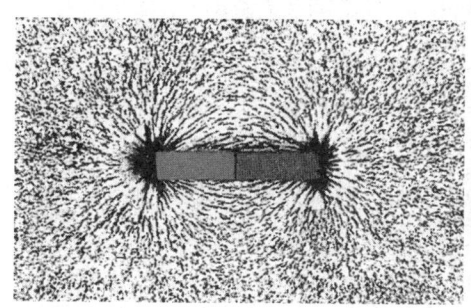

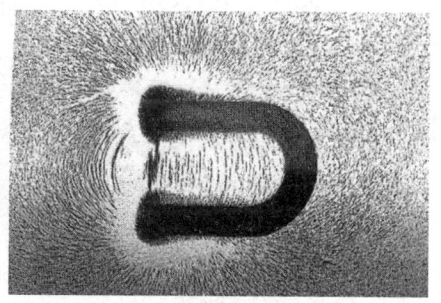

图4-28　条形磁体和蹄形磁体磁感线模拟图

(三)地球磁场

把能够自由旋转的小磁针平放在桌面上,静止时小磁针总是一端指南,一端指北。这说明地球周围存在着磁场——地磁场(如图4-29)。指南针的广泛应用,促使人们越来越多地研究和认识地磁场。

地球的地理两极与地磁两极并不重合,因此,磁针并非准确指示南北方向,而是有一个夹角,我们称之为地磁偏角,简称磁偏角。世界上最早记述这一现象的是我国北宋学者沈括(1031—1095),比西方早了400多年。磁偏角的数值在地球上不同的地方是不同的。不仅如此,由于地球磁极的缓慢移动,磁偏角也在缓慢变化。磁偏角的发现对科学的

图4-29　地球磁场示意图

发展和指南针在航海上的应用都很重要。至于地球磁场到底是怎么产生的,至今没有人给出满意的答案。

(四)电流的磁效应

电现象和磁现象有许多相似之处。电荷有正负两种,磁铁有南北两极。同名磁极或同种电荷相互排斥,异名磁极或异种电荷相互吸引。于是有人猜测,电和磁之间可能存在某种联系。但是因为缺少证据,直到19世纪初,许多著名的物理学家都倾向于认为电与磁是互不相关的两种事物。

然而,18世纪和19世纪之交,一些哲学家和科学家意识到,世界上各种自然事物之间存在着广泛的联系。基于这种思想,丹麦物理学家奥斯特一直坚信电和磁之间一定有某种联系,并长期通过实验探索电与磁之间的关系。在经历多次失败之后,1820年4月的一个晚上,他敏感地捕捉到靠近通电导线的小磁针发生了微弱的偏转。这个不起眼的现象没有引起在场的其他人的注意,却让奥斯特兴奋不已。他在接下来的三个月里反复实验,深入地研究,最终在1820年7月发表论文,宣布发现了电流的磁效应,成为世界上第一个发现电与磁之间关系的人(如图4-30)。

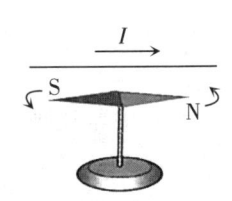

图4-30　奥斯特发现电流能使小磁针偏转

奥斯特的发现可以总结为三点。

(1)小磁针靠近导线并与导线平行放置;(小磁针的位置与方向)

(2)接通电流小磁针发生偏转,切断电流小磁针回到原位;(是运动的电荷而不是静止的电荷,能产生磁场)

(3)改变电流的方向,小磁针偏转的方向也相应地发生改变。(小磁针偏转的方向与电流的方向有关)

(五)电流磁场的方向

奥斯特的发现震动了科学界。人们不仅重复他的实验,还提出了新问题:当把小磁针放入电流磁场中时,小磁针的偏转是否有一定的规律?偏转的方向与电流的方向有怎样的关系?以安培为代表的法国科学家很快取得了研究成果。

安培定则:右手握住导线,让伸直的拇指的方向与电流的方向一致,那么,弯曲的四指的方向就是磁感线的环绕方向(如图4-31)。

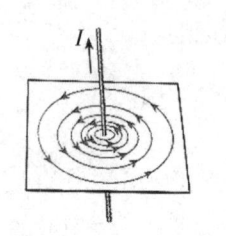

图4-31　直线电流的磁场

通电螺线管的电流方向与其磁感应线方向之间的关系也可以用安培定则来判定：右手握住螺线管,让弯曲的四指指向电流的方向,则拇指所指的方向就是螺线管内部磁感线的方向(如图4-32)。

(六)电磁铁

在螺线管中插入铁芯,当有电流通过时铁芯有磁性,切断电流磁性消失。我们把这种磁体叫作电磁铁。

电磁铁有磁性(通电时),而且也有南北两极,这些特性与永磁体是相同的。不同的是,电磁铁的磁极可以随着电流方向的变化而改变,磁性强弱跟线圈的匝数和电流大小有关。实验证明,线圈匝数一定时,通入的电流越大,电磁铁的磁性越强;电流一定时,外形相同的螺线管,匝数越多,电磁铁的磁性越强。

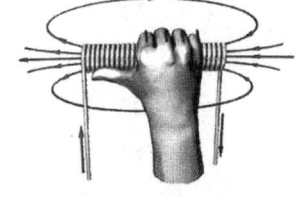

图4-32 通电螺线管的磁场

利用电磁铁的磁性有无、强弱可以控制的特点,人们发明了电磁起重机,可以方便地搬运钢铁。在电动机、发电机、电磁继电器以及洗衣机、感应式冲水马桶等家用电器中也都用到了电磁铁。许多国家在研制高速磁悬浮列车,其上所用的磁体大多是通有强大电流的电磁铁。

四、电磁感应

(一)电磁感应的发现

奥斯特在1820年发现电流的磁效应,说明电现象和磁现象是有联系的,这引起整个科学界极大的震动。人们不禁这样想:既然电流能产生磁场,那么反过来,磁场也应该能够产生电流。英国科学家法拉第就是一个有这种信念的人。经过长达10年的艰苦探索,他终于在1831年发现了电磁感应现象,在奥斯特之后,进一步揭示了电和磁之间的密切联系。

奥斯特发现,只有运动的电荷才能产生磁场。与此类似,法拉第发现,磁生电是在一种变化、运动的过程中才能出现的效应。

如图4-33,把两个线圈绕在同一个铁环上,一个线圈连接电源,另一个线圈连接电流表。在给一个线圈通电或断电的瞬间,另一个线圈中也出现了电流。

如图4-34表现的是在连接电流表的线圈中插入磁铁,或从线圈中抽出磁铁,线圈中会产生感应电流。

如图4-35,把导体棒两端分别与电流表的两个接线柱相连,构成闭合导体回路。当导体棒做切割磁力线的运动时,闭合导体回路中会产生感应电流。

图 4-33　法拉第用过的线圈 　　图 4-34　磁铁插入、抽出时产生感应电流 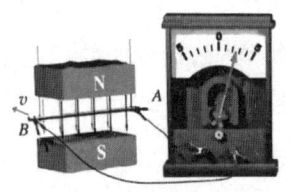　　图 4-35　导体切割磁感线时产生感应电流

法拉第设计了几十个实验来研究"磁生电",最终把引起电流的原因概括为五类,即变化的电流、变化的磁场、运动的恒定电流、运动的磁铁、在磁场中运动的导体。法拉第把这些现象定名为电磁感应,由电磁感应产生的电流叫作感应电流。

为了更好地表述电磁感应现象,后来的科学家引入了一个新的物理量——磁通量,即闭合导体回路的面积与垂直穿过它的磁感应强度的乘积。大量事实表明,只要穿过闭合导体回路的磁通量发生变化,闭合导体回路中就会产生感应电流。

(二)楞次定律

在电磁感应现象中,不同情况下产生的感应电流方向是不同的。1834年,俄国物理学家海因里希·楞次在分析了许多实验现象之后,总结出这样的规律:感应电流的磁场总是要阻碍引起感应电流的磁通量的变化。这就是楞次定律。楞次定律是能量守恒定律在电磁感应现象中的具体体现。

我们可以使用右手定则来判定感应电流的方向:伸开右手,使拇指与其余四个手指垂直,并且都与手掌在同一个平面内;让磁感线从掌心进入,并使拇指指向导线运动的方向,这时四指所指的方向就是感应电流的方向(如图4-36)。

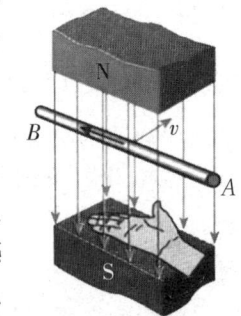

(三)法拉第电磁感应定律

在电磁感应现象中,既然在闭合回路中产生了感应电流,这个电路中就一定有电动势。我们把电磁感应现象中产生的电动势叫作感应电动势。在闭合电路中,产生感应电动势的那部分导体相当于电源。大量实验表明,电路中感应电动势的大小跟穿过这一电路的磁通量的变化率成正比。这就是法拉第电磁感应定律。

图 4-36　右手定则

$$E=n\frac{\Delta\varPhi}{\Delta t}$$

E 表示感应电动势,单位是伏特(V);$\varPhi$ 表示磁通量,单位是韦伯(Wb);t 表示时间,单位是秒(s);n 表示线圈的匝数。

电磁感应现象的发现为完整的电磁学理论奠定了基础,为人类获取巨大而廉价的电能开辟了道路,开启了电气化时代的序幕,标志着一场重大的工业和技术革命的到来。事实证明,电磁感应在电工、电子技术、电气化、自动化方面的广泛应用对推动社会生产力和科学技术的发展发挥了重要的作用。

五、交流电

(一)直流和交流

在恒定电流的电路中,电源的电动势不随时间变化,因而电路中的电流和电压也不随时间变化。如各种电池供给的电,其电流只沿一个方向流动。我们称这样的电为直流电(direct current),简称直流(DC)。但是在生活中我们大量使用的来自电网的电,其电流的方向和大小随着时间做周期性的变化。我们称这样的电为交流电(alternative current),简称交流(AC)。

以时间 t 为横坐标,电压 u 为纵坐标,电网中电流和电压的变化规律是一条正弦曲线(如图4-37)。我们把这种按正弦规律变化的电流叫作正弦式交变电流。

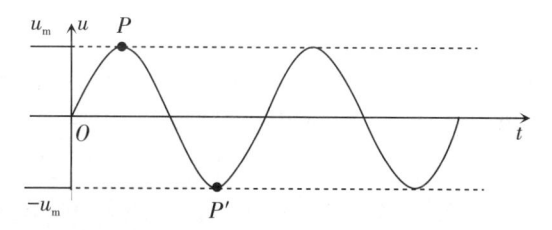

图 4-37 正弦式交变电流图像

正弦式电流在某一时刻电流和电压的关系可以表示为

$$i = I_m \sin\omega t$$

$$u = U_m \sin\omega t$$

式中 I_m、U_m 分别表示电流和电压的最大值,叫作交流的峰值。

交变电流的大小和方向在周期性的变化。我们把1秒钟内发生周期性变化的次数称作频率,单位是赫兹,简称赫,符号是 Hz。我国使用的交变电流,频率是 50 Hz。

交流的电压、电流在不停变化,只在某个时刻达到峰值。如果按照峰值来计算用电量,所得的结果必然超过实际用电的数量,为此引入有效值的概念。交流的有效值是根据电流的热效应规定的:把交流和直流分别通过相同的电阻,如果在相等的时间里它们产生的热量相等,我们就把这个直流电压、电流的数值称为交流电压、电流的有效值。

按照正弦规律变化的交流,它的有效值与峰值之间有确定的关系:

$$U_e = \frac{U_m}{\sqrt{2}} \approx 0.707 U_m$$

$$I_e = \frac{I_m}{\sqrt{2}} \approx 0.707 I_m$$

式中 U_e、I_e 分别代表交流电压、电流的有效值。在各种使用交变电流的电器设备上,所标注的额定电压、额定电流都是交流的有效值。如家庭用电的电压是 220 V,地铁机车的电压是 750 V。

(二)变压器

变压器是由闭合铁芯和绕在铁芯上的两个线圈组成的。一个线圈与交流电源连接,叫作原线圈,也叫初级线圈;另一个线圈与负载连接,叫作副线圈,也叫次级线圈(如图4-38)。电流通过原线圈时在铁芯中激发磁场,由于电流大小、方向在不断变化,铁芯的磁场也在不断变化。变化的磁场在副线圈中产生感应电动势,由此输出电流。如果原线圈和副线圈匝数不同,那么副线圈输出的电压也会不同于输入电压,变压器由此得名。理论和实验都表明,原、副线圈的电压之比等于两个线圈匝数之比。

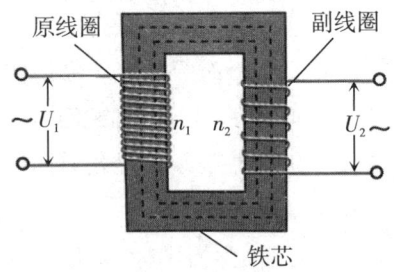

图 4-38 变压器示意图

(三)电能的输送

发电厂发出的电要输送到用电的地方,常常需要跨越很远的距离。怎样降低由于电流的热效应导致的能量损耗是我们必须要考虑的问题。

输电线电阻越大,能量损失越多。为了减小电阻,应当选用电阻率小的金属材料,如铜、铝来制造输电线。此外,还要尽可能增加导线的横截面积。但是过粗的导线会消耗大量金属材料,增加成本,而且导线太重的话,还会增加架线工作的困难。

另一个降低能量损耗的办法是减小输电电流。这样的话为了确保向用户提供一定功率的电能,必须提高输电电压。输电电压越高,对输电线路绝缘性能的要求就越高,对变压器的要求也会相应提高,由此导致线路修建成本的提高。因此,实际输送电能时要综合考虑各种因素。

一般发电机组输出的电压在 10 kV 左右,不符合远程送电的要求,需要在发电站内升压到几百千伏后再向外输送。到达用电区后,先在"一次高压变电站"降到 100 kV 左右,在更接近用户的地方再由"二次变电站"降到 10 kV 左右。然后一部分输送给大量用电的工业用户,另一部分经过低压变电站降到 220 V 或 380 V,送给其他用户(如图4-39)。

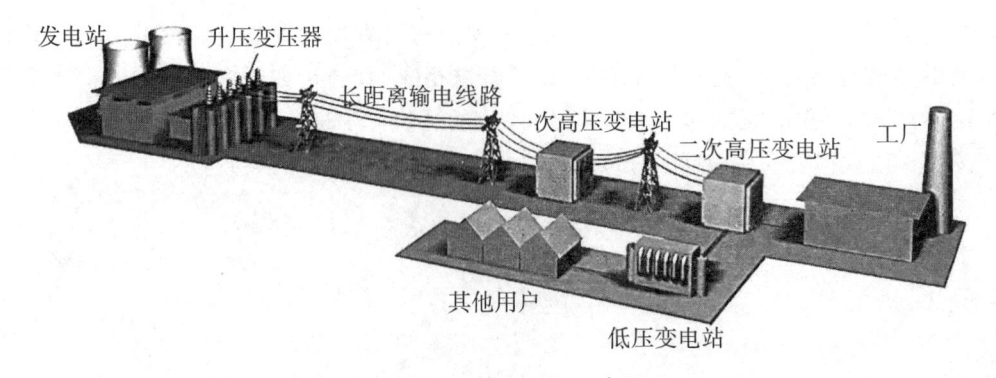

图 4-39 输电过程示意图

六、电磁波

(一)电磁波的发现

法拉第发现在变化的磁场中放入一个闭合电路,电路中会产生感应电流。英国物理学家麦克斯韦由此推想:既然产生了感应电流,一定是有了电场,是电场使导体中的自由电荷做定向运动。因此他认为,这个现象的实质是变化的磁场产生了电场。在自然规律的统一性与和谐性信念的支撑下,麦克斯韦进而推测:既然变化的磁场产生了电场,那么,变化的电场也应该能够产生磁场。基于这两个基本论点,麦克斯韦推断,如果在空间某区域有周期性变化的电场,那么它就在空间引起周期性变化的磁场,这个变化的磁场又引起新的变化的电场,以此类推,变化的电场和变化的磁场交替产生,由近及远地向周围传播。于是,一个伟大的预言诞生了——空间可能存在电磁波。

电与磁可以说是一体两面,变化的电场产生磁场,变化的磁场产生电场。变化的电场和变化的磁场构成了一个不可分离的统一的场,这就是电磁场。而变化的电磁场在空间的传播形成了电磁波。电磁波是电磁场的一种运动形态。根据麦克斯韦的电磁场理论,电磁波在真空中传播时,它的电场强度与磁感应强度互相垂直,而且二者均与波的传播方向垂直,因此电磁波是横波。

麦克斯韦系统地总结了前人对电磁规律的研究成果,用简短的四元方程组准确地描绘出电磁场的特性及其相互作用的关系。他不仅预言了电磁波的存在,而且提出了光的电磁说,揭示了电、磁、光现象在本质上的统一,建立了完整的电磁场理论,是电磁学理论的集大成者。物理学历史上认为牛顿的经典力学打开了机械时代的大门,而麦克斯韦电磁学理论则为电气时代奠定了基石。没有电磁学就没有现代电工学,也就不可能有现代文明。麦克斯韦被普遍认为是对物理学最有影响力的科学家之一。

在有生之年,麦克斯韦没有见到科学实验对电磁场理论的证明。把天才的预言变成世人公认的理论的是德国科学家赫兹。赫兹在人类历史上首次通过实验捕捉到了电磁波。并且在以后的一系列实验中,深入研究了电磁波的反射、折射、衍射和偏振等现象,证明了电磁波与光具有相同的性质,测得电磁波在真空中的传播速度与光速相同。赫兹的实验为无线电技术的发展开拓了道路。后人为了纪念他,把频率的单位命名为赫兹。

无论是法拉第用磁力线定性地描述电磁场,还是麦克斯韦用数学语言定量地描述电磁场,他们都只是把电磁场看作研究电磁现象的一种方法。直到赫兹通过实验证实了电磁场的存在,才意味着电磁场是一种物理实在,电磁波具有能量,是物质存在的一种形式。

(二)电磁波谱

与机械波一样,电磁波传播的速度等于波长与频率的乘积。即

$$c=\lambda f$$

电磁波在真空中的速度约为 3.0×10^8 m/s。

电磁波的频率范围很广。按照波长或频率的顺序把这些电磁波排列起来，就是电磁波谱（如图 4-40）。

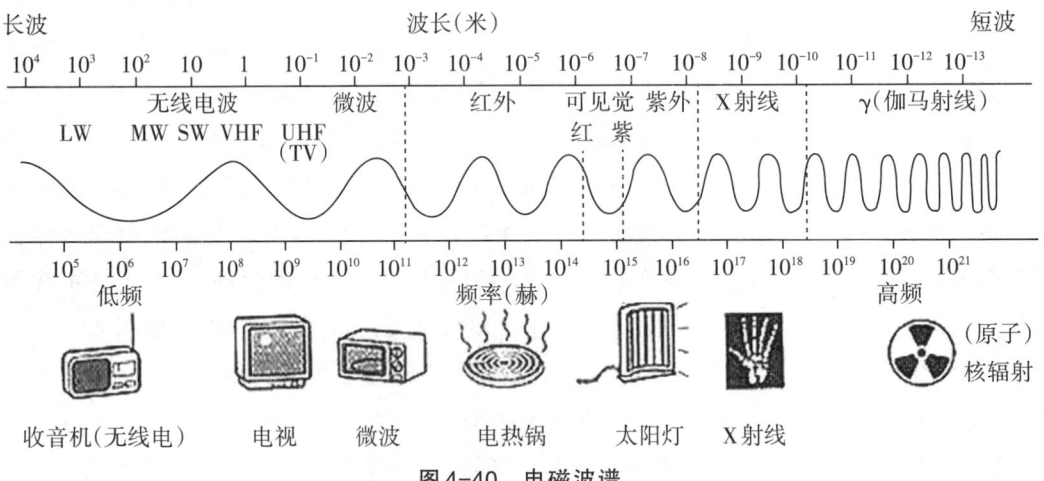

图 4-40　电磁波谱

不同的电磁波具有不同的波长和频率，其特性也就不同。

波长大于 1 毫米的电磁波是无线电波。无线电波波长长，频率低，能够传播得比较远，适用于广播和电视信号的传输。

可见光的波长在 0.4~0.7 μm 之间。人眼细胞对不同波长的光有不同的响应，使我们能从可见光中分辨出赤、橙、黄、绿、蓝、靛、紫等不同颜色（见表 4-1）。

表 4-1　可见光在真空中的波长　　　　　　　　　　　　　　单位：nm

光的颜色	红	橙	黄	绿	蓝—靛	紫
真空中的波长	760 ~ 620	620 ~ 600	600 ~ 580	580 ~ 490	490 ~ 450	450 ~ 390

人眼看不到比红光波长更长或比紫光波长更短的电磁波。而波长越短，传播的频率越高，携带的能量越大。紫外线能量较高，足以破坏细胞中的物质，所以我们应避免长时间在强光下暴晒，以免紫外线伤害我们的皮肤和眼睛。X 射线和 γ 射线波长比紫外线更短，具有很高的能量。医生利用 X 射线能够穿透物体的特性来检查人体内部的器官，用 γ 射线摧毁病变的细胞或组织，治疗某些癌症。过量的辐射会对人体造成伤害，所以医生在采取以上检查或治疗手段时都十分慎重。

【基础2】

第五节　能量守恒定律

学习提要

1. 知道能量既不会凭空产生,也不会凭空消失,它只能从一种形式转化为另一种形式,或者从一个物体转移到别的物体,在转化或转移的过程中,能量的总量保持不变。(重点)

2. 了解人类研究永动机的历史,理解永动机不可能实现的原因。

一、能的转化与守恒定律

前面我们学习了机械能守恒定律,即"在只有重力或弹力做功的物体系统内,动能与势能可以互相转化,而总的机械能保持不变"。这是能量守恒在机械能范围内的表现。能量转化与守恒定律可具体表述为:能量既不会凭空产生,也不会凭空消失,它只能从一种形式转化为另一种形式,或者从一个物体转移到别的物体,在转化或转移的过程中,能量的总量保持不变。

能量守恒定律告诉我们,各种形式的能可以相互转化。燃料燃烧生热,化学能转化为内能;在吸热的化学反应中,内能转化为化学能;在发电机和电动机里,电能和机械能相互转化;电灯发光时,电能转化为光能;蓄电池充电和放电时,化学能与电能相互转化;各种生物电、生物磁现象,则是生物体内的化学能与电磁能的相互转化……事实表明,在所有的这些转化过程中,能量都是守恒的。

能量转化和守恒定律是包容现象最多样、适用范围最广泛、对科学发展和人类生存指导意义最重大的物理理论。[1]恩格斯把它与细胞学说、生物进化论一起列为19世纪的三大发现。现在,能量守恒定律仍然是我们认识自然、利用自然的强有力的武器。

二、"永动机"不可能实现

"永动机"是一种不消耗能量或在仅有一个热源的条件下便能不断运动且对外做功的设备。制造"永动机"的想法在人类历史上持续了近千年的时间,最早起源于印度,可

---

[1]董彦.焦耳和能量守恒定律——纪念焦耳诞辰200周年[J].物理教师,2018,39(11):68-71.

以追溯到 1200 年左右,后经中东传到欧洲。

在 17—18 世纪,即资本主义发展初期,为了满足对于生产日益增加的需求,许多人开始深入研究"永动机"。人们希望制造一种机器,它不需要任何动力或燃料,却能不断对外做功,史称"第一类永动机"(如图 4-41)。但事实证明,许多次制造"永动机"的尝试都失败了,目前没有一例永动机成功的案例。

从前文的"能量转化与守恒定律"我们可以轻松找到"永动机不可能实现"的原因。试想,如果没有燃料、电流或其他动力提供能量输入,机器对外做功的能量从哪里来呢?它又如何能够不断对外做功呢?

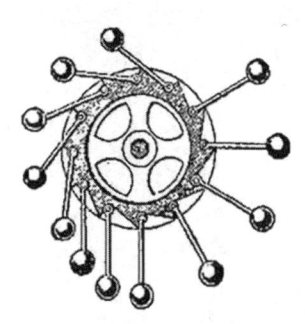

图 4-41　第一类永动机

虽然人类没有制造出真正的"永动机",但正是前人的失败才引发后人更深入的思考,使得人们走出迷雾,对科学的研究从现象深入到本质,从而使自然规律得以呈现在世人面前。

能的总量不会减少,为什么还要节约能源

第六节　能量与人类社会

学习提要

1. 了解电和热机在生活中的广泛应用。
2. 了解半导体、超导体的特征和用途。
3. 了解光纤的结构和工作原理。
4. 了解集成电路的特点及其对人类生活的影响。
5. 了解激光的原理、特点和应用。
6. 了解传感器的结构和工作原理。

一、生活用电和热力机械

(一)生活用电

除了水和空气,电已经成为人们生活中最不可缺少的一种资源。英国《新科学家》杂志曾评选出历史上 11 项"看起来不行却最终改变了世界"的科学,其中排在首位的就是每天都伴随我们的电。生活的方方面面都需要用到电,例如每天为我们照明的电灯,人们每天工作离不开的手机、电脑,天气炎热时用到的空调、电风扇,天气寒冷时用到的各种暖气和热水器等。我们很难想象,如果有一天电从这个世界上消失了,我们的生活会变成什么样子。

生活用电有直流电与交流电两种。交流电的电流大小和方向随时间做周期性变化,而直流电没有周期性变化,生活中使用的市电就是具有正弦波形的交流电。直流电和交流电在生活中的应用都很普遍,直流电的典型应用就是电池,例如,我们经常使用的手机、平板电脑中的电池。交流电在生活中的应用更普遍,它是工业和社会供电的主流,是我们日常生活的必需品。

电能的突出优点在于,它是一种易于传输的工业动力,同时它又是极为有效可靠的信息载体。作为一种新型的能量,在19世纪上半叶,电能开始作为主要的能量形式支配着社会经济生活。当时的电力革命主要体现在动力传输与信息传输两方面。与动力传输系统相关联,出现了大型发电机、高压传输电网、各种各样的电动机(马达)和照明电灯。与信息传输相关联,出现了电报、电话和无线电通信。到20世纪中叶,爆发了世界历史上的第三次技术革命,其核心技术也与"电"息息相关,即电子计算机技术。自此,人类社会信息处理的方式发生了翻天覆地的变化,现代社会的运作结构发生改变,人类进入了信息时代。无线电技术的发展,使得70%的美国人在1939年就把听广播作为获取新闻的主要途径,在20世纪80年代,彩色电视机已进入中国的千家万户;电子技术飞速发展,电子管、晶体管和集成电路相继问世,扶持了航空航天技术、自动化技术、激光技术等一大批高精尖技术的发展。第一台电子计算机于1945年底研制成功,计算机的出现不仅在数学和科学技术研究方面发挥了智能作用,对人类社会的政治、经济、法律、教育等都发生了重大的影响。而随着互联网的不断发展壮大,如今网上购物已成为人们普遍生活方式,家庭办公也成为现实。

(二)热力机械

电的广泛应用为大家的生活带来了极大的便利,除此之外,还值得一提的是热机。热机是把热转化为功的机械,如蒸汽机、内燃机、汽轮机、喷气发动机等。热机在人们生活中也发挥着重要的作用,我们常用的现代化交通工具(如汽车、飞机、轮船等)都需要靠热机来提供动力。

下面以活塞蒸汽机为例,介绍一般热机的工作原理。如图4-42所示的是一简单的活塞蒸汽机的流程图。锅炉A中的水受到高温热源加热变成蒸汽后,进入过热器B中继续加热而成为高温高压蒸汽,然后进入气缸

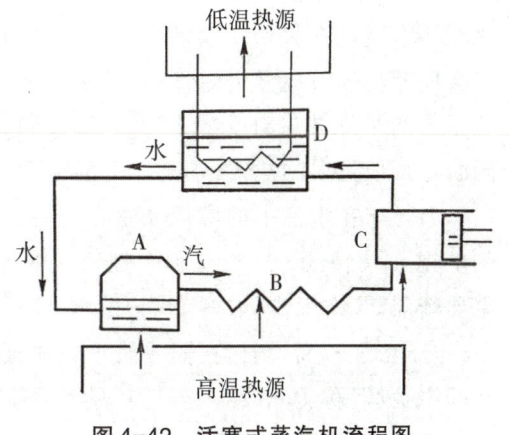

图4-42 活塞式蒸汽机流程图

C中绝热膨胀推动活塞对外做功,从C中流出的低压蒸汽进入冷凝器D,向低温热源放热而冷凝为水,水重新进入锅炉加热,如此周而复始地循环。工作物质(水)进行一系列的循环过程,每一次循环都把从高温热源吸收的热量中的一部分用于气缸对外做机械功,而其余的能量则以热量方式向低温热源释放。工作物质每经过一次循环后都回到原来状态,所以,一个热机至少包括如下三个组成部分:①循环工作物质;②两个以上温度不相同的热源,使工作物质从高温热源吸热,向低温热源放热;③对外做功的机械装置。

二、半导体和超导体

(一)半导体

我们知道,在一定温度下,不同固体的电阻率有很大差异。通常,把电阻率在 10^{-8}~10^{-4} $\Omega \cdot m$(读作欧姆米,简称欧米)范围内,温度系数为正的固体,当作导体;电阻率在 10^{-4}~10^{8} $\Omega \cdot m$ 范围内,温度系数为负的固体为半导体;而电阻率在 10^{8}~10^{20} $\Omega \cdot m$ 范围内,温度系数为负的固体称为绝缘体。显然,导体的导电性最好,绝缘体的导电性最差,半导体介于两者之间。

半导体的导电机理:金属中有很多可以自由移动的电子,所以金属能够导电。半导体为什么能够导电?单晶硅是一种常用的半导体材料,我们以它为例做些浅显的解释。如图4-43是硅原子排列的示意图,每个原子的最外层有4个电子。由于热运动或其他原因,其中极少数电子可能获得较大的能量,挣脱原子的束缚而成为自由电子。这样,在原来的地方就留下一个空位,称为"空穴",空穴相当于一个正电荷。当这个空穴由附近原子中的电子来填补时,就出现了一个新的空穴,这种变化相当于空穴在移动。如果有了外电场,自由电子和空穴会向相反的方向做定向移动,于是在半导体中形成了电流。自由电子和空穴都叫作载流子。当半导体材料受到光照或温度升高时,会有更多的电子获得能量成为自由电子,同时也形成更多的空穴,于是导电能力明显增加。

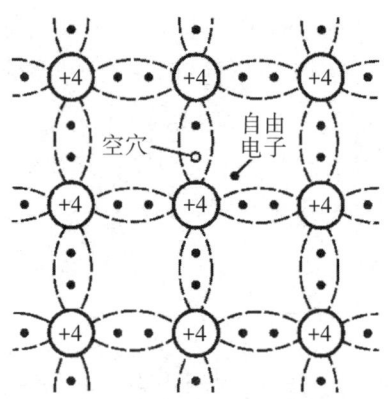

图4-43 自由移动的空穴和电子

半导体在生活中的应用非常广泛。例如,我们常见的半导体二极管,一般大型的液晶电视、手机显示屏、汽车和大型机械的方向灯等都利用了发光二极管。半导体二极管主要依靠PN结工作(如图4-44)。将P型半导体(含有较高浓度的"空穴")与N型半导体(含电子浓度较高)制作在同一块半导体(通常是硅或锗)基片上,在它们的交界面就形成空间电荷区,称为PN结。当把P型半导体和N型半导体结合在一起后,原子受共价键作用不能移动,但空穴和自由电子可以移动,在接触面附近的电子和空穴会向对方区域移动。失去电子和空穴的离子,由于不可移动,便形成了一个内部电场,内电场形成后,反过来阻止电子和空穴的扩散,最后达到一个动态平衡。从PN结的形成原理可以看出,要想让PN结导通形成电流,必须消除其内部电场的阻力。很显然,给它加一个反方向的更大的电场,就可以抵消其内部电场,使载流子可以继续运动,从而形成线性的正向电流。而外加反向电压则相当于内建电场的阻力更大,PN结不能导通。这就是PN结最重要的特性:单向导电性。

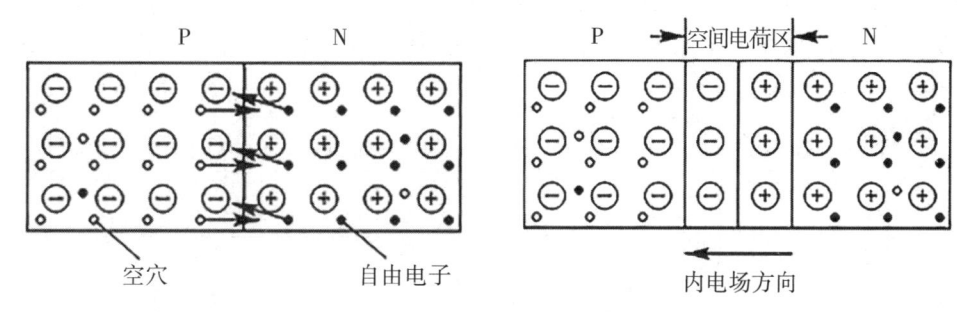

图 4-44　PN 结的形成过程

(二)超导体

超导体,又称为超导材料,指在某一温度下,电阻为零的导体。1908 年,荷兰莱顿大学的卡茂林·昂内斯教授成功地使氦气液化,达到了 4.2 K 的低温,三年后,他发现汞电阻在 4.15 K 陡降为零,这一发现标志着人类对超导研究的开始。卡茂林·昂内斯把金属电阻突降为零的状态称为超导态,或称为超导电性,把电阻发生突变的温度称为超导转变温度,或称为临界温度。

零电阻和抗磁性是超导体的两个最重要的特性,它们使得超导获得了广阔的应用前景。首先是零电阻。既然没有了电阻,电流在流经超导体时就不会发生任何热损耗,从而可以毫无阻力地在导线中流过。如果我们能够用超导体进行输电,就可以最大限度地降低损耗,这对能源危机越来越严重的今日世界,是一个多么大的福音！令人高兴的是,这个希望完全可能变为现实,1996 年,欧洲和美国的研究人员利用高温超导材料,制成了第一条超导输电电缆。

超导材料的抗磁性,让我们可以利用此原理制造超导列车和超导船等新型交通工具。超导列车的车体上安装有强大的超导磁体,当车辆行进时,车上的磁体会在安装于地上的线圈中感应起相反的磁极,从而与超导体之间产生巨大的排斥力,这个力使车体悬浮在地面上从而大大提高车辆的速度和安静性,并有效减少机械磨损。20 世纪 70 年代,超导列车成功进行了载人可行性试验。1992 年,第一艘"超导船"下水试航。可以预料,利用超导材料制造交通工具,必将引发交通工具的新革命。

三、光纤和集成电路

(一)光纤

光导纤维简称光纤,是一种由玻璃或塑料制成的纤维,可作为光传导工具。光纤利用了光的全反射原理。

光纤的结构呈同心圆柱状,在折射率为 n_1 的圆柱形纤芯外面是折射率为 n_2($<n_1$)的同心圆柱包层。纤芯的作用的是传导光波,包层的作用是将光波封闭在光纤中传播,当光线射到内芯和外层界面的角度大于产生全反射的临界角时,光线透不过界面,全部反射(如图4-45)。

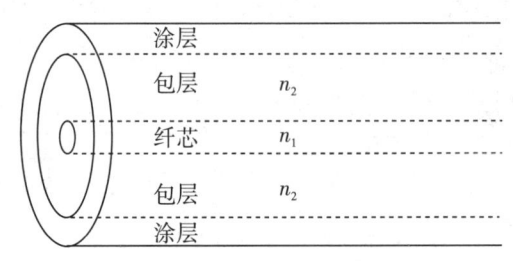

图4-45 光纤的基本结构

光纤传输有许多突出的优点,比如频带宽、损耗低、重量轻、抗干扰能力强等。光纤在通信、传感器等领域具有日益广泛的应用。香港中文大学前校长高锟曾因首先提出光纤可以用于通信传输的设想而获得2009年诺贝尔物理学奖。根据理论计算,一对细如蛛丝的光导纤维可以同时通一百亿路电话!铺设1 000 km的同轴电缆大约需要500吨铜,改用光纤通信只需几千克石英就可以了。光纤通信在世界各国得到了迅猛发展。到20世纪80年代初,世界各地开通的光纤通信电路已达上千条。光纤除了用作电话通信外,也用于数据传输、闭路电视、工业控制及监测以及军事目的。光纤作为一种传感器件,在传感器领域也有十分丰富的应用。

(二)集成电路

集成电路是利用半导体制造工艺,把三极管、二极管、电阻、电容等元器件集中制作在同一块硅片上,并连接成能完成各种功能的电子线路,从而实现了材料、元器件、电路三者的有机结合。由于集成电路元件密度高、连线短、焊点少、体积小,因而使电子线路的结构和性能得到极大提高。

1958年美国德州仪器公司青年工程师基尔比将几个锗晶体管芯片粘在一个锗片上,并用细金丝将这些晶体管连接起来,形成了世界上第一块集成电路。集成电路的发明和应用是人类20世纪科技发展史上一颗最为璀璨的明珠。50多年来,集成电路不仅给经济繁荣、社会进步和国家安全等方面带来了巨大成功,而且改变了人们的生产、生活和思维方式。

集成电路在各行各业中发挥着非常重要的作用。例如,在计算机领域,集成电路起着非常巨大的作用。可以说集成电路的技术水平是衡量计算机的发展速度的一个标志。在通信领域,集成电路技术几乎改变了人类的生活方式,我们能够使用手机微信等软件进行视频通话,还有电视、摄像机、玩具车、电子琴等,这些物件中都使用到了集成电路技术。

四、激光和传感器

(一)激光

世界上第一个激光器的成功演示距今将近60年了,随着科学技术的迅猛发展,激光的应用已经遍及科技、经济、军事和社会发展的许多领域。激光发明的最基本原理可以追溯到1916年,爱因斯坦在量子理论的基础上提出受激发射的概念:原子中的电子吸收能量后有机会从低能级跃迁到高能级,当其再从高能级回落到低能级的时候,所释放的能量以光子的形式放出。原子的跃迁和光的吸收和辐射的关系为

$$h\nu = E_a - E_b$$

(h 为普朗克常数,ν 为光波频率,E_a、E_b 代表不同的能级)

受激辐射是在外界辐射场的控制下的发光过程,因而各原子的受激辐射的相位不再无规则分布,而应具有和外界辐射场相同的相位。或者说,受激辐射场与入射辐射场具有相同的频率、相位、波矢量(传播方向)和偏振。

很显然,激光具有不同于普通光源的特性。激光具有单色性、相干性、方向性和高亮度。

激光的相干性(确定的频率、相位和偏振),以及受激发射形成的连锁反应,使得其光强极大。此外,通过聚焦和一系列的技术造成高功率脉冲输出,所有这些使得激光技术得到极其广泛的应用。例如,工业上的切割、焊接,医学上外科手术切割、止血、光纤探视,精密测量、全息照相,商业上的广告、条形码、激光聚变乃至激光武器等。

(二)传感器

传感技术与通信技术和计算机技术一起分别构成信息技术系统的"感官""神经"和"大脑",是现代信息产业的三大支柱。传感器是指这样一类原件:它能够感受诸如力、温度、光、声等物理量,并能把它们按照一定的规律转换为便于传送和处理的另一个物理量(通常是电压、电流等电学量),或转换电路的通断。如果把非电学量转换为电学量,就可以很方便地进行测量、传输、处理和控制了。

在有些学科领域,传感器又称为敏感元件、检测器、转换器等。这些不同提法只是在不同的技术领域中,根据器件用途对同一类型器件使用的不同技术术语而已,传感器一词是使用最为广泛而概括的用语。通常,传感器由敏感元件和转换元件组成。其中,敏感元件是指传感器中能直接感受或响应被测量的部分;转换元件是指传感器中能将敏感元件感受或响应的被测量转换成适于传输或测量的电信号部分。由于传感器的输出信号一般都很微弱,所以需要有信号调理转换电路,以进行放大、运算调制等。此外,信号

调理转换电路及传感器的工作必须有辅助的电源,因此,信号调理转换电路及所需的电源都应作为传感器组成的一部分(如图4-46)。

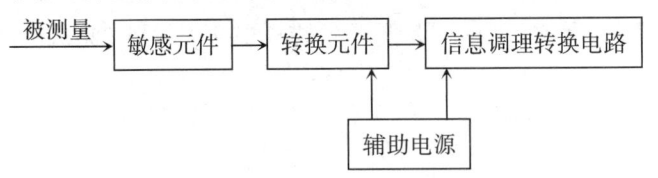

```
被测量 → 敏感元件 → 转换元件 → 信息调理转换电路
                        ↑           ↑
                        辅助电源
```

图 4-46 传感器的组成

光传感器的应用
——火灾报警器

本章小结

　　本章第一节至第四节系统地介绍了机械能、声、光、热、电、磁等不同形式的能量。第五节、第六节简单介绍了不同形式能量之间的转化与守恒,以及能量知识在生活中的应用。学习这部分内容,除了让我们对基本科学知识和科学概念有所理解和掌握外,也让我们对科学知识的发生发展过程有宏观和概要的了解,从中体会物理学研究问题的独特视角和方法,感受科学家创造性工作背后的艰辛、持之以恒的态度和追求真理的精神。

【思维导图】

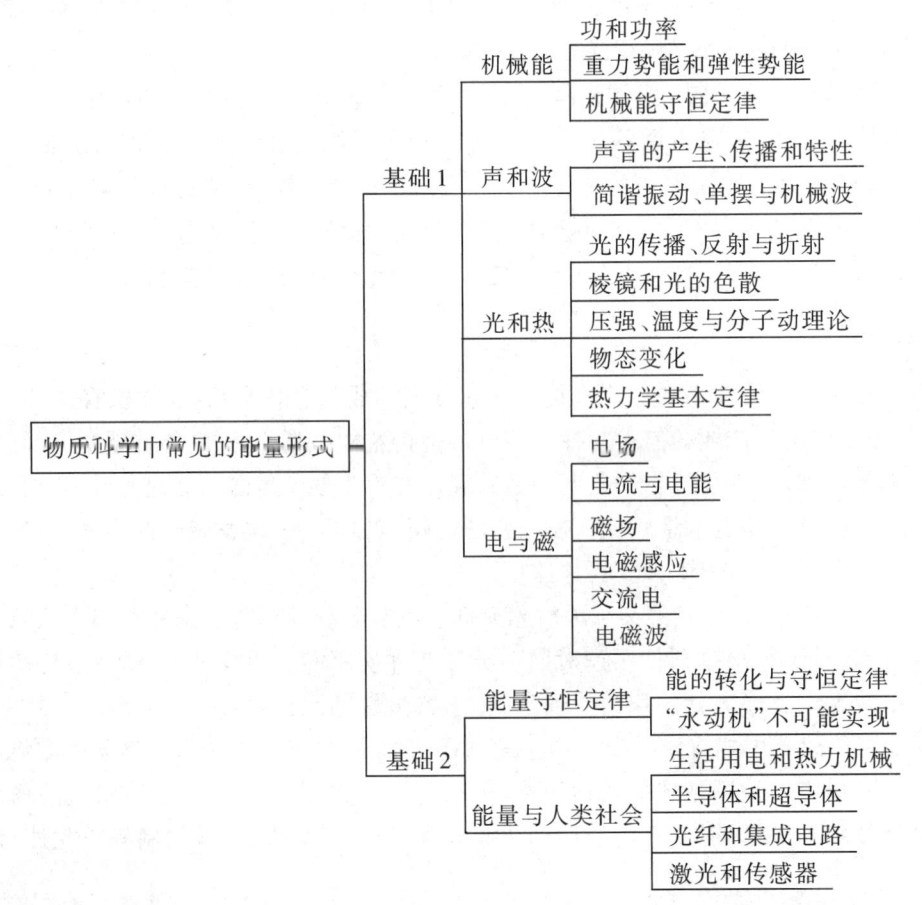

物质科学中常见的能量形式
- 基础1
  - 机械能
    - 功和功率
    - 重力势能和弹性势能
    - 机械能守恒定律
  - 声和波
    - 声音的产生、传播和特性
    - 简谐振动、单摆与机械波
  - 光和热
    - 光的传播、反射与折射
    - 棱镜和光的色散
    - 压强、温度与分子动理论
    - 物态变化
    - 热力学基本定律
  - 电与磁
    - 电场
    - 电流与电能
    - 磁场
    - 电磁感应
    - 交流电
    - 电磁波
- 基础2
  - 能量守恒定律
    - 能的转化与守恒定律
    - "永动机"不可能实现
  - 能量与人类社会
    - 生活用电和热力机械
    - 半导体和超导体
    - 光纤和集成电路
    - 激光和传感器

【思考与练习】

1. 重力做功和摩擦力做功的区别是什么？举例说明做功与能量转换间的关系。

2. 某一小球只在重力作用下垂直于地面向下运动了10米，该过程中，其重力势能如何变化？动能如何变化？机械能如何变化？

3. 试举一种常见的简谐振动，并分析它的振动周期与哪些因素有关。

4. 请利用三棱镜来模拟彩虹，并试着利用折射定律分析该物理过程。

5. 请列举生活中能用热力学第二定律解释的热学现象。

6. 串联电路和并联电路各有什么特点？练习连接简单的串联电路和并联电路。

7. 奥斯特发现电流的磁效应实验是怎样做的？请你也做一做。

8. 法拉第把产生电磁感应现象的方法概括为五类，请逐一试一试。

9. 为了节约能源，从个人的角度讲，你能做些什么？从社会的角度讲，你能为决策者提出什么建议？

10. 请观察你家的照明电路、家用电器的供电电路等是怎样配置的。随着家用电器的发展，供电电路是否需要改造？

11. 在生活中，你还发现哪些地方使用了传感器？请你利用光纤或半导体等元件设计一个小型传感器。

【应用拓展】

阅读《义务教育小学科学课程标准》第25~32页，围绕课程内容之物质科学领域主要概念6"机械能、声、光、热、电、磁是能量的不同表现形式"，针对"学习内容"进行研讨，就"活动建议"涉及的活动开展探究。

【推荐阅读】

1. 吴国盛. 科学的历程：第2版[M]. 北京：北京大学出版社，2002.

2. 赵峥. 物理学与人类文明[M]. 南宁：广西教育出版社，1999.

3. 李国栋. 科学家谈物理·磁的世界[M]. 长沙：湖南教育出版社，1994.

4. 朱荣华. 物理学基本概念的历史发展[M]. 北京：冶金工业出版社，1987.

5. 申先甲，等. 物理学史简编[M]. 济南：山东教育出版社，1985.

第二篇

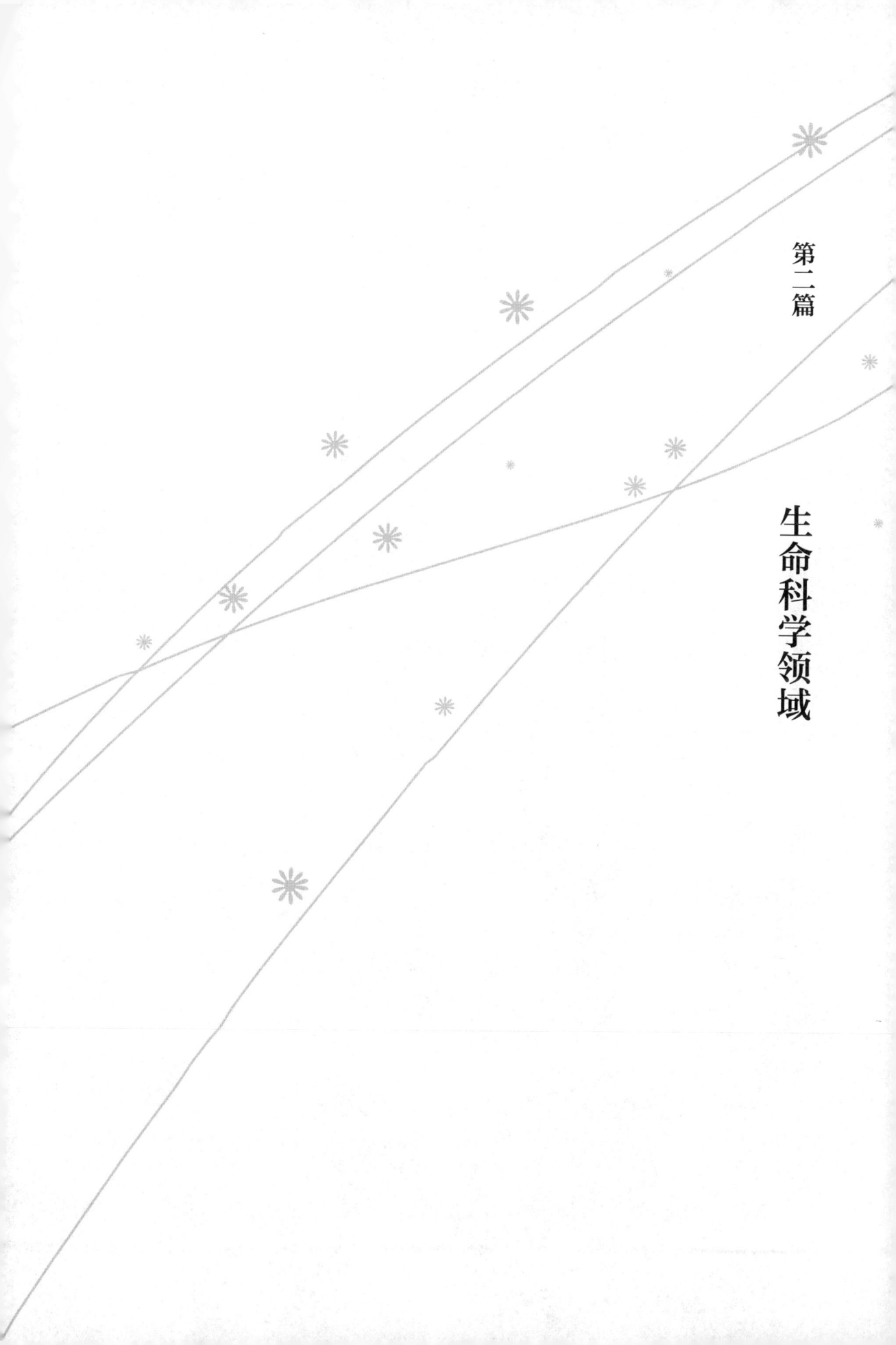

生命科学领域

第五章
地球上生活着不同种类的生物

不爱国就不能成为科学家。

——袁隆平

只有顺从自然,才能驾驭自然。

——[英国]培根

生物与非生物相对。生物作为各种元素的集合体,具有一定的组织结构,且具有能动性,能够表现出各种生命现象。具体来说,在自然条件下,生命能够进行新陈代谢,进而对自然界的物质和能量加以吸收、整合或释放。在这一系列过程中,生命表现出了应激性、适应性、遗传与变异等特性,进而能够做到同外界环境相互依赖、相互影响,最终趋向于达到一种共存的状态。基础1为第一、二节,基础2为第三节。

【基础1】

第一节 生物的特征与分类

学习提要

1. 掌握生物的基本特征,并了解生物生存的基本条件。(重点)
2. 理解不同物种的进化特征。(难点)

一、生物的基本特征

(一)生物能够进行新陈代谢

新陈代谢是生物体最基本的特征,是指生物体与环境之间产生的物质与能量代谢过程,即生物体内所进行的所有的化学反应。它可分为两大部分:同化作用与异化作用。同化作用主要是指生命体合成有机物固定能量,而异化作用则主要是指分解有机物释放能量。新陈代谢是生命活动的首要条件,为生命的各种现象提供能量与物质供给,一旦停止,则意味着生命的结束。

(二)生物具有应激性

生物体具有趋利避害的本能。生物体对外界的刺激做出反应的能力即为生物的应激性。自然界中的各种现象,都会对生物产生一定的影响。动植物应激性的表现形式略有不同。动物因其运动特性,反应较为迅速。但无论动物还是植物,其应激性均需要生物体多种结构的参与,以利于生物从各个方面适应自然环境。

(三)生物具有适应性

生物的适应性是指生物群体在长期受到某种自然环境影响的条件下,产生的一些有利于应对环境的机体结构改变。适应性是一种长时间的自然选择结果,它能够在生物的种群后代当中出现并得到保存。

(四)生物能够进行生长与繁殖

生物生长的外在表现形式主要是生物体积的增大、生物体内细胞数目的增多与细胞的分化,以及功能的加强。而其内在形式则是机体通过新陈代谢,实现物质的积累,机体整体的功能得以加强,生存适应能力增强,即物质的积累与能量的摄入整体大于损耗与输出。

生物的繁殖是指生物将遗传信息传递下去,并产生新的后代个体的过程。生物的繁殖主要包括无性繁殖与有性繁殖两种类型。生物种群通过繁殖将其基因传递下去,并在此过程中优胜劣汰,保存有利基因,进而促进种群的进化。

(五)遗传与变异

生物的遗传是指生物的亲代与子代之间以及子代的不同个体之间基因与性状的相似性,即亲代将遗传物质传递给后代的过程。

生物的变异是指生物的亲代与子代之间或是子代的不同个体之间在形态、生理生化甚至行为习性等方面产生的差异。按照可遗传与否,它可以分为可遗传变异与不可遗传变异两大类。

二、生物生存的条件

影响生物生存的条件有很多,以下四个方面对地球物种的生存与发展尤为重要。

(一)阳光

阳光是地球所有生命个体最为主要的能量来源,太阳对地球与地球生命的形成至关重要。首先,在太阳系形成过程中,太阳通过巨大的质量与引力,及其所释放的光辐射与带电粒子流使得构成生命的元素在地球上得以聚集。其次,随着太阳系各行星轨道的稳定,地球围绕太阳呈椭圆形公转,这使得地球上不同层次与地域的物质持续受到太阳引力的影响,进而促进了不同元素的相互作用,为构成生物的化合物的形成打下了坚实的基础。与之相反,太阳系的其他行星距离太阳过近或过远,这使得其他行星表面环境变化极其剧烈,因此降低了生命形成的概率。最后,自地球形成至今,太阳持续且较为稳定地为地球提供光能,这使得地球得以维持适宜的温度,为高等生命的形成打下了基础。

(二)温度

稳定的温度是生物新陈代谢得以顺利进行的有效保障。当超过生物体温度耐受范围时,生物体的代谢紊乱,结构破损,进而其丧失各项生命功能,最终趋向于死亡。例如,人体温度稳定在37 ℃左右,下丘脑会通过神经感知体液的温度,通过调节神经与体液的代谢来维持体温的稳定。

(三)水分

水是生命体的重要组成成分。例如,一个成年人的身体内约75%是水,且水分子呈极性,生物体内的蛋白质等有机化合物均浸泡在水里。其次,水也参与生命体的各项生理功能。例如,人体的消化、吸收、维持体温等活动均需要水分的参与。此外,在地理环境的宏观变迁当中,水分会直接影响植物种群的分布,进而影响动物群体的改变。

(四)大气层

地球的大气层分布于岩石圈与水圈之上,其内层是生命活动的主要区域。首先,大气当中的C、H、O、N等元素是构成生物体等有机物的主要元素。其次,大气层具有维持地表温度、吸收紫外线等功能。最后,大气还能够塑造地表形态,促进物种多样性的形成。

三、动植物的简单分类

(一)动物的主要分类

绝大多数动物是能够从外界获取有机物,且能够感觉,自主运动,具备繁殖与遗传变异能力的多细胞生物体。动物的分类标准有很多,其中按照动物体内有无脊椎结构,可将其大致分为两大类。

1. 脊椎动物

脊椎动物具有脊椎等结构,在动物分类体系中属于脊索动物的一个亚门。其结构往往遵循对称性原则,体型呈现左右对称,且多具有头、躯干、尾等部分,运动系统较为发达,对环境的适应能力较强,分布范围较广。不同种群间形态结构差异较大,生活习性也多不相同。主要包括:圆口类、鱼类、两栖动物、爬行动物、鸟类和哺乳动物等。

2. 无脊椎动物

无脊椎动物不具有真正的脊椎结构,身体布局较为原始。但其种类繁多,占整个动物界的95%,有100多万种。无脊椎动物分布较广,在部分极端环境中也存在,主要包括原生动物、棘皮动物、软体动物、扁形动物、环节动物、腔肠动物、节肢动物、线形动物等。

(二)植物的简单分类

植物是生命的主要形态之一,主要是指能够自我合成有机物,并具有一定的结构,能够与环境相互作用,具备遗传与变异能力的生命体。植物的分类标准有很多,按照是否能形成种子,可粗略地分为孢子植物与种子植物。

1. 孢子植物

孢子植物是以孢子进行繁殖的植物,主要包括藻类植物、菌类植物、地衣植物、苔藓植物和蕨类植物五类。孢子植物一般喜欢在阴暗、潮湿的地方生长,且具有真正的细胞核结构,属于真核生物。

2. 种子植物

种子植物又叫显花植物,分布于世界各地,是植物界最高等的类群。所有的种子植物都有两个基本特征:体内有维管组织——韧皮部和木质部;能产生种子并用种子繁殖。种子植物可分为裸子植物和被子植物。裸子植物的种子裸露着,其外层没有果皮包被。被子植物的种子的外层有果皮包被。

第二节　细胞的组成与分裂分化

学习提要

1. 掌握细胞的基本结构及其功能。(重点)
2. 理解细胞分化及其意义。(难点)

一、细胞基本结构与功能

细胞是生物体结构与功能的基本单位。细胞是一个原生质体,主要分为细胞质基质(含水分、有机质等成分)与细胞器两大部分,其中细胞器是细胞功能的基本承担者。细胞器主要由膜结构包围而成,其膜结构上面分布有糖类、蛋白质等物质,从而使得细胞的膜结构具备一定的生理功能。植物细胞膜外有一层细胞壁结构,其有支撑与保持的功能。

细胞器是细胞中具有一定形态结构、组成和特定功能的微器官,也称拟器官,包括质体、液泡、线粒体、内质网、核糖体、微管、高尔基体、圆球体、溶酶体、微体等,其主要结构与功能如下:

(一)质体

质体只存在于植物细胞中,其主要成分为蛋白质、类脂与部分色素。根据其所含色素的不同,可将其分为具备不同生理功能的白色体、叶绿体和有色体。其中,白色体主要呈球形、纺锤形或无色小颗粒状,且与植物细胞物质的积累与贮藏有关。

(二)液泡

液泡也存在于植物细胞中。植物细胞在生长的过程中,多个不同的分散的小液泡经过生长与合并,成为较大的液泡至占据植物细胞中央的大液泡。液泡中的成分主要是各种无机盐、氨基酸、糖类等原生质代谢物,有的甚至是有毒化合物。液泡内含有大量的水分,会根据周围环境的渗透压调节植物细胞的饱满状态,是稳定细胞内部环境、保持细胞坚挺与活力的重要器官。此外,液泡只存在于成熟的植物细胞中,部分植物细胞则没有液泡。

(三)线粒体

线粒体呈棒状,具有双层膜结构,其内层膜向内折叠成嵴(增大内膜面积,扩增酶类的附着位点)。线粒体是细胞呼吸作用的主要场所。细胞生命活动所需要的能量,约有95%由线粒体提供。此外,线粒体内除了含有与呼吸作用相关的酶类外,还含有核糖体与部分DNA和RNA,因此导致其能够独立遗传。在真核生物中,线粒体多集中于新陈代谢旺盛的部位。

(四)叶绿体

叶绿体存在于绿色植物细胞中。其内部能够进行光合作用。叶绿体通过光合作用将水分与二氧化碳转变为氧气与有机物,从而达到合成有机物并固定能量的目的。叶绿体呈球形或扁平球形,具有双层膜结构,且内部也含有核糖体、DNA和RNA,属于半自主性细胞器。叶绿体内还有类囊体膜,其上含有各种参与光合作用的相关色素,主要分为四大类:叶绿素a,叶绿素b,胡萝卜素与叶黄素。此外,叶绿体多分布于绿色植物的叶片中,因此叶片多呈绿色。

(五)内质网

内质网在细胞中分布广泛,可分为两大类:光面内质网与粗面内质网。内质网由单层膜构成,具有加工蛋白质与合成脂质的功能。其中粗面内质网因其膜的表面具有核糖体,因此主要功能为加工蛋白质,而光面内质网主要功能是合成脂质。一般真核动植物细胞内都有内质网,但少数高度分化(生物体中执行特殊功能)的真核细胞与原核细胞中没有内质网。此外,粗面内质网合成的蛋白主要是分泌性蛋白,而光面内质网上虽没有核糖体,但密布活性酶类,能够合成脂肪、磷脂等。

(六)核糖体

核糖体不具有膜结构,主要成分为rRNA和核糖核蛋白,其中蛋白质在表面,rRNA在内部,为多种酶的集合体。按照分布位置的不同,可分为附着核糖体与游离核糖体。其主要功能是利用自身的多个活性中心合成蛋白质,是合成蛋白质的主要场所。

(七)高尔基体

高尔基体是单层膜结构,是细胞中重要的内膜系统之一。高尔基体与内质网相互配合,能够对来自内质网的蛋白质进行"深加工"。蛋白质经过高尔基体的分类与包装之后,通过高尔基体末端产生的小泡分泌出细胞。此外,在植物细胞中,高尔基体还参与植物细胞壁的形成。

(八)溶酶体

溶酶体也是单层膜结构,其内部含有多种水解酶类,能够将衰老的细胞或细胞器进行分解,或是将侵入细胞的病毒与细菌吞噬或杀死。溶酶体在真核的动植物细胞中均有广泛分布。

(九)中心体

中心体,因其位于细胞的中心而得名。它不具有细胞膜,存在于动物与部分植物细胞中。中心体能够参与细胞的分裂,由两个中心粒构成。在细胞开始分裂前,中心体能够进行复制,而后两个中心粒分开向两极移动,且在移动的过程中能够发出丝状物质,同染色体相连接,进而牵引遗传物质向两极方向移动。因此,细胞经过分裂后期与末期,遗传物质可以对半分离。

(十)细胞核

细胞核是真核生物最重要的细胞器,由膜结构包围而成,且内部含有细胞绝大部分遗传物质,是细胞遗传与代谢的调控中心。细胞核主要包括核膜、染色质、核仁与核基质等。核膜上有许多小孔,是遗传物质通过的渠道。真核生物的细胞核是其区别于原核生物的最大标志,当细胞核出现后,真核生物的遗传变异速度得以加快。

> **资料链接**
>
> **基因治疗(gene therapy)**
>
> 基因治疗是指将外源正常基因导入靶细胞,以治疗缺陷和异常基因引起的疾病,达到治疗目的,也包括转基因等方面的技术应用,即将外源基因通过基因转移技术插入病人适当的受体细胞中,使外源基因制造的产物能治疗某种疾病。从广义说,基因治疗还可包括从DNA水平采取的治疗某些疾病的措施和新技术。

二、细胞的分裂

(一) 无丝分裂

无丝分裂是最早被发现的一种细胞分裂方式。细胞无丝分裂的过程比较简单,一般是细胞核先延长,核的中部向内凹进,缢裂成两个细胞核;接着,整个细胞从中部缢裂成两部分,形成两个子细胞。因为分裂过程中没有纺锤丝和染色体的变化,所以叫无丝分裂。

(二) 有丝分裂

有丝分裂是真核生物进行细胞分裂的主要方式。

1. 细胞周期

细胞进行有丝分裂具有周期性。连续分裂的细胞,从一次分裂完成时开始,到下一次分裂完成时为止,即从形成子细胞开始到再一次形成子细胞结束,为一个细胞周期。一个细胞周期包括两个阶段:分裂间期和分裂期。

(1) 分裂间期

从细胞一次分裂结束之后到下一次分裂之前,是分裂间期。细胞周期的大部分时间处于分裂间期,大约占细胞周期的90%~95%。分裂间期为分裂期进行物质准备,完成DNA分子的复制和有关蛋白质的合成,同时细胞有适度的生长。

(2) 分裂期

分裂间期结束之后,就进入分裂期。分裂期是一个连续的过程。人们为了研究方便,把分裂期分为四个时期:分裂前期、分裂中期、分裂后期和分裂末期。下面以高等植物为例来了解有丝分裂的过程。

分裂前期:细胞有丝分裂前期是指自分裂期开始到核膜解体为止的时期。间期细胞进入有丝分裂前期时,由染色质构成的细染色线螺旋缠绕并逐渐缩短变粗,形成染色体。因为染色质在间期中已经复制,所以每条染色体由两条染色单体组成,这两条染色单体由一个共同的着丝点连接。核仁逐渐解体,核膜逐渐消失。从细胞的两极发出纺锤丝,形成一个梭形的纺锤体。染色体散乱地分布在纺锤体的中央。

分裂中期：中期是指从染色体排列到赤道板上，到它们的染色单体开始分向两极的时期。每条染色体着丝点的两侧，都有纺锤丝附着在上面，纺锤丝牵引着染色体运动，使每条染色体的着丝点排列在细胞中央的一个平面上。这个平面与纺锤丝的中轴相垂直，类似于地球上赤道的位置，称为赤道板。从一端观察可见这些染色体在赤道板呈放射状排列，这时它们不是静止不动的，而是处于不断摆动的状态。中期染色体浓缩变粗，显示出该物种所特有的染色体数目和形态。由于此时的染色体形态比较稳定，数目比较清晰，便于观察，因此适于做染色体的形态、结构和数目的研究。

分裂后期：后期是指每条染色体的两条姐妹染色单体分开并移向两极的时期。每个着丝点分裂成两个，姐妹染色单体分开，成为两条子染色体，由纺锤丝牵引着分别向细胞的两极移动。子染色体到达两极时后期结束。同一细胞内的各条染色体都差不多以同样速度同步地移向两极，子染色体向两极的移动是靠纺锤体的活动实现的。染色单体的分开常从着丝点处开始，然后两个染色单体的臂逐渐分开。当它们完全分开后，就向相对的两极移动，这时细胞核中的染色体就平均分配到了细胞的两极，使细胞的两极各有一套染色体。这两套染色体的形态和数目完全相同，每一套染色体与分裂前亲代细胞中的染色体的形态和数目也相同。

分裂末期：末期是指从子染色体到达两极开始至形成两个子细胞为止的时期。此期的主要过程是子核的形成和细胞体的分裂。子核的形成过程大体上与前期相反。到达两极的子染色体首先解螺旋而轮廓消失，逐渐变成细长而盘曲的染色质丝。同时，纺锤丝逐渐消失，出现了新的核膜和核仁。核膜把染色体包围起来，形成了两个新的细胞核。这时候，在赤道板的位置出现了一个新的细胞板，细胞板由细胞的中央向四周扩展，逐渐形成了新的细胞壁。最后，一个细胞分裂成两个子细胞。大多数子细胞进入下一个细胞周期的分裂间期状态。

2. 与有丝分裂有关的细胞器

中心体——与纺锤体的形成有关；

线粒体——与提供能量有关；

高尔基体——与植物新细胞壁的形成有关；

核糖体——与蛋白质合成有关，主要与间期进行的DNA复制需要的蛋白质合成有关；

纺锤体——是产生于细胞分裂前期到末期的一个特殊细胞器。

3. 动植物有丝分裂过程比较

动物细胞有丝分裂的过程，与植物细胞基本相同，不同的特点是：

（1）动物细胞有中心体，在细胞分裂的间期，中心体的两个中心粒各自经过间期复制新的中心粒，因而细胞中有两组中心粒。在细胞分裂的过程中，两组中心粒分别移向细胞的两极。在这两组中心粒的周围，发出无数条星射线，两组中心粒之间的星射线形成了纺锤体。

(2)动物细胞在有丝分裂间期中心体复制,植物细胞中心体则没有复制(高等植物没有中心体)。

(3)植物细胞分裂末期,在赤道板部位出现细胞板,并由中央向周围扩展形成细胞壁。动物细胞分裂末期,赤道板处细胞膜向内凹陷,缢裂成两个细胞。

4.有丝分裂的意义

有丝分裂是将亲代细胞的染色体经过复制(实质为DNA的复制)以后,精确地平均分配到两个子细胞中去。由于染色体上有遗传物质DNA,因而在生物的亲代和子代之间保持了遗传性状的稳定性。

资料链接

细胞分裂有开关

科学家发现,Rb-E2F信号通路的一个分子开关,能够控制细胞的生长。它是双稳态的(在激活和失活的状态下都稳定)。一旦被外来信号激活,这个分子开关就能维持在稳定的状态,甚至在信号消失之后也是如此。如果这个开关打开,那么细胞就会分裂,没有回头之路。该研究对细胞异常生长所致的疾病有重要意义。

此外,在高等动植物的生殖细胞形成过程中,存在着一种减数分裂,其遗传物质分裂时也有纺锤体的形成,但在一次完整的分裂过程中,遗传物质会经过两次分裂,进而导致遗传物质的减半,且在部分染色体之间还会发生交叉互换现象,从而增大了生物的变异程度。这也是真核细胞比原核细胞进化速度快的原因所在。

三、细胞的分化

(一)细胞分化的概念

细胞分化是指在生物体产生、形成的过程中,一些来自同一种母细胞的子细胞,根据生物体生存的需要,在形态结构、功能特征等方面出现的差异性。分化后的子细胞与其母细胞或不同子细胞之间均有不同。细胞分化主要是因为随着时间的推进与空间上的变化,细胞核内的基因开始出现差异化的表达,使得不同的细胞群具有了不同的结构与功能。细胞分化一般是不可逆的,但在某些特殊情况下,或是特定细胞,一些已经分化了的细胞经过处理,可以改变其基因表达模式,从而回到未分化状态,因此这一情况又称为去分化。

(二)细胞分化的特点

1. 细胞分化潜能的变化

细胞的分化能力随着生物的生长发育而逐渐减弱,幼体阶段的细胞逆分化能力往往比成体阶段的细胞更强,且细胞分化往往都是单向性的。

2. 细胞分化的时空差异

生物体的体细胞核遗传物质是相同的,但位于不同部位或不同生理阶段的细胞,其分化受到内在基因的影响,在细胞分化方向或分化时间上有所差异。

3. 细胞分化对分裂的依赖性

细胞分裂是分化的前提。细胞分裂意味着细胞数目的增加,增加到一定的数目后,多细胞生物为了适应不同的环境,具有不同的生理功能,才开始出现细胞分化,因此分裂是分化的前提,但分裂的细胞不一定分化。分化程度越高的细胞分裂能力越差。

4. 细胞分化的稳定性

一般情况下,已分化的细胞状态稳定,不会产生逆转到未分化状态的现象。

5. 细胞分化的可塑性

已分化的细胞在特殊条件下,可以重新进入未分化状态,或转分化为另一种类型细胞。

【基础2】

第三节　细胞代谢

学习提要

1. 掌握细胞呼吸作用与光合作用的基本过程。(重点)
2. 理解呼吸作用与光合作用对生物生存的意义。(难点)

我们将正常细胞内的所有化学反应称为代谢,涉及细胞内部所有物质与能量的变化。细胞代谢是最基本的生命活动过程。细胞能够通过代谢从外界摄取能量,并获得各种生命活动所需要的物质,以此来保证细胞的结构稳定,进而完成生长、分裂等活动。

一、细胞呼吸

细胞的活动需要消耗能量。这些能量多来自细胞呼吸作用。细胞线粒体能够氧化葡萄糖、脂肪酸等有机物,将其中的能量释放出来,合成ATP(能量载体)等化合物,并产生CO_2,我们将这个过程称为细胞呼吸作用。细胞呼吸作用过程复杂,需要一系列酶类的参与。

生物的生存需要能量的供应,而这些能量多来自细胞中线粒体的氧化反应。

在酶类的参与下,以葡萄糖为底物的细胞呼吸的总反应式为:

$$C_6H_{12}O_6(葡萄糖)+6O_2+6H_2O \xrightarrow{酶} 6CO_2+12H_2O+能量$$

总的来讲,细胞中的呼吸作用可以分为三个阶段:糖酵解、丙酮酸氧化脱羧和柠檬酸循环。细胞呼吸的主要细胞器是线粒体,其结构如图5-1。

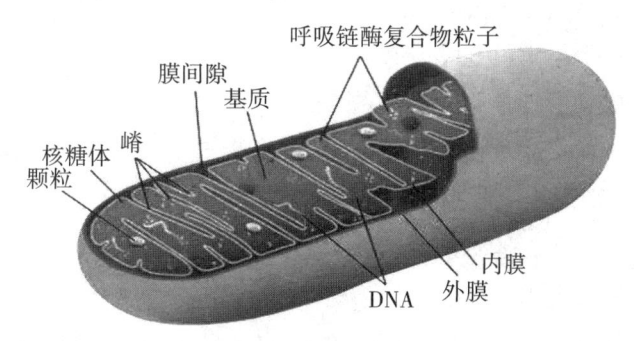

图5-1 线粒体

(一)糖酵解

糖酵解是葡萄糖氧化分解的第一阶段,主要是在细胞质基质中,利用一系列酶类的催化作用,将糖类分解为丙酮酸。

葡萄糖转变为丙酮酸的过程可概括为三个阶段:①葡萄糖的磷酸化。葡萄糖在酶的作用下形成果糖-1,6-二磷酸,此过程为耗能过程,需要消耗2分子ATP。②磷酸己糖的裂解。1分子果糖-1,6-二磷酸生成2分子甘油醛-3-磷酸。③丙酮酸和ATP的生成。2分子三碳糖被逐渐转变成丙酮酸,并形成4分子ATP,为放能过程。

糖酵解的总结果是:1分子葡萄糖(六碳化合物)分解产生2分子丙酮酸(三碳化合物),2分子($NADH + H^+$)和2分子ATP。

(二)丙酮酸氧化脱羧

葡萄糖经过糖酵解过程只放出了不足$\frac{1}{4}$的化学能,大部分能量还保存在2个丙酮酸分子和2个NADPH中。糖酵解发生在细胞质基质中,丙酮酸的继续氧化则是在线粒体中进行的。丙酮酸在进入柠檬酸循环之前,先氧化脱羧,与辅酶A结合成为活化的乙酰辅酶A(乙酰CoA),这一过程即为丙酮酸氧化脱羧。这一过程除释放出1分子CO_2外,同时还发生NAD^+的还原。这一过程所产生的乙酰CoA即进入柠檬酸循环。

(三)柠檬酸循环

乙酰CoA进入由一连串反应构成的循环体系——柠檬酸循环。柠檬酸循环的得名是由于在这个循环中有一个关键的中间代谢产物,即柠檬酸。柠檬酸是一种三羧酸,所以这一循环又称三羧酸循环,是英国科学家克雷布斯(H.Krebs)于20世纪30年代发现的,所以又称Krebs循环。

三羧酸循环包括多步反应,现分述如下:

(1)乙酰CoA在柠檬酸合酶催化下与草酰乙酸进行缩合生成柠檬酰(OA,然后加水生成柠檬酸)。

(2)柠檬酸脱水生成顺乌头酸,然后加水生成异柠檬酸。

(3)异柠檬酸氧化与脱羧生成α-酮戊二酸。

(4)α-酮戊二酸氧化脱羧形成琥珀酰CoA。

(5)琥珀酰CoA在琥珀酰硫激酶催化下,转移其硫酯键至鸟苷二磷酸(GDP)上生成鸟苷三磷酸(GTP),同时生成琥珀酸,然后GTP与ADP生成1分子ATP。

(6)琥珀酸被氧化生成延胡索酸。

(7)延胡索酸加水生成苹果酸。

(8)苹果酸被氧化成草酰乙酸。草酰乙酸再生,即可重新与新的乙酰CoA结合,开始新一轮循环。

每循环一次产生1分子ATP,3分子($NADH+H^+$)和1分子$FADH_2$。1个葡萄糖分子产生2个乙酰CoA,所以1个葡萄糖在柠檬酸循环中要产生2分子ATP,6分子($NADH+6H^+$)和2分子$FADH_2$。与糖酵解相比,柠檬酸循环所产生的高能分子要多得多。柠檬酸循环还与另外两个过程——电子传递和氧化磷酸化密切相关。

二、光合作用

光合作用是指植物等利用自身的叶绿素和某些细菌利用其细胞本身在可见光的照射下,将CO_2和H_2O(细菌为H_2S和H_2O)转化为有机物,并释放出O_2(细菌释放H_2)的生化过程。它是生物界赖以生存的生化反应过程,也是地球碳氧循环的重要媒介。光合作用的主要细胞器是叶绿体(如图5-2)。

植物等细胞中,进行光合作用的细胞器是叶绿体。光合作用过程中,光能和化学能的转化是在类囊体膜上进行的,其亦称光合膜。叶绿素及其他色素,还有将光能转化为化学能的整套蛋白质复合体都存在于光合膜中。植物光合作用总反应式为:

$$6CO_2+12H_2O \xrightarrow[\text{叶绿体}]{\text{光能}} C_6H_{12}O_6(\text{糖})+6H_2O+6O_2$$

图 5-2 叶绿体

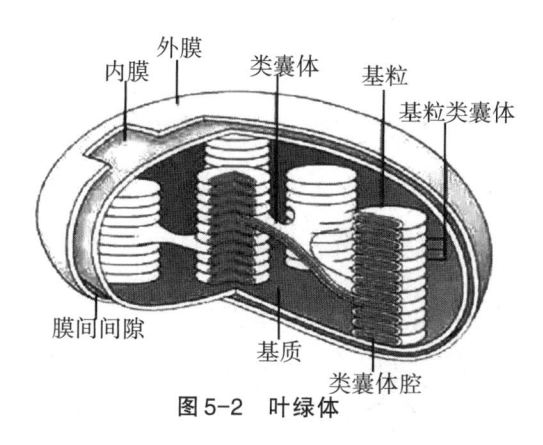

(一)叶绿体及光合色素

叶绿体存在于叶肉细胞中,它是绿色植物所特有的细胞器。不同的植物叶绿体的形状、数量和大小也不同,大多数叶绿体呈扁平的椭圆球形或圆球形。在电镜下可见到叶绿体外面有两层膜包被,叶绿体内分布着几十个绿色的圆柱状结构(称为基粒),每个基粒是由许多扁囊状的类囊体重叠而成的片层结构。每个类囊体由双层薄膜构成,叶绿素等光合色素分布在类囊体的薄膜上,光能就在基粒中被光合色素所捕获。基粒与基粒之间由较大的类囊体贯串。整个叶绿体内充满液态的基质,基质里含有光合作用所需要的一些酶。

高等植物的光合色素有两类:叶绿素和类胡萝卜素,排列在类囊体膜上。叶绿素主要有叶绿素a和叶绿素b两种。在颜色上,叶绿素a呈蓝绿色,而叶绿素b呈黄绿色。绝大部分叶绿素a分子和全部叶绿素b分子具有收集和传递光能的作用。少数特殊状态的叶绿素a分子有将光能转化为化学能的作用,即直接参与光合作用的色素只有叶绿素a。叶绿体中的类胡萝卜素有两种,即胡萝卜素和叶黄素。在颜色上,胡萝卜素呈橙黄色,而叶黄素呈黄色。类胡萝卜素也有收集和传递光能的作用,除此之外,还有防护叶绿素免受多余光照伤害的功能。

(二)光合作用的过程

光合作用分两个阶段进行:第一个阶段称为光反应,主要是将光能变成化学能并产生O_2;第二个阶段称为碳反应,主要是卡尔文循环,这一反应也必须在光下进行,只是不需要光直接参加。

1. 光反应

光反应需要光,在叶绿体的类囊体中进行,具体过程是:叶绿素吸收光能,被激发出一个高能电子,电子由传递物质传递,原来的低能叶绿素转化为活化的叶绿素,高能电子在传递过程中,一部分能量使ADP(二磷酸腺苷)和磷酸结合形成高能量的ATP(三磷酸腺苷),其余能量继续传递。

活化的叶绿素具有极强的夺回电子的能力,它从周围的水分子中夺回电子促使水分解,水分解出O_2、电子(e)和H^+。O_2被释放出来,e被活化叶绿素夺去,H^+和传递中的高能电子最终和NADP(氧化型辅酶Ⅱ)结合,形成NADPH(还原型辅酶Ⅱ)。

光反应的结果是:叶绿素吸收光能,水被光解,产生氧气,光能经过复杂的换能作用,产生高能量的ATP和NADPH,供碳反应所用。

2.碳反应

碳反应在叶绿体基质中进行,具体过程是:

(1)二氧化碳的固定。空气中的二氧化碳进入叶肉细胞的叶绿体基质中,不能直接被还原,必须首先与一个五碳化合物结合,这个结合过程称为二氧化碳的固定。

(2)二氧化碳的还原。二氧化碳与五碳化合物结合后立即生成两个稳定的三碳化合物,这个过程称为二氧化碳的还原。此过程中所需的氢离子和能量由光反应产生的NADPH和ATP提供。

(3)产糖和再生。三碳化合物中的一小部分,经一系列变化形成六碳糖,再由六碳糖转化为蔗糖和淀粉,完成生成有机物的过程。同时,大部分的三碳化合物经过一系列变化,重新生成五碳化合物,再次固定二氧化碳,进入下一个循环。

本章小结

生物与非生物相比,具有一定的组织结构与相应的功能变化。随着自然界的变化,非生物物质更多是参与自然环境的组成,而生物能够适应自然,高等的生物(例如人类)更能够改造自然界。在高等的生命中,动物细胞与植物细胞整体结构基本相似,但二者为了适应不同的进化角色,在组织结构与生理代谢方面出现了一定的差异性变化。

【思维导图】

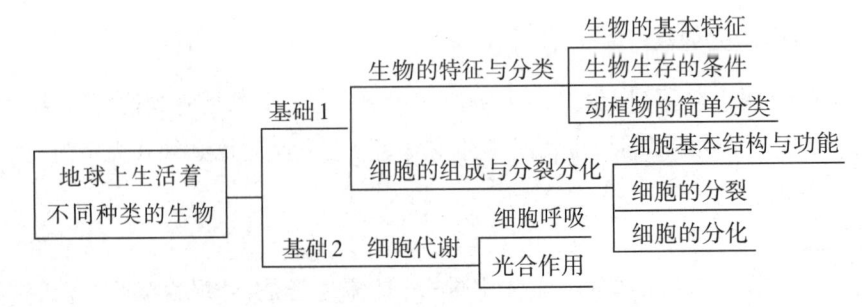

地球上生活着不同种类的生物
- 基础1
  - 生物的特征与分类
    - 生物的基本特征
    - 生物生存的条件
    - 动植物的简单分类
  - 细胞的组成与分裂分化
    - 细胞基本结构与功能
    - 细胞的分裂
    - 细胞的分化
- 基础2 细胞代谢
  - 细胞呼吸
  - 光合作用

【思考与练习】

1.影响生物生存的因素有哪些?其对生物生存发展都有哪些影响?

2.细胞的主要结构有哪些?各自的作用是什么?

3.为什么说细胞核是真核生物区别于原核生物的主要标志？细胞核的出现对细胞的功能变化有哪些影响？

4.呼吸作用与光合作用在哪些细胞器中进行？

【应用拓展】

2018年6月，在北京国家会议中心举办的全球首场神经影像人机大赛上，国家神经系统疾病临床医学研究中心等机构研发的"BioMind"系统挑战由25名神经影像领域的专家学者以及优秀临床医生组成的人类战队。在进行了225例颅内肿瘤影像和30例脑血管疾病影像判读比试后，"BioMind"系统分别以87%、83%的准确率，战胜了人类战队66%、63%的准确率。

无独有偶，科大讯飞推出的"智医助理"，此前也以96分的成绩，成为通过国家执业医师资格考试综合笔试评测的人工智能机器人，被认为具备了全科医生的潜质。IBM的"沃森医生"、百度的"医疗大脑"、阿里健康的"Doctor You"……越来越多的人工智能辅助诊疗和智能影像系统出现在市场上，让人们不禁为医生的职业担忧起来。

讨论：人工智能能否取代医生的智能？

【推荐阅读】

1.胡金良，王庆亚.普通生物学:第2版[M].北京:高等教育出版社，2014.

2.吴相钰.陈阅增普通生物学:第2版[M].任斌，等译.北京:高等教育出版社，2005.

3.[澳]斯蒂尔，林德利，布兰登.生物进化探秘[M].任斌，等译.北京:新华出版社，2002.

4.张其昌，林跃鑫.细胞结构与功能知识[M].福州.福建教育出版社，1982.

5.汪堃仁，等.细胞生物学:第2版[M].北京:北京师范大学出版社，1998.

第六章
生物结构与功能对环境的适应

> 科学世界是无穷的领域,人们应当勇敢去探索。
>
> ——童第周
>
> 成功没有捷径。我不在家,就在试验田;不在试验田,就在去试验田的路上。
>
> ——袁隆平

生物体的结构与功能是相互协调统一的。生物体的结构是其功能实现的基础,生物体各种功能的实现离不开各种各样不同的结构。生物体执行各种功能则是为了更好地适应环境的变化,提高其生存能力。本章主要介绍植物根、茎、叶、花、果实和种子的基本结构和功能,介绍人体的消化系统、呼吸系统、神经系统和感觉器官的结构和功能。此外,还将介绍植物和动物对环境的不同适应方法和策略。其中,基础1(第一、二节),主要是介绍植物和动物的基本结构及功能;基础2(第三节),主要介绍动植物如何适应环境。

【基础1】

第一节　植物的结构与功能

学习提要

1. 掌握植物营养器官的结构和功能。(重点)
2. 掌握植物生殖器官的结构和功能。(难点)
3. 了解构成植物的营养元素种类、代谢和功能。

自然界的植物种类繁多,形态各异,在由结构简单的低等植物演化到较高等植物的过程中出现了器官。器官是指植物体中由多种组织组成的具有一定外部形态和内部结构,执行一定生理功能的部分。各器官间在形态结构及生理功能上有明显差异,但彼此又紧密联系,相互协调构成一个完整的植物体。在高等植物中,被子植物的植物体一般由根、茎、叶、花、果实和种子六种器官组成,其中根、茎、叶担负着植物营养物质的吸收、合成、运输和贮藏等生理功能,称为营养器官;花、果实和种子主要起着繁衍后代,延续种群的作用,称为繁殖器官(如图6-1)。

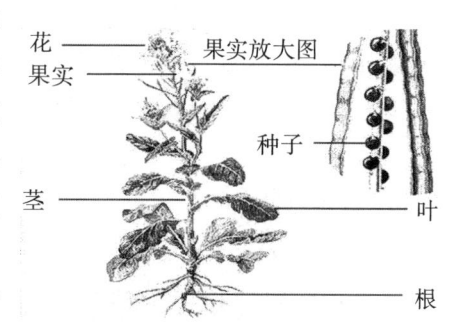

图6-1 植物结构示意图

一、营养器官

(一)根系形态、分类及其生理功能

一株植物地下所有根的部分总称为根系。根通常是植物体生长在地下的营养器官,具有向地、向湿和背光的特性。土壤中的水分和无机盐主要通过根吸收进入植物的各个部分,根是植物生长的基础。

(1)根系形态。植物最初由种子的胚根直接发育而成的根称为主根,主根一般与地面垂直,向下生长。当主根生长到一定的长度时,从其侧面长出的分支,称为侧根。根就其发生来源不同,可分为定根和不定根两类。凡是直接或间接由胚根发育而成的主根及其各级侧根称为定根,它们都有固定的生长部位,如人参、桔梗、松的根。凡不是直接或间接由胚根发育而成的根称不定根。不定根没有一定发生的部位,如玉米、秋海棠的根。有些植物在长期的历史发展过程中,为了适应生活环境的变化,其根的形态构造产生了一些变态,而且这些变态性状形成后可代代遗传下去,常见的变态根主要有:储藏根、支持根、攀缘根、气生根、呼吸根、水生根、寄生根等。

(2)根系类型。根系按照其整体形态的不同可以分为两大类。凡由明显而发达的主根及各级侧根组成的根系称为直根系。如果主根不发达,主根和侧根无明显区别,或全部由茎的基部节上生出的许多大小、长短相似的不定根组成的根系称为须根系。

(3)根系的生理功能。根是植物的重要营养器官,主要具有吸收、输导、固着、合成、贮藏和繁殖等生理功能。

(二)茎的形态、分类及其生理功能

茎是种子植物重要的营养器官,也是植物体地上部分的躯干,有些植物的茎生长在地下,有的植物如蒲公英、车前草茎节非常短,被称为莲座状植物。茎由胚芽发育而来,其顶端不断向上生长,下面重复产生分支,从而形成了植物体的整个地上部分。

（1）茎的形态。茎通常呈圆柱形，也有一些植物的茎比较特别，呈方形、三棱形、扁平形等。茎的中心一般为实心，也有一些植物的茎是空心。有些植物的茎中空且有明显的节，即秆。

（2）茎的类型。茎依质地分类可以分为木质茎、草质茎、肉质茎，依生长习性分类可以分为直立茎、缠绕茎、攀缘茎、匍匐茎。有些植物由于长期适应不同的生活环境，其茎产生了一些变态，可分为地下茎的变态和地上茎的变态两大类。地上茎的变态有叶状茎、刺状茎、钩状茎、茎卷须、小块茎和小鳞茎；地下茎的变态有根状茎、块茎、球茎、鳞茎。

（3）茎的生理功能。茎的主要功能是输导和支持，此外，还有贮藏和繁殖的功能。

（三）叶片的形态、主要构造及其生理功能

叶的形状虽然变化多样，但其组成基本是一致的，通常由叶片、叶柄和托叶三部分组成。这三部分俱全的叶称完全叶，如桃、柳、月季等植物的叶；有些植物的叶子具有其中的一或两个部分，称不完全叶，如丁香、茶、白菜；还有些是同时缺少托叶和叶柄，如石竹、龙胆等植物的叶。

（1）叶片的形态。叶片的形状和大小随植物种类而异，甚至在同一植株上也不一样。但一般同一种植物叶的形状是比较固定的。叶片的形状主要根据叶片的长度和宽度的比例以及最宽的位置来确定。若长度与宽度的生长量接近，或是略长一些，而且最宽处在叶片中部，则呈圆形、阔椭圆形或长椭圆形；若最宽处在叶片的基部，则呈卵形、阔卵形或披针形；若最宽处在叶片顶端，则呈倒卵形、倒阔卵形或倒披针形。

（2）叶片的主要构造。通常植物的叶片由表皮、叶肉、叶脉三个部分组成，并且每个部分又可以再细分。

（3）叶片的生理功能。叶的主要生理功能是光合作用、呼吸作用和蒸腾作用，它们在植物的生活中有重要的意义。此外，叶尚有吐水、吸收、贮藏和繁殖的功能。

资料链接

神奇的植物——落地生根

落地生根[*Bryophyllum pinnatum* (L. f.) Oken]，多年生草本，高40~150 cm。原产非洲。中国各地栽培，常作观赏用。全草入药，可解毒消肿，活血止痛，拔毒生肌。落地生根的神奇之处在于可以叶插繁殖。温暖季节将成熟叶片采下，平铺在湿沙上，数日即可在叶缘缺处生根长出小植物，长出后即可割取移入小盆内。

二、生殖器官

(一)花的形态、类型与功能

花为种子植物特有的繁殖器官,通过开花、传粉、受精等过程生成果实和种子,有繁衍后代延续种群的作用,所以种子植物又称显花植物。种子植物包括裸子植物和被子植物,裸子植物的花构造简单原始,被子植物的花高度进化,结构复杂。通常形态美丽、色彩鲜艳、气味芬芳的花,即被子植物的花(如图6-2)。

(1)花的形态。花由花芽发育而成,是节间极度缩短,适应生殖的一种变态短枝。典型的被子植物完全花一般由花梗、花托、花萼、花冠、雄蕊群和雌蕊群等部分组成。其中雄蕊群和雌蕊群是花中最重要的部分,执行生殖功能,花萼和花冠合成花被,具有保护和引诱昆虫传粉的作用;花梗及花托主要起支持的作用。

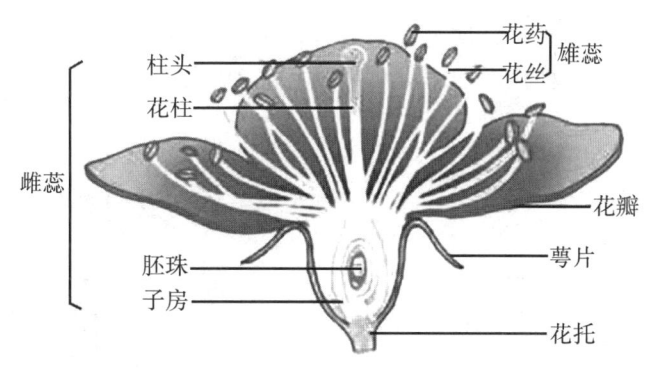

图6-2 花的结构示意图

(2)花的类型。被子植物的花在长期的演化过程中,花的各部发生不同程度的变化,使花多姿多彩,形态多样,归纳起来其可划分为以下几种主要的类型:①完全花和不完全花;②重被花、单被花和无被花;③两性花、单性花和无性花;④辐射对称花、两侧对称花和不对称花;⑤风媒花、虫媒花、鸟媒花和水媒花。

(3)花的生理功能。花是植物的繁殖器官,其主要功能是进行生殖,花完成生殖的过程中要经过开花、传粉和受精等阶段。

(二)果实的形成、构造与功能

果实是被子植物特有的繁殖器官,是花受精后由雌蕊的子房发育形成的特殊结构。

(1)果实的形成。花经过传粉受精后,花的各部分变化显著,花萼、花冠一般脱落,雄蕊及雌蕊的柱头和花柱先后枯萎,胚珠发育形成种子,子房渐渐膨大而发育成果实。这种单纯由子房发育而来的果实称真果,如桃、杏、柑橘等;有些植物除子房外尚有花的其他部分参与果实的形成,如花托、花萼以及花序轴等,这种果实称假果,如苹果、梨、南瓜等。

(2)果实的构造。果实由果皮和种子构成,果实的构造一般指果皮的构造,果皮通常可分为三层,从外向内分别为外果皮、中果皮和内果皮。

(3)果实的生理功能。果实的生理功能主要体现为保护种子和对种子传播媒介的适应。适用于动物和人类传播种子的果实,往往为肉质可食的肉质果;还有的果实具有特殊的勾刺突起或有黏液分泌,能挂在或黏附于动物的毛、羽或人的衣服上而散布到各地;

还有适用于风力传播的种子果实多质轻细小,并常具有毛状、翅状等特殊结构;适用于水媒传播的种子果实常质地疏松而易漂浮,可随水流到各处;还有一些植物的果实可靠自身的机械力量使种子散布。

(三)种子的结构和类型、萌发与休眠

种子是所有种子植物特有的器官,是花经过传粉、受精后,由胚珠发育形成的,具有繁殖作用。

(1)种子的结构和类型。种子的结构主要包括种皮、胚和胚乳。根据种子中胚乳的有无,一般将种子分为有胚乳种子和无胚乳种子。

(2)种子的萌发与休眠。种子的主要功能是繁殖。种子成熟后在适宜的外界条件下即可发芽而形成幼苗,但大多数植物的种子在萌发前往往需要一定的休眠期才能发芽。此外,种子的萌发还与种子的寿命有关。

植物的营养

第二节 人体的结构与功能

学习提要

1. 了解动物的组织、器官和系统。
2. 掌握人体消化系统的结构和功能。(重点)
3. 掌握人体呼吸系统的结构和功能。(重点)
4. 掌握人体神经系统的结构和功能。(难点)
5. 了解人体感觉器官的结构和功能。

地球上的动物种类繁多,从单细胞、低等的原生动物到多细胞、高等的脊椎动物,其形态结构、生理功能和行为特征等都表现出明显的种间差异。动物的结构与其功能具有显著的相关性,这些特征往往是与其多变的生存环境相适应的。本节主要以人体为例来介绍动物的结构和功能。

一、动物的基本结构

多细胞动物由多层次的结构组合而成。与其他生命体一样,动物也是由不同种类的细胞构成的,细胞是动物体结构和功能的基本单位。各种细胞构成不同的组织,不

同组织再形成各种器官,不同的器官联合起来形成系统,进而形成结构复杂、功能多样的多细胞动物体。

(一)组织

动物组织是由一种或多种形态相同或相似,功能相同或相关的细胞群体构成。根据其形态结构和功能的差异,可以将动物的组织分为四种类型:上皮组织、结缔组织、肌肉组织和神经组织。

1.上皮组织

上皮组织主要分布于动物体的体表面、内脏器官的外表面以及体腔和管道的内表面。根据其具有的保护、吸收、呼吸、排泄和分泌等不同的作用,可以将上皮组织分为被覆上皮(如图6-3)、腺上皮(如图6-4)和感觉上皮等类型。

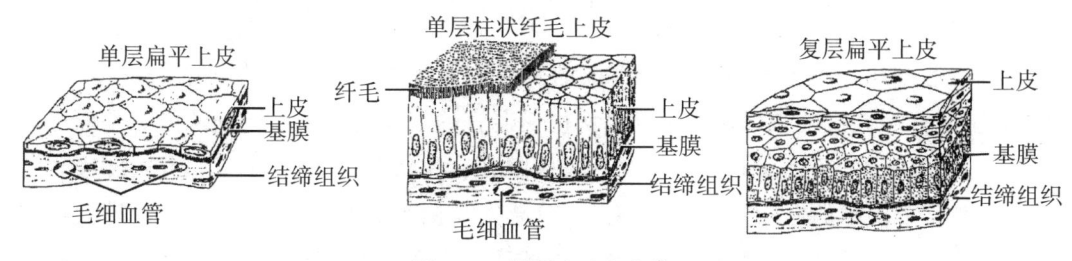

图 6-3 被覆上皮组织[①]

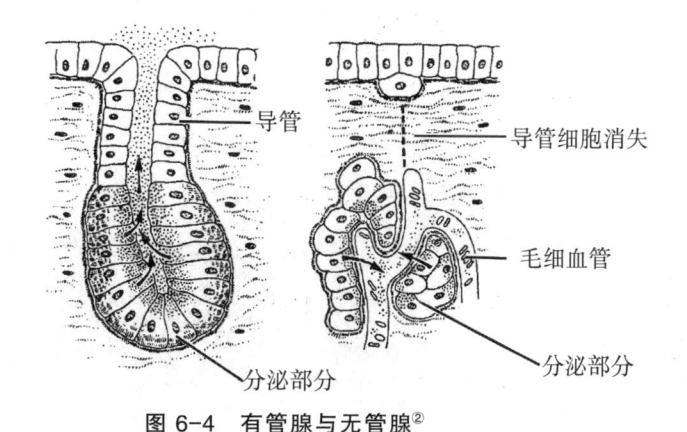

图 6-4 有管腺与无管腺[②]

2.结缔组织

结缔组织主要由多种细胞、蛋白质纤维和基质组成,具有保护、修复、支持和营养等多种功能,包括疏松结缔组织、致密结缔组织、脂肪组织、软骨组织、骨组织和血液等种类。

3.肌肉组织

肌肉组织由肌细胞(也称肌纤维)组成,肌细胞能够进行收缩进而带动机体运动。根

[①]吴相钰,陈守良,葛明德.陈阅增普通生物学:第4版[M].北京:高等教育出版社,2014:97.
[②]吴相钰,陈守良,葛明德.陈阅增普通生物学:第4版[M].北京:高等教育出版社,2014:97.

据形态结构的差异,脊椎动物的肌细胞可以分为横纹肌、平滑肌和心肌三种类型。横纹肌主要附着在骨骼上,细胞呈圆柱形,其上具有明暗交替的横纹。横纹肌能够受到动物体意识的控制,属于随意肌。平滑肌主要分布于动物体的各种内脏器官,不受动物体意识的支配,属于不随意肌。心肌分布于动物体的心脏,也不受动物体意识的支配,属于不随意肌。

4.神经组织

神经组织由神经细胞和神经胶质细胞组成。神经细胞由胞体和突起两部分构成,突起分为短而多分支的树突和长而细的轴突两种。神经细胞的主要作用是感受刺激并传导兴奋。神经胶质细胞数量多于神经细胞,具有突起,但是没有树突和轴突的区分,其主要功能是对神经细胞起支持、保护、营养和修复等多种作用。

(二)器官

器官是由几种不同的组织结合形成的具有一定形态特征和生理机能的结构,例如肺、心脏和胃等。接下来以人体小肠为例说明器官的组织构成。小肠壁从内到外依次为黏膜层、黏膜下层、肌肉层和浆膜层。黏膜层中具有柱状上皮细胞,主要起分泌和吸收的作用。黏膜下层中的血管和神经,具有营养、感知与调节的作用。肌肉层由平滑肌组成,通过收缩和舒张带动肠道蠕动,完成肠的机械性消化。浆膜层中也具有一薄层的结缔组织。由此表明,小肠是由上皮组织、结缔组织、肌肉组织和神经组织构成的。

资料链接

一个新发现的器官——肠系膜

英国科学家发现,以前被认为仅是消化系统内的碎片结构的肠系膜实际上是一个连续的器官,尽管其具体作用未知,但研究人员表示,这个发现不仅修改了教科书,还有望开启一个全新的科学领域——肠系膜学。肠系膜是腹膜的一部分,把肠连接在腹腔的后壁上。世界著名医学教材之一《格氏解剖学》已更新了肠系膜的定义。

(三)系统

系统是由一些在功能上密切相关的器官构成,这些器官联合起来能够完成特定的功能任务。例如消化系统就是由口、食道、胃、小肠、大肠和各种消化腺构成的,主要功能是对食物进行消化和吸收。人体包括多个系统,例如消化系统、循环系统、呼吸系统、骨骼系统、肌肉系统、神经系统、排泄系统、内分泌系统、淋巴和免疫系统、生殖系统和皮肤系统。

二、人体的消化系统

动物不能像植物一样通过光合作用制造自身所需要的有机物并获得能量,它们必须从环境中获取食物,通过消化系统消化食物并吸收其中的营养素,从而获得组建机体的有机物和生命活动所需要的能量。接下来将以人体为例介绍动物的消化系统。

(一)营养素

营养素是指食物中能够被人体消化吸收和利用的物质。人体从食物中获得的营养素主要包括水、糖类、蛋白质、脂质、维生素和矿物质等六大类。

1. 水

水在成年人体内占体重的60%~70%。水是人体不可或缺的营养素,在人体新陈代谢、物质运输和温度调节等多种活动中发挥着重要的作用。日常生活中人体所需的水主要从饮用水和食物当中获得。

2. 糖类

糖类作为人体所需的重要营养素,可以分成单糖、双糖和多糖等几类。葡萄糖和果糖是最常见的单糖,麦芽糖和蔗糖是由两个单糖组成的双糖,多糖主要有淀粉、糖原和纤维素三种。糖类不仅是人体内重要的能量物质之一,同时也是构建身体细胞的原料。日常生活中人体所需的糖类可以从薯类和谷物类食物当中获得。

3. 蛋白质

蛋白质由二十余种氨基酸构成,其中甲硫氨酸、缬氨酸、赖氨酸、异亮氨酸、苯丙氨酸、亮氨酸、色氨酸和苏氨酸等八种氨基酸是人体内不能合成的,必须从食物中获取,因此称之为必需氨基酸。蛋白质是构成生物体细胞的基本原料,也能被分解,为人体生命活动提供能量。此外,蛋白质在免疫反应(如抗体和干扰素)、生理调节(如胰岛素)和反应催化(如胃蛋白酶)等方面都具有重要作用。日常生活中人体所需的蛋白质可以从肉、蛋和奶类等食物当中获得。

4. 脂质

脂质也是人体需要的重要营养素之一,它不仅是人体细胞组织的组成成分(如磷脂是构成细胞膜的主要成分),还是人体内所需能量的重要来源(如脂肪分解可以提供能量)。日常生活中人体所需的脂质可以从植物油和动物脂肪等食物当中获得。

5. 维生素

维生素是一些小分子有机化合物,在人体内的主要作用是调节身体的代谢过程,对维持人体健康十分重要。当体内缺乏维生素时会导致一些疾病的产生。例如人体内缺乏维生素C会患坏血病,缺乏维生素A会患夜盲症,缺乏维生素D会患佝偻病。日常生活中人体所需的维生素可以从蔬菜和水果等食物当中获得。

6.矿物质

矿物质又称无机盐，是构成人体组织和维持人体正常生理功能的无机物的总称。矿物质中含有的必需常量元素包括钙、磷、镁、钾、钠、硫、氯。矿物质中某些元素的缺乏与疾病相关，例如缺钙会导致佝偻病，缺铁会导致贫血等。日常生活中人体所需的矿物质可以从蔬菜和水果等食物当中获得。

（二）人体消化系统结构及其功能

人体消化系统可以分为消化管和消化腺两部分，其中消化管包括口腔、咽、食管、胃、小肠和大肠等部分，消化腺包括唾液腺、肝脏、胰脏、胃腺和肠腺等（如图6-5）。

1.口腔

口腔是消化系统开始的部分，主要功能是通过牙齿的咀嚼研磨和舌头的搅拌作用对食物进行机械性消化。人的一生中出两次牙齿，第一次出的牙共20颗，从婴儿6个月到2~3岁长齐，称之为乳牙。第二次出的牙称为恒牙，乳牙6~7岁开始先后脱落，到12岁左右长出28颗牙齿，有的人在18~30岁还会长出4颗第三磨牙（又称智牙），因此人的恒牙共28~32颗不等。此外口腔中有腮腺、舌下腺和颌下腺各一对，分泌的唾液中含有唾液淀粉酶，可以将食物中的淀粉初步消化为麦芽糖，这也是长时间咀嚼含淀粉的食物感觉到甜味的原因。

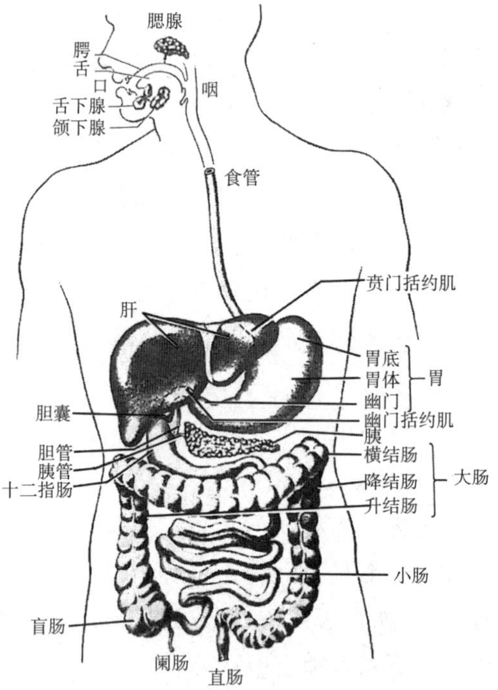

2.咽

咽的上段位于鼻腔后方称为鼻咽，中段位于口腔后方称为口咽，下段位于喉的后方称为喉咽。口腔初步消化的食物通过咽进入食管。

图6-5 人体消化系统模式图[①]

3.食管

食管上接咽部，下与胃的贲门相连，其主要作用是通过环行肌层和纵行肌层的收缩蠕动将食物推至胃当中。

幽门螺杆菌与消化性溃疡

4.胃

胃可以分为四部分，靠近贲门的部分称为贲门部，自贲门向左上方膨出的部分称为

[①] 吴相钰，陈守良，葛明德.陈阅增普通生物学：第4版[M].北京：高等教育出版社，2014：112.

胃底,胃的中间部分称为胃体,靠近幽门的部分称为幽门部(如图6-6)。胃能够暂时储存食物,并通过胃的蠕动将食物与胃液进一步混合,从而进一步对食物进行消化。此外,胃还能够吸收酒精。

5. 小肠

小肠是消化系统中最长的一段,全长5~7 m,可以依次分为十二指肠、空肠和回肠三个部分。小肠是消化系统中消化食物和吸收营养素最主要的器官。胰脏分泌的胰液中含有多种消化酶,分泌到小肠中可以帮助消化食物中的淀粉、脂肪和蛋白质等。肝脏分泌的胆汁中虽然没有消化酶,但也能够进入小肠中参与食物中脂肪的乳化和水解(如图6-7)。小肠黏膜上具有众多的环形褶皱和绒毛,绒毛上还形成许多微绒毛,这些结构特征扩大了小肠的吸收面积,进而提高了对单糖、氨基酸和脂肪酸等的吸收效率。

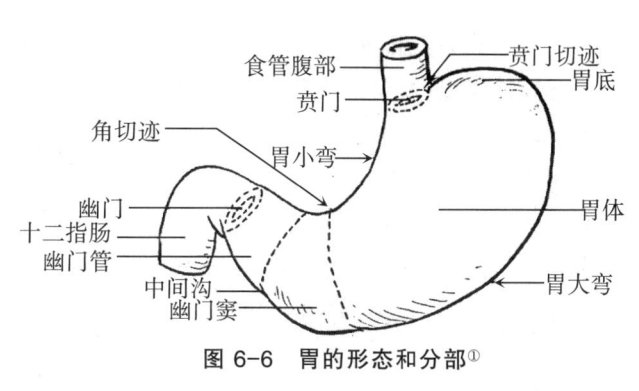

图6-6 胃的形态和分部[1]

6. 大肠

大肠可以分为盲肠、阑尾、结肠、直肠和肛管等。相比于小肠,大肠肠壁较薄,肠径较粗。阑尾上部与盲肠相通,下端则以盲端游离,长7~9 cm,多种因素可导致其梗阻和感染发炎。大肠的主要功能是从食糜中吸收水分和各种电解质,并贮存和排出粪便。

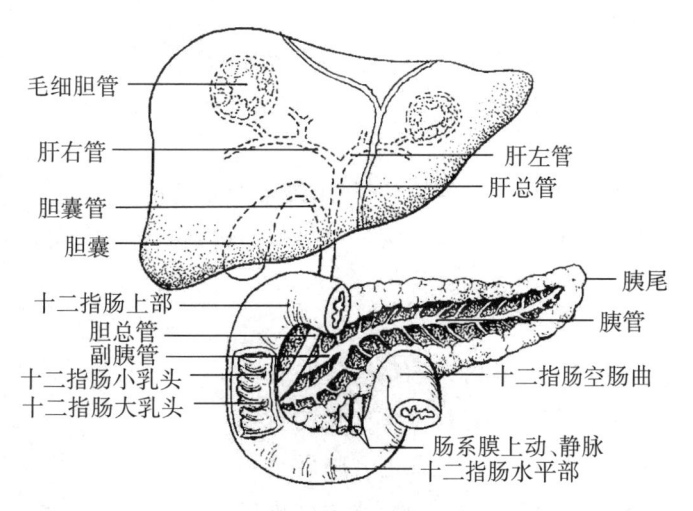

图6-7 输胆管道和胰管[2]

三、人体的呼吸系统

动物不断地从环境中摄取氧气对体内的能量物质进行氧化,释放其中的能量以满足各种生命活动的需要。同时体内细胞呼吸产生的二氧化碳也需要排出体外。机体与外

---

[1]刘海兴,徐国成.人体解剖学:第2版[M].北京:高等教育出版社,2018:84.
[2]刘海兴,徐国成.人体解剖学:第2版[M].北京:高等教育出版社,2018:90.

界环境之间氧气和二氧化碳的交换通过动物的呼吸系统来完成。接下来将以人体为例介绍动物的呼吸系统。

(一)人体呼吸系统结构及其功能

人体呼吸系统由鼻、咽、喉、气管和肺等几部分构成(如图6-8)。其中鼻、咽和喉称为上呼吸道,气管和各级支气管称为下呼吸道。

1.鼻

鼻是呼吸系统的开始部分。鼻黏膜具有丰富的血管和黏液腺,有加温、湿润和净化吸入的空气等作用。此外,鼻黏膜内还含有嗅细胞,能感知嗅觉刺激。

2.咽

咽既是消化管的组成部分,又是呼吸道的通路。经口鼻吸入的空气通过咽部进入喉。

3.喉

喉既是呼吸的通道,又是发音的器官,由喉软骨、软骨连结、喉肌和黏膜构成。

图 6-8 人体呼吸系统模式图[1]

4.气管

气管由马蹄形的软骨环、结缔组织和平滑肌构成。气管内壁表面的纤毛上皮细胞通过纤毛的运动将附着灰尘颗粒的黏液送到咽部,再通过咳嗽排出体外。气管进入胸腔后分为两个支气管。

5.肺

肺位于胸腔内,左右各一,左肺两叶,右肺三叶,是进行气体交换的重要场所(如图6-9)。气管进入肺后进一步分为支气管、细支气管、终末细支气管、呼吸性细支气管、肺泡管、肺泡囊和肺泡。肺泡壁仅有一层上皮细胞,外面包绕着毛细血管网。成人肺内大约含有3亿个肺泡,据估计,肺内进行气体交换的总面积为50~100 m²。

空气通过吸气过程进入肺泡,其

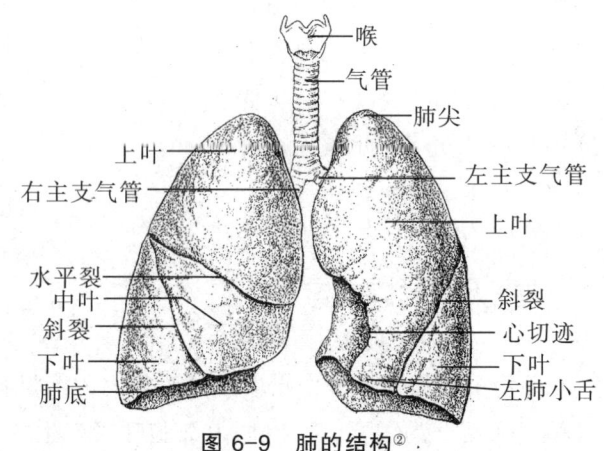

图 6-9 肺的结构[2]

---

[1]刘海兴,徐国成.人体解剖学:第2版[M].北京:高等教育出版社,2018:97.
[2]刘海兴,徐国成.人体解剖学:第2版[M].北京:高等教育出版社,2018:102.

中的氧气通过扩散作用进入肺泡壁的毛细血管中,随血液循环到达各个组织中的毛细血管,再通过扩散作用进入细胞中参与代谢活动。细胞代谢产生的二氧化碳同样通过扩散作用,经过一个与氧气运输方向相反的过程,从细胞到达肺泡,再通过呼气过程排出体外。

【案例探析】

吸烟的危害

烟草燃烧后产生的气体中不仅含有几十种已知的致癌物,还有多种有害气体、重金属、放射性物质以及使人上瘾的尼古丁。不论是主动吸烟还是被动吸烟(二手烟)都会对呼吸系统,特别是肺部结构和功能造成严重损害。食道癌、口腔癌以及肝癌等多种恶性肿瘤的发生都与吸烟有关。儿童呼吸系统处于发育阶段,主动或被动吸烟都会导致其肺功能下降和多种呼吸道疾病。开始吸烟的年龄越小、吸烟量越大、吸烟年限越长,对人体造成的危害越严重。

讨论:从呼吸系统的结构和功能分析吸烟的危害。

(二)呼吸运动

呼吸运动可以分为腹式呼吸和胸式呼吸两类。腹式呼吸是由膈肌收缩或舒张引起胸廓的扩大或缩小。胸式呼吸则是由肋间外肌收缩或舒张引起胸廓的扩大或缩小。通常情况下腹式呼吸和胸式呼吸同时进行。

肺活量是指在最大吸气后尽力呼气的气量,其中包括潮气量、补吸气量和补呼气量三部分(如图6-10)。潮气量是指人体平静时一次呼吸周期中肺吸入或呼出的气量,在潮气量之外再吸入的最大气量为补吸气量,在潮气量之外再呼出的最大气量为补呼气量。成年男子肺活量约为 3 500 mL,成年女子约为 2 500 mL。除了性别因素以外,肺活量还受年龄、身材、呼吸肌强弱等多种因素的影响。

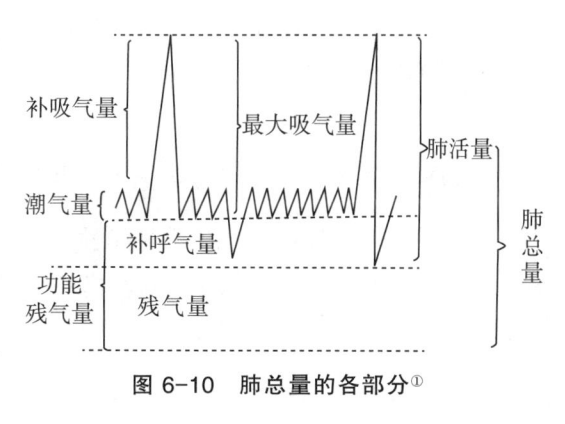

图 6-10 肺总量的各部分[1]

四、人体的神经系统

在复杂多变的环境中,动物必须统一协调各个器官和系统,以整体的形式做出反应以适应环境的变化。调节和控制各个器官和系统的功能活动,使之协调一致,相互配合

---

[1]吴相钰,陈守良,葛明德.陈阅增普通生物学:第4版[M].北京:高等教育出版社,2014:131.

成为一个完整的统一体是通过神经系统来实现的。人类的神经系统在进化过程中高度发展,不仅具有强大的协调能力,还产生了复杂的语言和思维,这对人类认识和改造自然界具有重要的意义。

(一)神经系统结构和功能的基本单位——神经细胞

1. 神经细胞

神经细胞也称神经元,是神经系统的重要组成部分,具有感受刺激和传导神经冲动的作用。神经细胞包括胞体和突起两个部分(如图6-11)。胞体主要负责神经细胞的代谢和营养。胞体发出的短突起称为树突,一条或多条,主要功能是接收刺激并将神经冲动传入胞体。胞体发出的长突起称为轴突,通常一条,主要功能是将神经冲动传出胞体。

2. 突触

突触是指两个神经细胞之间或一个神经细胞与效应细胞之间相互接触用于传递信息的结构,突触通常由突触前膜、突触间隙和突触后膜三部分构成。传递的信息为化学信号(也称递质)的突触称为化学突触,传递的信息为电信号的突触称为电突触。

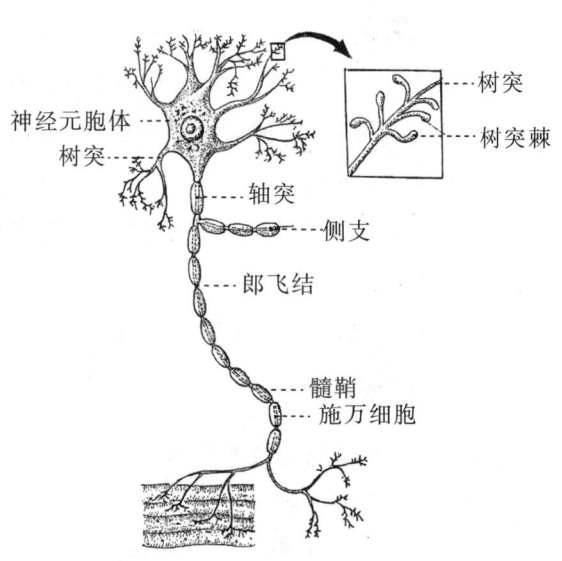

图 6-11 神经元的结构[①]

(二)神经系统的基本活动方式——反射弧

神经系统对各种刺激做出的规律性反应称为反射,由机体内的反射弧来完成,例如膝跳反射。反射弧包括感受器、传入神经(感觉神经)、反射中枢、传出神经(运动神经)和效应器五个部分构成(如图6-12)。

(三)人体神经系统结构及其功能

人体神经系统由中枢神经系统和周围神经系统两部分构成。中枢神经系统包括颅腔中的脑和脊椎管中的脊髓。周围神经系统按照位置可分为12对与脑相连的脑神经和31对与脊髓相连的脊神经。周围神经系统按照功能可分为传入神经(感觉神经)和传出神经(运动神经,可再分为支配骨骼肌运动的躯体神经和支配内脏器官的内脏神经两部分)。

1. 中枢神经系统

(1)脊髓。脊髓位于脊椎管内,呈前后稍扁的圆柱形,上部与脑的延髓相连,下部稍

[①]刘海兴,徐国成.人体解剖学:第2版[M].北京:高等教育出版社,2018:191.

尖呈圆锥状,成年人脊髓长约45 cm。脊髓的主要作用是传导感觉和运动神经冲动,也可以完成一些简单的反射活动。脊髓由内在呈"H"形的灰质(是神经元胞体和树突集中部分,色泽灰暗)和外周的白质(是神经元轴突集中的部分,色泽苍白)组成。灰质向前延伸部分称为前角,与前跟相连,向后延伸部分称为后角,与后跟相连(如图6-13)。

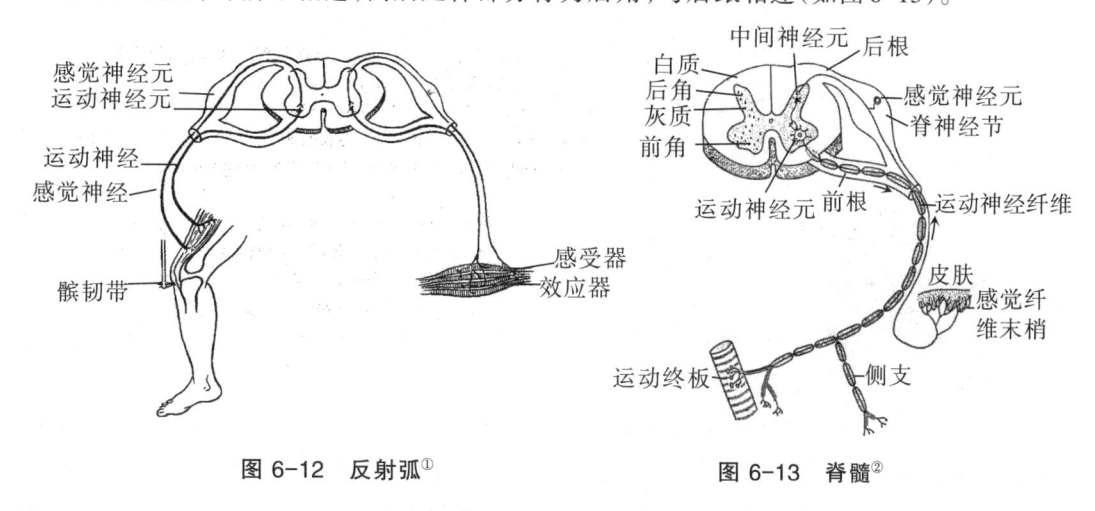

图 6-12　反射弧[1]　　　图 6-13　脊髓[2]

（2）脑。人脑包括延髓、脑桥、中脑、小脑、间脑和大脑六个部分。其中延髓、脑桥和中脑合称为脑干。

脑干的最下部为延髓,中部为脑桥。中脑位于脑桥和间脑之间。脑干当中有控制呼吸和心血管运动等重要生命活动的神经中枢。

间脑位于中脑和大脑之间,可以分为背侧丘脑、后丘脑和下丘脑三个部分。下丘脑不仅可以调节内脏神经以维持机体内环境稳定,还能够与垂体密切联系,调节机体内分泌活动。

小脑位于脑桥和延髓的背侧,小脑表面为灰质(小脑皮质),内部为白质(小脑髓质)。小脑的主要功能与身体运动调节相关,例如维持身体平衡和协调骨骼肌随意运动等。

大脑是最高级的中枢神经系统部分,分为左右大脑半球,两个大脑半球之间有胼胝体相连。大脑内部为白质(大脑髓质),表面为灰质(大脑皮质)。大脑皮质具有许多沟和回以增大其表面积。大脑皮质是神经系统最为复杂和最为完善的部分,是人体高级神经活动的物质基础,其中具有许多重要的神经中枢,例如躯体运动中枢、躯体感觉中枢、视觉中枢、听觉中枢、语言中枢、嗅觉中枢和内脏活动中枢等(如图6-14)。

---

[1]刘海兴,徐国成.人体解剖学:第2版[M].北京:高等教育出版社,2018: 193.
[2]吴相钰,陈守良,葛明德.陈阅增普通生物学:第4版[M].北京:高等教育出版社,2014:169.

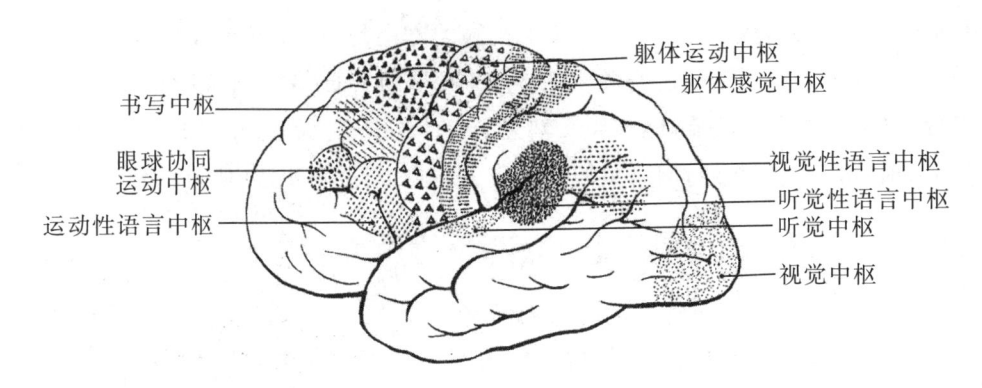

图 6-14 大脑皮质的中枢(上外侧面)[1]

2.周围神经系统

与中枢神经系统不同,周围神经系统分布于全身各处,其中脊神经与脊髓相连,主要分布于身体躯干和四肢部分,脑神经与脑相连,主要分布于身体头部和面部。

(1)脊神经。脊神经总共31对,包括颈神经(8对)、胸神经(12对)、腰神经(5对)、骶神经(5对)和尾神经(1对)。每对脊神经均由与脊髓相连的前根和后根在椎间孔汇合而成。由于前根主要由运动性纤维组成,后根主要由感觉性纤维构成,因此,脊神经属于混合性神经。

(2)脑神经。脑神经总共12对,按照与脑相连的头尾顺序依次为嗅神经、视神经、动眼神经、滑车神经、三叉神经、展神经、面神经、前庭蜗神经、舌咽神经、迷走神经、副神经和舌下神经各1对。根据脑神经纤维的不同可以将其分为感觉性神经、运动性神经和混合性神经三种类型。

五、人体的感官系统

为了适应复杂多变的环境,动物首先需要感知环境变化的刺激,再将刺激传入中枢神经系统并产生特定感觉,随后才能做出及时有效的反应。动物通过种类繁多、结构多样的感受器感知机体内外环境的变化。有的感受器结构简单,例如皮肤内的痛觉感受器只是表皮下的游离神经末梢。但有的感受器除了感受器细胞外还有对感受器起保护和辅助功能的副器,形成复杂的感觉器官,例如眼和耳等。

(一)视觉

眼可以感受可见光的刺激,并将其转化为神经冲动,传导至大脑视觉中枢产生视觉,是人体的视觉器官。人的眼球由眼球壁和眼球内容物组成。

---

[1]刘海兴,徐国成.人体解剖学:第2版[M].北京:高等教育出版社,2018:212.

1. 眼球结构与功能

眼球壁分为三层，外层是眼球纤维膜，中间层是眼球血管膜，内层是视网膜（如图6-15）。

眼球纤维膜包括角膜和巩膜两个部分。角膜位于眼球最前方，无色透明，主要作用是聚焦光线。巩膜乳白色，不透明，主要作用是保护眼球内容物。

眼球血管膜包括三部分，从前至后依次为虹膜、睫状体和脉络膜。虹膜圆盘状，中央为瞳孔。虹膜通过其内的平滑肌调节瞳孔的收缩和扩大，控制进入眼球的光线。不同人种之间虹膜的颜色不同。睫状体位于虹膜后外侧，由睫状突、睫状小带和睫状肌三部分组成，主要功能是调节晶状体曲度。脉络膜在巩膜内侧，前端与睫状体相连，主要功能是对视网膜起营养作用以及防止眼内光线散射。

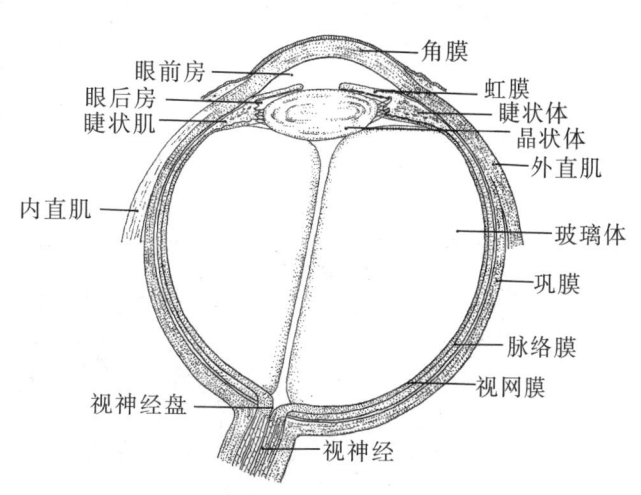

图 6-15　眼球的水平切面[①]

视网膜在眼球壁的最内侧，是感受光刺激的神经组织。视网膜结构复杂，从外向内一般分为四层：色素细胞层、感光细胞层、双极细胞层和神经节细胞层。色素细胞层紧贴着脉络膜，无感光细胞，但可以对其内的感光细胞起到营养和保护作用。感光细胞层中有两种感光细胞：视锥细胞和视杆细胞。视锥细胞中分别含有感黄光色素、感蓝光色素和感绿光色素，视杆细胞中含有的感光色素是视紫红质。双极细胞层中的双极细胞通过突触将感光细胞和神经节细胞联系起来。神经节细胞的轴突形成视神经，从视盘处穿过视网膜，由于视盘没有感光细胞，因此物体的像投射在这个区域不可见，称为生理盲点。在后侧视网膜上有一个称为黄斑的区域，其中央凹陷，称为中央凹，此处只有密集的视锥细胞，没有视杆细胞，感光最为敏锐。

眼球内容物从前至后包括房水、晶状体和玻璃体三部分，都是无色透明的，与角膜一样都是眼的屈光系统的组成部分。

房水无色透明，位于角膜和晶状体之间的眼球房，房水不仅具有屈光作用，还能够对角膜和晶状体提供营养，对眼内压的维持也有重要作用。晶状体是凸透明体，富有弹性，位于虹膜和玻璃体之间，通过睫状体调节其曲度。玻璃体胶状，无色透明，位于晶状体和视网膜之间，除了屈光作用外还能够对视网膜起支撑作用。

[①]刘海兴，徐国成. 人体解剖学：第2版[M]. 北京：高等教育出版社，2018:177.

2.异常眼

异常眼视物不清通常是由于其屈光系统异常或者眼球形态发生改变等原因导致平行光线无法聚焦在眼球视网膜上引起的。近视、远视和散光都属于异常眼。

近视大多是由于眼的前后径过长,或者是由于角膜的曲度增大导致平行光线聚焦在视网膜的前面,远处物体成像模糊。近视眼矫正时可在眼前加一凹透镜。

远视大多是由于眼的前后径过短,或者是由于角膜的曲度减小导致平行光线聚焦在视网膜的后面,近处物体成像模糊。远视眼矫正时可在眼前加一凸透镜。

散光大多是由于眼角膜表面经线和纬线的曲度不一致,导致从不同经纬线方向射入的光线不能全部聚焦在视网膜上,造成视像模糊和歪曲。散光矫正时可在眼前加圆柱形透镜。

(二)听觉

耳是人体的听觉器官,感受物体振动产生的声音刺激,并将其转换成神经信号传给大脑听觉中枢产生听觉。耳从外到内可以分为外耳、中耳和内耳三部分(如图6-16)。

1.耳的结构与功能

外耳分为耳郭、外耳道和鼓膜三部分。耳郭大部分由皮下软骨作为支架,主要作用是收集声波。外耳道是一条通至鼓膜的弯曲管道,声波经此传到鼓膜,成人外耳道长约2.5 cm。鼓膜是一半透明椭圆形的薄膜,经外耳道传来的声波能引起鼓膜的振动。

中耳最主要的部分是鼓室,它位于鼓膜和内耳之间。鼓室里面有三块听小骨,依次为锤骨、砧骨和镫骨,三块听小骨之间有关节衔接,形成听骨链。镫骨附着在内耳的卵圆窗上,由此将声波的振动传递到内耳,引起内耳中液体的振动。鼓室经由咽鼓管与鼻咽部相通。咽鼓管的主要作用是使鼓室内的空气与外界空气相通,因而使鼓膜内外的气压维持平衡。当人体遭遇急剧降低或升高的气压时(比如乘坐飞机快速上升或下降),如果不主动进行吞咽动作,咽鼓管口未及时打开,会导致鼓室内外侧气压差过大,使鼓膜外凸或内陷,使人感到耳痛或耳闷。

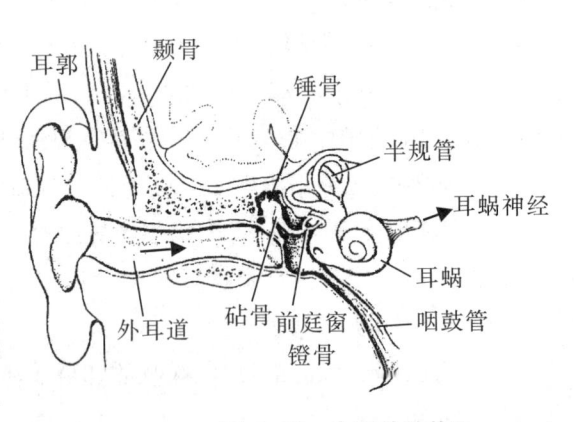

图6-16 人耳的结构[1]

内耳结构复杂,包括前庭、半规管和耳蜗三部分,其中耳蜗是感受声音的部分。耳蜗管像蜗牛壳,其内有一膜质的蜗管,呈三角形,当中充满内淋巴液(如图6-17)。蜗管上壁称为前庭膜,下壁称为基底膜。基底膜上的听觉感受器称为螺旋器(如图6-18)。 螺

---
[1]吴相钰,陈守良,葛明德.陈阅增普通生物学:第4版[M].北京:高等教育出版社,2014:183.

旋器中有毛细胞,毛细胞一端的纤毛与胶冻状覆膜接触,毛细胞底部被听觉神经包围。听骨链的镫骨通过前庭窗将振动传入内耳,使耳蜗内淋巴液振动,进而带动基底膜振动,覆膜和基底膜发生相对位移,使基底膜上的螺旋器毛细胞纤毛弯曲,引起毛细胞离子通透性改变,刺激听觉神经产生冲动,最终传到大脑皮质的听觉中枢,产生听觉。

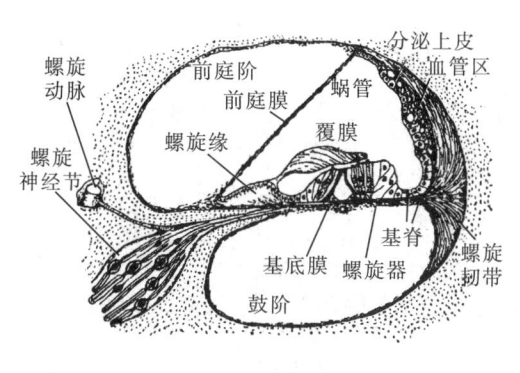

图 6-17 蜗管的结构[1]

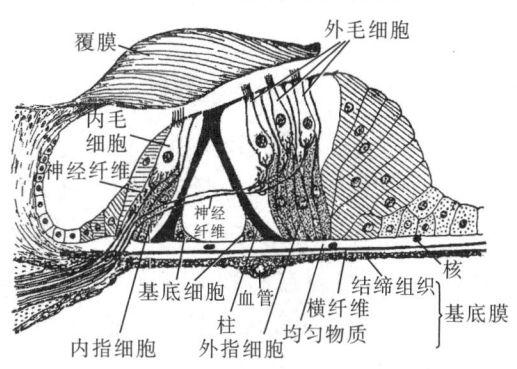

图 6-18 螺旋器[2]

2.听力障碍

听力障碍是指由于遗传、药物、化学试剂、噪声和外伤等因素导致听觉系统中的传音、感音以及对声音综合分析的各级神经中枢发生器质性或功能性异常,使听力出现不同程度的减退。根据发生的部位可以分为传导性耳聋、感音性耳聋和中枢性耳聋。根据患病时间又可分为先天性耳聋和后天性耳聋。

(三)嗅觉

人体感知嗅觉刺激的嗅细胞位于鼻腔上方的鼻黏膜中,当嗅细胞外端的嗅纤毛受到溶于黏液中的某些气味分子的刺激后产生神经冲动,通过嗅细胞内端的神经纤维将冲动传入嗅觉中枢产生嗅觉,因此嗅细胞具有双重作用,既能感受气味刺激,又能传导神经冲动(如图6-19)。

人体的嗅觉具有一定的适应能力,当停留在具有特殊气味的地方一段时间之后,对此气味就会产生适应,"入芝兰之室,久而不闻其香""入鲍鱼之肆,久而不闻其臭"就是这个道理。虽然人类的嗅觉能力比不上嗅觉高度发达的哺乳动物(如狗等),但其嗅觉敏感度也很高,例如用人造麝香的气味测定人的嗅觉时,便可以嗅到每升空气中含有 0.000 01 mg 的麝香。

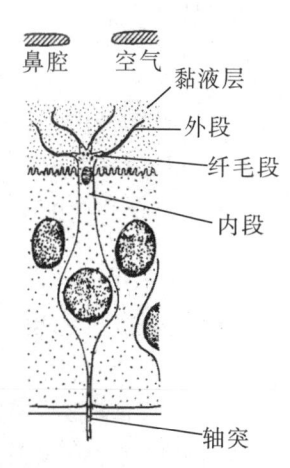

图 6-19 嗅细胞[3]

---

[1]吴相钰,陈守良,葛明德.陈阅增普通生物学:第4版[M].北京:高等教育出版社,2014:183.
[2]吴相钰,陈守良,葛明德.陈阅增普通生物学:第4版[M].北京:高等教育出版社,2014:184.
[3]吴相钰,陈守良,葛明德.陈阅增普通生物学:第4版[M].北京:高等教育出版社,2014:186.

(四)味觉

味蕾是人体的味觉感受器,是由味觉细胞和支持细胞所组成的卵圆形小体,主要位于舌头上(如图6-20)。味蕾顶端有一小孔,称味孔,与口腔相通。当食物分子溶入小孔黏液中时,味觉细胞受刺激而兴奋,通过传入神经纤维将味觉冲动传到大脑味觉中枢产生味觉。

味觉是人体的基本感觉之一。酸、甜、苦和咸是人体能感受到的四种基本味觉。我们平常尝到的各种味道,都是这四种味觉混合的结果。舌面的不同部位对这四种基本味觉刺激的感受性是不同的,对甜味和咸味最为敏感的部位是舌尖,对酸味最为敏感的部位是舌的外侧,对苦味最敏感的部位是舌根。

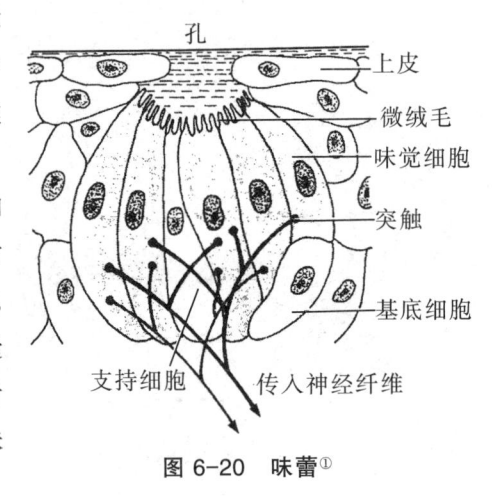

图6-20 味蕾[1]

【基础2】

第三节 生物对环境的适应

学习提要

1. 了解植物营养器官对环境的适应。
2. 了解植物生殖器官对环境的适应。
3. 掌握动物对环境的形态、生理和行为适应。(重点)

一、植物对环境的适应

植物对环境的适应是指植物在生长发育和系统进化过程中为了应对所面临的环境条件,在形态结构、生理机制、遗传特性等生物学特征上出现的能动响应和积极调整。适应是一种结果,现存的植物是经历亿万年、代复一代的适应当时的环境条件,传承到今天所呈现的一种适应结果。能存活下来的植物,都在一定程度上表明:它越过了环境对它的挑战,它的形态结构、生理生化功能、分子生物学机制、个体特征,以及在种群、群落和

---

[1] 吴相钰,陈守良,葛明德.陈阅增普通生物学:第4版[M].北京:高等教育出版社,2014:186.

生态系统中的行为,都是对相应环境的适应结果。

(一)植物营养器官的适应性

在长期的外界生态因素影响下,叶形态结构的变异性和可塑性最大,对生态环境的反应较为明显。植物因植物叶片构型、解剖结构和生理生态特性等不同而对生境和资源位形成了各自的适应性特征。例如,沟谷地的植物叶表皮毛长度显著大于沟间地和沟间林地的植物,沟间地的植物叶表皮毛密度高于沟间林地和沟谷地的植物,原因是沟间地土壤含水量和肥力较低、光照强度较强,表皮毛密度高,有利于植物保持体内的水分。圆叶乌桕的叶表皮形态为表皮细胞小、排列紧密,气孔集中分布在下表皮、表皮气孔大,在高温干旱的石灰岩地区具有较强的保水能力和吸收养分能力,适应在石灰岩地区生长,可见气孔调节是植物抵御逆境胁迫与适应环境的有效策略。

根系是植物非常重要的组成器官,既为植物生长提供机械支撑,又从土壤中吸收水分和养分,直接影响着植物地上部分的生长和发育。根系的构型与不同生态学指标都可以根据环境产生一定的适应性改变。例如,华南海岸典型沙生植物根系构型特征显示其倾向于产生叉状分支,其中草本植物的根系更为接近,说明草本植物受到的资源胁迫相对较小,能够在海岸沙地恢复中快速定居;塔克拉玛干沙漠柽柳、拐枣和罗布麻通过增加根系连接长度来扩大根系在土层中的分布范围,进而提高根系的有效营养空间,提高对贫瘠土壤环境的适应能力;在林木根系分布及形态中,根系的水平和垂直分布特征、密度、生物量、表面积和不同径级根系的比例最为重要,而不同的生态环境对根系的各项指标变化都会产生影响。

茎支撑着植物的冠层结构,其也可根据所受环境因素的影响产生一些形态与生理上的变化。例如,假木贼和梭梭,皮层肉质化,并能进行光合作用,而到了夏天十分干旱时,可逐渐剥落,而在韧皮部薄壁细胞中产生木栓层,可以保护内部的维管组织。

(二)植物生殖器官的适应性

植物为了适应自然环境的变化,在生殖器官的结构与功能方面都出现了较为显著的变化。

花朵是植物的主要生殖器官,为了适应环境的变化,其在形态结构、生理功能、生存行为等方面均产生了相应的变化。例如,大王花一生只开一朵花,花期只有4天。花苞绽放初期具有香味,之后就会散发具有刺激性的腐臭气味,因此有了"腐尸花"的异名。大王花散发出来的恶臭招来苍蝇等腐食动物为其授粉。

植物花朵授粉完成后,继续发育形成果实或种子。而为了适应不同的环境,其在形态结构、生理功能与生存行为等方面也产生了一系列的变化。如小麦种子在常温条件下只能贮存2~3年,而在-1 ℃,相对湿度30%,种子含水量4%~7%的条件下,可贮存13年;而在-10 ℃,相对湿度30%,种子含水量4%~7%的条件,可贮存35年。这对植物度过恶劣环境,延长生存时间起到了极为重要的作用。

此外,适应也是一个过程,任何植物,无论是个体,还是群体,都需要随时随地应对所在的环境并做出积极的响应,这是生命维持其存在和发展的必由之路。适应也是发生在种群水平上的生物学现象,在一个种群中,适应性越强的个体,其后代在种群中的比例会越来越大。适应是相对的,任何植物对环境因子的适应性都有一定的界限范围,对某环境因子能够忍耐的最小剂量为下限临界点,忍耐的最大剂量为上限临界点,植物最适合时的环境因子状况为最适点,这就是植物的"三基点",植物适应的上限和下限之间的环境范围就是植物的适应范围,又称为植物的生态幅,在该生态幅之间的环境区域就是该植物的分布区。

二、动物对环境的适应

自然界的动物时刻受到温度、光照、水分、氧气、食物资源等生态环境因素的影响,只有适应各种环境变化才能更好地生存和繁衍。为了更好地适应不同的生存环境,动物往往表现出不同的形态结构、生理特征和行为模式,从而提高其生存适合度。

(一)动物对环境的形态适应

动物对环境的适应首先可以表现在外部的形态特征上。例如在同种动物中,生活在较冷气候中的种群个体体型往往比生活在较暖气候中的种群个体体型大,这是因为大型动物由于具有小的体表面积与体积比值,在体温调节中比小型动物消耗的能量少,在寒冷气候中能量的使用更加经济,这是对寒冷环境的一种适应。这一规律称为贝格曼定律。生活在寒冷地区的恒温动物,其四肢、耳朵等体表突出部分趋于缩短,这有利于防止热量散失,而生活在热带地区的恒温动物,其体表的突出部分相对较长,这有利于热量散失。这一规律称为阿伦定律。

动物对环境的适应还可以表现在内部组织器官的形态特征上。例如小肠作为哺乳动物消化和吸收的最重要器官,其内壁黏膜具有许多环形褶皱,黏膜上具有指状突起的绒毛,绒毛上的柱状上皮细胞的细胞膜进一步突起形成了许多微绒毛。这些结构扩大了小肠与食物颗粒的接触面积,从而大大提高了消化和吸收的效率。

(二)动物对环境的生理适应

为了适应各种环境因素的变动,动物的生理活动往往表现出不同的适应特征。温度是自然环境中最重要的生态因素之一,直接或间接影响着动物的生长、发育、形态、行为和分布,特别是对鱼类等变温动物的生存和繁衍起着决定性作用。动物摄食过程中代谢耗能会显著增加,这些能量消耗主要用于所有与营养代谢有关的食物的消化、吸收、代谢转换和生长等过程的能量支出。鱼类在不同温度下往往表现出不同的摄食代谢反应。

例如南方鲇幼鱼随着温度的升高,其摄食代谢反应逐渐增强,摄食代谢峰值增加,消化时间缩短。高温环境中较高的摄食代谢峰值和较短的消化时间更有利于对食物的快速消化和吸收,促进动物快速地生长。

(三)动物对环境的行为适应

动物行为是指动物根据外界环境变化和内在生理变化所做出的具有一定生物学意义的整体性反应。动物在不同的环境条件下往往表现出不同的行为特征,这与其生存和繁衍密切相关。动物迁徙就是动物由于繁殖、觅食、气候变化等原因而进行的一定距离的迁移行为,例如鱼类的洄游和候鸟的迁徙等。当自身体温过低时,一些变温动物会选择晒太阳的方式提高体温,如蜥蜴和鳄鱼等。在寒冷的冬季,有些动物在面临食物资源短缺的情况时会采取冬眠的方式降低代谢率和体温,以降低能量消耗水平,如青蛙和熊等。与冬眠相似,一些动物会在炎热和干旱季节进行夏眠,将生命活动水平降低,减少消耗以度过胁迫环境,例如刺参和非洲肺鱼等。

【案例探析】

鱼类如何适应水生环境

鱼类具有许多适应水生生活的特征。比如鱼类身体大都呈纺锤形,这种体型有利于减少游泳过程中的阻力;鱼类具有鳍,便于在水中运动;鱼类具有水中特有呼吸器官——鳃,鳃小片上水流的方向与血流方向相反,有利于提高氧气的交换效率;鱼类具有侧线,能够感受外界水环境变化;鱼类具有鳔,可以辅助鱼在水中的升降;淡水鱼借助众多肾小球的泌尿作用,及时排出浓度极低,几乎等于清水的大量尿液,保持体内水分恒定;当环境温度降低时,鱼类会减少自发运动时间和频率,进而降低自身能量消耗。

讨论:日常生活中能看到哪些动物适应环境变化的现象?

本章小结 植物在进化过程中,经历了水生到陆生的过程。因为影响植物的限制性因素不同,所以植物的形态结构、生理功能,甚至是生活习性方面均出现了千姿百态的变化。无论是植物的营养器官还是植物的生殖器官,其为了更好地适应环境,延续种群,都做出了相应的改变,并进化变异出了多姿多彩的植物世界。

动物由细胞、组织、器官和系统等不同的层次构成。动物体各个系统的结构和功能具有显著差异。人体消化系统由消化管和消化腺两部分组成,其主要功能是进行食物的消化和营养的吸收。人体呼吸系统由鼻、咽、

---

① Pang X, Cao Z D, Peng J L, et al. The effects of feeding on the swimming performance and metabolic response of juvenile southern catfish, *Silurus meridionalis*, acclimated at different temperatures. Comparative Biochemistry and Physiology Part A: Molecular & Integrative Physiology, 2010, 155(2): 253-258.

喉、气管和肺等几部分构成,其主要功能是进行氧气和二氧化碳的交换。人体神经系统由中枢神经系统(包括脑和脊髓)和周围神经系统(包括脑神经和脊神经)两部分构成,其主要功能是调节和控制各个器官和系统的功能活动,使之协调一致。人体感觉器官多种多样,如眼和耳等,其主要功能是感知环境刺激,刺激传入中枢神经系统产生特定感觉。为了更好地适应自然界的生存环境,动物在形态结构、生理功能和行为特征等方面都会产生适应性特征以提高其生存能力。

【思维导图】

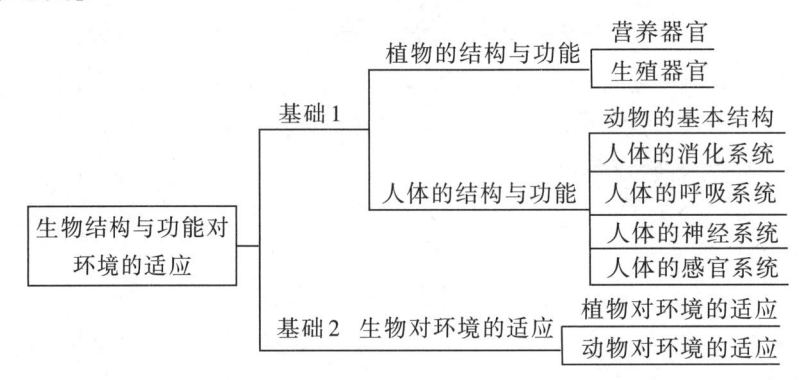

```
                              ┌─ 植物的结构与功能 ┬─ 营养器官
                              │                   └─ 生殖器官
                   ┌─ 基础1 ──┤
                   │          │                   ┌─ 动物的基本结构
生物结构与功能对  ──┤          │                   ├─ 人体的消化系统
环境的适应         │          └─ 人体的结构与功能 ┼─ 人体的呼吸系统
                   │                              ├─ 人体的神经系统
                   │                              └─ 人体的感官系统
                   │                              ┌─ 植物对环境的适应
                   └─ 基础2 ─ 生物对环境的适应 ──┤
                                                  └─ 动物对环境的适应
```

【思考与练习】

【基础1】

1. 植物的营养器官与生殖器官都有哪些？其功能是什么？
2. 植物的生殖器官是怎样适应环境的？举例思考并予以说明。
3. 请举例说明人体各个系统之间的相互联系。
4. 远视眼和老花眼都需要用凸透镜来校正。这两种眼部视力问题的成因有何不同？

【基础2】

1. 干旱地区的植物如何适应缺水环境？
2. 为什么青蛙不能长期生活在陆地上？
3. 非洲草原上的角马为什么要长途迁徙？

【应用拓展】

结合本章的知识内容,阅读《义务教育小学科学课程标准》,学习、研究"生命科学领域":"8.植物能适应环境,可制造和获取养分来维持自身的生存""9.动物能适应环境,通过获取植物和其他动物的养分来维持生存"和"10.人体由多个系统组成,分工配合,共同维持生命活动"涉及的科学基础知识和方法、技能,并就小学科学课程标准中相应的"活动建议"内容开展探究活动设计。

【推荐阅读】

1. 吴相钰,陈守良,葛明德.陈阅增普通生物学:第4版[M].北京:高等教育出版社,2014.

2. 陆时万.植物学:第2版(上册)[M].北京:高等教育出版社,1991.

3. 卞勇,杜广平.植物与植物生理[M].北京:中国农业大学出版社,2007.

4. 刘海兴,徐国成.人体解剖学:第2版[M].北京:高等教育出版社,2018.

第七章
生物繁殖与进化

科学上的许多重大突破,都是一点点细微的成绩积累起来的。

——童第周

物竞天择,适者生存。

——[英国]达尔文

生物体生存的重要目的之一是繁衍后代。通过各种繁殖方式,生物体将自己的遗传信息传递给后代。但子代并不是完全和亲代一致,也会出现变异现象。并不是所有的变异特征都能被保留下来,因为拥有不同遗传特征的生物个体还将接受自然的选择。遗传信息是什么?遗传信息如何控制生物体的性状?生物遗传有哪些基本规律?达尔文进化论包括哪些主要思想内容?这些问题都将在本章中介绍。其中,基础1(第一、二节)主要是介绍动植物的繁殖、发育、遗传与变异等内容;基础2(第三节),主要是介绍达尔文在进化论方面的两个理论突破:共同由来学说和自然选择学说。

【基础1】

第一节 生物的繁殖与发育

学习提要

1. 掌握植物的有性繁殖和营养繁殖过程。(重点、难点)
2. 了解植物果实和种子的形成过程。
3. 掌握动物的有性繁殖和无性繁殖方式。(重点)
4. 了解动物的变态发育类型。

繁殖是生物的基本生命特征之一，是其产生后代使物种得以延续的一种自然现象。生物的繁殖方式多种多样，一般可以分为无性繁殖和有性繁殖两大类。无性繁殖是生物体不通过两性生殖细胞的结合而产生后代个体的繁殖方式，这种繁殖方式速度快、变异少。一些低等动物采用无性繁殖繁衍后代（如水螅的出芽生殖），一些高等植物的营养繁殖也属于这种繁殖类型。有性繁殖则是通过雌雄两性生殖细胞结合成受精卵进而发育成新个体的繁殖方式。有性繁殖的后代具有更多的变异，在适应多变的环境过程中更加有利。绝大部分高等植物和动物采用这种方式繁衍后代。

一、植物的繁殖与发育

（一）植物的繁殖方式

1. 植物的有性繁殖

（1）花的结构。花是被子植物的有性生殖器官，是形成雌雄生殖细胞和进行有性生殖的场所。花可以分为花梗、花托、花萼、花冠、雄蕊和雌蕊等几个部分。雄蕊包括花丝和花药两部分，花丝细长，顶端着生花药，花药膨大呈囊状，囊内有大量的花粉粒。成熟的花粉粒含有营养细胞和生殖细胞。雌蕊位于花的中央，从上到下依次由柱头、花柱和子房三部分组成，子房膨大，内生胚珠，胚珠内具有胚囊。成熟的胚囊中有一个卵细胞、一个中央细胞（含有2个单倍体核）、2个助细胞和3个反足细胞。

（2）开花。开花是指植物雄蕊中的花粉粒和雌蕊子房中的胚囊成熟后，花萼和花冠展开，露出雌蕊和雄蕊的现象。不同被子植物的开花年龄、开花季节和开花持续时间等都有显著差别。例如水稻和小麦的开花期都只有7天左右。水稻单花开放持续时间1~2小时，小麦单花开放时间持续5~30分钟，而苹果单花开放时间则可达3天。

（3）传粉。传粉是指植物雄蕊成熟的花粉粒落到雌蕊柱头上的现象。一朵花的花粉粒传送到同一朵花的柱头上的过程称为自花传粉。一朵花的花粉粒传送到另一朵花的柱头上的过程称为异花传粉。借助风力传送花粉的方式称风媒传粉，靠这类方式传粉的花称为风媒花。借助昆虫传送花粉的方式称为虫媒传粉，靠这类方式传粉的花称为虫媒花。

（4）双受精。双受精是被子植物特有的一种现象。其基本过程如下：成熟的花粉粒通过各种方式传送到雌蕊柱头上开始萌发，形成的花粉管向花柱中生长，并延伸到达子房中的胚珠，从珠孔进入胚囊，释放出由花粉粒生殖细胞有丝分裂产生的两个精子。一个精子与胚囊中的卵细胞结合，形成合子，将来发育为胚。另一个精子与含有两个单倍体核的中央细胞融合形成初生胚乳，将来发育为胚乳。

2.植物的营养繁殖

营养繁殖是利用植物根、茎、叶等营养器官繁殖后代的无性繁殖方式。营养繁殖具有繁殖速度较快并有利于保持植物优良性征等优点。常见的营养繁殖有压条、扦插和嫁接等。

(1)压条。先切开或剥去植株上较长枝条的部分树皮,并将其压埋在土中固定,待切口部分长出不定根后,将枝条与母株截断,移栽后长成新的植株,这种用植物茎来繁殖的方式称为压条。

(2)扦插。将植物的根、茎和叶等剪成小段插入土中,待长出不定根后进行移栽,使之成为独立的新植株,植物的这种繁殖方式称为扦插。

(3)嫁接。把一株植物的枝或芽嫁接到另一株植物的枝干上,使接在一起的两个部分长成新的、完整的植株,植物的这种繁殖方式称为嫁接(如图7-1)。接上去的枝或芽称为接穗,被接的植株称为砧木。植物嫁接时应当使接穗与砧木的形成层紧密结合,由于细胞增生促使彼此愈合成为维管组织连接在一起。

除了以上几种营养繁殖方式以外,有的植物叶片落到土壤中便会长出不定根,进而形成新的植株,如落地生根的叶。有的植物向外伸出的匍匐枝上会长出不定根和不定芽,形成新的植株,如草莓。

图 7-1 植物的嫁接

资料链接

植物的组织培养

植物的组织培养技术是从植物体分离出符合需要的组织、器官或细胞等,在无菌条件下将其接种在含有各种营养物质及植物激素的培养基上进行培养,从而获得再生的完整植株或生产具有经济价值的其他产品,是根据植物细胞具有全能性的特点发展起来的一项植物无性繁殖技术。组织培养技术具有生长周期短,繁殖率高,管理方便,保持母本遗传特征等诸多优点,在濒危植物保护、花卉和药材生产等方面具有广泛的应用。

(二)植物种子和果实的形成

被子植物完成双受精过程后,子房中的胚珠发育为种子。种子由种皮、胚和胚乳三部分构成。种皮由珠被发育而来,在种子外层起到保护作用。胚乳由三倍体的初生胚乳发育而来,其中储存的养料可以为胚的发育提供营养物质。胚由受精卵(合子)发育而来。果实可以仅由子房形成,子房壁形成果皮,内含种子(如图7-2)。有些被子植物花的其他部分(如花托、花萼和花冠等)也参与果实的形成,如梨和苹果等。

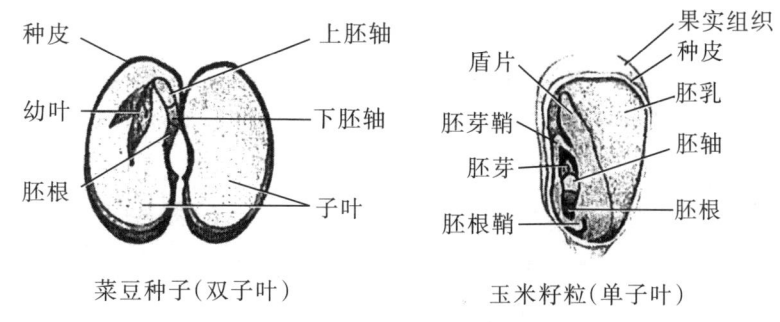

图 7-2 菜豆种子和玉米籽粒的结构[1]

注:菜豆种子发育过程中胚乳的营养被子叶全部吸收,玉米籽粒果皮和种皮紧密结合在一起。

二、动物的繁殖与发育

(一)动物的繁殖方式

1.动物的有性繁殖

高等脊椎动物的有性繁殖通常是指两性个体分别产生的雌雄生殖细胞(精子和卵子)通过受精过程融合成为受精卵,进而发育为新个体的生殖方式。

动物受精卵在母体外孵化发育成为新个体的生殖方式称为卵生。卵生动物的胚胎在发育过程中全靠卵自身所含的卵黄提供营养。动物界中卵生现象较为普遍,比如鸟类、大部分鱼类以及一些低等哺乳动物(如鸭嘴兽)都是卵生。

动物的受精卵在母体内发育成新的个体后才产出母体的生殖方式称为卵胎生。胚胎与母体在结构及生理功能方面的关系并不密切,与母体没有或只有很少的营养联系,胚胎发育所需营养主要靠吸收自身卵黄获得,在胚胎发育过程中母体主要起保护和孵化作用。一些鲨鱼、某些毒蛇和蜥蜴采用卵胎生方式繁衍后代。

动物的受精卵在雌性动物体内的子宫里发育成熟并产出的过程叫胎生。胎生动物的胚胎发育所需的营养通过胎盘和脐带自母体获得,直至出生时为止。绝大多数哺乳动物(如牛、羊、黑猩猩以及人类)都是胎生。

2.动物的无性繁殖

动物的无性繁殖是不经过两性生殖细胞的结合,由母体直接产生新个体的生殖方式。无性生殖方式多见于低等的无脊椎动物当中。动物的无性繁殖主要有以下几类:

(1)分裂生殖。动物身体直接进行分裂,分裂后每一部分都成为一个完整新个体,这

---

[1]吴相钰,陈守良,葛明德.陈阅增普通生物学:第4版[M].北京:高等教育出版社,2014:230.

种无性繁殖方式称为分裂生殖。常见于单细胞动物,如草履虫通过横二分裂直接形成两个新的个体。

（2）出芽生殖。动物从身体上长出芽,由芽发育成新个体的生殖方式称为出芽生殖。如腔肠动物水螅的体壁向外突出形成芽体,待芽体上长出口和触手等结构后与母体脱离,营独立生活。

（3）断裂生殖。动物沿身体主轴断裂为两个或多个片段,各部分再发育成新个体的生殖方式称为断裂生殖。如扁形动物涡虫可以断裂为前后两半,各自再生出失去的另一半,形成两个新个体。

克隆技术

(二)动物的变态发育

动物一生中通常要经历卵、幼体和成体等发育阶段。如果动物幼体和成体在形态结构和生活习性上差异很大,这种发育过程称为变态发育。变态发育现象在昆虫和两栖动物中较为常见。

1.昆虫的变态发育

昆虫的变态发育可以分为不完全变态和完全变态两种形式。

不完全变态昆虫的一生要经历卵、幼虫和成虫三个阶段,可以分为半变态发育和渐变态发育两种类型。半变态发育昆虫的幼体在形态结构和生活习性等方面与成体有一定差异,其幼体生活在水中,称为稚虫,例如蜻蜓。渐变态发育昆虫的幼体除了翅膀和生殖系统未完全发育以外,其他形态结构和生活习性与成体基本相同,其幼体生活在陆地上,称为若虫,例如蝗虫。

完全变态昆虫的一生要经历卵、幼虫、蛹和成虫四个阶段。完全变态昆虫的幼虫与成虫在形态和生活习性上有较大的差别,并且还有一个不摄食也不活动的蛹期,例如家蚕和蜜蜂。

2.两栖动物的变态发育

两栖类动物要经历变态发育的过程,例如青蛙。青蛙的一生要经历受精卵、蝌蚪、幼蛙和成蛙四个阶段。幼体和成体在形态结构和生活习性方面也有较大差别。受精卵、蝌蚪和幼蛙只能在水中发育和生活,幼体用鳃呼吸。成蛙则用肺呼吸,皮肤也能辅助呼吸,能水陆两栖。

第二节　生物的遗传与变异

学习提要

1. 掌握遗传学第一定律和第二定律。(重点、难点)
2. 掌握DNA的结构以及复制、转录和翻译过程。(重点、难点)
3. 了解生物变异的原因和类型。

为什么我们的某些身体特征和父母很相似？为什么我们和父母的长相还是有许多差别？这些问题的解答需要从生物的遗传和变异说起。遗传是指生物子代与亲代之间具有相似性状的现象。变异是指生物子代和亲代之间或者子代与子代之间性状具有差异的现象。遗传与变异是生物的基本特征之一，也是生物界的普遍现象。

一、DNA对生物性状的控制

细胞是构成生物体的基本单位。真核细胞的细胞核中具有染色质(在细胞分裂时会浓缩变粗成为在光学显微镜下可见的染色体形态)，主要由DNA和组蛋白构成。生物的遗传和变异与生物体内的遗传物质——DNA密切相关。

(一)DNA的结构

DNA(脱氧核糖核酸)是生物体内大分子物质核酸的一种，另一种核酸称为RNA(核糖核酸)。DNA和RNA都是由单个的核苷酸组成。每一个核苷酸由一个磷酸分子、一个糖分子和一个碱基构成。DNA中的糖分子为脱氧核糖，包含的四种碱基分别是腺嘌呤(A)、鸟嘌呤(G)、胞嘧啶(C)和胸腺嘧啶(T)。RNA中的糖分子为核糖，包含的四种碱基分别为腺嘌呤(A)、鸟嘌呤(G)、胞嘧啶(C)和尿嘧啶(U)。

1953年沃森和克里克发现了DNA的双螺旋结构(如图7-3和图7-4)，其模型的主要特点如下：①DNA分子有两条多核苷酸链组成，多核苷酸链的两个螺旋围绕着一个共同的轴旋转，为右手螺旋。②多核苷酸链是通过磷酸把一个脱氧核糖分子的3′碳与另一个脱氧核糖分子的5′碳相连而成。③两条多核苷酸链由碱基之间的氢键配对连接起来。腺嘌呤(A)只能和胸腺嘧啶(T)通过两个氢键相连配对，鸟嘌呤(G)只能和胞嘧啶(C)通过三个氢键连接配对，但碱基的序列不受任何限制。④配对的碱基在双螺旋的内部，外部相连的是磷酸分子和脱氧核糖分子。⑤双螺旋的直径大约为2 nm，相邻碱基之间相距0.34 nm并沿轴旋转36°。

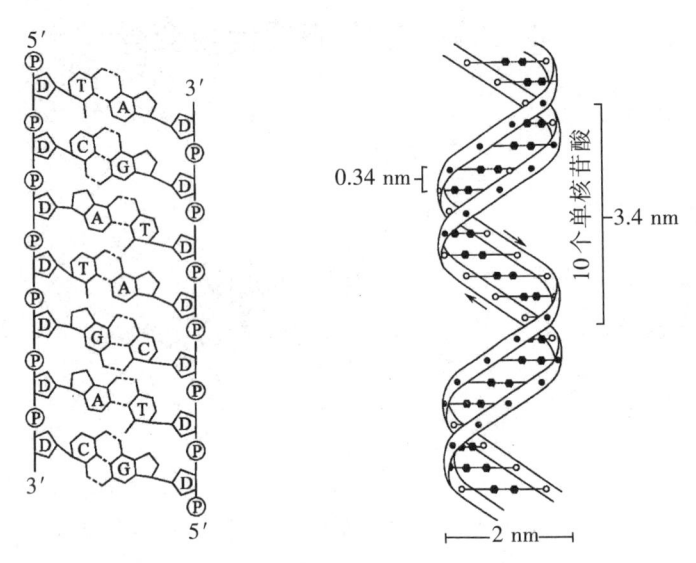

图 7-3　DNA 分子的二维结构[①]　　图 7-4　DNA 分子长链的一个片段示意图[②]

注：(1)DNA 分子包括两条多核苷酸链,极性相反。互补的碱基对由虚线表示的氢键连接在一起。

(2)两条盘旋的带代表糖和磷酸交互地存在着的主线,六角形代表碱基,空心圆形代表脱氧核糖,虚线代表氢键。

(二)DNA 的复制

在细胞周期当中的 DNA 合成期(S 期),原有 DNA 双链会进行一次复制,其简要过程如下：亲代 DNA 双链在解旋酶的作用下分成两条单链,每条亲本单链上都会暴露出许多的碱基,存在于细胞核中带有不同碱基的脱氧核糖核苷酸按照碱基配对原则(腺嘌呤只能和胸腺嘧啶通过两个氢键相连配对,鸟嘌呤只能和胞嘧啶通过三个氢键连接配对)与亲本单链上暴露的碱基配对,配对上去的核苷酸之间通过磷酸二酯键相连形成新的互补链(子链)。每条子链和亲本单链再形成双螺旋结构。在此过程中,每条亲本单链都能作为模板合成一条子链,新形成的两个 DNA 分子,每一个都有一条子链和一条亲本单链,因此称为 DNA 的半保留复制(如图 7-5)。

(三)DNA 转录为 RNA

存在于细胞核中的 DNA 需要将其遗传信息转录到 RNA 上,RNA 再穿过核膜到细胞质中控制蛋白质的合成。以 DNA 为模板,按照碱基互补配对原则合成 RNA 的过程称为转录。转录过程简要叙述如下：DNA 双链在 RNA 聚合酶等的作用下解开,暂时暴露出碱基,以 DNA 双链中一条链为模板,细胞核中游离的核糖核苷酸按照碱基配对原则(由于 DNA 中的四种碱基分别是 A、G、C 和 T,RNA 中的四种碱基分别为 A、G、C 和 U,因此

[①] 刘祖洞,乔守怡,吴燕华,等.遗传学：第 3 版[M].北京：高等教育出版社,2013：85.
[②] 刘祖洞,乔守怡,吴燕华,等.遗传学：第 3 版[M].北京：高等教育出版社,2013：85.

DNA上的碱基A与RNA上的碱基U配对)结合上去形成一条RNA单链,当合成的RNA单链脱离DNA模板链后,DNA双链再重新结合在一起。

参与转录的RNA包括信使RNA(mRNA)、核糖体RNA(rRNA)和转运RNA(tRNA)三种。

mRNA携带着DNA上合成蛋白质的遗传信息,在蛋白质合成过程中起着模板作用。mRNA上具有决定蛋白质氨基酸顺序的遗传密码,每个密码都是由三个碱基组合在一起编码的,称为三联体密码(表7-1)。密码子一共64个,其中3个是结束肽链合成的终止密码子(UAA,UAG和UGA),AUG是肽链合成的起始密码子,也是甲硫氨酸密码子。遗传密码首先具有连续性特征,即两个密码子之间没有不编码的核苷酸。其次遗传密码具有简并性,即大部分氨基酸可以由2个或2个以上的密码子编码。此外遗传密码还具有通用性,即三联体密码在病毒、原核生物和真核生物等绝大部分生物中都是统一的。

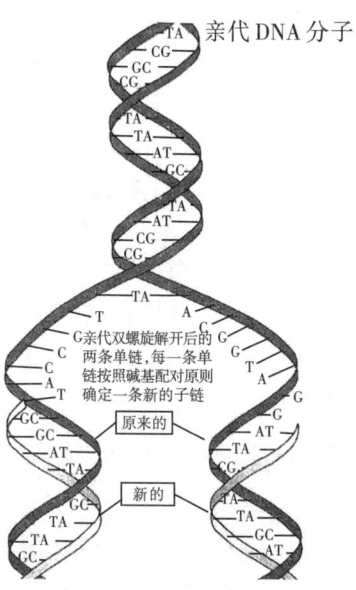

图 7-5　DNA半保留复制[1]

表 7-1 遗传密码表[2]

第一位(5′端)核苷酸	第二位(中间)核苷酸				第三位(3′端)核苷酸
	U	C	A	G	
U	苯丙氨酸(Phe,F)	丝氨酸(Ser,S)	酪氨酸(Tyr,Y)	半胱氨酸(Cys,C)	U
	苯丙氨酸(Phe,F)	丝氨酸(Ser,S)	酪氨酸(Tyr,Y)	半胱氨酸(Cys,C)	C
	亮氨酸(Leu,L)	丝氨酸(Ser,S)	终止(Stop)	终止(Stop)	A
	亮氨酸(Leu,L)	丝氨酸(Ser,S)	终止(Stop)	色氨酸(Trp,W)	G
C	亮氨酸(Leu,L)	脯氨酸(Pro,P)	组氨酸(His,H)	精氨酸(Arg,R)	U
	亮氨酸(Leu,L)	脯氨酸(Pro,P)	组氨酸(His,H)	精氨酸(Arg,R)	C
	亮氨酸(Leu,L)	脯氨酸(Pro,P)	谷氨酰胺(Gln,Q)	精氨酸(Arg,R)	A
	亮氨酸(Leu,L)	脯氨酸(Pro,P)	谷氨酰胺(Gln,Q)	精氨酸(Arg,R)	G
A	异亮氨酸(Ile,I)	苏氨酸(Thr,T)	天冬酰胺(Asn,N)	丝氨酸(Ser,S)	U
	异亮氨酸(Ile,I)	苏氨酸(Thr,T)	天冬酰胺(Asn,N)	丝氨酸(Ser,S)	C
	异亮氨酸(Ile,I)	苏氨酸(Thr,T)	赖氨酸(Lys,K)	精氨酸(Arg,R)	A
	甲硫氨酸(Met,M)	苏氨酸(Thr,T)	赖氨酸(Lys,K)	精氨酸(Arg,R)	G
G	缬氨酸(Val,V)	丙氨酸(Ala,A)	天冬氨酸(Asp,D)	甘氨酸(Gly,G)	U
	缬氨酸(Val,V)	丙氨酸(Ala,A)	天冬氨酸(Asp,D)	甘氨酸(Gly,G)	C
	缬氨酸(Val,V)	丙氨酸(Ala,A)	谷氨酸(Glu,E)	甘氨酸(Gly,G)	A
	缬氨酸(Val,V)	丙氨酸(Ala,A)	谷氨酸(Glu,E)	甘氨酸(Gly,G)	G

注:括号中的符号为氨基酸的缩写和代号。

---

[1]吴相钰,陈守良,葛明德.陈阅增普通生物学:第4版[M].北京:高等教育出版社,2014:276.
[2]吴相钰,陈守良,葛明德.陈阅增普通生物学:第4版[M].北京:高等教育出版社,2014:279.

rRNA是构成核糖体的主要成分。核糖体由大小两个亚基组成,每个亚基中都含有rRNA。蛋白质在核糖体上合成。

tRNA在蛋白质合成过程中是转运氨基酸的工具,它的一端可以和对应的氨基酸结合,另一端具有三个核苷酸组成的反密码子,可以和mRNA上特定的密码子配对。(如图7-6)

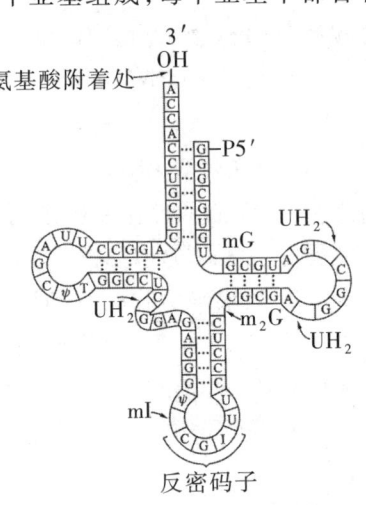

(四)蛋白质的翻译

以mRNA为模板,合成具有一定氨基酸顺序的蛋白质的过程称为翻译。蛋白质的翻译过程简要概括如下:首先核糖体结合到mRNA含有起始密码子(甲硫氨酸密码子,AUG)的部位上,然后携带甲硫氨酸的tRNA通过反密码子(UAC)与mRNA上的密码子(AUG)按照碱基配对原则结合在一起。在mRNA上AUG密码子后面是另外一个三联体密码子,它也会和带有对应反密码子的一个tRNA相结合,这个tRNA上带有另外一个相应的氨基酸。在肽基转移酶的作用下甲硫氨酸结合到后一个tRNA所带的氨基酸上,核糖体继续沿着mRNA移动一个密码子距离。携带相应氨基酸的tRNA又通过反密码子与mRNA上的这个密码子结合。以此类推,氨基酸不断增加,肽链延长,当核糖体移动到mRNA终止密码子时,肽链合成就终止。

遗传信息从DNA传递给RNA,再从RNA传递给蛋白质(即完成遗传信息的转录和翻译的过程),也可以从DNA传递给DNA(即完成DNA的复制过程),这是生物遗传信息传递的中心法则。某些病毒中的RNA自我复制(如流感病毒和脊髓灰质炎病毒等)和某些病毒中能以RNA为模板反转录成DNA的过程(如某些致癌病毒)是对中心法则(如图7-7)的补充。此外,在实验室条件下DNA还能够直接翻译成蛋白质。

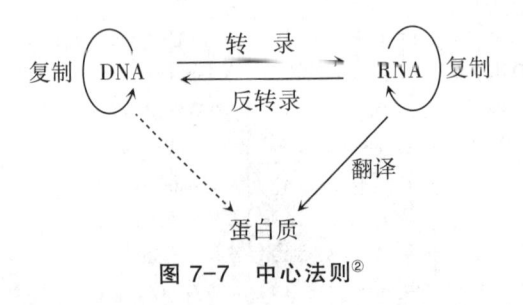

图7-6 tRNA结构和反密码子[1]

图7-7 中心法则[2]

注:虚线表示实验室条件下可以实现的途径。

---

[1]吴相钰,陈守良,葛明德.陈阅增普通生物学:第4版[M].北京:高等教育出版社,2014:277.
[2]吴相钰,陈守良,葛明德.陈阅增普通生物学:第4版[M].北京:高等教育出版社,2014:282.

二、遗传的基本规律

人们很早就发现生物具有遗传现象,但对于亲代的性状是如何稳定地遗传给子代的却不清楚。在孟德尔遗传定律发现之前,"融合遗传"的观点比较流行,人们普遍认为子女和父母的相似性是双亲"血液"混合的结果,两者一旦混合就再也分不开。

资料链接

孟德尔

孟德尔(Gregor Johann Mendel,1822—1884),出生于奥地利西里西亚海因策道夫村,1843年成为布隆城(今捷克共和国)的一所修道院修道士,他通过为时8年的豌豆实验,发现了遗传学三大基本规律中的两个,即基因分离规律和基因自由组合规律,于1866年发表了重要论文《植物的杂交实验》。孟德尔是遗传学的伟大创始人,被誉为现代遗传学之父。

(一)遗传学第一定律

孟德尔首先研究的是豌豆一对相对性状(如红花和白花、圆形种子和皱缩种子、高茎和矮茎等)的遗传规律。例如他用产生圆形种子和皱缩种子的植株作为亲本(P)进行杂交,发现子一代(F_1)植株产生的种子都是圆形的。再将F_1圆形种子植株进行自花传粉,产生的子二代(F_2)植株上既有圆形的种子又有皱缩的种子,并且其数量比率接近3:1。

为了解释这一现象,孟德尔做出的假设是:①生物的遗传性状由基因(孟德尔称为"遗传因子")决定;②一对等位基因(同源染色体的相同位置上控制相对性状的一对基因)控制植物的一对相对性状,如R和r是控制豌豆种子圆形和皱缩这一对相对性状的等位基因;③每一个生殖细胞(精子或卵细胞)中含有每对等位基因中的一个,如精子中含有R或r,卵细胞中则含有r或R;④在一对等位基因中,一个来自雌性生殖细胞(卵细胞),另一个来自雄性生殖细胞(精子),在形成新的个体或合子时雌雄生殖细胞的结合是随机的;⑤形成生殖细胞时,成对的等位基因分离,分别进入雄性或雌性生殖细胞中去。可以用图7-8描述孟德尔的假设。

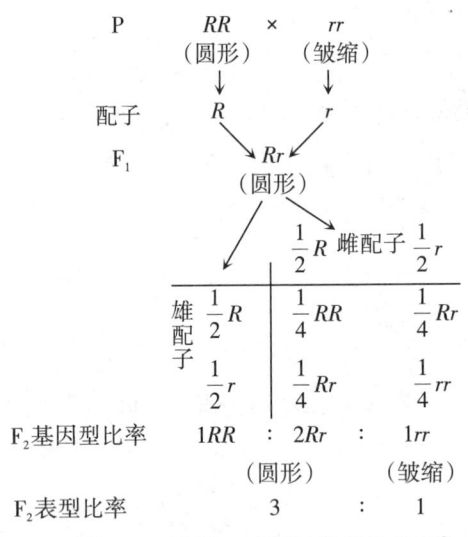

$$P \quad RR \times rr$$
（圆形）（皱缩）

配子 $R \quad r$

$F_1 \quad Rr$
（圆形）

	$\frac{1}{2}R$ 雌配子 $\frac{1}{2}r$	
雄配子 $\frac{1}{2}R$	$\frac{1}{4}RR$	$\frac{1}{4}Rr$
$\frac{1}{2}r$	$\frac{1}{4}Rr$	$\frac{1}{4}rr$

F_2 基因型比率　　$1RR$ ： $2Rr$ ： $1rr$
　　　　　　　　　　（圆形）　　（皱缩）
F_2 表型比率　　　　3　　　：　　1

图 7-8　豌豆一对相对性状的分离[1]

注：R 和 r 分别表示控制种子圆粒和皱粒的一对等位基因，R 是显性基因，r 是隐性基因，RR、Rr 和 rr 是基因型，RR 和 rr 是纯合体，Rr 是杂合体，圆形和皱缩是种子表现出来的性状，称为表型。

如果以上假设成立，那么如果用 F_1 杂种（基因型为 Rr，因为 R 是显性基因，表型为圆形）与隐性纯种亲本（基因型为 rr，因为 r 是隐性基因，表型为皱缩）进行异花授粉（侧交），圆形显性杂合体（Rr）会产生含有 R 或 r 的两种配子，隐性纯种亲本只会产生含有 r 的一种配子。最终雌雄配子结合形成的合子基因型只能是 Rr 或 rr，表型为圆形和皱缩的种子比例应该为 1∶1。孟德尔进行了侧交实验后确实发现产生的后代中圆形种子和皱缩种子的比例为 1∶1（如图 7-9），由此证明了其假设是正确的。

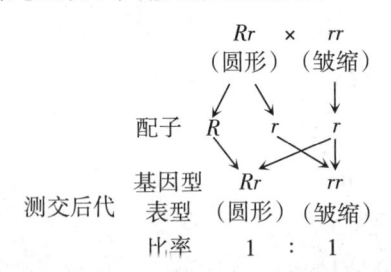

$$Rr \times rr$$
（圆形）（皱缩）

配子　$R \quad r \quad r$

测交后代　基因型　$Rr \quad rr$
　　　　　表型　（圆形）（皱缩）
　　　　　比率　　1　：　1

图 7-9　豌豆一对相对性状的侧交实验[2]

孟德尔揭示了生物一对相对性状的遗传规律，即遗传学第一定律，又称分离定律。分离定律可以简要表述为：一对等位基因在杂合状态下互不混淆，保持其独立性，杂合体形成配子时，每对等位基因相互分离进入不同的配子中去。

（二）遗传学第二定律

孟德尔随后研究了豌豆两对相对性状的遗传规律。实验亲本分别是黄色子叶且圆

---

[1] 吴相钰，陈守良，葛明德.陈阅增普通生物学：第4版[M].北京：高等教育出版社，2014：258.
[2] 吴相钰，陈守良，葛明德.陈阅增普通生物学：第4版[M].北京：高等教育出版社，2014：258.

形的豌豆种子和绿色子叶且皱缩的豌豆种子(P)。两个亲本进行杂交子一代(F_1)种子全是黄色圆形的种子。再将F_1代黄色圆形种子的植株进行自花传粉,产生的子二代(F_2)植株上出现了四种表型的种子,即黄色圆形、黄色皱缩、绿色圆形和绿色皱缩,数量比率接近9:3:3:1。黄色皱缩和绿色圆形种子是在亲本中没有出现的新的性状组合。

由于黄色子叶和绿色子叶是一对相对性状,由一对等位基因Y和y控制,种子圆形和皱缩是另外一对相对性状,由另一对等位基因R和r控制。黄色圆形亲本基因型为$YYRR$,只产生YR一种配子,绿色皱缩亲本基因型为$yyrr$,只产生yr一种配子。两种配子结合产生的F_1基因型为$YyRr$,种子表型都是黄色圆形。F_1自花传粉,父本会产生YR、Yr、yR和yr四种配子,同样母本也会产生YR、Yr、yR和yr四种配子,它们的组合有16个。F_2得到黄色圆形、黄色皱缩、绿色圆形和绿色皱缩四种表型,比例为9:3:3:1(如图7-10)。

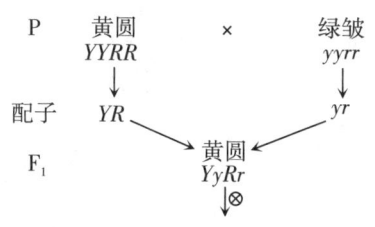

```
P      黄圆        ×      绿皱
       YYRR               yyrr
        ↓                  ↓
配子    YR                 yr
            ↘   黄圆   ↙
F₁             YyRr
                ↓⊗
```

F_2 雄配子 \ 雌配子	1/4 YR	1/4 Yr	1/4 yR	1/4 yr
1/4 YR	1/16$YYRR$(黄圆)	1/16$YYRr$(黄圆)	1/16$YyRR$(黄圆)	1/16$YyRr$(黄圆)
1/4 Yr	1/16$YYRr$(黄圆)	1/16$YYrr$(黄皱)	1/16$YyRr$(黄圆)	1/16$Yyrr$(黄皱)
1/4 yR	1/16$YyRR$(黄圆)	1/16$YyRr$(黄圆)	1/16$yyRR$(绿圆)	1/16$yyRr$(绿圆)
1/4 yr	1/16$YyRr$(黄圆)	1/16$Yyrr$(黄皱)	1/16$yyRr$(绿圆)	1/16$yyrr$(绿皱)

总计:9/16(黄圆):3/16(黄皱):3/16(绿圆):1/16(绿皱)

图7-10 豌豆两对相对性状的自由组合[①]

注:Y和y分别表示控制种子子叶黄色和绿色的一对等位基因,Y是显性基因,y是隐性基因;R和r分别表示控制种子圆粒和皱粒的一对等位基因,R是显性基因,r是隐性基因。

如果用F_1杂种(基因型为$YyRr$,表型为黄色圆形)与隐性纯种亲本(基因型为$yyrr$,表型为绿色皱缩)进行异花授粉(侧交),黄色圆形杂合体($YyRr$)会产生YR、Yr、yR和yr四种配子,隐性纯种亲本($yyrr$)只会产生yr一种配子。最终雌雄配子结合形成的合子基因型只能是$YyRr$、$Yyrr$、$yyRr$和$yyrr$,表型分别为黄色圆形、黄色皱缩、绿色圆形和绿色皱缩四种,比例应该为1:1:1:1。孟德尔进行的两次侧交实验结果与预期相符合(如图7-11)。

[①]吴相钰,陈守良,葛明德.陈阅增普通生物学:第4版[M].北京:高等教育出版社,2014:259.

```
                    黄圆(F₁)  ×  绿皱(双隐性亲本)
                     YyRr              yyrr
                   ／／＼＼              │
                 YR  Yr  yR  yr         yr
                   ＼＼／／＼＼／／
                 YyRr  Yyrr  yyRr  yyrr
                  黄圆   黄皱   绿圆   绿皱
        ─────────────────────────────────────
        测交1    31     27     26     26
        测交2    24     22     25     26
        总 数    55     49     51     52
        比 率     1  ：  1  ：  1  ：  1
```

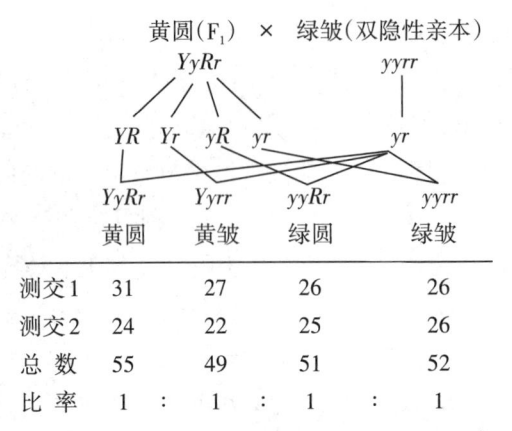

图 7-11 豌豆两对相对性状的测交实验[①]

遗传学第二定律,又称自由组合定律。自由组合定律可以简要表述为:两对等位基因在杂合状态时保持其独立性,互不混淆,杂合体形成配子时,同一对等位基因各自独立分离,不同对等位基因则自由组合。

【案例探析】

基因连锁与交换

美国遗传学家摩尔根等人用纯种灰身长翅果蝇与纯种黑身残翅果蝇交配,发现子一代(F_1)都是灰身长翅的,由此推出,果蝇的灰身(B)对黑身(b)是显性;长翅(V)对残翅(v)是显性。纯种灰身长翅果蝇的基因型与纯种黑身残翅果蝇的基因型应该分别是($BBVV$)和($bbvv$)。F_1的基因型应该是($BbVv$)。

随后摩尔根等人又让F_1的雄果蝇($BbVv$)与双隐性类型的雌果蝇($bbvv$)测交,按照自由组合定律,测交后代中应该出现4种不同的类型,即灰身长翅、灰身残翅、黑身长翅、黑身残翅,并且它们之间的数量比应该为1:1:1:1。但是,测交的结果与原来预测的完全不同,只出现两种和亲本完全相同的类型:灰身长翅($BbVv$)和黑身残翅($bbvv$),并且两者的数量各占50%。这个测交的结果是无法用基因的自由组合定律来解释的。

后来摩尔根等人又让子一代(F_1)的雌果蝇($BbVv$)与双隐性类型的雄果蝇($bbvv$)测交,结果发现,虽然测交后代的表现型与基因自由组合定律中测交的结果一样,也是4种类型:灰身长翅、灰身残翅、黑身长翅和黑身残翅。但是,它们之间的数量比并不符合基因自由组合定律中的1:1:1:1,而是与亲本表现型相同的类型占比很大(占总数的84%),与亲本表现型不同的类型占比很小(占总数的16%)。

经过大量的遗传学的研究工作,摩尔根等人揭示了遗传学第三个基本规律:基因的连锁和交换定律。其实质是:在进行减数分裂形成配子时,位于同一条染色体上的不同基因,常常连在一起进入配子;在减数分裂形成四分体时,位于同源染色体上的等位基因

[①] 吴相钰,陈守良,葛明德.陈阅增普通生物学:第4版[M].北京:高等教育出版社,2014:260.

有时会随着非姐妹染色单体的交换而发生交换,因而产生了基因的重组。这一研究成果科学地解释了孟德尔的遗传定律所不能解释的遗传现象。

讨论:当你发现一个与教科书或权威观点不同的现象时,你会怎么做?

三、生物的变异

变异是生物界的普遍现象,主要是由于生物体内遗传物质改变造成的。遗传物质的改变主要包括基因突变和染色体变异两种类型。

(一)基因突变

基因突变是指DNA序列中单个或多个碱基对的改变,大都能够影响基因表达并改变生物表型。基因突变可以发生在生殖细胞中并遗传给后代,也可以发生在体细胞中不遗传给后代。基因突变一般可分为碱基置换突变和移码突变两大类。

1. 碱基置换突变

碱基置换突变是指DNA分子中一种碱基被另一种不同的碱基置换所引起的突变。碱基置换可以分为转换和颠换两种形式。转换是指一种嘌呤被另一种嘌呤取代(如A被G取代或G被A取代)或一种嘧啶被另一种嘧啶取代(T被C取代或C被T取代)。颠换是指嘌呤取代嘧啶或嘧啶取代嘌呤。由于碱基置换突变后碱基的数目并没有增减,所以只会使单个三联体密码子发生改变,可能造成蛋白质上某个氨基酸改变。

2. 移码突变

移码突变是指DNA碱基序列中某一位点插入或删除一个或几个(非3或3的倍数)碱基时,造成插入或删除位点以后的三联体密码编码顺序发生错位,引起该位点以后的遗传信息都出现异常的突变。发生了移码突变的基因在表达时可使组成多肽链的氨基酸序列发生改变,从而严重影响蛋白质的结构与功能,常常导致生物体的某些疾病或死亡。

(二)染色体变异

染色体变异是指染色体的结构或染色体的数目发生改变,这种改变一般可以在显微镜下观察到,能够影响多个基因和/或基因序列外的遗传结构和组成。根据染色体变异产生的原因,可以分为染色体结构变异和染色体数目变异两大类。

1. 染色体结构变异

染色体在各种外因(如射线、化学药剂和温度剧变等)和内因(如生物体内代谢过程的失调和衰老等)作用下可能发生断裂。断裂端可能保持原状不愈合,也可能跟另一次断裂形成的断裂端连接,进而导致各种结构变异的出现。染色体结构变异可以分为缺失、重复、倒位和易位四种类型(如图7-12)。缺失是指由于染色体上某一片段及其带有的基因一起丢失而引起染色体结构变异现象。重复是指除了正常的染色体组以外，多了一些染色体部分（重复片段）而引起的染色体结构变异现象。倒位是指某染色体的内部片段发生180°的倒转，而使该片段的基因顺序发生颠倒的现象。易位是指一条染色体的某一片段移接到另一条非同源染色体上，从而引起染色体结构变异的现象。

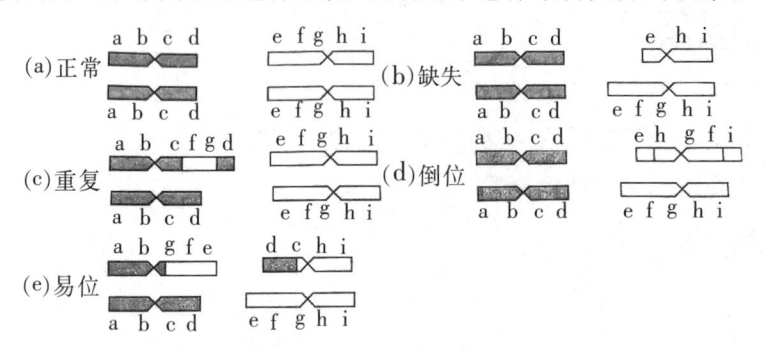

图7-12 染色体结构的变化[1]

在图7-12中，a：正常个体，两对正常的染色体，abcd表示一对染色体上直线分化的顺序，efghi表示另一对染色体上直线分化的顺序，中间凹陷部分表示着丝粒区域。b：缺失染色体，一条染色体缺失了fg一段。c：重复染色体，一条染色体重复了fg一段。d：倒位染色体，一对同源染色体中，有一条染色体的直线分化顺序改变，由efghi变为了ehgfi，另一条染色体没有改变。e：易位染色体，两条非同源染色体间互换片段，另外两条没有互换。

2.染色体数目变异

人类有46条染色体，在形成配子的第一次减数分裂期间，同源染色体会逐渐靠拢，配成23对，形成联会现象。随后两两配对的同源染色体又会逐渐被纺锤体拉开分到不同的配子中去，最终形成的正常配子中都含有23条非同源染色体。遗传学上把一个配子中的一组完整非同源染色体称为染色体组。组成一个染色体组（通常用n表示）的若干染色体在形态和功能上各不相同，但又互相协助，携带着控制生物生长、发育、遗传和变异的遗传信息。

染色体数目变异可以分为整倍性变异和非整倍性数目变异。细胞核中含有一个染色体组的生物称为单倍体（如雄性蜜蜂染色体数为$n=16$）。含有两个染色体组的称为二倍体（如人类染色体数为$2n=46$）。以此类推还有三倍体（如三倍体西瓜染色体数为$3n=33$）和四倍体（如四倍体番茄染色体数为$4n=48$）等，这些生物细胞核内都含有至少一个或多个染色体组，称为整

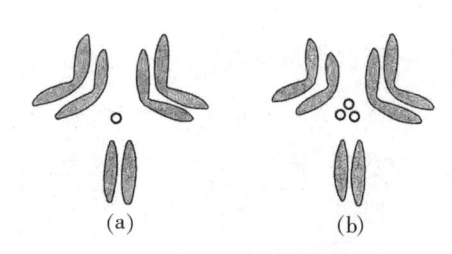

图7-13 黑腹果蝇的单体和三体[2]
a:第四染色体单体；b:第四染色体三体

---

[1]刘祖洞,乔守怡,吴燕华,等.遗传学:第3版[M].北京:高等教育出版社,2013:221.
[2]刘祖洞,乔守怡,吴燕华,等.遗传学:第3版[M].北京:高等教育出版社,2013:244.

倍体。但是有的生物细胞核中染色体数目不是完整的倍数，通常把在二倍体($2n$)基础上增加或减少一个或几个染色体的生物称非整倍体，如单体和三体（如图7-13）。二倍体缺少一条染色体（$2n-1$）形成单体，如黑腹果蝇的单体。二倍体增加一条染色体形成三体（$2n+1$），如人类的唐氏综合征，又称21三体综合征，是人类的一种先天性疾病，患者细胞内多了一个21号染色体，其染色体数目为$2n+1=47$。

【基础2】

第三节 达尔文和进化论

学习提要

1. 了解进化论的形成与发展过程。
2. 掌握共同由来学说的概念和证据。（重点）
3. 掌握自然选择学说的基本内容。（重点、难点）

面对如此丰富多彩、种类繁多的生命世界，人们不禁要问：为什么会有这么多的生物？这些生物的祖先是什么样子？这些生物为什么能够在各种不同的环境中生存下来？这些生物在未来变化的环境中是否会发生变化？

一、进化论的形成与发展

特创论认为，地球上各种生物（包括人类在内）都是上帝有目的地在一定时期内创造出来的，并且各种生物一旦被创造出来就永恒不变，一开始创造了多少不同的物种，现在就有多少物种，这些物种将按照繁殖规律产生和自己一样类型的物种。甚至一些科学家如现代分类学的创始人林奈也持有这种"特创论"和"不变论"的观点。后来比较解剖学与古脊椎动物学的创始人居维叶提出了"灾变论"，他及其学生认为地球上曾经发生过巨大的灾害性变化，几乎使所有的生物灭绝，随后造物主又重新创造出新的物种，使地球重新恢复生机。

法国著名生物学家拉马克是世界上第一位系统阐述生物进化学说的科学家。拉马克于1809年出版了《动物学哲学》这本著作，提出了比较完整的生物进化理论，其学说主要内容可以概括为：环境条件的转变能够引起生物的变异，环境多样性是生物多样性的原因。由于缺乏足够的证据，拉马克的进化思想遭到了当时"特创论"思想的强烈抵制和攻击。

达尔文（Charles Robert Darwin，1809—1882）是英国著名生物学家、博物学家、生物进化论奠基人,出生于英国什鲁斯伯里,达尔文16岁进入爱丁堡大学学习医学,19岁进入剑桥大学学习神学。1831年12月至1836年10月乘坐贝格尔号军舰进行了历时5年的环球航行,对动植物和地质结构等进行了大量的观察和采集。1859年11月出版了有关生物进化的巨著《物种起源》。达尔文的"进化论"推翻了"特创论"和"不变论",被恩格斯列为19世纪自然科学的三大发现之一。达尔文是进化理论的主要创立者,提出了完整的科学进化论思想,其在进化论方面的两个理论突破分别是共同由来学说和自然选择学说。

资料链接

达尔文与华莱士的故事

达尔文作为进化论的奠基者,因发表了震惊世界的《物种起源》一书而为世人所熟知。但这本旷世巨著的出版与另一位英国博物学家华莱士(Alfred Russel Wallace)有着密切关联。比起达尔文5年的环球之旅,华莱士的科学考察经历毫不逊色。他曾经先后赴亚马孙流域考察探险4年,在马来群岛观察收集资料长达7年。多年的考察让进化论的思想在华莱士心中不断生长。1858年6月,华莱士给达尔文写了一封信,系统地表达了自己有关物种起源的观点。达尔文因华莱士跟自己观点如此相似而感到震惊,他甚至觉得自己再发表《物种起源》没有什么意义,因此一度想要烧掉手稿以免世人觉得他是抄袭者。实际上达尔文早在1838年就产生了自然选择的初步思想,从进化论思想的萌生来看达尔文更早一些,但是碍于宗教压力,达尔文迟迟没有完成《物种起源》一书的撰写和发表。最后在好友的劝说下,达尔文跟华莱士联合署名发表了论文。1858年7月1日,伦敦林奈学会发布了达尔文和华莱士关于物种起源的论文。达尔文因跟华莱士同时发表论文感到愧疚。华莱士却表示能与达尔文一起发表论文是他的荣幸。达尔文很感谢华莱士的宽容大度,并受此激励加快了写作进度,最终于1859年11月出版了震惊世界的《物种起源》一书。

现代综合进化论又称现代达尔文主义,是将达尔文的自然选择学说与现代遗传学、古生物学以及其他学科的有关成就综合起来,用以说明生物进化、发展的理论。代表著作是1937年美国学者杜布赞斯基出版的《遗传学与物种起源》一书。现代综合进化论的主要内容包括:第一,自然选择决定进化的方向,生物对环境的适应性是长期自然选择的结果;第二,生物进化的基本单位是群体(种群)而不是个体;第三,突变、选择和隔离是物种形成和生物进化的机制。

二、共同由来学说

达尔文通过大量的观察和分析,提出了生物共同由来的观点。他认为地球上的所有动物可能是由一个共同的祖先逐渐演化而来，所有的植物也具有一个共同的祖先，乃至所有现存的物种都是曾经生存物种的后代，起源于共同的祖先。虽然有些生物在地球上已经灭绝，但现存生物与它们之间还是有许多相似之处。生物共同由来的观点也得到了大量证据的支持。

(一)生物地理学证据

达尔文在跟随贝格尔号进行环球航行的过程中发现，靠近南美洲大陆的加拉帕戈斯群岛上存在着十三种亲缘关系十分密切的地雀。它们喙的形态和大小差异明显，并且其生活环境和食物也不同，有的生活在干燥的海岸以种子为食，有的生活在湿润的森林以树芽或昆虫为食，有的生活在低矮的灌木丛中以小昆虫为食。达尔文认为这些不同的地雀来源于临近的南美洲大陆上的共同祖先，为了适应异于大陆的不同群岛的生活环境逐渐发生变异，进而形成彼此相似，互有区别，并具有或远或近亲缘关系的新物种。

(二)比较解剖学证据

不同物种因来自共同祖先而具有的相似性结构称为同源结构。比如鳄鱼的前肢、鹰的翅膀、鲸鱼的鳍足和人的上肢等，这些结构在外部形态和功能作用等方面具有显著差异，但是其内部结构却具有相似性，基本上都是由肱骨、尺骨、桡骨、掌骨和指骨等组成。这些比较解剖学证据给共同由来学说提供了重要的支持。

(三)胚胎学证据

胚胎学研究发现，所有的脊椎动物(包括鱼类、两栖类、爬行类、鸟类和哺乳类)胚胎在发育早期都有一个相当大的尾巴并且具有鳃囊和鳃弓，但在胚胎后期发育过程中一些种类的这两个特征会发生变化或消失。所有脊椎动物具有相似的胚胎早期发育特征表明它们是由共同的祖先进化而来。

(四)古生物学证据

古生物存留在古代地层中的遗体、遗物或遗迹称为化石。通过对不同地层中化石的比较研究，生物学家们发现地层中的生物是连续变化的，新的物种和老的物种之间具有一些相似性，但也有不同之处。生物结构遵循从简单到复杂的总体趋势进化。比如从大象的演化过程来看，其进化趋势是体型从小到大，象牙从短到长，耳朵从小到大。大量的化石记录为共同由来学说提供了直接的证据。

(五)分子生物学证据

随着现代分子生物学的发展，人们对地球上生物统一性具有了更加深入的认识。比如通过比较人类与现存类人猿一组蛋白质的氨基酸序列发现，人类与黑猩猩之间相同氨基酸所占比例高达99.73%，与大猩猩之间为99.35%，与猩猩之间为97.22%，与长臂猿之间为97.62%。这些分子生物学证据也是对生物共同由来学说的有力支持。

三、自然选择学说

(一)自然选择的概念和实例

自然选择就是具有不同基因型个体之间有差别的存活和生殖。自然选择的发生需要满足以下三个条件:第一,群体内存在突变和不同基因型的个体;第二,突变影响生物个体的表型,进而影响个体的存活率和(或)生殖率;第三,不同基因型个体世代之间的增长率产生了差异。在一个由同种个体组成的群体中会随机产生各种各样的变异,其中某个生物体产生的可遗传变异导致其拥有了对生存有利的表型,那么这个生物体在某种环境下生存和繁殖的概率将显著增加,这种有利变异的基因将在群体中逐渐扩散,含有这种有利表型的个体也会逐渐增多。因此,自然选择也可以理解为随机变异的非随机淘汰和保存。

自然选择的实例在自然界中很多。比如椒花蛾(*Biston betularia*)被工业黑化的例子。在英国工业革命以前,椒花蛾主要的体色为浅色,很少有黑色个体。因为这时树干和岩石上的地衣为浅色,因此椒花蛾的浅色体色就是保护色,有效地降低了其被鸟类等捕食者捕食的概率。相反黑色椒花蛾的存活率则明显低于浅色椒花蛾。但是随着工业革命的发展,黑色椒花蛾数量逐渐上升,浅色个体则逐渐减少。这是因为工业污染杀死了地衣,暴露出深色的树皮,此时黑色个体的体色更加有利于保护自己,而浅色个体更容易被捕食者发现,其被捕食的概率大大增加。此外由人工选择形成的大量金鱼和犬类品种也为自然选择提供了有力的佐证。

(二)自然选择的主要模式

自然选择的主要模式包括稳定性选择、定向选择、分裂性选择和性选择等(如图7-14)。

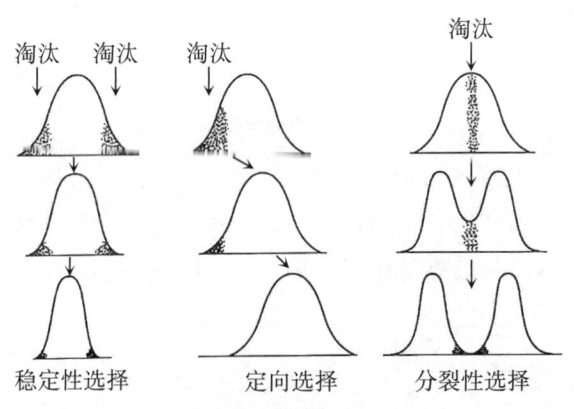

图7-14 自然选择的几种模式[1]

---

[1] 吴相钰,陈守良,葛明德.陈阅增普通生物学:第4版[M].北京:高等教育出版社,2014:338.

1. 稳定性选择

在相对稳定的环境中,自然选择趋向于淘汰极端的变异,保留中间类型的个体,使生物类型具有相对的稳定性。比如人类刚出生的婴儿体重过多地偏离3~4 kg的范围时(即太轻或太重),其死亡率都比较高。

2. 定向选择

当环境发生趋向性变化时,自然选择趋向于保留某一极端的变异,淘汰掉另一个极端的变异,使生物类型朝着某一个变异方向发展。比如上文提到的椒花蛾的工业黑化现象就是一个定向选择的例子。

3. 分裂性选择

自然选择趋向于保留种群中两个极端的变异,而中间常态的类型逐渐减少。比如当大风刮过海岛时,一些无翅或飞翔能力较弱的昆虫个体栖息于树枝和岩石上,避免了被吹到海洋的命运。另一些有翅的飞翔能力较强的个体被风吹向大海,风停后能够再飞回海岛。不过还有一些有翅但飞翔能力中等的个体被风吹向大海后没有能力再飞回海岛而丧生。

4. 性选择

性选择是指造成许多雌雄异体的生物中与性别相关的体形、体色、行为等方面差异的自然选择方式。生物雌雄个体之间不仅在生殖器官结构上有区别,而且在行为、大小和许多形态特征上也有差异。如孔雀的尾巴、雄翠鸟的鸣啭和雄鹿的叉角等许多次生性征,都是性选择的产物。性选择是繁殖的竞争,而不是生存的竞争,并且通常发生在雄性个体之间为获得配偶所发生的争斗过程中,更受雌性个体青睐的雄性个体留下的后代就更多,因此,性选择也同样遵循"优胜劣汰"的法则。

本章小结

生物体通过繁殖延续生命和扩大种群。植物体能够通过花进行有性繁殖,也可以通过根茎叶等进行营养繁殖。动物体能够通过两性细胞的结合进行有性繁殖,有的动物体也可以由母体直接产生新个体。生物体亲代和子代之间存在着相似性,同时也存在着不同的性状特征,这些现象称为遗传和变异,与生物体内的遗传物质——DNA密切相关。DNA是由脱氧核糖核苷酸组成的双螺旋结构。DNA将遗传信息转录给RNA,再通过RNA控制蛋白质的翻译,进而表现出生物的不同性状。遗传学的伟大创始人孟德尔通过对豌豆不同性状的研究发现了基因的分离定律和自由组合定律。生物的变异可能由基因突变和染色体变异造成。1859年11月伟大的生物进化论奠基人达尔文的巨著《物种起源》出版,提出了完整的科学进化论思想,其中两个重要的理论突破分别是共同由来学说和自然选择学说。共同由来学说指出地球上所有的物种都可能是由一个共同的祖先逐渐演化而来的,这种观点也逐步得到了现代生物地理学、比较解剖学、胚胎学、古生物学和分子生物学证据的支持。自然选择就是具有不同基因型个体之间有差别的存活和生殖,其主要模式包括稳定性选择、定向选择、分裂性选择和性选择等。

【思维导图】

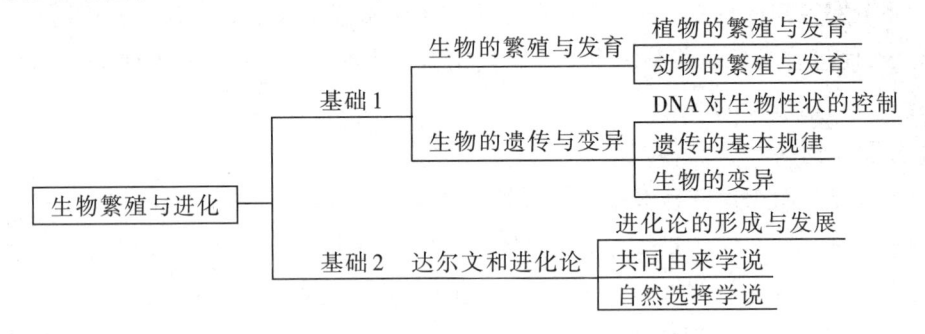

```
                      ┌─ 基础1 ┬─ 生物的繁殖与发育 ┬─ 植物的繁殖与发育
                      │        │                  └─ 动物的繁殖与发育
                      │        │                  ┌─ DNA对生物性状的控制
生物繁殖与进化 ───────┤        └─ 生物的遗传与变异 ┼─ 遗传的基本规律
                      │                            └─ 生物的变异
                      │                            ┌─ 进化论的形成与发展
                      └─ 基础2   达尔文和进化论 ──┼─ 共同由来学说
                                                   └─ 自然选择学说
```

【思考与练习】

【基础1】

1. 简述被子植物双受精的过程。

2. 卵生和胎生动物繁殖后代的方式有何不同?

3. 科学家是如何确定生物体的遗传物质是DNA的?

4. DNA是如何控制生物体性状的?

5. 父母双方都是AB型血,他们的孩子可能出现哪些血型?

【基础2】

1. 有报道称,越来越多的非洲大象天生没有象牙。一些大象研究专家认为,这是大象通过"进化"来实现自我保护。请谈谈你对这一现象的看法。

2. 大自然为什么不能选择出一种适应所有环境的生物?

3. 以金鱼为例谈谈你对自然选择学说的理解。

【应用拓展】

结合本章的知识内容,阅读《义务教育小学科学课程标准》第41、42页,学习、研究"生命科学领域"的主要概念11"植物和动物都能繁殖后代,使它们得以世代相传"涉及的科学基础知识和方法、技能,并就小学科学课程标准中相应的"活动建议"内容开展探究活动设计。

【推荐阅读】

1. 吴相钰,陈守良,葛明德. 陈阅增普通生物学:第4版[M]. 北京:高等教育出版社,2014.

2. 刘海兴,徐国成. 人体解剖学:第2版.[M]北京:高等教育出版社,2018.

第八章
生物圈与人类的关系

应该记住,我们的事业,需要的是手,而不是嘴。

——童第周

生物与其生活的环境密切相关,生态学是一门研究生物与环境交互作用的学科。人们借由认识生物与环境之间的互动,体会大自然的美丽,了解生态保护的重要性,共同为了地球的美丽而努力。每一种生物,无论其生活在何处,都依赖于所在环境中的非生物因子和生活在同一环境中的其他生物体。例如,绿色植物不仅是许多生物食物的来源,而且也是其中一些生物的栖息地。生物所在的环境也各具特色,潮湿的热带雨林、气候宜人的温带阔叶林、炎热贫瘠的沙漠、寒气逼人的苔原等。在本章内容中,基础1(第一节~第四节)的内容包括生命与环境的关系、种群和群落的概念以及生态系统,这些是学习基础生物学必备的知识。基础2(第五节)的内容则包括环境保护,学习这一部分内容目的在于使学生了解自己所肩负的使命,将生物的学习与实际的生活相联系,激起学生的社会责任感。

【基础1】

第一节 生物与环境的关系

学习提要

1. 了解生物与环境的关系,了解生物因素与非生物因素。
2. 能举例说出光、水、温度等因素对生物生存的影响。(重点)

3. 能举例说出生物与生物之间的关系。(重点)
4. 理解生物能适应环境,也能改变和影响环境。(难点)

在人类探索外部世界的漫长过程中,人类对生物及其环境的研究已经有一定的历史了。1866年,德国生物学家海克尔(Ernst Haeckel)首次提出了"生态学"这一理论,自那时起,生态学中矗立起了一座又一座里程碑。研究生态学的科学家被称为生态学家。生态学家可以通过在自然环境中观察生物与环境之间以及不同物种之间的相互作用,获得宝贵的生物信息。

德国生物学家——海克尔

一、生物与环境之间的关系

地球上有大大小小的生态系统,大至生物圈(biosphere)、海洋和陆地,小至森林、草原、湖泊和小池塘。生物圈是指地球表面的生物带,其底部在太平洋最深处,顶部约在大气层距地 18 km 的地方。

生物生命活动受到环境中其他生物因素及非生物因素的影响。非生物因素(abiotic factor)是指生态环境中的无机部分,包括空气、温度、湿度、土壤和阳光等因子。这些非生物因素也是生态学的研究对象。比如,研究鼹鼠的生活习性时,必须研究鼹鼠所挖地道的土壤类型;同理,研究鲑鱼的生活史时,必须研究鲑鱼将卵产在岩石或沙堆上的原因。所有生物的生活都会受到非生物因素的影响。而且,环境中物种的类型也取决于这些非生物因素。

影响不同生物的非生物因素在生物圈各不相同,但同一地理区域的生物可能受相同的非生物因素影响。这些因素包括温度、空气、水流、阳光、土壤类型、降雨、有效养分等。生物体的生存依赖于非生物因素。例如,重要的非生物因素可能是降雨量、日照量、土壤类型、温度范围和有效养分。生物体适应自然环境中存在的非生物因素而生存。假设一个已经适应了某一地区的非生物因素的生物移动到另一个地方,它不能迅速适应它的新环境,那么它可能会死亡。例如,一种通常生长在沼泽地区的绿色植物被移植到沙漠中,这种植物很可能会死亡,因为它无法适应沙漠中存在的非生物因素。

同时,生物对环境也会产生一定的影响,比如水体的富营养化——水中因氮、磷等元素含量过高而导致水体表层蓝细菌和藻类过度生长繁殖的现象。这时,下层水不仅缺少氧,而且大量死亡的藻类被细菌分解而进一步造成缺氧和有毒的环境,导致鱼类等水生生物的死亡。水华和赤潮就是由水体的富营养化而造成的两类典型的水污染现象;蚯蚓在土壤中活动,可以使土壤疏松,蚯蚓的排泄物还可以增强土壤的肥力;蜣螂可以清除草原上堆积的动物的粪便,从而改良土壤,保护草场的生态稳定;在沙地种植植物,具有防风固沙、防止水土流失的作用,对保护周围环境具有积极的意义。

总的来说,生物与环境是一个整体,生物与环境相互依存,相互影响,不可分割。

二、生物与生物之间的关系

与非生物因素相反，生物因素（biotic factor）是指影响某种生物生活的其他生物。自然界中的每一种生物，都受到环境中其他生物的影响。

地球上有形形色色的物种，物种间的相互作用包括捕食、寄生、共生和竞争等。物种之间的相互作用，不仅会造成种群密度的变化，还会使物种演化出相互适应的机制。

（一）捕食

在生态系统中，最普遍的关系是捕食关系，即一种生物以另一种生物作为食物的现象。比如，昆虫以植物为食，狮子以小兔子为食等。昆虫、狮子称为捕食者，而植物、小兔子称为被捕食者，捕食者与被捕食者之间的关系就像猫和老鼠之间的关系。

捕食常见于动物与动物及动物与植物之间，前者比如加拿大的山猫会捕食雪兔，山猫称为捕食者，雪兔称为猎物。当雪兔数量多时，山猫的数量因此而增加，结果雪兔因被大量捕食而减少，两者之间由于捕食而出现种群波动的现象。

捕食者为了有效捕捉猎物，常具有尖锐的齿、爪或刺针等构造；而猎物为了躲避敌害，除了会奔跑、鸣叫之外，常会大量聚集或者同步繁殖，减少被捕食的机会，甚至以保护色、警戒色、伪装或者拟态等方式，寻求自我保护。

（二）寄生

寄生生物是获得好处的那一方，它们长期或暂时地生活在寄主体内或体表，从寄主身上获得维持生命所必需的营养，这种使对方受到损害但不会立即导致对方死亡的共生关系称为寄生。如果寄主即将死去，这些寄生生物不能及时找到下一个寄主，同样也会死亡。

常见的是，原生动物寄生在较高等的动物体内，比如细菌、真菌、病原菌、吸虫、绦虫和蛔虫等；扁形动物和线形动物寄生在高等动物体内；寄生蜂寄生在鳞翅目动物体内。高等动物也有寄生现象，像七鳃鳗以外寄生方式寄生在其他鱼类体外。较为特殊的种类是鱼的雄体寄生在雌体的鳃盖内。许多寄生生物生活在宿主的身体内部，如病原虫；然而，有些寄生生物生活于宿主的身体表面。寄生生物也可能是植物，如图8-1所示的菟丝子因缺乏叶绿体，无法进行光合作用，须借助吸收宿主植物的水分和养分维持生命。此外，有一类型的寄生方式很特别，即其子代从寄主获得利益，如寄生蝇和寄生蜂，它们会将卵产在蛾的幼虫体内，利用宿主的养分而孵化，并发育成长。

图8-1 菟丝子

(三)共生

并非所有生活在同一环境中的生物彼此之间都会为生存而战;相反,一些研究表明,某些物种还必须与其他物种共同生活,相互依赖,才能生存下去。共生是指两种物种之间的依存关系。共生包括两种类型:互利共生、偏利共生。

1.互利共生

有时,我们能在生物群落中发现两个物种亲密无间地生活在一起,彼此提供生活条件,若两者分开则一方或双方不能单独生存。这种双方彼此互惠的种间关系称为互利共生,例如包括在地衣、菌根和根瘤中的生物体、满江红与念珠藻、珊瑚和共生藻以及榕果与榕果小蜂等。

地衣为蓝绿菌和真菌或绿藻和真菌的共生体。蓝绿藻和绿藻可进行光合作用,产生糖类,提供碳源给真菌;而真菌具有菌丝,可协助地衣吸收水和矿物质。

许多植物体的根有真菌共生,称为菌根。植物体提供碳源给真菌,而真菌可促进水和碳物质的吸收。

豆科植物的根常会与根瘤菌共生,而产生膨大的球状构造,称为根瘤(如图8-2)。植物可进行光合作用,提供碳源;根瘤菌可以进行固氮作用,提供碳源给豆科植物,有助于氨基酸合成。

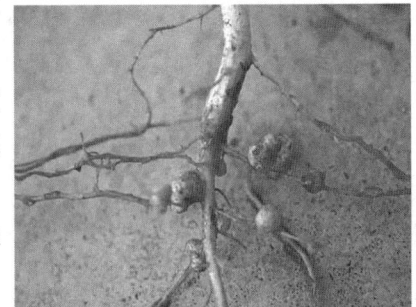

图8-2 大豆根瘤菌

满江红是一种小型蕨类植物,漂浮于水面上,常有念珠藻共生其中。满江红提供生活的住所;念珠藻可以进行固氮作用,提供碳源。

形成珊瑚礁的珊瑚虫与藻类共生,珊瑚虫提供栖息之所,通过取食代谢产生氮源,共生藻则进行光合作用提供碳源。珊瑚因有共生藻而具有美丽的色彩,一旦海洋环境改变,导致共生藻死亡,珊瑚将呈现白化现象。

2.偏利共生

当两种各自能独立生活的生物生活在一起,对一方有利,而另一方无明显的利害得失,这种种间关系称为偏利共生。偏利共生一般发生在一些动物或者植物之间。例如附生兰花和树木,兰花得到生存空间,为获利者,而榕树并无获益或损伤。

案例分析

(四)竞争

竞争使得两个物种皆无法从环境中获得最大利益,有时物种会因竞争压力过大而消失。

公元1934年,俄国生态学家高斯(G. F. Gause)在试管中进行两种草履虫竞争实验。当耳草履虫和尾草履虫分别培养时,两物种的种群皆可成长,并达到平衡。然而,当两物种混合培养时,尾草履虫因无法与耳草履虫竞争而全部死亡。

自然界中的种间竞争大都不甚激烈,因为物种之间可借由资源分配,使用不完全相同的食物、空间等环境资源,降低彼此的竞争压力,于是各物种可以共存。例如:加勒比海某小岛上的七种蜥蜴,虽然食性相似,但在树上的栖息地不同,因而共存。

第二节　生物种群

> **学习提要**
>
> 1. 明确种群的概念、基本特征。(重点)
> 2. 了解种群数量增长的基本规律。(难点)
> 3. 明确种群的特征之间的相互关系。(重点)
> 4. 掌握调查种群密度的常用方法:标志重捕法。(难点)

地球上的生态系统中生活着种类繁多的生物。生物体在生态系统中所扮演的角色可由种群和群落来了解,种群由单一物种的个体所构成,群落则是多个物种的组合。研究种群和群落,不仅可以加深我们对生物的种内和种间关系的认识,而且具有对人类有益的贡献,比如在对种群密度进行调查之后,我们便可获得农林害虫的预报、确定渔业上的捕捞强度等。

一、种群的结构

(一)种群的概念

种群是在一定空间范围内同时生活着的同种生物个体的集群。比如一片云杉树、一片枫树林、一群果蝇。种群内生物竞争环境资源的方式将决定生物种群的密度和个体的数量。同一种群内的个体则会相互竞争食物、水、配偶及其他资源。当环境中的资源日趋减少时,种内斗争达到最高。种群的特征可由密度和分布,以及影响密度和分布的环境因子来探讨。

你能想象到的每个生物都是这个物种的一个个体。一个健康发展的种群会以固定的节律生长或死亡,除非提供其生长的食物、水分、空间突然受到毁灭性破坏,或者受到疾病或捕食者的攻击。

种群总个体数会因为出生率、死亡率、迁入率和迁出率而改变。出生率一般用每单位时间(如年、月、日等)每1 000个个体的出生个体数表示,例如,一个由500只蚂蚁组成的种群,如果一年出生了1 000只小蚂蚁,那么它的年出生率就是200%。在自然界中,各个物种的出生率很可能不同,但出生率高的生物往往死亡率也高,因此,种群的繁盛与衰败是由出生率和死亡率一起决定的。当出生率和迁入率的总和大于死亡率和迁出率的总和时,种群总个体数会增加,为正成长。当出生率和迁入率的总和约等于死亡率和迁出率的总和时,种群总个体数维持稳定,为零成长。若出生率和迁入率的总和小于死亡率和迁出率的总和时,种群总个体数会减少,为负成长。造成生物死亡的原因有很多,如饥饿、伤病、被捕食、意外事故和自相残杀等。即使没有这些原因,生物也会因为活到自然寿命的极限而发生程序性死亡。

(二)种群的年龄结构

生活史是指生物体由发育开始,经历成长和生殖,到生物体死亡的过程。科学家借由生活史的研究,以了解种群结构,包括年龄结构和存活模式等,并可推测种群的成长速率。

种群是由个体组成的,不同年龄的个体在种群中都占有一定比例,这种比例关系就形成了种群的年龄结构,种群的年龄结构会影响种群的成长率。人的年龄是以年为单位计算的,动物的年龄则依据其生活史特点分别以年、月、周、日或小时计算。依据生殖年龄,生物的生活史分为生殖前期、生殖期和生殖后期三个阶段。当生殖前期的个体数多于生殖期的个体数,种群的成长率大于零,呈增长型年龄结构图;当生殖前期和生殖期的个体数大致相等时,种群的成长率接近零,呈稳定型年龄结构图;当生殖前期的个体数少于生殖期的个体数,种群的成长率小于零,呈衰退型年龄结构图(如图8-3)。

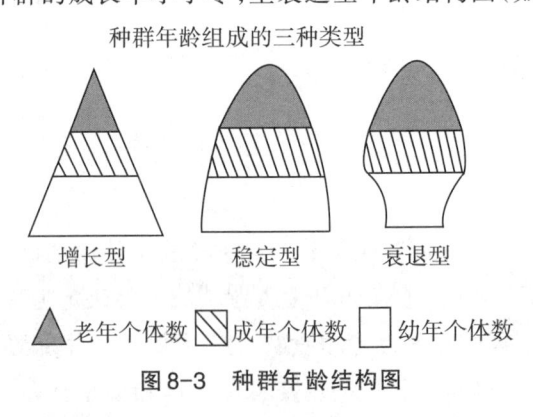

图8-3 种群年龄结构图

(三)种群密度

密度表示种群中个体数目多寡的估计值,植物则常常用覆盖面积来估计,科学家将单位面积或体积中的生物密度称为种群密度。

种群密度和个体分布是种群的两个重要特征,种群在密度相同的情况下可以有不同的分布型,包括集群分布、均匀分布和随机分布3种类型(如图8-4)。例如:沙漠中的灌丛,由于母树产生的种子的传播能力有限,于是种子以及年幼的灌丛呈集群分布;成长过程中,由于竞争水分和养分,造成部分个体死亡,逐渐形成均匀分布。此外许多哺乳类如台湾猕猴和黑猩猩,由于哺乳及育幼等需求,常表现集群分布。然而,成群的候鸟、森林中的乔木、人为栽种的水稻田,则呈均匀分布。其实,在许多环境与生物因子的交互作用下,个体往往不会形成聚集或均匀的分布模式,而呈随机分布,如池塘中的水蚤及海边的和尚蟹等。

随机分布　　　集群分布　　　均匀分布

图8-4　种群分布类型

个体分布模式受许多环境因子和生物因子影响。环境因子包括日光、空气、水、土壤、温度、湿度和酸碱度等;生物因子为个体间和物种间的交互作用。

(四)标志重捕法

标志重捕法是动物种群密度调查的一种常用方法。一般情况下,科学家通过抽样调查来确定一种动物的种群大小。他们在一定的区域内诱捕少数动物,给这些动物做上标记,并将它们放回原地,然后再次部署诱捕行动。一段时间后,诱捕行动结束,科学家会发现捕捉到的动物中既有已经做过标记的,也有未做过标记的。科学家通过计算已做过记号的动物与未做过记号的动物之比,来估计这种动物的总数。

表8-1　迷你实验:如何确定动物种群的大小

实验准备	1.问题	你能通过标志重捕法来确定某种动物的大小吗
	2.目标	你将通过构建模型模拟、测量某种动物的种群大小 收集有关该动物种群的数据 计算该动物的种群大小
	3.实验器材	包含很多豆子的纸袋 黑色记号笔 计算器
	4.注意	在进入实验室后穿实验服,实验结束后请洗手

实验步骤	1. 复制数据表 2. 从纸袋中取出20粒豆子 3. 用记号笔将这些豆子涂黑。这些豆子代表捕捉后做过标记的动物 4. 当墨水变干后,将豆子放回纸袋内 5. 摇动纸袋,然后随意从纸袋中取出30粒豆子 6. 在数据表中实验1所对的这一行中,记录这30粒豆子中做过标记的与未做过标记的豆子的数量 7. 然后将这30粒豆子放回纸袋中 8. 重复步骤5~7,并将数据填入8-2所在的空格中 9. 计算每一列数据的平均值 10. 利用平均值,通过下列公式计算原纸袋中的豆子总数: M=做过标记的豆子数量 CwM=取出豆子中做过标记的豆子平均数 Cw/oM=取出豆子中未做标记的豆子平均数 豆子总数=$M×(CwM+Cw/oM)/CwM$ 11. 将计算结果填入数据表格中 12. 为了核实计算值的正确性,将纸袋中所有豆子重新计数,并记录在数据表中 13.【清洁与整理】在调查结束后,请对豆子进行合理的处理。某些豆子还能重复使用吗

表 8-2　数据表

实验	取出豆子总数/粒	已做标记的豆子数量/粒	未做标记的豆子数量/粒
实验1	30		
实验2	30		
实验3	30		
实验4	30		
实验5	30		
平均值	30		

种群数量的计算值=

实际的种群总数=

资料链接

　　样方是从研究对象的总体中抽取出来的部分个体的集合。在被调查种群的生存环境内随机选取若干个样方,通过计数每个样方内的个体数,求得每个样方的种群密度,以所有样方种群密度的平均值作为该种群的种群密度,在抽样时要使总体中每一个个体被抽选的机会均等。一般适用于乔木、灌木和草本植物,或者活动范围不大的生物,如松毛虫等。对于鱼等活动范围大的要用标志重捕法。通常情况下采用正方形样方。调查时样方大小:一般草本植物采用1~4 m²;灌木为16~40 m²;乔木和大型灌木为100~200 m²。

二、种群的动态与调节

种群限制因素是指阻止种群无限制增长的因素,分为生物制约因子和非生物制约因子。

生物会通过繁殖使种群密度增大,增长初期,生物种群的增速比较缓慢,因为产生后代的数量很少。如果是在食物和生存空间无限制的条件下,便可以连续进行生殖,实现快速增长。在这种情况下,生物个体数量已经变得非常多了,种群内几乎每个生物都可以进行繁殖,种群数量呈指数增长。当使用数据图表来表示这一增长型时,该曲线呈J形。指数增长的特点是:增长不受资源限制,不受空间和其他生物的制约,虽然开始增长很慢,但随着种群基数的增加,增长会越来越快。

理想状态下,种群会一直增长下去,但由于自然界资源有限,种群密度不会无限制扩增,因为种群获得的空间、食物是有限的。与此同时,种间关系、种内关系、外界气候等因素都会影响种群的增长。这时,种群就进入了稳定期,即种群已经增长到了一定程度,无法继续快速扩增,达到一种平衡状态,使种群增长模式呈S形曲线。种群的两种增长模式如图8-5所示。为了描述在资源、空间有限和存在其他生物制约条件下的种群数量增长过程,就必须引入环境容纳量(即K值概念)。环境容纳量是指一个环境所能容纳的生物种群数量的最大值。当种群大小接近环境的承载容量时,种群的死亡率大于出生率,种群数量开始呈下降趋势,直至种群数量低于环境的承载容量。不过由于环境中各种限制因素的动态变化,生物种群的数量会高于或者低于环境承载容量。

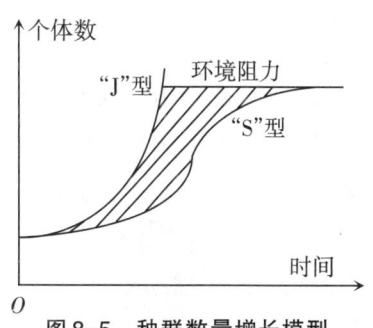

图8-5 种群数量增长模型

不同生物个体各年龄段的存活率有极大的差异。有些生物幼体的存活率高,但个体老化后死亡率增加,形成如图8-6曲线Ⅰ;有些生物各个年龄段的存活率相近,形成如图8-6曲线Ⅱ;而有些生物幼体的存活率低,成体的存活率高,形成如图8-6曲线Ⅲ。各物种的生活史不同,借由生活史的分析,野生生物经营管理者可了解不同物种的特性,并规划有效的保护政策。

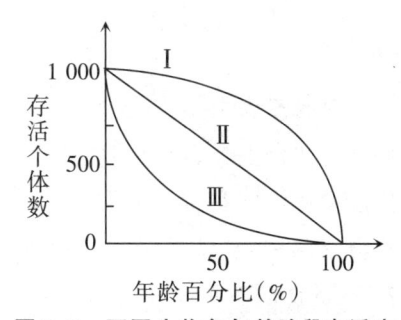

图8-6 不同生物各年龄阶段存活率

第三节　生物群落

> **学习提要**
>
> 1. 掌握群落的概念和结构特征。(重点)
> 2. 了解群落的基本类型和结构类型。(重点)
> 3. 能够从结构与功能相统一的角度描述群落结构特征。(难点)

群落是指一定时间内，生活在相同地区或栖息地中的各种生物，又称为群聚或群集。群落的结构会受物种间的交互作用所影响，其特征可由物种多样性来探讨。物种多样性包括物种丰富度和物种均匀度。物种丰富度是指物种的数目，当群落中生物的种类越多时，物种丰富度越高。物种均匀度是指物种之间数量的相近程度，当群落中各物种的个体数越接近时，物种均匀度越高。

数量比例最高的物种，称为优势种，生态学家常以一群落中的优势种来为该群落命名，如台湾高海拔山区可以见到很多铁杉，便称为铁杉群落。群落中，有些物种的数量比例不高，但对群落具有举足轻重的影响，称为关键种，例如当绿蓑鹭被移除后，缨口鳅、明潭吻虾虎鱼等物种将由于缺乏天敌而大量增加，造成水栖昆虫明显减少。

一、群落的类型

地球各地因气候、地形和其他环境条件的不同而分布着不同类型的生物群落，多数生物都有适合生长、繁殖的环境因子，因而有各自偏好的栖息场所，如水域生态系统与陆地生态系统的物种都具有明显的差异。在陆地生态系统也常因为降雨量的多少而影响植物群落的种类，如温带地区年降雨量在 750 L 以上的地区有森林群落，年降雨量在 250~750 L 的地区有草原群落，若年降雨量少于 250 L 时，只能形成沙漠群落，生活于各个群落中的生物都各自具有适应该环境的特点。

陆地约占全球表面的 25%，因为温度和降雨量等环境因子的差异，从而孕育出形形色色的群落。森林的分布最广，此外，还有苔原、草原和沙漠，形成多姿多彩的陆地生态系统。在陆地生态系统中初级生产率(由生产者进行光合作用产生的能量)受到温度与湿度的影响，温度与湿度较高的生态系统，如热带雨林，初级生产率很高；温度或湿度较低的生态系统，如苔原和沙漠，初级生产率低。

(一)沙漠生态系统

沙漠地区降雨量少且昼夜温差较大,在此栖息的生物种类少,具有特殊的适应方式以忍受酷热和久旱。常见生产者如仙人掌,通过肥大的肉质茎来储存大量的体液,叶片呈针状可以减少水分散失,根系分布浅而广,可以快速地吸收地面水分。生活在此区域的消费者多有耐旱的适应方式,如鸟类排尿酸结晶以减少水分的散失,蛇或者蜥蜴昼伏夜出以躲避白天的高温。

(二)热带雨林生态系统

热带雨林是最典型的热带森林,主要分布在赤道气候带内,那里终年炎热,几乎天天有雨。热带雨林最引人注目的特点是动植物种类的多样性,仅树木种类就多达上千种。生产者以常绿阔叶林为主,种类多且森林层次复杂。

(三)阔叶林生态系统

阔叶林主要分布于温带与热带地区。温带阔叶林通常可分为四层,即林冠层、下木层、灌木层和由草本植物、蕨类和苔藓组成的地表层。在充足的阳光照射下,林冠层是光照最强的地方,越往下则越弱。动物多样性与森林的层次性和植物的生长型有密切的关系,地面层和靠近地表层的土壤栖居的动物最多。

(四)针阔叶混交林生态系统

此区域内的植被特色是针叶林与阔叶林混合生长,针叶林有扁柏、红桧等;阔叶林则以壳斗科植物为主。因为兼具针叶林与阔叶林的特性,森林结构复杂,所以生物多样性高。

(五)针叶林生态系统

针叶林主要分布于北半球纬度较高的区域,约覆盖整个地球陆地表面的11%,生产者以松柏类裸子植物为主。温带针叶林的垂直分层不明显,通常林冠层很密,致使林下植物发育较弱,地表层主要是蕨类、苔藓类和少量阔叶草本植物,枯枝落叶较厚,分解程度很差。

(六)草原生态系统

草原生态系包括热带草原、温带草原和高山草原三种类型。无论是哪一种草原,年降雨量都不多,而且分布不均匀,不利于木本植物的生长。热带草原主要分布在赤道附近的非洲及南美洲,主要生产者为一年生草本植物,消费者以草食动物为主,如斑马与羚羊等。温带草原主要分布在中纬度地区,如北美中部和亚洲中部,冬天寒冷而干旱,又有野牛等大型动物的啃食,不利于灌木等植物的生长。

(七)苔原生态系统

苔原是生长在寒冷的永久冻土上的生物群系,分布在高纬度或海拔气候极冷的地区。在苔原的大多数地区,表层土壤十分干硬。日夜温差大,其表面多碎石,在这样严苛的环境条件下,生产者种类少,只能生长一些浅根草和其他矮小植物,而且生长速度很缓慢,植物死亡后的腐烂过程也十分漫长,因此营养成分无法快速地参与物质循环。

【案例探析】

一个环境中影响生物生存能力的因素称为限制因素,常见的限制因素有阳光、气候、气温、水、营养物质、空间、其他生物等。

讨论:在这一节中选取三种生物群落,以它们为例,说出它们是在哪些限制因素的作用下演化而来的。

二、群落的演替

群落的组成及其结构会随着时间的改变而改变,生态学家称之为消长或演替,分为初生演替和次生演替两大类。

(一)初生演替

初生演替是指从来未被生物覆盖过的土地出现了生物群落,初生演替往往起始于新生地表,即没有生物存在的新生地表,如火山爆发,熔岩覆盖后的演替;冰河消退后,裸岩露出的演替。新生地表上仅有的岩石或石粒,经长时间风化作用后,才逐渐形成土壤,开始蓄养水分和养分。第一种在这片土地上出现的物种称为先锋物种,比如地衣。地衣是一种微小生物的结合体,具有特殊构造,可生长于岩石上,并从岩石或空气中获取养分,通常是最早出现的。先锋物种最终会死亡,分解后的地衣与很多裸岩中的碎块和岩石的风化物组成了最初阶段的土壤。然后,在环境条件许可的情况下,经过一段较长的时间后,初生演替的速度慢慢缓和下来,会依次序出现苔藓植物、草本植物、灌木、乔木等植物为优势种的群落。

(二)次生演替

次生演替是指被某种方式严重毁坏,原有生物群落已不存在之后,这个地区所发生的演替。次生演替起始于非新生地表,如火灾后的森林、泥沙淤积的河床、废弃的耕地等,这些区域原有的植被已不复存在,但是原有的土壤条件基本保留。因此,与次生演替有关的物种类型也不同于初生演替中的物种类型。在次生演替的过程中,由于地表上已有土壤及留存其中的水分、养分和种子,当原有群落受外力干扰后,经过比初生演替较短的时间,这个地区栖息的生物群落逐渐发生变化,最终可以形成新的群落。

演替过程中,当环境因子稳定时,种群密度和群落的物种丰富度通常会逐渐增加,生物间的交互作用随之变得复杂,群落的结构会趋向稳定,形成巅峰群落或极相。各地区气候条件不同,因而发展为不同的巅峰群落,例如:西伯利亚冻原的地衣和苔藓群落、北美针叶林的针叶乔木群落、北美沙漠的仙人掌群落等。初生演替由于起始于新生地表,其演替达到巅峰群落所需时间较次生演替所需的时间长。

第四节　生态系统

学习提要

1. 了解生态系统的概念。
2. 认识生态系统的组成以及生产者、消费者、分解者的概念。(重点)
3. 掌握生态系统中能量的流动过程。(重点、难点)
4. 掌握生态系统中的食物链和食物网。(重点、难点)
5. 能够说出几种常见的物质循环,并阐述其循环机制。(难点)

1936年,英国植物生态学家坦斯莱首先提出了"生态系统"这一概念,它是指在一定的空间内生物成分和非生物成分通过物质循环和能量流动相互作用、互相依存而构成的一个生态学功能单位。能量流动和物质循环是生态系统的两大重要功能。

一、生态系统的结构

任何生态系统都是由非生物成分和生物成分组成,生态系统中的非生物因子有很多,包括阳光、空气、水、土壤、温度、湿度、酸碱度和盐度等,主要可以概括为无机物、有机物、气候和能源。

植物利用阳光及空气中的二氧化碳进行光合作用,许多动物依据太阳的起落来调整作息,细胞则需要空气中的氧来进行呼吸作用。水是生物体内代谢、生理及生化反应的重要物质,并且可以帮助调节体温。土壤可以支持植物体,其中含有各种矿物质,能提供植物及微生物生存所需的环境和营养物质,也是许多动物如蚯蚓的生活场所。此外,温度和酸碱度会影响生物体内酶的活性,改变生物的生理或行为。湿度会影响体表水分调节,甚至气体交换。盐度则与渗透压有关,通常会影响水生生物的生存。

生态系统的生物因子也就是群落,群落中的生物可以依据获取能量及养分的来源,分为生产者、消费者和分解者三大类（如图8-7）。

（一）生产者

生产者包括化合细菌、光合细菌、蓝绿藻、藻类和植物等，它们可进行光合作用或化学合成作用，将太阳能和化学能转化为化学能贮存在合成的有机物中，自行合成有机养分，比如糖类、脂类、蛋白质，并作为其他生物的食物来源。

（二）消费者

消费者是指以动植物为食的动物，包括杂食动物和寄生生物。直接以生产者为食的生物称为一级消费者或初级消费者，例如牛和羊等植食性动物。以一级消费者为食的消费者称为二级消费者或次级消费者，例如豹子、狮子和老虎等。以此类推，形成一级一级的食物链。

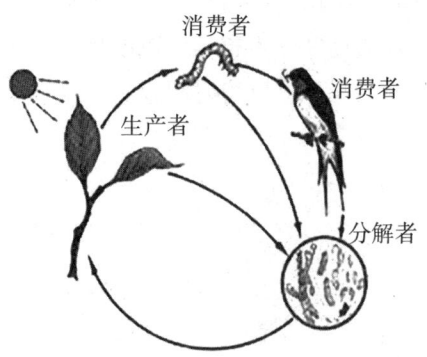

图8-7 生产者、消费者和分解者之间的关系

（三）分解者

分解者包括许多细菌和真菌，可以把生物死亡后的遗体分解为无机物，供生产者重新吸收利用。

二、生态系统的物质循环

生态系统中的物质循环又称为生物地球化学循环，简称生物地化循环。在物质循环的过程中，各种物质和元素一直存在不会消失，因此对于一个功能完善的且封闭的生态系统来说，无须从外界获得物质的补给也能长期维持自身内部的其他功能。地球生物圈就是这样一个自给自足、自我维持的最大的生态系统。生物体主要由碳、氢、氧、氮、磷、硫等元素所组成，这些元素在生物体和环境之间循环，形成生态系统的物质循环，例如碳循环和氮循环。物质循环可以分为三种不同的类型：水循环、碳循环和氮循环。

（一）水循环

水是生命活动所必需的物质。水和水循环对于生态系统具有特别重要的意义。水中携带着大量各种化学物质周而复始地循环，极大地影响着各类营养物质在地球上的分布。当水分从地球表面蒸发进入大气圈后，水蒸气在大气中越飘越高，当气温降到一定程度后，水蒸气凝结成小水滴，这些小水滴积聚在空气中的灰尘周围，便形成了云。随着凝结的水蒸气越来越多，小水滴越变越大，越变越重，最终较重的水滴以降水的形式落到地面上，如雨、雪、冰雹等。大部分的降水流入海洋和湖泊，最后再蒸发到大气中。植物和动物的生存都需要水。环境中的很多自然现象都有水的参与。植物从土壤中吸收水分,并通过叶片的蒸腾作用散失水分。这一过程大大增加了空气中的水蒸气。动物的呼吸产生了水蒸气,它们出汗或者排尿的时候,水分同样会进入无机环境(如图8-8)。

(二)碳循环

碳对生物和生态系统的重要性仅次于水,它构成生物体干重的49%。碳是蛋白质、糖类、脂类及其他重要分子的组成元素。碳原子通过化学键相互连接成一个长长的碳链,形成了各种复杂有机分子的骨架。碳不仅构成生命物质,还构成各种非生命化合物。地球上的岩石圈中含有最大量的碳,其次是在化石燃料中。含碳有机物最初是由绿色植物及其他能进行光合作用的生命制造出来的,也为所有生物提供了进行生命活动所需的能量和食物。碳循环涉及光合作用和呼吸作用,生产者吸收空气中或水中的二氧化碳,进行光合作用产生糖类,被消费者利用之后,在细胞中进行呼吸作用产生二氧化碳,然后释放到空气中,形成碳循环。此外,消费者的排泄或者排遗,以及死亡后的遗体,也会经过微生物的分解,而将所含的碳释放出来,重新返回大自然(如图8-9)。碳循环的速度取决于它是被固定在土壤、叶片、根、森林、石油和煤等化石燃料、动物化石中,还是在碳酸钙中。

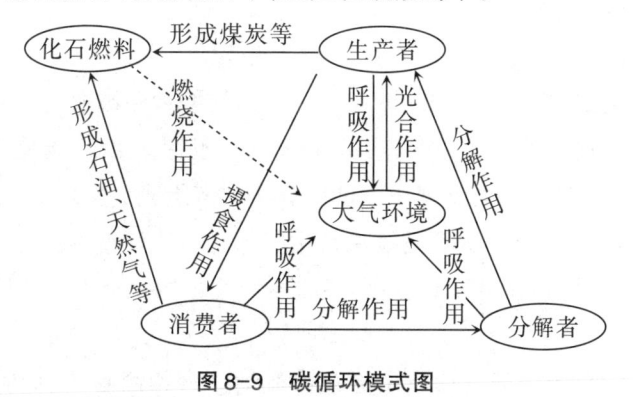

图8-8 水循环

图8-9 碳循环模式图

除了大气圈以外,碳的另一个重要来源就是海洋。海洋中的含碳量大约是大气圈含碳量的50倍,它对调节大气圈的含碳量起着非常重要的作用。

碳在生态系统中过高或者过低,都可以在经过碳循环的自我调节之后得到合适的调整,重新恢复到比较平衡、稳定的状态。

然而,由于人类活动的影响,大气圈每年需要接受大约2×10^{10} t二氧化碳,这严重干扰了陆地、大气、海洋之间碳循环的平衡，致使大气圈中的二氧化碳含量猛增，给生态环境带来了负面的后果。

（三）氮循环

氮是构成蛋白质和核酸的主要元素，因此在生物学上，它具有与碳、氢、氧一样重要的意义和地位。在各类元素的生物地球化学循环中，氮的循环是最复杂的。氮循环涉及固氮作用而产生的氨。氨溶于水之后，形成铵盐，再经微生物的硝化作用而产生亚硝酸盐和硝酸盐。铵盐和硝酸盐可被植物的根吸收，从而进入植物体内。动物及植物死后，遗体中的蛋白质由于分解者的氨化作用而产生氨，再度进入氮循环。此外，土壤中的硝酸盐也可以经过微生物的脱氨作用而产生氮，重返大气。

（四）磷循环

在生态系统中，除了水循环、碳循环以及氮循环外，很多物质也参与自然界的物质循环，如磷、硫、钙等元素。磷元素参与自然界的循环有两种途径。磷是生物不可缺少的重要元素，生物的代谢过程都需要磷的参与。磷循环包括短期循环和长期循环。在短期的磷循环中，植物从土壤中获取磷元素，动物通过吃植物来获取磷元素。当生物死亡后被分解，磷再次回到环境中。而在长期的磷循环过程中，磷循环的起点源于岩石的风化，最后在水中沉积。由于风化侵蚀作用和人类的开采，磷被释放出来，经过降水变成可溶性磷酸盐，部分磷进入生态系统参与磷循环。

三、生态系统的能量流动

食物链就是指生产者所固定的能量通过一系列的取食和被取食关系在生态系统中传递，生物之间存在的这种单方向的营养关系就称为食物链。由于能量的每次传递都会损失较大的能量，所以食物链通常情况下只能由五个环节组成。实际上，自然界生物之间所存在的捕食与被捕食关系远不像食物链所表达的那么简单。食物链中的每一个营养级都与周围的其他许多生物有着错综复杂的关系，这种关系像一个无形的网将所有的生物都包含其中。

各营养阶层之间，由于捕食而发生能量的流动。食物网中，当低阶生物被高阶生物捕食后，大部分能量被用于做功，包括细胞代谢，以热能的形式散失，仅少部分能量储存于高阶生物体内。能量的流动是单方向的和不可逆的，所有的能量迟早都会通过生物呼吸被消耗掉。由于能量转移在生态系统中单方向进行时，仅约10%的能量由低阶生物转移至高阶生物体内，称为"百分之十定律"。因此，生态系统中各营养阶层的总能量呈现下大上小的金字塔形，称为能量金字塔。

能量金字塔的能量单位常常以焦耳或者大卡来表示，生产者位于能量金字塔的最下层,向上依次为初级、次级、三级和四级消费者(如图8-10)。由于百分之十定律,高级消费者无法获得足够的能量,以维持种群存续,因此,食物链无法维持太多的层级,通常情况下仅有3~4层。能量在流动过程中急剧减少,主要是因为资源利用率不高和生物的呼吸消耗,因此任何生态系统都需要不断得到来自外部的能量补给,如果在一个较长的时间内断绝对一个生态系统能量的输入,这个生态系统最终会消失。

此外,各营养阶层也可用个体数或者生物量来表示,分别称为生物数量金字塔以及生物量金字塔。唯生物数量金字塔可能呈现下小上大的倒金字塔形,例如热带雨林的一株乔木上,可能有数千只昆虫。

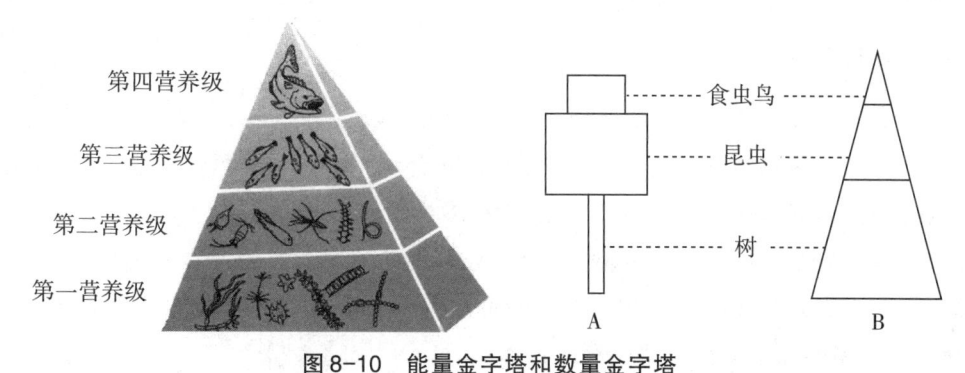

图8-10 能量金字塔和数量金字塔

【基础2】

第五节 生态环境保护

学习提要

1. 掌握生物多样性的概念。(重点)
2. 联系生活,认识造成生物多样性下降的原因。(重点)
3. 了解环境问题产生的主要原因。(难点)
4. 了解并能举例说出保护环境的几种策略。

一、生物多样性

生物多样性是指一定地区物种的多样性程度,它包括三个层次:遗传多样性、物种多样性和生态系统多样性。

(一)遗传多样性

遗传多样性是指一个种群或个体的基因多型性程度。种群里每个个体的基因组或多或少有所差异,因此不同的个体,常具有不同的表现型,如人类肤色与发色的差异、马铃薯块茎形状与颜色的差异,以及康乃馨花瓣形状与颜色的差异等。遗传多样性不仅包含种群内部个体变异,而且也包括种群之间的遗传变异,这种变异通常与适应地方条件相联系。如果一个种群灭绝了,那么一个物种就会丧失一些遗传多样性,而这些遗传多样性往往可以促进微进化的发生,整个物种多样性的下降会降低该物种的适应潜力,加速正在逐渐变小的种群走向灭绝。

(二)物种多样性

地球上已知物种多达一千余万种,但实际存在的物种可能是已知物种的好几倍。地球上的物种并不是均匀分布在地球表面的,在各种自然环境中,沙漠或极地的物种比较稀少;相反的,热带雨林的物种则较多,是物种多样性较高的地区。地球上的大多数物种都具有地方性分布的特点,这些物种的有限分布使他们对人类的活动极为敏感。目前,物种多样性因受人类活动的影响而逐渐降低。为维护人类社会及自然环境的可持续发展,保护物种多样性是迫在眉睫的重大任务。

物种多样性的丰富程度取决于环境中的物种丰富度及物种均匀度。物种丰富度是指该区域内的物种数目,其种类越多,物种丰富度越高。物种均匀度则指该区域内物种个体数量的相似程度。区域内的物种数越多,物种均匀程度越高,则物种多样性也就越高。

环境中的初级生产力、栖地多样性、栖地大小及地理位置都会影响物种多样性的高低。一般而言,在低纬度地区因光照充足且生产季长,可以支持较多的物种生存。因此物种丰富度大多是在低纬度地区呈现最高量,越往高纬度地区则越下降,故热带地区的物种多样性普遍较温带与寒带高。此外,环境越复杂,可以提供不同物种在不同的环境中栖息,因此,物种多样性越高,例如:沙岸与礁岸相比,后者有较多样的海洋生物生存。

(三)生态系统多样性

由于气候、降雨量、纬度等原因的影响,地球上大大小小的每一个生态系统都拥有其独一无二的生物群落和所特有的能量流动和物质循环格局,而且每个生态系统对整个生物圈都有特定的影响。例如,海洋生态系统中的浮游植物通过大量吸收大气中的二氧化碳而有助于缓解温室效应,被吸收的二氧化碳可用于海洋植物的光合作用,也可用于构建微小浮游动物外壳。每一物种都有较合适生存的环境,若一地区可提供生物栖息的环境多样化,则其生态系统的多样性高,例如:森林中的生物栖息环境比沙漠变化多。由于在一个生态系统中不同物种的种群之间存在着各种各样的相互关系,所以其中一个物种的灭绝常常会给整个生态系统中的其他物种造成不良的影响。

多样的生态系统可提供人类赖以为生的多种服务,称为生态系统服务。例如:人类从生态系统取得必需的资源如食物、燃料、建材及药材等。生态系统也提供了空气及水的净化、废弃物的分解、气候的调节,以及物种繁衍与基因交流等。生态系统服务依赖健全的能量流动及物质循环来维持,只有在不受破坏的食物网中,生物间的交互作用及其与环境的互动才能提供健全的能量及物质的运作。若某类生态系统遭受破坏,则其提供的生态服务便会大打折扣,甚至丧失。

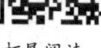

拓展阅读

二、生物多样性下降的原因

造成生物多样性下降的原因很多,主要包含生境破坏、物种入侵、栖地零碎化及过度利用等。

(一)生境破坏

物种灭绝的主要原因是生境的破坏,而这种破坏主要是由于人口增长和人类活动引起的。因为人口不断增加,为了解决更多的食物及其他资源的需求,必须进行田地扩增及工厂建立,但这样往往会侵害野生生物的栖息地。当生物的原始生境受到破坏而又无其他生境可供居住时,就会有大量的物种灭绝。根据世界自然保护联盟的研究指示,原始栖息地被干扰或破坏是造成物种灭绝的最重要原因。人类不但破坏了陆域生态系统,连海域生态系统也受到人为活动的影响,科学家估计已有90%以上的珊瑚礁因人类活动而受损,严重影响珊瑚礁鱼类的生存。

(二)物种入侵

物种入侵是指某物种在有意或无意的状况下,被引进非其自然分布的地区,进而立足并排挤原生物种及占领该新环境的现象。入侵种在它们原本存在的区域中不会产生任何威胁,因为捕食、寄生和种间竞争的发生保持着生态平衡。但是,当一个物种摆脱了原生境中的竞争者、捕食者和寄生者的压迫,被引入全新的环境后,它们便会进行大量繁殖,最终变成该地区的入侵种。入侵的动物可以通过捕食、牧食、竞争和使生境发生改变而导致本地物种的灭绝。岛屿由于具备封闭性的特点,受外来入侵物种的影响最大。物种入侵是一个全球范围内的问题。自从1750年起,大约有40%的物种灭绝是由物种入侵导致的,为了有效控制物种入侵带来的危害,人们每年需要投入大量的人力、物力和财力。这个问题可以发生在任何一种生态系统,在生物多样性和社会经济等各个层面,造成不可逆的巨大的影响。

(三)栖地零碎化

野生动、植物的栖息环境受到人为影响,被切割成小又破碎的区块,称为栖地零碎化。各个物种对于栖地零碎化的反应不同,如黑熊通常对于栖地面积需求较大。栖地零碎化会使野生动、植物栖息地的总边缘长度增加，也使栖息地边缘与中心的距离缩短。栖地边缘涵盖较剧烈的温度变化、湿度变化、人为耕作及掠食者出现等，会促使区块内对边缘敏感的生物种群缩小，较易走向灭绝之路。栖地零碎化也会导致生物个体在不同区块之间移动时，增加意外发生的概率，甚至死亡。此外，栖地隔离化也伴随零碎化而来，降低种群间基因交流的机会。

（四）过度利用

过度利用是指人类以超过种群最大生产量的速率，获取野生生物资源的现象。人类利用野生生物的强度大大高于这些野生生物种群的自然恢复能力。野生生物资源的过度利用，会导致物种灭绝。过度开发和利用既破坏了生境又造成了物种问题，在人类的历史上，诸多生物的灭绝都可溯因于人类的过度利用。许多生殖功能较低、胎数少且一个世代较长的大型物种，如鲸、美洲野牛、加拉帕戈斯陆龟和大象等，在人类的过度捕猎下，种群数量已逼近自然灭绝水平。

（五）环境污染

环境污染是指自然的或人为的破坏，向环境中添加某种物质而超过环境自净能力最终导致危害的过程。污染会改变自然界中土壤、空气和水资源的组成，从而影响在此环境下生存的各类物种。另外，各种环境中受到的污染也可能直接或透过生物放大作用，影响较敏感的物种，造成种群数目下降甚至灭绝。气候变化是当前备受瞩目的议题，气候的改变可能造成物种栖地的巨大变化，改变地球的生物多样性。

三、物种与生境保护

（一）物种保护

由于有灭绝危险的物种常常是由一个或少数几个种群所构成的，因此保护种群就成了保护这些濒危物种的关键因素。为了确保一个物种的有效生存所需要的个体数量必须足够多，以便应对种群生存和灭亡过程的意外变化，保护生物学家把确保一个物种长期存活所必需的个体数量称为最小存活种（Minimun Viable Population，MVP）。

对于脊椎动物来说，实际种群大小小于1 000个个体的种群，对灭绝是十分敏感的。而对于无脊椎动物和一年生植物来说，其MVP必须保持1万个个体或者更多。尽管将一个物种的MVP定量化是很难的，但这个概念对于物种保护和生物多样性保护来说却是极为重要的。对于大型食肉性动物，维持一个最小存活种群所需要的面积是很大的。这就是为什么那些最大型食肉动物大都处于濒危状态的原因，如非洲狮、亚洲虎等，这些物种只能生活在最大的自然栖息地和自然保护区内。

在有些情况下，一些物种可能已处于个体数量正在下降并走向灭绝的状态，在这种情况下，保护生物学家必须果断地采取新措施，即通过迁地和再引入而建立新种群。

有些物种的种群恢复是靠把人工饲养的个体释放到野生栖息地而实现的。把人工繁殖的个体释放到野生栖息地，必须具备释放前和释放后的各种条件，包括捕食能力的训练，学会寻找隐蔽和避难场所，能够与该物种的其他个体和谐相处，以及学会害怕和逃避猎人。

(二)生境保护

尽管对有灭绝危险和处于濒危状态的单个物种采取各种保护措施是十分必要的，但对保护整体生物多样性来说，最有效的方法还是保护生物的生境或栖息地和保护整个生态系统。当前生物多样性的建立已经越来越依赖于保护区的建立。虽然全球保护区的数量和面积还在不断增加，但目前人类保护自然的努力主要集中在改进现存的保护区。此外，人类对海洋环境的保护远远落后于对陆地环境的保护。我国的东海和南海每年都规定有几个月的休渔期，在休渔期内，禁止一切捕捞活动，从而避免海洋资源的枯竭，保证海洋资源的持续利用。

四、生物灭绝与保护策略

因气候变迁、人类破坏野生生物栖息地、资源过度利用及不当引进外来种等因素，使当地野生种群缩小。当一个物种的种群变得非常小时，便被视为濒危物种。在一个小种群中，近亲繁殖或遗传漂变都会造成遗传变异性减少，因而影响种群的适应性，较易导致种群灭绝。因此当一个种群小到某一程度时，即使仍有交配繁殖，但还是有极高的灭绝概率。

当今生物灭绝的速度不断加快，估计现今物种正以自然灭绝率的100~1 000倍速度消失中。根据世界自然保护联盟的数据，近百年来已有数百种的动、植物在地球上消失，并且消失的速度完全不见减缓的趋势。

地球的生物资源对经济和社会发展相当重要，维护生物多样性是人类可持续发展的基础。人类必须明智合理地使用自然资源，妥善处理各种污染物，以达到保护生物多样性和生态系统可持续使用的最终目的。在现代生活中，生活质量迅速提高，经济也在飞速发展，在满足当代人需求的同时，也应该注意不要损及后代全体人类的基本生存需求。为保护生物多样性，以公平合理的方式分享生物资源所产生的惠益，1992年地球高峰会议期间，全世界一百多个国家的领袖签署了一份生物多样性公约，缔约国承诺负责保护自己国内的生物多样性，并以永续的方式利用其生物资源。

生物多样性保护的主要策略包含政府依据生物资源的永续利用原则，来拟定政策、鼓励并协助地方的资源保护、通过教育与立法推广保护生物多样性的方法、设立保护性的栖息地供生物栖息与繁衍，以及通过国际合作和规划促进保护行动。

(一)资源回收再利用

资源回收再利用是指从回收得到的废物中获取二次能源及原料的过程，这不仅可以减低废物量，二次原料的再利用也可以缓解地球各类资源紧缺的现状，同时能够有效减少生产过程中的污染排放。身为消费者的我们，应该要支持使用绿色产品，拒绝浪费和过度消费，人人都拥有环保的理念。

(二)污染防治

一般情况下，我们可以将污染物对环境的污染分为空气污染、水污染、固体废弃物污染、噪声污染和光污染等。有效防治污染的方法，除了环保部门严格对污染源的管制之外，还应该制定相关的政策法规，加大破坏环境的代价，研发高新科技，训练专业治污人才。最重要的是，推进环境保护教育，将环保理念进行推广，达到人人做环保的境界。

(三)生态工程

生态工程是指人类基于对生态系统的深切认知，为落实生物多样性保护及可持续发展，从而采取的以生态为基础、安全为导向，减少对生态系统造成伤害的可持续工程，经由生态工程重建的环境，能兼顾各类生物的栖息环境、水土保持、景观保护、环境教育以及国民健康等功能，是在治山治污防洪和生态保护之间的最佳平衡点。

本章小结

本章着重介绍了生物与人类的关系，这其中又包括生物与生物的关系和生物与人的关系，生物体从小到大可以依次划分为物种、种群、群落、生态系统和生物圈。然后在生态系统中，生物与环境之间相互影响，种群数量不断变化，群落也处于不断演变的过程当中。生态系统通过自动调节作用，实现物质循环和能量流动的相对稳定，形成稳态。生物之间的相互关系以及非生物环境对生物的影响是生态学的主要内容。人类活动对环境产生的重大影响已经成为全人类共同关心的话题。

【思维导图】

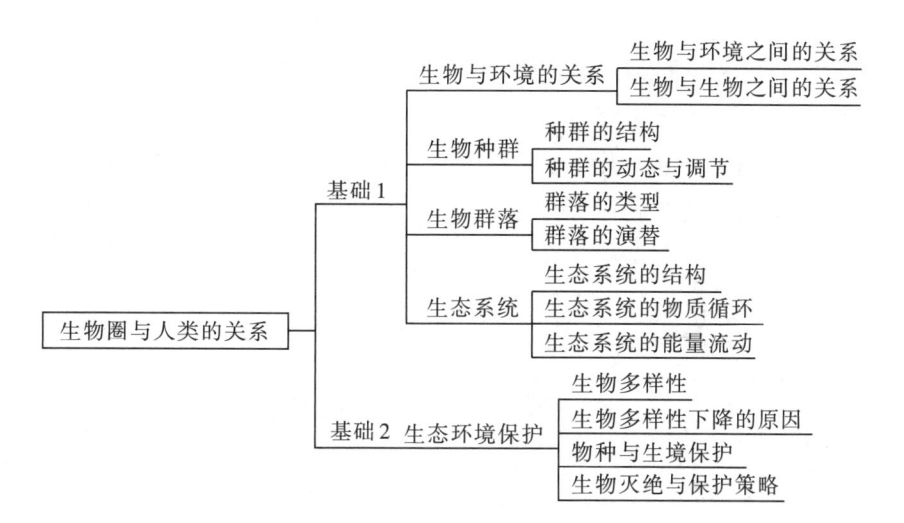

生物圈与人类的关系
- 基础1
  - 生物与环境的关系
    - 生物与环境之间的关系
    - 生物与生物之间的关系
  - 生物种群
    - 种群的结构
    - 种群的动态与调节
  - 生物群落
    - 群落的类型
    - 群落的演替
  - 生态系统
    - 生态系统的结构
    - 生态系统的物质循环
    - 生态系统的能量流动
- 基础2 生态环境保护
  - 生物多样性
  - 生物多样性下降的原因
  - 物种与生境保护
  - 生物灭绝与保护策略

【思考与练习】

1.根据下图,回答第(1)~(4)的问题。

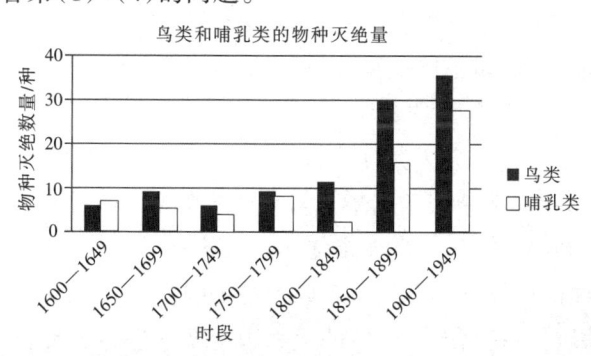

鸟类和哺乳类的物种灭绝量

(1)哺乳类的物种灭绝数量大于鸟类的物种灭绝数量时段是（　　）。

A.1600—1649年　　　　B.1650—1699年

C.1750—1799年　　　　D.1850—1899年

(2)哺乳类的物种灭绝数量最多的时段是（　　）。

A.1600—1649年　　　　B.1650—1699年

C.1850—1899年　　　　D.1900—1949年

(3)在1650—1699年之间,鸟类灭绝的物种将近（　　）。

A.5种　　　　　　　　B.10种

C.15种　　　　　　　　D.20种

(4)在1600—1949年期间,鸟类灭绝的物种将近（　　）。

A.37种　　　　　　　　B.70种

C.110种　　　　　　　D.300种

2.运用下列材料中的信息和你所学的知识,回答第(5)—(7)题。

得克萨斯州角蜥,学名为 Phrynosoma cornutum,它属于爬行动物,而不是两栖动物。由于其外形娇小,经常被人类作为宠物来饲养。然而,角蜥是不适合作为宠物饲养的,因为这种动物在圈养的情况下很容易死亡。

角蜥一般以蚱蜢和甲虫为食,但主要是以蚂蚁为食。蚂蚁约占其食物总量的66%。一旦收割蚂蚁的栖息地遭到破坏,角晰的数量也会随之下降。

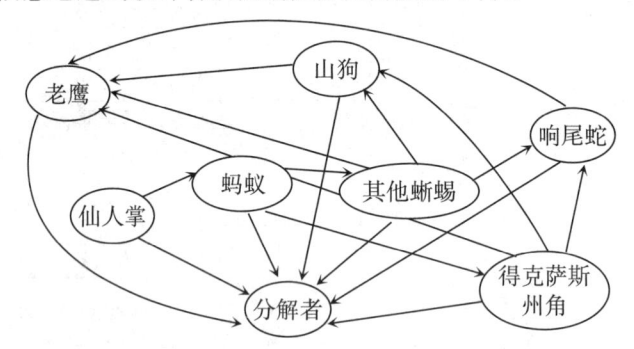

(5)根据如图所示的食物网,所有的生物除了仙人掌,都是( )。

A.分解者　　B.消费者　　C.生产者　　D.食腐动物

(6)得克萨斯州角蜥数量下降的原因是( )。

A.以蚂蚁为食　　B.受法律保护

C.受胁物种　　　D.失去其食物供应

(7)下列动物中,得克萨斯州角蜥最初与其竞争食物的物种是( )。

A.蛇　　B.仙人掌　　C.其他蜥蜴　　D.老鹰

3.如果某一种群正在呈指数增长,那么接下来它将发生什么变化?请解释原因。

4.请举例说明影响一只老虎生活中的生物因素及非生物因素。

5.生物多样性具体体现在哪几个方面?

6.人们可以采取哪些措施来进行环境保护?

【应用拓展】

结合本章的知识内容,阅读《义务教育小学科学课程标准》第33~44页,学习、研究"生命科学领域"的主要概念12"动植物之间、动植物与环境之间存在着相互依存的关系"。并就小学科学课程标准中相应的"活动建议"内容开展探究活动设计。

【推荐书目】

1.吴相钰,陈守良,葛明德.陈阅增普通生物学:第4版[M].北京:高等教育出版社,2014.

2.杨持.生态学:第2版[M].北京:高等教育出版社,2008.

3.[美]奥德姆(Odum,E.P.),[美]巴雷特(Barrett,G.W.).生态学基础:第五版[M].陆健健,等译.北京:高等教育出版社,2009.

第三篇 地球与宇宙科学领域

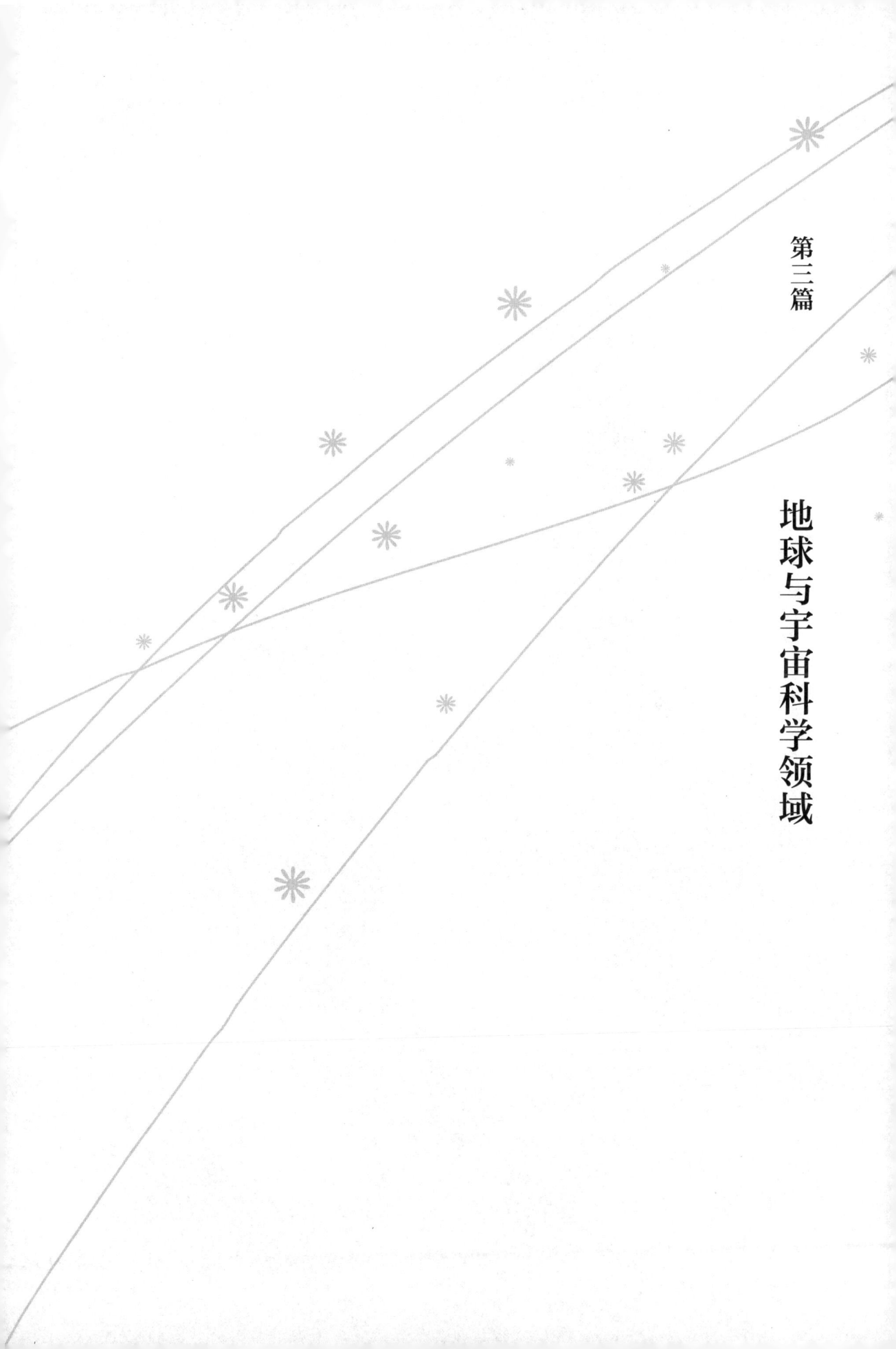

第九章
地球的宇宙环境

天地四方曰宇,往古来今曰宙。

——尸佼

天高地远,觉宇宙之无穷。

——王勃

　　地球是人类的家园,也是宇宙中一颗微小的星球。宇宙环境是地球赖以生存的基础,对地球影响深远。地球的宇宙环境从小到大有地月系、太阳系、银河系以及总星系等。本章将对地球的各种宇宙环境进行简要介绍,再结合地球本身的运动,了解宇宙环境对地球的影响。其中,基础1(第一节至第三节)主要是介绍宇宙、太阳系以及月球对地球的影响、地球的运动等知识内容;基础2(第四、五节)主要是星空观察的常识和确定地球位置的经纬网坐标。

【基础1】

第一节　人类认识的宇宙

学习提要

1. 了解人类对宇宙的认识历程。
2. 知道宇宙的组成和结构。(重点)
3. 理解现代宇宙观。(难点)

一、人类对宇宙的认识史

宇宙有两种含义,一种是哲学的宇宙,另一种是自然科学的宇宙。哲学宇宙概念所反映的是无限多样、永恒发展的物质世界;自然科学宇宙概念所涉及的则是人类在一定时期观测能及的最大的天体系统。两种宇宙概念之间的关系是一般和个别的关系。

(一)古代宇宙观

人类对宇宙的认识,经历了漫长的原始认知过程。人类对大地结构的认识,因中西方各自生活环境和思维方式的不同而有差异。在中国和西方分别出现了众多关于宇宙的学说。

1.中国古代宇宙观

在古人有限的认识领域,宇宙无外乎"天与地"。中国战国时期尸佼著《尸子》中说"天地四方曰宇,往古来今曰宙",其中"宇"代表空间,"宙"代表时间,宇宙即时空的总和。

中国古代关于宇宙的学说主要有两种:盖天说(如图9-1)和浑天说(如图9-2)。《晋书·天文志》里说:"天圆如张盖,地方如棋局",即认为:天是圆形的,像一把张开的大伞覆盖在地上;地是方形的,像一个棋盘铺在天穹的下面,日月星辰随着天穹的旋转而东升西落。这一学说又被称为"天圆地方说",长期以来影响着中国人的宇宙观,具体的表现如天坛、祈年殿等是圆形的,而地坛的建筑,如围墙等则是方形的。

图9-1　盖天说示意图　　图9-2　浑天说示意图　　图9-3　古印度宇宙观示意图

西汉末的杨雄在《法言·重黎》最早提到了"浑天"一词。后来东汉大文学家张衡在《浑天仪注》中说:"浑天如鸡子,天体圆如弹丸,地如鸡子中黄,孤居于天内,天大而地小。天表里有水,天之包地,犹壳之裹黄。天地各乘气而立,载水而浮。"浑天说的浑天仪可以精确地观测天象,对我国的历法制定具有巨大的贡献,为历代天文学家所采用。

2.古印度宇宙观

古印度人认为宇宙是由顶着半球形盖子的四只大象站在乌龟背上组成的(如图9-3)。

3.古地中海地区的宇宙观

古希腊人在日常生活中发现远处的船总是先露出船帆,然后才是船身(如图9-4)。由此推导出"地不是平的"。公元前350年,亚里士多德在《论天》一书中提出了"地球说"。其证据为：月食时，地球在月亮上的影子总是圆的；希腊人从旅行中知道，越往南的地区看星空中的北极星越靠近地平线（如图9-5）。

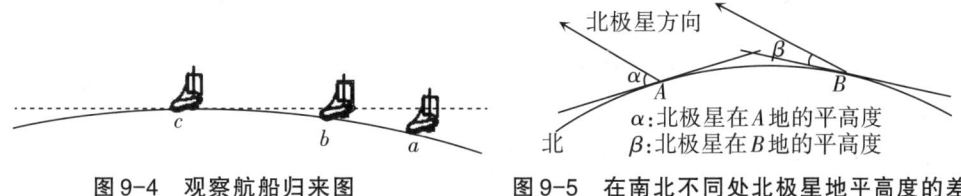

图9-4 观察航船归来图

图9-5 在南北不同处北极星地平高度的差异

α：北极星在A地的平高度
β：北极星在B地的平高度

（二）近代宇宙观

1.托勒密及其"地心说"

公元前2世纪，古希腊天文学家克罗狄斯·托勒密继承了前人的衣钵，在《天文学大成》一书中描绘了宇宙学模型（如图9-6）。托勒密认为：地球处于宇宙中心静止不动。从地球向外，依次有月球、水星、金星、太阳、火星、木星和土星在各自的轨道上绕地球做匀速圆周运动。为了适应"地球的运动速度时快时慢"的观察结果，"地心说"将地球的位置偏离圆心一点；对于"行星逆行"现象，则采用一边做着"本轮"运动，一边做着"均轮"来解释。托勒密的"地心说"，由于符合后来统治阶层的利益，故历经14个世纪，一直是独霸欧洲天文学界的圣经。

资料链接

行星逆行

在地球上观察行星在天空中的运行路径，每夜相对于恒星由东向西的运动，被认为是顺行，则偶尔观察到的行星由西向东的运行，称为行星逆行。

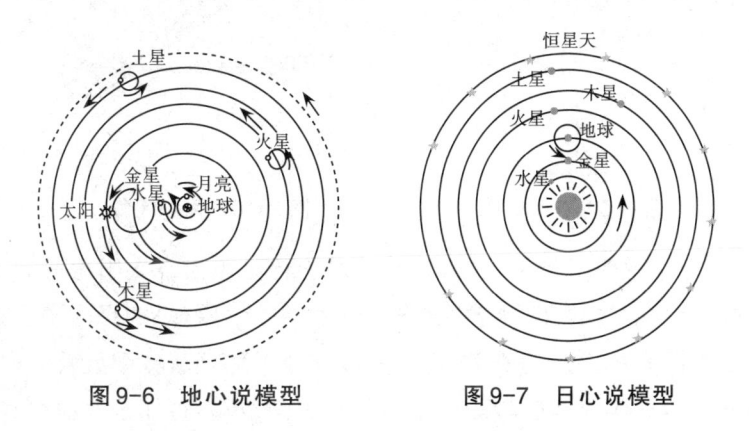

图9-6 地心说模型

图9-7 日心说模型

2.哥白尼及其"日心说"

经历了十几个世纪的观察，"地心说"中"本轮"的个数越来越多且越来越难以预测，因而导致"地心说"模型变得越来越复杂。1473年出生的尼古拉·哥白尼受文艺复兴思想的影响,开始考虑建立一个更简单的宇宙模型。经过将近27年的研究、观测和核校,1543年,哥白尼出版《天体运行论》,书中指出:只有月球绕地球公转,而地球一边自转,一边和别的行星一样,围绕太阳运行,太阳固定在这个体系的中心(如图9-7)。根据他的理论,行星逆行现象得到了圆满的解释:由于地球和火星都绕着太阳运动,且运动的速度不一致,导致在T_2和T_3点的地球看同一时间处在P_2和P_3点的火星出现了逆行现象(如图9-8)。

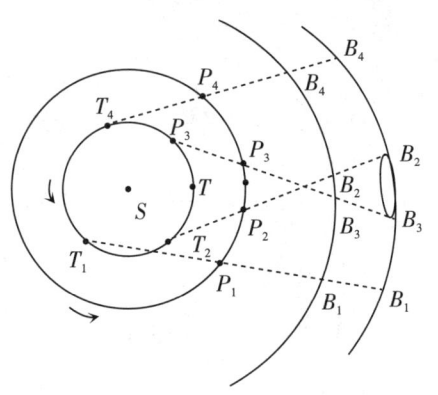

图9-8 火星逆行的解释

3."日心说"的完善和发展

伽利略为哥白尼体系的建立提供了观察事实证据。1610年,伽利略利用他自制的可以放大30多倍的望远镜发现了木星的4颗主要卫星,直接证明了"并不是所有的天体都围绕地球转"。后来他又用9年时间写成了《关于托勒密和哥白尼两大世界的对话》,以支持哥白尼体系的正确性。

开普勒对哥白尼体系的完善也做出了巨大贡献。他从第谷处继承了大量行星观察的数据,历经数年,推算出了行星运动的三大定律。开普勒第一定律又叫轨道定律:行星沿着椭圆形轨道绕太阳公转,太阳位于椭圆的一个焦点上(如图9-9)。此定律解决了"行星运行时远时近"的问题。开普勒第二定律又叫面积定律:单位时间内行星扫过相同的面积(如图9-10)。此定律解决了"行星运行时快时慢"的问题。开普勒第三定律又叫周期定律:行星围绕太阳旋转的周期的平方与它们轨道长径的立方成正比。开普勒三大定律同样也适用于天空中其他星系的行星运行规律,因此,他被尊称为"天空立法者"。

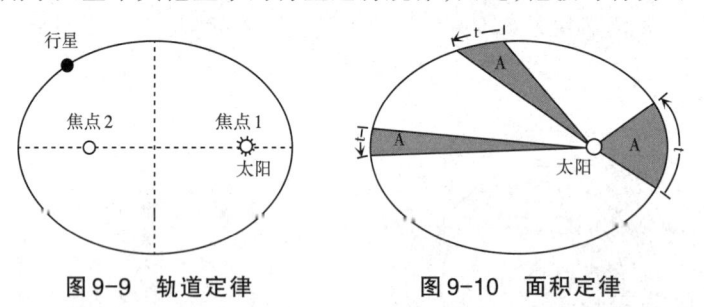

图9-9 轨道定律　　图9-10 面积定律

开普勒三大定律说明了行星如何运行,而对于行星为何绕太阳运行的答案,则是由大科学家牛顿解决的。1687年,牛顿在《自然哲学的数学原理》中提出了万有引力定律,从而指出:由于太阳系中太阳的质量巨大,所以其他天体绕着太阳旋转。根据万有引力定律,牛顿还进一步算出天体公转的轨道不仅有椭圆,还有可能是双曲线或抛物线。万有引力定律同时也推翻了太阳是宇宙中心的思想,即原来的宇宙有边界的思想被打破。牛顿也明白,按照他的引力理论,恒星势必相互吸引,因此它们不可能基本保持不动。静态宇宙的观点受到了冲击,这也揭开了人类对宇宙认识的新篇章。

(三)现代宇宙观

现代宇宙学包括密切联系的两个方面,即观测宇宙学和理论宇宙学。前者侧重于发现大尺度的观测特征,比如说微波背景辐射、引力波和黑洞等的寻找和测量;后者侧重于建立宇宙模型。目前,最有影响的是宇宙大爆炸模型。

1929年,美国天文学家哈勃发现宇宙在膨胀,为动态宇宙提供了实事证据。1946年,美国物理学家伽莫夫进而提出了宇宙大爆炸学说。它的主要观点是认为宇宙曾有一段从热到冷的演化史。在这个时期里,宇宙体系在不断地膨胀,使物质密度从密到稀地演化,如同一次规模巨大的爆炸。具体地说,宇宙起源于一个体积无限小、密度无限大、温度无限高、时空曲率无限大的点,这个点被称为奇点。这个致密炽热的奇点于140亿年前一次大爆炸后膨胀,形成现在的宇宙。目前宇宙还在膨胀中。

宇宙大爆炸学说的产生和发展

二、宇宙的物质

(一)天体

宇宙是物质的,宇宙中各种各样的物质的存在形式叫天体。宇宙中基本的天体有星云、恒星、行星、卫星、彗星等。

(1)星云。星云是指银河系内区别于恒星的由气体和尘埃微粒组成的天体。在银河系恒星之间广阔无限的空间并不是真正的"真空",而是存在着各种各样的物质,这些物质包括星际气体、尘埃和粒子流等,人们把它们叫作星际物质。星际物质在宇宙空间的分布并不均匀,在引力作用下某些地方的气体和尘埃可能相互吸引而密集起来,形成云雾状的星云。同恒星相比,星云具有质量大、体积大、密度小的特点。一个普通星云的质量至少相当于上千个太阳的质量,半径大约为10光年。人们常根据星云的位置和形状为其命名,如猎户座大星云,就是位于猎户座的星云,哑铃星云则是形似哑铃的星云。

(2)恒星。古代的人取名恒星,是因为人类用眼睛看恒星之间的相对位置是不变的。现代宇宙学中的恒星具有以下主要特征:由氢和氦组成;能够自己发光。根据宇宙大爆炸理论,所有的恒星实际上是运动的,只不过在我们有限的人类文明史的时间内,我们几乎,看不出它们的位置变化。

(3)行星。古代对行星的定义是相对于恒星来说位置发生明显移动的星。传统的行星定义是围绕恒星运行的天体。行星自己不发可见光,靠反射恒星的光而发亮。自古以来肉眼可以看到的行星主要是金星、木星、水星、火星和土星。

(4)卫星。围绕行星运动的星称之为卫星。

(5)彗星。彗星是进入太阳系内亮度和形状会随日距变化而变化的绕日运动的天体,呈云雾状的独特外貌。彗星分为彗核、彗发、彗尾三部分。彗星距离太阳越近,其尾巴的长度越长,且方向背离太阳(如图9-11)。

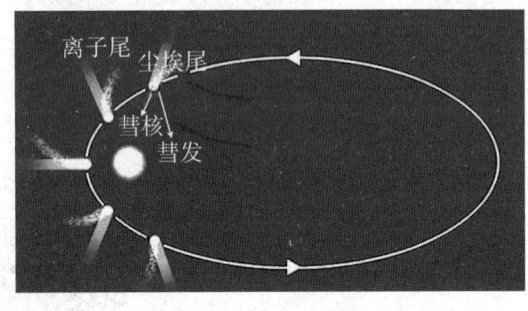

图9-11 彗星示意图

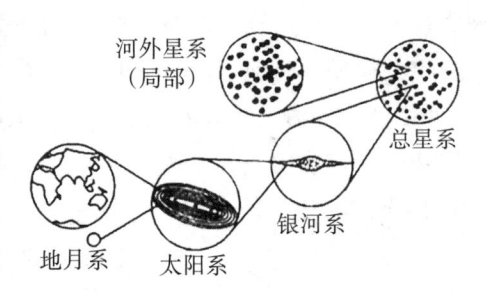

图9-12 天体系统层次示意图

(6)流星。流星实际上是比较特殊的天体,大多为彗星长尾巴脱落的部分,或者是小行星的残片。只有当它们运行的范围靠近地球,并被地球吸引过来划过地球的大气层燃烧,才形成流星现象。倘若流星没有燃烧完全,跌落地面,便是陨星。

(二)天体系统

宇宙中的各种天体相互吸引、相互绕转,形成不同层次、不同级别的天体系统。月球绕地球公转,构成地月系。地球和其他大行星、小行星、彗星等天体围绕太阳公转形成太阳系。太阳系和其他千万颗恒星又组成银河系。银河系以外还有许许多多其他星系,称为河外星系。天文学上把银河系和现阶段所能观测到的河外星系合起来叫总星系,也叫我们所能观察到的宇宙(如图9-12)。目前人类可以测量到的宇宙的半径大约是138亿光年。

第二节 太阳、地球和月球的关系

学习提要

1. 掌握太阳、地球与月球之间的关系及其导致的地理现象。(重点)
2. 掌握月相变化的规律。(难点)
3. 知道日月食发生时间及其分类。

一、太阳

(一)太阳的基本特征

太阳是距离地球最近的恒星。日地距离约1.5亿千米,也叫一个天文单位。太阳是一颗处在壮年时期的中等大小的恒星。太阳是一个巨大的炙热的气球体,主要成分是氢和氦,其中氢大约占太阳总质量的78.4%,氦大约占太阳总质量的21.6%。太阳的密度很小,大约是1.4 g/cm³。太阳的质量很大,是地球质量的33万倍。太阳之所以发光发热,是因其内部的核聚变反应所导致,即氢原子在聚变成氦原子的过程中,会损失部分质量,从而转变成大量的能量。太阳核聚变产生的能量以辐射的形式射向宇宙空间,称之为太阳辐射。

资料链接

太阳常数

地球上能够获得的太阳辐射能量用太阳常数来度量。太阳常数是在日地平均距离条件下,在地球大气上界垂直于太阳光的1 cm²面积上,1分钟内接收到的太阳辐射能量。

(二)太阳的结构

太阳的结构可以分为里三层和外三层。里三层分别是核反应区、辐射区和对流区。外三层由里到外可分为光球、色球和日冕。光球温度高,色球薄且温度低,日冕温度更低,因此人们日常看到的是光球。

(三)太阳活动及其对地球的影响

太阳外三层的大气运动变化称为太阳活动。太阳活动有很多类型,主要有太阳黑子、日珥、耀斑和太阳风等。太阳黑子位于光球层,由于其温度比光球其他地方低,所以显得暗一些,被称为黑子。根据长期观察和记录,太阳黑子有的年份多,有的年份少,其变化的周期大约为11年。通常太阳黑子数量多的地方和时期,是耀斑和其他太阳活动出现频繁的地方和时期,因此太阳黑子可以作为太阳活动强弱的主要标志。

耀斑位于色球层,是突然增大、增亮的斑块。一般从开始到高潮,需要的时间从几分钟到几十分钟不等。耀斑在爆发期间会发出大量的无线电波、紫外线、X射线、伽马射线以及高能带电粒子,形成太阳风。日珥是日冕层突然向外爆发的部分。

太阳活动会对地球上的生活产生以下几个方面的影响:

(1)影响地球的无线电短波通信。其原因是太阳活动发出的强烈射电,会扰乱地球上空的电离层,依赖电离层进行中转的无线电波通信因而受到影响(如图9-13)。

(2)产生磁暴现象。即指南针不能正确指示方向。主要原因是太阳抛出的带电粒子流干扰了地球磁场,从而影响指南针的准确性(如图9-14)。

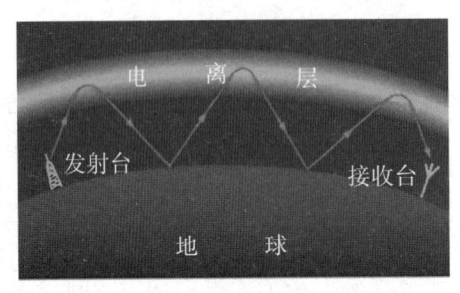

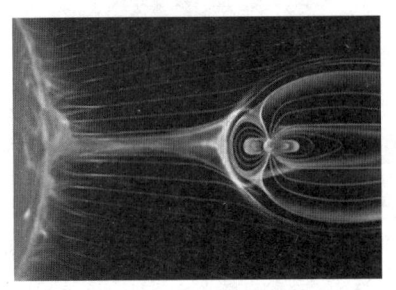

图9-13　太阳活动干扰无线电波通信示意图　图9-14　太阳活动导致地球"磁暴"示意图

(3)产生极光。极光是太阳射出的带电粒子流与地球高纬度高空的稀薄大气相撞而产生的。

(4)影响地球上的天气,尤其是降水量。科学家长期研究发现,地球上的降水也有11年或22年的周期,与太阳黑子的周期成极大的相关性。

(5)太阳的带电粒子流还会影响航天航空设施的仪器,对航空航天事业产生影响。

二、太阳系

太阳系的总质量约为 $2.0×10^{30}$ kg,太阳质量约占99.865%,除太阳之外的太阳系所有天体总质量仅占太阳系总质量的0.135%。这个巨大的质量差异决定了它们的从属地位,即后者直接或间接绕太阳运行。太阳系中除太阳可自行发可见光而被我们直接看到外,其他天体则是由于反射太阳光才被我们看到。

太阳系有八大行星、小行星带、矮行星和彗星等天体。它们都绕太阳自西向东公转。这些天体在公转的同时,也绕着自转轴在自转,除了金星自转是自东向西、天王星是横着自转以外,其他6颗星和卫星都是自西向东自转。八大行星的公转轨道都是椭圆,除水星的轨道较扁以外,其他7颗行星轨道偏心率都很小,很接近正圆。八大行星的公转轨道几乎是共面的,它们的公转轨道平面相对于黄道面的最大倾角不到7°。

矮行星

三、月球

(一)月球基本特征

月球是距离地球最近的天体,月地平均距离为38.44万千米,是地球唯一的天然卫星。月球是固体星球,其直径约是地球的 $\frac{3}{11}$(约 1 738.6 km),质量是地球的 $\frac{1}{81}$(约 7.35× 10^{22} kg)。月球表面的加速度只有地面的 $\frac{1}{6}$,无法保存大气,所以月球上没有大气,也没有气态水和液态水,故而没有风、云等天气现象。由于没有大气,月面的昼夜温差很大。

和地球一样,月球有月核、月幔和月壳。月球表面没有土壤,而是覆盖着一层月尘和岩屑。月震很弱,也没有明显的磁场。月球表面的地形高低起伏,有月海、月陆、山脉和环形山等。月海并没有水,是相对较低类似于地球上盆地的大片区域。由于对太阳辐射的反射率较低,因而我们看上去较为灰暗。月陆则是高出月海的大片区域,由于对太阳辐射的反射率比月海大,因而我们看上去比月海明亮些。月面上最明显的特征是有众多的环形山,几乎布满了整个月面。月球上的山脉十分壮观,高度往往超出月海3~4 km,最高的山峰可达8~9 km。月球上的山脉常借用地球上的山脉命名,如阿尔卑斯山脉、高加索山脉等。

(二)月球的运动

月球和地球是互有引力作用的两个天体,按照力学理论,它们应该绕着共同的质心旋转。但是由于地球的质量要比月球的质量大很多,它们的共同质心十分接近地球的质心(具体说在地表以下1 700 km处),因此我们常常粗略地把这种运动看作是月球绕地球的运动,称之为月球的公转。月球的公转方向是自西向东。月球绕地球的公转轨道是一个椭圆,地球位于椭圆的一个焦点上。月球的公转轨道叫白道。白道与地球公转轨道(黄道)有5°09′的倾角,叫黄白交角。月球公转的周期可以根据参照物标准的不同分为恒星月和朔望月。恒星月的时间长度为27.321 7日,朔望月的时间长度为29.530 6日。

月球除了公转还有自转,月球自转与公转同步,即方向相同、周期相等,称为同步自转(如图9-15)。月球的同步自转导致月球大体上总是以同一个侧面朝向地球,因而我们在地球上只能看到大体相同的半个月面,所以我们说月球有正反面之分(如图9-16)。

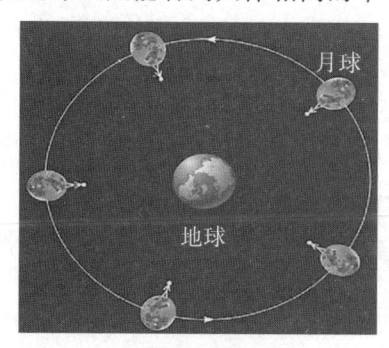

图9-15 月球同步自转示意图

图9-16 月球正面和反面的照片

太阳光照在月球上,总有一半的月球会被照亮,另外的一半月球不被照亮。根据月球自转的周期,对于月球上的某点来说,白天是地球上的14天多,而晚上也是14天多。月球上的一昼夜就约等于地球上的一个月。

四、日月地三者的关系

因日月地三者位置变化而产生的地理现象有月相和日月食等。

(一)月相

月相是指月球不同的视形状,也就是站在地球上看到的月球亮面积的大小(或圆或缺)。月球本身不发光,因反射太阳光而被我们看到,但是月球被太阳照亮的部分总是朝向太阳,月球又是绕地球公转的,因此日月地三者相对位置会时时变化,这种位置的变化导致站在地球上的人们看到月球亮面积的大小就会发生变化,这就是月相变化(如图9-17)。

此图中,由于太阳距离月球很远,因此其光线为平行光。月球绕着地球公转到任何位置,总是亮的一面对着太阳(内圈)。但是站在地球上看,月球亮面的面积就会有盈亏变化。当月球运行到地球与太阳中间,月球背对地球的一半被太阳光照亮,地球上的人们看不到月球的亮面,这样的月相我们称之为"新月"或"朔",这一天我们规定为农历每月的初一。当月球、地球、太阳之间的夹角为90°时,站在地球上的人们只能看到月球被照亮部分的一半,即半个月亮,半个月亮我们叫"弦月"。上半个月出现的半个月亮叫"上弦月",下半个月出现的半个月亮叫"下弦月"。当月亮运行到

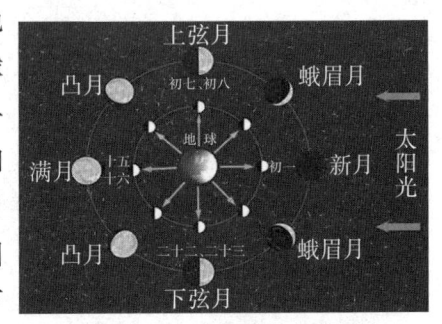

图9-17 月相成因示意图

地球和太阳的另一边,此时地球位于太阳和月球中间,站在地球上的人们可以看到被太阳照亮的整个月球的部分,即月亮的形状就是圆的,这一月相我们称之为"满月"或"望"。月相变化的周期是指从新月到下一次新月的时间间隔,称之为朔望月。

由于地球自转,每天月亮也是东升西落的。月亮运行的周日视运动周期大约是24小时50分钟,所以我们日常所见的月亮相对太阳的周日视运动逐日推迟。

(二)日月食

由于月球公转轨道(白道)和地球公转轨道(黄道)存在一个夹角(黄白交角),所以当月球运行到太阳和地球之间时,月球大多情况下是不能挡住太阳光照到地球上的。同样的道理,当地球运行到月球和太阳之间时,地球也很难挡住太阳光射向月球。只有当太阳、地球和月球在空间上落在同一条直线上,才会出现阳光被挡住的情形,这时就会发生食的现象,即日食和月食。日食一定发生在"朔",月食一定发生在"望"。

1.日食

日食是地球落入月球的影子而产生的现象。月球影子的长度与日月距离、太阳和月球的大小等有关。根据计算,月球本影的长度平均约374 500 km,而地月平均距离为384 401 km。因此,日食时,地球一般位于月球本影末端或者伪本影前端(如图9-18)。由于地球远远

大于月球,因而地球只有很小的范围在月球本影区,在这个本影区的人们可以看到日全食。周边半影区的人们同时可以看到日偏食,越远离本影区,看到的偏食越小。如果地球落入伪本影区,则伪本影区的人们可以看到日环食,半影区的人们可以同时看到日偏食。由于日月、地月等距离是在不断变化的,可能会导致一次日食过程中,开始时地球在月球的本影区(或伪本影区),随着时间的推移,地球又落到了伪本影区(或本影区),如此,在本次日食过程中,前面本影区的人们看到了日全食,而后面伪本影区的人们

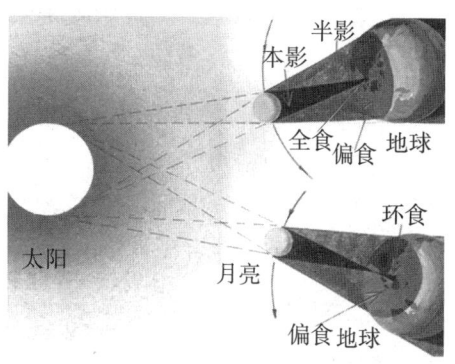

图9-18　日食及其类型示意图

看到了日环食,这次日食就叫日全环食,也叫"混合食"。日全食带在地球上最宽不超过300 km,最窄只有几十千米。全食带的某个地点所看到的日全食时间通常只有2~3分钟,最多不超过7分钟40秒,且地点一定是在赤道附近。

2.月食

月食是月球落入地球的影子而产生的现象。地球的本影平均长度约是1 377 000 km,远远大于地月平均距离。月食时,如果月球全部落入地球的本影区,地球上可以看到月全食;如果月球只有部分落入地球本影区,地球上可以看到月偏食;月球只进入地球半影区时,月亮看上去要比平时昏暗一些,称之为半影月食(如图9-19)。

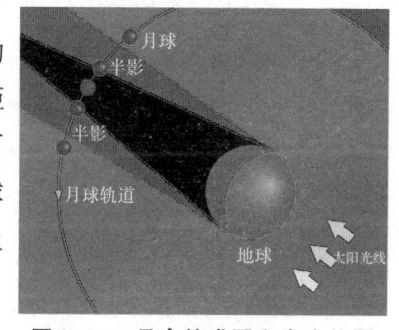

图9-19　月食的成因和发生位置

日月食的过程

第三节　地球运动

学习提要

1.掌握地球自转和公转的规律。

2.掌握地球运动导致的地理意义。(重点)

217

3. 理解恒星日和太阳日的区别。（难点）
4. 理解地球偏向力及其对地表运动的影响。（难点）

地球的运动既包括地球内部的运动，也包括地球作为一个整体在宇宙空间的运动，在众多复杂的运动中，最基本、最重要的是地球的自转和公转。一般用运动方向、周期、速度、轨道、轴等参数来描述地球的自转和公转。

一、地球自转

（一）自转轴、轨道和方向

地球绕自身旋转轴的转动叫地球的自转。假想的旋转轴叫地轴，地轴与地表的交点叫极点。目前，地轴的北极刚好指向小熊星座α星（即北极星）。地球自转的方向自西向东，自转的轨道用赤道表示。

（二）自转周期

地球自转的周期粗略的说是一"日"，但由于参照点的不同，"日"的名称和长度也不同。如果以恒星为参照点，同一恒星连续两次在同一地点上中天（地平位置最高叫上中天，位置最低叫下中天）的时间间隔，叫恒星日。一个恒星日内，地球自转了360°，因此说恒星日是地球自转的真正周期。

但是在日常生活中，太阳才是地球上昼夜变化的直接影响者，因此，人类习惯于以太阳为参照点。太阳中心连续两次在同一地点上中天的时间间隔，叫太阳日。在一个太阳日内，地球实际转动了360°59′。由于人类最先规定一个太阳日为24小时，这样算来恒星日则为23小时56分4秒（如图9-20）。

（三）自转速度

地球自转速度有角速度和线速度之分。自转角速度是指地球球面上某点单位时间转过的角度。除南北两极点外，地球上任一点的自转角速度为15°/h。自转线速度是指地球球面上某点单位时间内转过的距离。线速度与旋转半径成正比，而旋转半径随纬度增高而减少，因此纬度越低，自转线速度越大，反之越小。

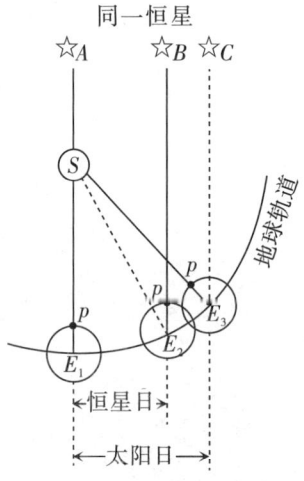

图9-20 太阳日和恒星日示意图

> **资料链接**
>
> **地球自转的证明——傅科摆**
>
> 早期人类并没有认识到地球是自转的,而是把日月星辰东升西落的周日运动看作是天体真实的运动。现在,证明地球自转有不少方法,其中最著名的实验是用傅科摆证明地球自转。
>
> 1851年,法国物理学家傅科做了一次成功的摆动实验,有力地证明了地球是在自转。实验在法国巴黎先贤祠最高的圆顶下方进行,摆长67 m,摆锤重28 kg,悬挂点经过特殊设计使摩擦减少到最低限度。此单摆具有一个重要特征:不受外力的作用下,摆平面保持不变。傅科在摆锤下面安装了一个针,摆锤摆动的时候会在其下的沙盘中留下运动轨迹。经过长时间的摆动,沙盘上留下了摆沿顺时针方向运行的轨迹。根据摆平面不变的原理,说明沙盘(地球)在做逆时针方向的自转。整个转动周期为24小时,转动角速度为15°/h。

二、地球公转

(一)公转中心、轨道和方向

地球按一定轨道围绕太阳转动,叫地球公转。地球公转方向自西向东。地球公转的轨道叫黄道,为椭圆形,其偏心率为0.016 722,太阳位于此椭圆的一个焦点上。因此,地球距离太阳有远日点和近日点之分。每年的1月初,地球经过近日点,距离太阳约为14.710万千米;每年的7月初,地球经过远日点,距离太阳约为15.210万千米(如图9-21)。

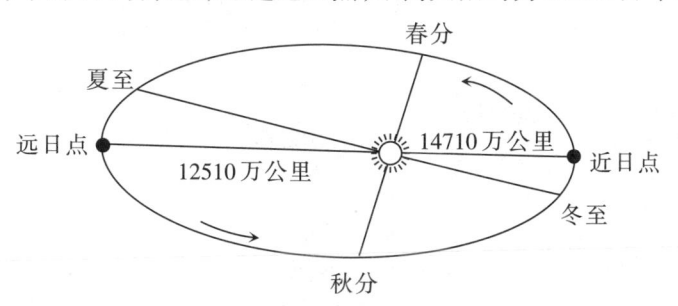

图9-21 地球近日点、远日点示意图

地球公转轨道(黄道)和地球自转轨道(赤道)之间存在着一个夹角,叫黄赤交角(如图9-22)。现阶段这个角为23°26′,因此地球是侧身在黄道上公转的(如图9-23)。

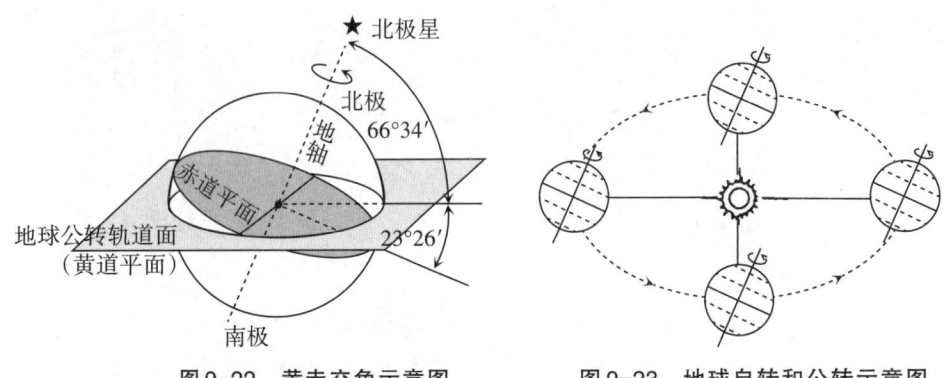

图 9-22　黄赤交角示意图　　图 9-23　地球自转和公转示意图

地球的自转轴(地轴)与其公转的轨道面成 66°34′ 的倾斜。在制作地球仪时,默认地球的黄道面是水平的,故而地轴与水平面成 66°34′ 的倾斜。

(二)公转周期

地球公转周期粗略地说是一"年"。如果以恒星为参照点,地球连续两次经过同一恒星的时间间隔为恒星年,恒星年周期为 365.256 4 日。一个恒星年里,地球绕日公转 360°,因此恒星年是地球公转的真正周期。

若以春分点为参考点,由于春分点每年向东移 11 秒,地球连续两次经过春分点的时间间隔,称为回归年。地球在一个回归年中并没有转 360°,周期约为 365.242 2 日。回归年的另外一个定义是:太阳直射点在南北回归线之间的运动周期(如图 9-24)。

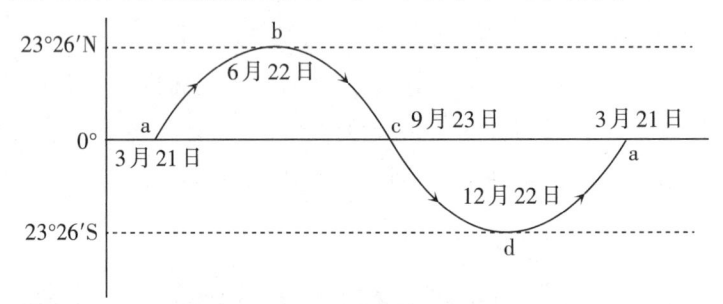

图 9-24　太阳直射点的回归运动示意图

(三)公转速度

地球公转的速度有线速度、角速度和面积速度之分。根据开普勒第二定律,地球公转的面积速度保持不变。这样导致在近日点时,地球公转的线速度和角速度都要大于远日点时的线速度和角速度。地球公转的平均角速度为 360° 除以公转周期(365.256 4 天),约等于 1°/d,地球公转的平均线速度约为 29.78 km/s。

地球公转的证明
——恒星视差

三、地球自转和公转的地理意义

(一)地球自转的意义

地球自转会造成以下结果:一是不同天体的周日视运动;二是形成了地球上的昼夜交替现象和时间差异;三是地球表面运动物体的运动方向会发生偏转。

1. 日月星辰的周日运动

地球在自西向东自转,但是地球上的人类并不能察觉,根据运动的相对性,人们看到的日月星辰每日的东升西落视运动,称之为日月星辰的周日运动。

2. 昼夜交替和时间差异

地球自西向东不停自转,导致地球上的各点产生昼夜交替现象。昼夜交替中,在同纬度的地区,相对位置偏东的地点要比位置偏西的地点先看到日出,时刻就要早。因此,就会产生因经度不同而出现不同的时刻,称为地方时。经度每隔15°,地方时相差1小时;经度相差1°,地方时相差4分钟。同一条经线上的各地的地方时相同。

地方时精确地反映了各地时刻的差异,但是在人们生活中十分不便。为了便于沟通与交流,国际上规定将全球划分为24个时区,每个时区占15个经度,以该时区的中央经线的地方时为整个时区的统一时间,叫作区时。相邻两个时区的区时相差1小时(如图9-25)。

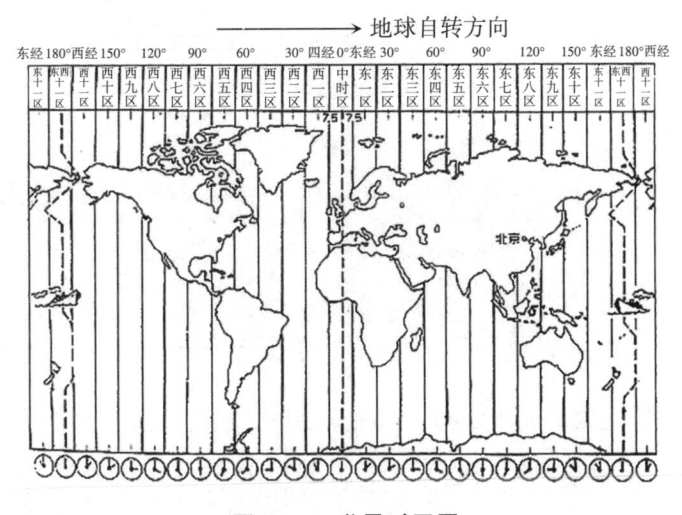

图9-25 世界时区图

跨越多个时区的国家,一般采用本国首都所在的时区的区时为全国统一时间,叫国家标准时间,如中国就采用北京所在的东八区时间为标准时间,即北京时间。

3. 地球表面运动物体方向的偏转

地球自转可以使地球上运动物体的运动方向发生偏转,导致其偏转的力称为地转偏向力。对于北半球上运动的物体,地转偏向力使其运动方向右偏;南半球运动的物体,地转偏向力使之向左偏。地转偏向力对地球上所有运动的物体都会产生影响,尤其是对大气环流和洋流影响巨大。

(二)地球自转和公转的地理意义

黄赤交角的存在导致太阳直射点在南北回归线之间移动,使得地球表面不同纬度的地方昼夜长短和正午太阳高度角有周年变化规律和纬度变化规律,因此,地球上有了四季和五带。

1.晨昏线(圈)和昼夜长短变化

由于地球是一个不发光、不透明的球体,所以同一时间里,太阳只能照亮地球的一半。向着太阳的半球是白天(昼半球),背着太阳的半球是黑夜(夜半球)。昼半球和夜半球的分界线(圈)叫晨昏线(圈)。晨昏线(圈)是由晨线和昏线组成。其中顺着地球自转方向,从白昼变为黑夜的界线是昏线,从黑夜变为白昼的界线是晨线。晨昏线与太阳光线垂直,它将每条纬圈分成昼弧和夜弧,昼弧代表当地的白天,夜弧代表当地的夜晚。

不同纬度,各地的昼夜长短,因晨昏线随太阳直射点的移动而发生变化,也反映了日照时间的长短。

当太阳直射点落在赤道(春秋二分)时,晨昏线通过两极与经线重合,等分所有纬线,因此全球各地昼夜等长,获得日照时间相等,都是12小时(如图9-26)。

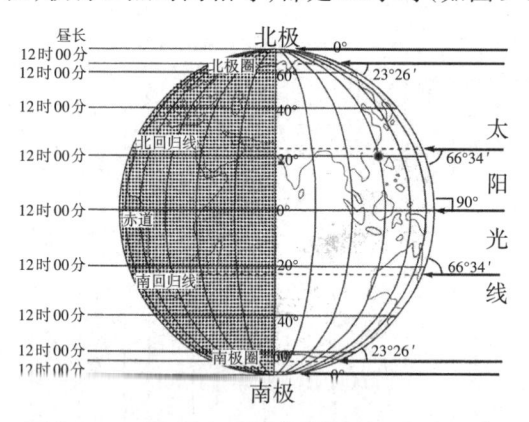

图9-26 二分日全球昼夜长短和正午太阳高度

北半球夏至日时,太阳直射点移至北回归线,晨昏线偏离两极,与南北极圈相切。此时北半球各地昼最长、夜最短,而南半球则相反。北半球的昼长和南半球的夜长随纬度增高而增大。北极圈内,纬线全线位于昼半球,昼长达24小时,终日太阳不落,称为极昼。南极圈内,纬线全线位于夜半球,24小时漫漫长夜,终日不见太阳,称为极夜(如图9-27)。

北半球冬至日时太阳直射点移至南回归线,这时南北两半球的昼夜长短分布情况与夏至日相反(如图9-28)。

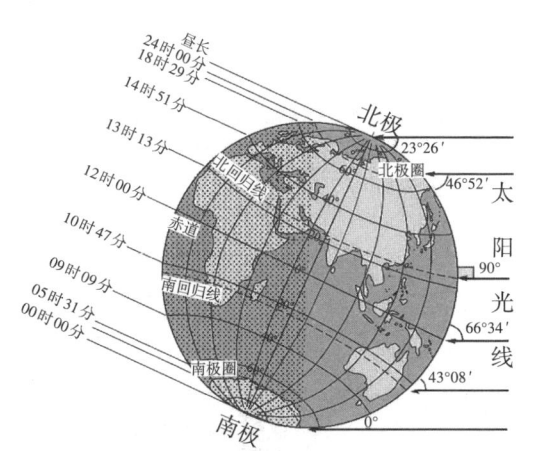

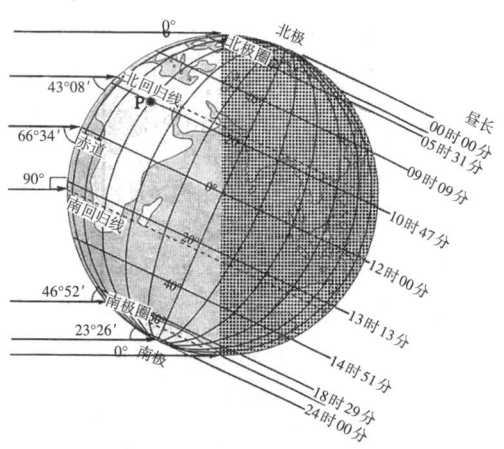

图 9-27　夏至日全球昼夜长短和正午太阳高度　　图 9-28　冬至日全球昼夜长短和正午太阳高度

2. 太阳高度角及其纬度变化

太阳高度角是指太阳对于地面的仰角，也叫太阳高度（如图 9-29）。因此它的取值范围是从 0°~90°。它在很大程度上决定地面获得太阳热能的多少。太阳高度大的时候，同样的太阳光束照在范围较小的地面上，所以地面上单位面积获得的热量就多。地球表面单位面积在单位时间内获得的太阳辐射能量，称为太阳辐射强度。它是导致某个地区获得太阳能量多少的直接而重要的因素。

对于某一个地方来说，一天中太阳高度角从太阳升起的时候为 0°，到地方时为 12:00 时达到最高，下午太阳高度逐渐变小，直到太阳下山时为 0°。某地方时 12:00 的太阳高度，也就是正午时的太阳高度，为正午太阳高度（用 H 表示）。只有热带地区，正午太阳高度才有可能达到 90°。其他纬度的正午太阳高度取决于当地的纬度以及当日太阳直射点的纬度。

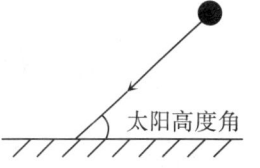

图 9-29　太阳高度角

正午太阳高度随纬度的分布规律是：以直射点为中心向南北两极递减。对于某地正午太阳高度的年度变化，热带地区（除回归线）一年有两次太阳直射的机会，回归线上有一次太阳直射的机会，其他地方都没有太阳直射。以北半球中纬度地区为例，每年的夏至日，正午太阳高度达到最高，往冬至日去越来越小，到冬至日达到最小。

3. 四季

除赤道外，在地球上同纬度地区的昼夜长短和正午太阳高度随季节的变化而变化，辐射也随季节变化呈现有规律的变化，于是形成了四季。天文含义上的四季中，夏季是一年内白昼最长、太阳高度最高的季节，也是获得太阳辐射最多的季节；冬季反之，春秋两季是过渡季节。如严格来说，只有中纬度地区才是四季分明的。

四季的划分

4. 五带

地球上的热带、南北温带和南北寒带总称五带（如图 9-30）。五带是根据天文现象的纬度差异来划分的。

正午太阳高度的季节变化具有纬度差异,其中最突出的是有无太阳直射。有太阳直射的地区(南北回归线之间),称之为热带。昼夜长短的季节变化在纬度上差异最突出的是有无极昼极夜现象。南北极圈之内有极昼和极夜现象,这一区间称之为寒带。在寒带和热带之间的地区,既没有太阳直射,也没有极昼极夜现象,称之为温带。五带可以粗略地反映太阳辐射在纬度范围的分布。

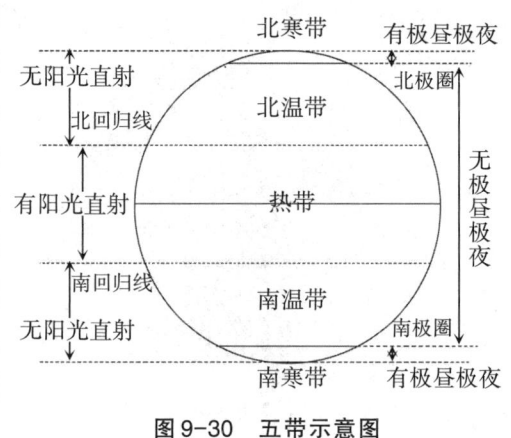

图 9-30 五带示意图

【基础2】

第四节 观察星空

学习提要

1. 掌握星座、视星等基本概念。(重点)
2. 了解主要的星座。
3. 理解星星的视位置和真实位置的差别与联系。(难点)

一、星星的视位置

当人类仰望星空的时候,看到的星星实际上并非是其在宇宙中的实际位置,而是星星在天穹上的投影,也就是星星的视位置。在观察星空中,星星和星星之间的距离是用角度来表示的。两颗星星的角度小,说明距离小,反之则大(如图9-31)。

由于地球自转导致星空自东向西的周日运动。不同纬度的地方看到的星空存在差异。赤道地区的人们一夜之间可以看到全天的星空。两极地区的观察者,只能看到半个天空的星星。南极的观察者永远看不到北极星。

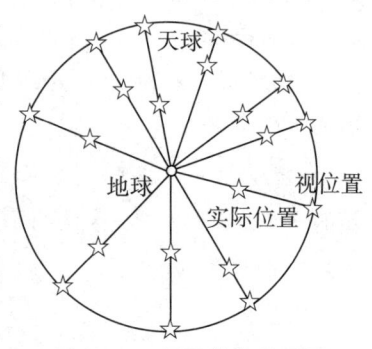

图 9-31 星星的视位置图

二、视星等和星等

人类观察星空，可以分辨出星星的明亮程度。星星的明亮程度叫视星等，也叫相对星等或者亮度。影响视星等的主要因素有：①恒星本身的发光能力，我们称之为绝对星等或者是光度。②恒星到地球的距离。全天的可见的星星有 3 000 多颗，古希腊天文学家根据星星的亮度将其分为六等，肉眼所见最亮的为一等星，刚好能见的为六等星。星等数越小，恒星越亮，反之越暗。一等星亮度约是六等星的 100 倍。全天有 21 颗一等星。

三、星座

晴朗的夜晚，人们仰望星空，可以看到位置相对不变的恒星和在天空中快速移动的行星等。为了便于认识和研究恒星，人们把星空分成若干个区域，这些区域被称为星座。古代各地区的人划分星座的标准是不一样的。为了便于统一，1922 年国际天文学会在古希腊星座的基础上，确定了全天共 88 个星座。其中天赤道以北有 29 个，天赤道以南有 47 个，横跨赤道两侧的有 12 个（即黄道 12 宫）。著名的星座有：北斗星所在的大熊星座、北极星所在的小熊星座、织女星所在的天琴星座、牛郎星所在的天鹰星座、天津四所在的天鹅星座、天狼星所在的大犬星座等。

四、四季星空

星空变化是指人们所观测到的某相同时辰的星空，随季节的迁移而发生的变化。

下面给出了大约北纬 35°处有代表性的四季星空图（如图 9-32 至图 9-35）。图中表示恒星的圆点越大，恒星就越亮。星空图的方位是上北下南、左东右西。图中左侧东方是升起的星座，右侧是落山的星座，东升西落的路线大体是围绕北极星的弧线。

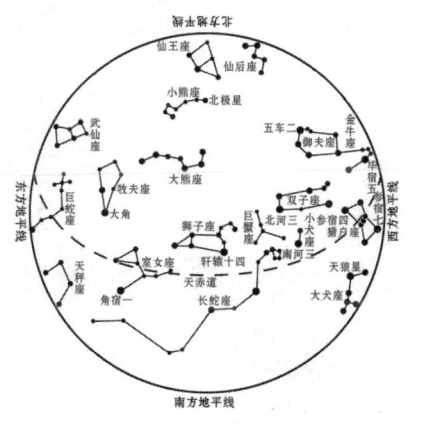

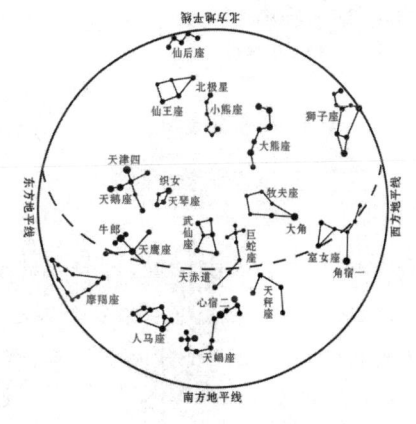

图 9-32　4 月中旬晚 9 时的春季星空图　图 9-33　7 月中旬晚 9 时的夏季星空图

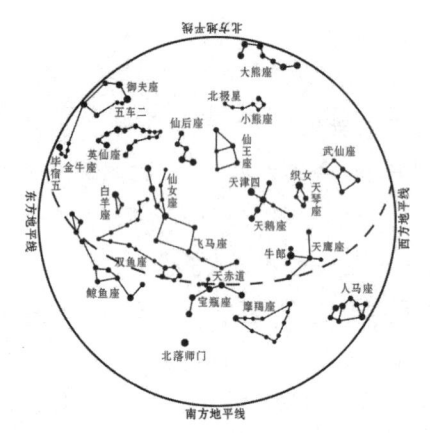

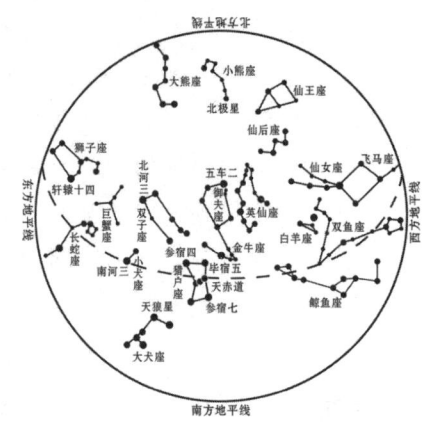

图9-34　10月中旬晚9时的秋季星空图　　图9-35　1月中旬晚9时的冬季星空图

四季的星空中,夏季和冬季的星空相对璀璨,是因为这两个季节天空中的亮星比较多。夏季星空中,西天有大角星(牧夫座α)和角宿一(室女座α)两个亮星相称,东方和南方有著名的牛郎星(天鹰座α)、织女星(天琴座α)和天津四(天鹅座α)组成醒目的亮三角。

在冬季,高悬于中天和东南天空的御夫、金牛、猎户、大犬、小犬和双子等星座引人注目,这些星座中汇聚的一等星达7颗之多,它们是五车二(御夫座α)、毕宿五(金牛座α)、参宿四(猎户座α)、参宿七(猎户座β)、天狼星(大犬座α)、南河三(小犬座α)和北河三(双子座α)。

星空鲜明的季节变化很早就引起人们注意,古人曾利用星空的季节变化来测报季节,判断农时。

观察星空的工具——星图

第五节　经纬度坐标系

学习提要

1. 认识经纬度坐标系。
2. 了解经纬网。(重点、难点)

在地球上准确确定位置,需要先建立经纬度坐标系,然后根据坐标系确定地表的经纬网。地球上任意一点与经纬度坐标一一对应。

经纬度坐标系是一个球面坐标系,有自己独特的基线、原点、刻度和方向。

一、基线之一——赤道

地球绕着地轴不停地自转,垂直于地轴并把地球分成对等的两半的大圆叫赤道。人们把这个天然的地理分界线作为球面坐标系的横坐标。地表其他与赤道平行的线叫作纬线,沿着纬线的方向是东西方向。

二、基线之二——本初子午线

与纬线垂直,过南北两极点,把地球分成对等两半的大圆叫经线圈。两极点将经线圈分成两条半圆弧,叫经线,也叫子午线(因为一个经线圈的两条经线,一条时间是子时,另一条是午时)。沿着经线的方向是南北方向。原则上说,每条经线都可以作为球面坐标系的纵坐标。1884年10月13日,各国在美国华盛顿召开的国际经度会议上通过一项决议:采用经过英国伦敦格林尼治天文台(旧址)子午仪中心的经线作为本初子午线。这样,地表坐标系的原点就定在了赤道和本初子午线的交点上。

经线和纬线都是人类为度量方便而假设出来的辅助线,它们共同构成地球上的坐标即经纬网。地球上任何一个地方的位置都是一条经线和一条纬线的交叉点,都能用经纬度描述出其位置。

三、纬度

纬度是一个线面角,描述的是纬线距离赤道的角距离,可以用纬线上的点与球心的连线与赤道面的夹角表示(如图9-36)。以赤道作为纬度的参照点,赤道以北是北纬,用"N"表示,赤道以南是南纬,用"S"表示。线面角的取值范围为0°~90°,赤道纬度为0°,两极点纬度为90°。

四、经度

经度是一个面面角,是指通过某地的经线面(经线与地轴组成的平面)与本初子午面所成的二面角。在本初子午线以东的经度叫东经,在本初子午线以西的叫西经。东经用"E"表示,西经用"W"表示。二面角的取值范围为0°~180°,所以东经有180°,西经也有180°,E180°和W180°是同一条经线。书写经纬度时,一般将纬度放在前,经度放在后,中间以逗号分开。例如,中国北京天安门位于东经116°23′17″、北纬39°54′27″,表示为(39°54′27″N,116°23′17″E)。

五、经纬网

地理坐标系的坐标网络称为经纬网(如图9-36),由互相垂直的经线(圈)和纬线(圈)构成。经线指示地球上的南北方向,纬线指示东西方向。

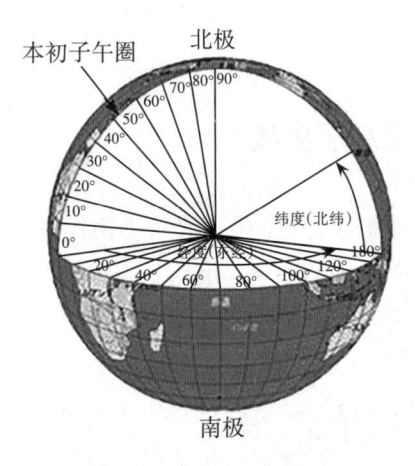

图9-36　经纬度坐标系

本章小结

本章比较系统地介绍了有关地球宇宙环境的基本知识。其内容包括宇宙的组成、地球运动的特征、日月地三者的位置变化导致的地理意义,另外还介绍了星空观察和经纬度坐标等知识内容。

【思维导图】

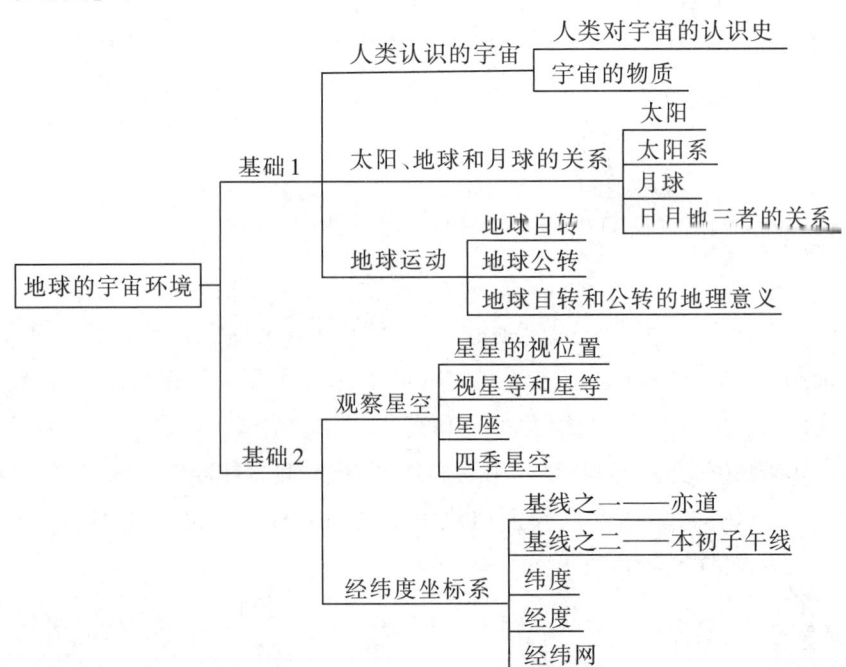

地球的宇宙环境
- 基础1
  - 人类认识的宇宙
    - 人类对宇宙的认识史
    - 宇宙的物质
  - 太阳、地球和月球的关系
    - 太阳
    - 太阳系
    - 月球
    - 日月地三者的关系
  - 地球运动
    - 地球自转
    - 地球公转
    - 地球自转和公转的地理意义
- 基础2
  - 观察星空
    - 星星的视位置
    - 视星等和星等
    - 星座
    - 四季星空
  - 经纬度坐标系
    - 基线之一——赤道
    - 基线之二——本初子午线
    - 纬度
    - 经度
    - 经纬网

【思考与练习】

【基础1】

1.简述古代天文学的起源和人类对宇宙的认识历史。

2.简述太阳的结构和太阳系的基本特征。

3.绘图推算出地球自转的线速度与维度的关系,并计算出30° N的自转线速度。

4.简述地球自转和公转的地理意义。

5.地球上的五带是如何划分的?各带有哪些性质?

6.哪些现象可以证明地球自转?

7.什么是黄赤交角?哪些地理现象与黄赤交角有关?

8.什么是"北京时间"?它是否就是北京的"地方时"?

【基础2】

1.北半球的四季星空有哪些主要星座和一等星?

2.比较经线和纬线、经度和纬度的区别。

【应用拓展】

阅读《义务教育小学科学课程标准》,围绕课程内容之"地球与宇宙科学领域"主要概念之"13.在太阳系中,地球、月球和其他星球有规律地运动着",针对"学习内容"进行研讨,就"活动建议"涉及的活动开展探究。

【推荐阅读】

1.邵华木.基础天文学教程[M].合肥:安徽人民出版社,2008.

2.赵旭阳.地球科学概论[M].北京:人民教育出版社,2008.

3.刘南.地球与空间科学[M].北京:高等教育出版社,2010.

4.[美]菲瑞斯.银河系简史[M].张先润,译.长沙:湖南科技出版社,2008.

第十章
地球系统

人法地,地法天,天法道,道法自然。

——老子

顺天时,量地利,则用力少而成功多。任情返道,劳而无获。

——贾思勰

地球是宇宙中正在运行和演变的一颗星体。它独特的圈层结构和地表环境成为人类赖以生存和发展的唯一家园。地球系统是以整体的地球作为研究对象,包括自地心至地球外层空间十分广泛的范围,是由岩石圈、大气圈、水圈和生物圈(包括人类本身)组成的一个开放的复杂巨大系统。地球系统科学反映了更高层次的学科间大跨度交叉渗透的特征,是当代地球科学进入一个重大转折时期的标志。其中,基础1(第一节~第三节)主要是介绍岩石圈、大气圈、水圈各组成要素的基本特征和自身发展规律;基础2(第四节~第六节)作为延展内容,主要介绍地球表层系统中与人类关系非常密切的土壤层的形成和肥力及分层结构,以及各组成要素作为一个自然环境整体所表现出的整体性和差异性特征。

【基础1】

第一节　岩石圈

学习提要

1. 理解地壳的物质组成。
2. 掌握三大类岩石的形成、特征及相互转化。(重点)

3.掌握地质构造中褶皱、断层的形成及其地表形态。(重点,难点)

4.掌握板块构造学说内容及其理论意义。(重点)

5.掌握外力作用的表现形式及其形成的地貌特征。(重点)

地球是由不同的物质和不同的状态圈层所组成的球体。一般可分为外部圈层和内部圈层。它们都是以地心为共同球心,所以叫作同心圈层。内部圈层是指从地表到地内深处,根据地球内部物质主要物理性质差异,依照地震波波速变化,依次分为地壳、地幔和地核。

一、地壳的物质组成

地壳是地球表面以下到莫霍面之间由各类岩石构成的壳层,在大陆上平均厚度约为35 km,在大洋下平均厚度约为6 km。

地壳的物质组成很不均匀,一般把地壳分为上下两层。上层为硅铝层,主要由比重较小的花岗岩类组成;下层为硅镁层,主要由比重较大的玄武岩类组成。硅铝层在大洋地壳中很薄甚至缺失,而硅镁层则普遍存在。地壳厚度的不均匀和硅铝层的不连续分布状态是地壳结构的主要特点。

(一)组成地壳的化学元素

地壳中已经找到的化学元素有92种,并有300余种同位素。这些化学元素,又以氧、硅、铝、铁、钙、钠、镁、钾八种元素的含量最多,共占地壳总重量的97%。在这八种元素中,氧的含量最丰富,约占地壳总重量的二分之一,其次是硅,约占四分之一。氧和硅又常常结合在一起,以二氧化硅的形式出现。二氧化硅几乎占地壳总重量的75%。

(二)组成地壳的矿物

地壳中的化学元素,在一定地质条件下,结合成具有一定化学成分和物理性质的单质或化合物,这就是矿物,它是构成岩石的基本单元。矿物多数是在地壳物理化学条件下形成的无机晶质固体,也有少数呈非晶质和胶体。自然界中单质矿物为数极少,而由化合物构成的矿物占绝大多数。大多数矿物为晶体矿物。

地壳中的矿物概述

(三)组成地壳的岩石

造岩矿物按一定的结构和构造集合而成的地质体称为岩石。岩石是地球发展过程中的产物,种类很多,依据其成因可分为岩浆岩(火成岩)、沉积岩和变质岩三大类。岩石中由可供开采的有用矿物组成的集合体称为矿石。可见,矿石是当前技术经济条件下可供利用的一种特殊岩石。

1. 岩浆岩

岩浆是来自上地幔软流层的高温熔融态物质,具有较强黏性,主要成分是硅酸盐、金属硫化物、氧化物和挥发性物质。岩浆活动和冷凝的全过程,统称为岩浆作用。

在地下处于高温高压下的岩浆,由于温度和压力的变化会发生运动。当岩浆沿岩石圈破裂或薄弱地带上升侵入地壳中时,称为岩浆侵入活动;由此冷凝结晶形成的岩石称为侵入岩,其典型代表岩石是花岗岩,分布比较广泛。当岩浆喷出地面,称为火山活动或喷出活动,由此迅速冷却凝固而形成的岩石称为火山岩或者喷出岩。常见喷出岩主要有玄武岩、流纹岩等。

侵入岩与喷出岩

2. 沉积岩

在地壳发展过程中,在地表或近地表常温常压条件下,由风化作用、生物作用及火山作用而形成的各类岩石的碎屑物质,经流水、风力和冰川等外力的搬运、沉积,并经压固胶结、重结晶后形成的各类岩石,称为沉积岩。沉积岩占地壳岩石总体积的5%,但由于它形成于广泛分布的陆地表面及海洋盆地中由沉积作用形成,因而它占据地表75%的面积,是构成地壳表面的主要岩石。层理构造和含有化石是沉积岩的主要特征。

沉积岩的形成及分类

3. 变质岩

地壳内早先形成的岩石为适应新的温度和压力条件,在不发生整体熔融的固态前提下,受地壳运动、岩浆活动或地表内热能的影响,其矿物成分和岩石结构发生不同程度的变化,称为变质作用。经历变质作用后形成的岩石称为变质岩。由于地壳运动或岩浆活动产生的定向压力,使岩石发生破碎、机械变形,岩石中的矿物定向排列形成片理构造。片理构造是变质岩的重要特征。常见的变质岩有由石灰岩变成的大理岩,由砂岩变成的石英岩,由页岩变成的片岩、片麻岩、板岩等。大理岩致密、坚硬、美观,是良好的建筑和装饰材料,纯白的大理岩又被称为汉白玉,非常珍贵。

上述三大类岩石都是在特定的地质条件下形成的,任何一类都可以由其他两大类岩石衍生而来。三大类岩石在一定地质条件下可以相互转换。

二、内力作用及其地表形态

岩石的变形,海陆的变迁,地表形态的千变万化,都是地壳变化的结果。今天我们所见到的地壳面貌,仅是地壳漫长演变史中的一个镜头。

引起地壳发生变化的作用,根据能量来源可分为内力作用和外力作用。内力作用的能量来自地球内部,主要是放射性元素衰变产生的热能。内力作用主要表现为地壳运动、岩浆活动和地震等。外力作用的能量来自地球外部,主要是太阳辐射能。外力作用主要表现为风化作用、侵蚀作用、搬运作用、堆积作用、固结成岩作用等。

(一)地壳运动及其基本形式

地壳运动是指地壳在地球内力作用下,地壳结构及其内部物质发生变化或变形的机械运动,即构造运动、大地构造运动。

地壳运动影响着地表海陆分布的轮廓,各种地质作用的发生、发展,改变着岩层的原始产状,从而形成各种各样的构造形态。地壳上各种地质构造基本上是地壳运动的结果。

地壳运动是普遍的、永恒的,有些地壳运动人们可直接观测,如地震等。有些地壳运动则进行得十分缓慢,例如目前世界上最高大的喜马拉雅山,在四五千万年前还是一片汪洋大海,即使现在,它仍然以每年 3.3~12.7 mm 的速度升高。

水平运动与垂直运动

(二)地质构造

地壳因地壳运动而产生的变形和变位,称为地质构造。地质构造是地壳运动的"足迹",因而是人们研究地壳运动的依据。地质构造最基本的形式有两种,即褶皱和断层。

1.褶皱构造

褶皱是岩层受到水平挤压力的作用而发生的波状弯曲的塑性变形。岩层如果只发生一个弯曲,则称为褶曲;两个或两个以上的褶曲,称为褶皱。褶皱的形态和规模,常常反映了当时地壳运动的方式和强度。世界上许多高大的山脉都是褶皱山脉。

褶皱有各种各样形态,但无论是哪一种褶皱,都是由核部、翼部和轴面三个要素组成,褶皱的基本形式有背斜和向斜。

背斜在外形上一般是向上突出的弯曲,岩层由中心核部向外倾斜,核心部分岩层较老,两翼的岩层较新,其地形表现为突起的山脊,称为背斜山。向斜一般是向下突出的弯曲,岩层自两翼向中心核部倾斜,地形表现为山谷,称为向斜谷。褶皱形成以后,经历长期的地表剥蚀作用和破坏,原始构造形态发生了巨大变化,背斜轴部因受到张力,容易被侵蚀而变成了谷地,而向斜轴部受到挤压,岩石坚硬不易被侵蚀而变成了山地,这就是背斜成谷,向斜成山(如图10-1)。所以,区分背斜和向斜不能单靠褶皱形态的表现,还要对比构成褶皱核部与两翼岩层的新老关系。一般而言,背斜的核心部分岩层较老,而两翼的岩层较新;向斜的核心部分岩层较新,而两翼的岩层较老。

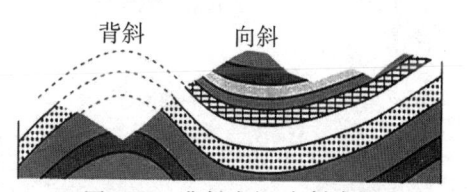

图10-1 背斜成谷、向斜成山

褶皱构造经常控制矿层的形态和分布,例如:背斜常是石油、天然气的储藏地,向斜往往是良好的储水构造。背斜和向斜的辨别对寻找水源、探矿、采矿都有很大意义。

2.断层

在地壳运动过程中产生的强大压力或张力,超过了岩石的强度,使岩石破裂并沿破裂面有明显相对移动的地质构造,叫作断层。根据岩层受力和断层两盘相对位移的方向,断层可分为：

正断层：上盘相对下降,下盘相对上升的断层。一般来说,正断层的断层面比较陡,有的近乎直立——如图10-2(a)所示。

逆断层：上盘相对上升,下盘相对下降的断层——如图10-2(b)所示。

平移断层：断层两盘沿着断层面在水平方向发生相对位移的断层。断层面常近乎直立,断层线较平直,常与褶曲轴垂直或斜交——如图10-2(c)所示。

断层地带岩石受力破碎,容易被风化侵蚀,同时也容易成为承压地下水上涌的通道。所以,断层地带常发育为陡崖、沟谷、湖泊,并可能有泉水出现。

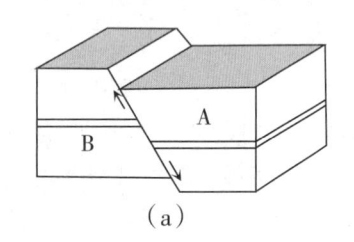

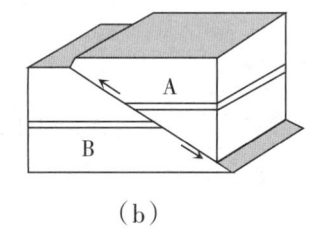

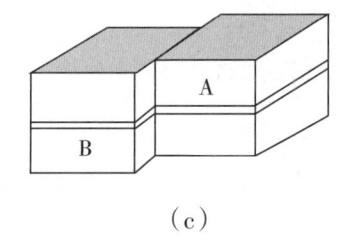

图10-2 三大断层示意图

自然界的断层,很少单个存在,而往往是成群出现。地垒和地堑就是若干断层组合而形成的。地壳被两组大致平行的断层切割,中间的断盘相对下降,两侧的断盘相对上升,则形成地堑(如图10-3)。它常形成狭长的凹陷地带,如我国陕西的渭河谷地和山西的汾河谷地。而中间断盘相对上升,两边断盘相对下降,则形成地垒。它常形成块状山地,如我国的庐山、泰山等。

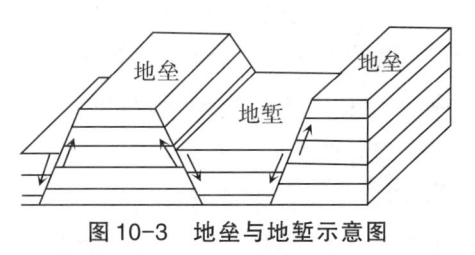

图10-3 地垒与地堑示意图

(三)全球板块构造学说

褶皱、断层等地质构造都是地壳运动的结果,地壳运动对地球表面形态的形成起着至关重要的作用。

板块构造学说是当今世界最盛行的大地构造理论。板块构造学说是在大陆漂移学说和海底扩张学说的基础上,综合各项科研成果发展起来的。海底扩张是大陆漂移的新形式,板块构造是海底扩张的引申。

1.大陆漂移学说

大陆漂移学说是1912年德国气象学家魏格纳提出的。魏格纳发现相隔在大洋两岸的南美洲和非洲的海岸线有着惊人的相似性和连续性,且南美洲和非洲岩石地层中的化石以及岩层组成也十分相似。魏格纳认为全世界的大陆原本是联结成一体的联合古陆，称为泛大陆。海洋也只有一个，即围绕着泛大陆的泛大洋，以后由于潮汐力、地球自转离心力等的影响，泛大陆逐渐破裂、分离，形成现代海陆分布的基本格局。由于魏格纳没有对大陆漂移的原因及驱动力等问题做出一个令人满意的解释，因此学说提出后即遭到不少人反对。后来，随着魏格纳的去世，大陆漂移学说很快就销声匿迹了。

2. 海底扩张学说

20世纪30年代末，尤其是第二次世界大战结束以来，人们通过海底考察发现，海洋虽然历史悠久，但海底年龄却仅有数亿年。1961年美国的赫斯和狄兹发现各大洋中间的海岭两旁的地磁异常带是对称的，而且岩石的年龄也常以海岭为轴，呈对称分布。离海岭越近者越年轻，离海岭越远者越老，于是创立了海底扩张说。他们认为大洋中的海岭是新地壳产生的地带，海岭的高峰被一个中间谷分成两排峰脊，中间谷地是地壳张裂的结果，地幔中的物质不断从大洋中脊的裂缝溢出，形成海洋地壳。这一过程的不断进行，新的大洋地壳不断产生，不断向外扩张，到大洋边缘的深海沟处，便俯冲到大陆下，冲到离地面600~700 km深处，就完全被高温熔化成岩浆。大洋中脊成了新地壳产生的地带，海沟便是消亡地带（如图10-4）。

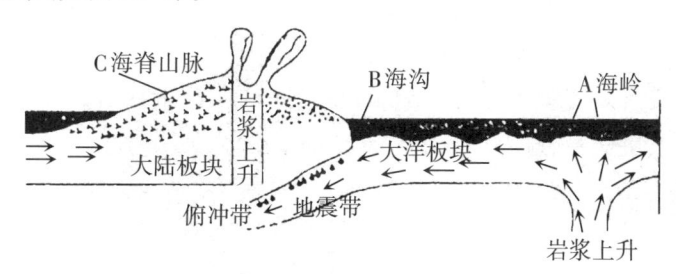

图10-4 大洋板块俯冲示意图

3. 板块构造学说

板块构造又叫全球大地构造，是20世纪60年代由法国地质学家勒皮顺和英国剑桥大学的麦肯齐首先提出的。它把大陆漂移、海底扩张以及地震与火山活动等地质现象纳入一个统一的理论体系中，用统一的动力学模式解释全球构造运动过程及其相互关系，是海底扩张假说的具体引申。

板块构造学说的理论依据在于，地表岩石圈并不是整体的一块，而是被大洋中脊、岛弧、海沟、深大断裂等构造活动带所割裂的几个不连续的独立单元（板块）构成的。他们认为，全球岩石圈分为六个大板块，即太平洋板块、亚欧板块、印度洋板块、非洲板块、美洲板块和南极洲板块（如图10-5）。其中只有太平洋板块完全是海洋，其余五个板块，既包括大块陆地，也包括大片海洋。大板块又可以划分成无数个小板块。如美洲板块又分成南美洲和北美洲板块。这些板块"漂浮"在软流层之上，处于不断的运动之中。在板块的内部，地壳一般比较稳定，而板块与板块交界的地方，则是地壳运动比较活跃的地带。这里常有火山、地震活动以及挤压褶皱、断裂、地热增高、岩浆上升和地壳俯冲等。当洋壳板块向两侧移动,与大陆板块相撞时,洋壳板块密度较大,位置较低,便俯冲到大陆板块之下,形成很深的海沟(如太平洋的马里亚纳海沟),并成为太平洋板块与欧亚板块的分界线。大陆板块受挤上拱,隆起形成岛弧(如太平洋西部边缘的岛弧链)和海岸山脉。当两个大陆板块相撞时,接触地带挤压变形,形成巨大褶皱山脉(如喜马拉雅山脉等),这种板块分界的形式,又叫地缝合线。当两个板块各向相反方向移动则出现张裂,形成裂谷(如东非大裂谷)和大洋(如大西洋)。

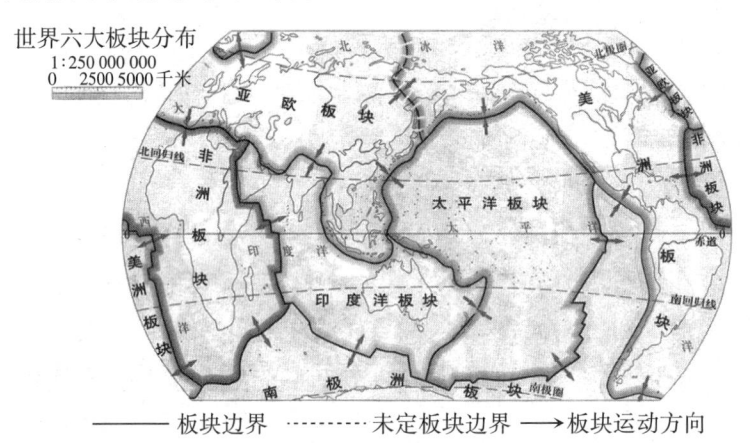

图10-5 世界六大板块示意图

板块构造学说有效解释了世界火山地震带的分布,即世界上火山和地震多发地带,一般都处在两大板块交界、地壳运动比较活跃的地带。

(四)火山和地震

1.火山

火山活动是地下炽热的熔融状态的岩浆物质在强大的内压力作用下,沿着地壳薄弱地带喷出地表的一种自然现象。火山活动是地球内部物质和能量强烈释放的一种形式。岩浆喷出地表的地方叫火山,火山喷出的物质一般有气体、熔岩和固体喷出物。熔岩和固体喷出物从火山口喷出后,大部分在火山口周围堆积下来,形成圆锥形的山,称为火山锥。火山按其活动情况分为三类:活火山、死火山、休眠火山。

世界上的火山绝大多数分布在板块的交界处。陆上火山主要分布在环太平洋和地中海—喜马拉雅山两大地带以及东非;海上火山主要分布在海岭的裂谷中。

2.地震

地震是地壳运动的一种特殊表现形式。地壳任何一部分自然快速的震动叫地震。地震是人类能够直接感受到的一种特殊地壳运动。火山活动、岩层崩塌陷落等都会引起地震,但影响最大的是地壳发生构造变动而引起的构造地震。当地壳中长期积累起来的地应力超过岩层所能承受的限度时,岩层便会突然断裂或错位,使长期积聚起来的能量急剧释放出来,并以地震波的形式向四周传播,使地面发生震动。

三、外力作用及其地表形态

地壳表面的形态简称地形,又称地貌。地表形态及其形成和发展错综复杂。总体来说,内力作用塑造地表形态的基本轮廓,如海陆分异和地形大势,称为原生地貌;外力作用则对原生地貌进行重新雕塑和改造,产生后成地貌。内力作用使地表形态隆起、沉降、高低不平,外力作用使地表趋向平缓。外力作用对地壳既有破坏作用,也有建设作用,两者是同时进行的。外力作用的表现形式主要有风化作用、侵蚀作用、搬运作用、沉积作用和固结成岩作用。

(一)风化作用

出露于地表的岩石和矿物,在太阳辐射、大气、水和生物作用下,在原地发生崩解、破碎、分解等一系列物理和化学过程,就是风化作用。风化作用又分为物理风化、化学风化和生物风化。

1. 物理风化

物理风化又称机械风化或崩解,是指地表岩石由整体破裂为碎屑、裂隙、孔隙,物理性质发生显著变化而化学性质不变的过程。造成物理风化的因素很多,主要有温度变化、冰融交替、盐类结晶等。

2. 化学风化

化学风化是指岩石在大气、水和生物等作用下发生分解,使岩石的化学成分和性质发生变化的风化作用。化学风化作用的主要方式有溶解、水化、氧化和水解等。

3. 生物风化

生物风化是指生物在其生长和生命活动中对岩石和矿物产生的破坏作用。生长在岩石裂隙中的植物,在成长过程中,根系不断发育,树根对周围的岩石可产生压力,使岩石的裂隙增多、扩大、加深,导致岩石的崩解。动物的挖掘、翻动、践踏等机械作用也常加速岩石的破碎。

(二)侵蚀作用

地表岩石及其风化物在外动力的作用下受到破坏的过程,称为侵蚀作用。侵蚀作用的外动力主要有风力、流水、冰川、海浪等。

风力侵蚀作用表现为风力吹起岩石的风化碎屑,并挟带碎屑磨蚀岩石。沙漠地区常见的风蚀洼地、风蚀柱、风蚀蘑菇等,都是风力侵蚀作用造成的。

流水侵蚀作用最为强大和普遍。流水冲刷坡面后进入沟谷和河流,沟谷流水和河流的侵蚀作用是线状的,表现为下蚀(下切)、旁蚀(侧蚀)、溯源侵蚀(向源侵蚀)三种。三者同时进行、相互联系,在塑造陆地地貌形态方面起着重要作用。如我国黄土高原千沟万壑的地表形态,就是流水侵蚀作用造成的。流水对岩石还有化学溶蚀作用,如石灰岩地区千姿百态的喀斯特地形的形成。

（三）搬运作用

风化、侵蚀的产物,被风、流水、冰川、海浪等转移离开原来位置的过程,称为搬运作用。干旱、半干旱地区和海滨地区,以风力的搬运作用为主；湿润、半湿润地区,以水力的搬运作用为主。

（四）沉积作用

岩石风化和侵蚀后的产物,在外力的搬运途中,受各种因素的影响而逐渐沉积的过程,称为沉积作用。风力和流水搬运的物质,随风速、流速的降低而依次沉积,一般颗粒大、比重大的物质先沉积,颗粒小、比重小的物质后沉积,从而形成砾石、砂、粉砂、黏土等颗粒有序的沉积物。冰川搬运的物质只有在冰川融化时才能沉积下来,常杂乱地堆积在一起。

河水携带的泥沙量大,当流至河流的中下游时,因流速降低,泥沙大量沉积,常常形成宽广平坦的冲积平原和三角洲。这些地区因土壤肥沃、灌溉便利,大多成为农业发达地区。

风力搬运物随风速的逐渐减弱而依次沉积,从而形成沙漠或黄土地形。带有大量沙粒的气流,遇到受阻而堆积下来,就形成沙丘。沙丘是沙漠地区基本的地表形态。

（五）固结成岩作用

沉积物经过物理的、化学的、生物化学的变化和改造,变成坚硬的岩石的过程,称为固结成岩作用。

外力作用的几种表现形式,对地表形态同时起作用,相互间又有紧密的联系,它们长期共同的作用,不断地改变着地表形态。

海底石油的形成与开采

第二节 大气圈

学习提要

1. 理解大气的物质组成。
2. 理解大气的垂直分层。
3. 掌握三圈环流以及季风环流的形成与分布。（重点、难点）
4. 掌握影响天气和气候的主要因素。（重点）

一、大气的组成

低层大气是由干洁空气、水汽和固体杂质三部分组成。

(一) 干洁空气

大气中除水汽以外的气体部分统称为干洁空气。它的主要成分是氮、氧、二氧化碳及惰性气体等,其中氮和氧二者约占干洁空气容积的99%。

干洁空气中的各种成分起着不同的作用。其中氮、氧、二氧化碳和臭氧最为重要,对于人类活动和天气变化影响最大。大气中的氮可以降低氧的浓度,使氧化作用不过于激烈,同时氮还是地球上生物体的基本成分之一,有极少数的氮可以被土壤细菌摄取,并被植物所利用。氧是人类和其他生物维持生命活动所必需的物质,动物和植物都需要氧气进行呼吸,通过氧化作用得到热能以维持生命。氧易与其他元素进行氧化作用,例如燃料的燃烧是一种剧烈的氧化作用形式。二氧化碳所占体积很少,但是在大气过程中能强烈吸收地面辐射,同时又向周围空气和地面放射长波辐射,从而对低层大气和地面有保温作用,同时还参与绿色植物的光合作用。臭氧能大量吸收太阳光中的紫外线,减轻有害紫外线对地面上生物的伤害。

(二) 水汽

大气中的水汽来源于江、河、湖、海以及潮湿物体表面的水分蒸发,随着空气的垂直运动输送到上空,成为大气中的水汽。水汽在大气中的含量变化很大,一般随地区、季节的变化而有明显差异。一般来说,海拔高度越高,水汽含量越少。同时水汽因具有冰、水、汽三态互相转换的物理特性,并在相态变化过程中,吸收和放出大量的热量,使水汽在天气变化过程中扮演了主要角色。云、雾、雨、雪、霜、露等现象均是水汽的不同物态,对人类的生产和生活影响较大。

水汽的凝结和凝结物

(三) 固体杂质

固体杂质是悬浮在大气中的微小尘埃,主要来源于火山爆发、燃烧时形成的烟尘、风吹起的灰尘等。它们多分布在大气的底层,且随着时间、地区和天气条件的不同,其分布也有变化。固体杂质是大气中水汽凝结的必要条件,对成云致雨有重要作用。但是如果含量过高,则会污染空气,影响能见度,给人类带来危害。

二、大气的垂直分层

大气圈自地面向上,大气的成分、温度、水分、密度等物理性质在垂直方向上有显著差异。根据大气温度变化和大气运动的特点,从垂直方向可将大气分为对流层、平流层、中间层、暖层和散逸层(如图10-6)。

(一)对流层

对流层是大气的底层,集中了整个大气圈质量的$\frac{3}{4}$和几乎全部的水汽和固体杂质。云、雾、雨、雪等主要大气现象都出现在这一层中,是对人类生活、生产影响最大的一个层次。它的高度因纬度而异:在低纬度地区高17~18 km;在中纬度地区高10~12 km;在高纬度地区高8~9 km。这一层有三个主要特点,一是气温随高度的增加而递减。这一层中,空气的大部分热量直接来自地面。近地面的空气受热多,气温高;远离地面的空气受热少,气温低。一般来说,海拔每升高100 m,气温下降0.65 ℃。二是空气对流运动显著。对流层上部气温低下部气温高,使空气产生垂直对流运动。低纬度地区气温高,对流旺盛,对流层的高度就高;高纬度地区气温低,对流弱,对流层的高度就低。三是天气现象复杂多变。对流层中温度、湿度的水平分布不均匀,空气对流运动强烈,高、低层空气交换频繁,把近地面的热量、水汽、杂质等向上输送,对成云致雨有重要作用。因此,对流层又叫天气层。

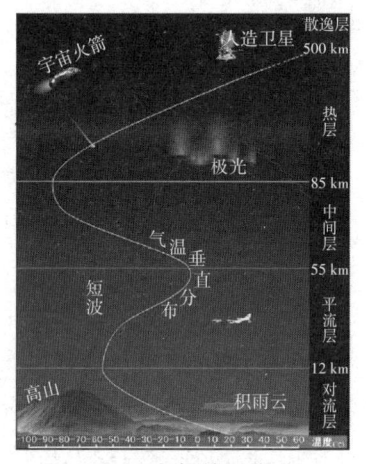

图10-6 大气的垂直分层

(二)平流层

自对流层顶到约55 km高空称为平流层。这一层的主要特征有,一是平流层中,上部气温随高度增加迅速上升。这是因为平流层中的臭氧大量吸收紫外线,致使气温升高。二是大气以水平运动为主,气流运动相当稳定。平流层上部气温高,下部气温低,不易形成空气的垂直对流运动。臭氧层的存在对对流层和地表起着保护层的作用,是保护人类环境的重要因素。三是水汽、固体杂质含量极少,云、雨现象近于绝迹,大气平稳,天气晴朗,有利于飞机飞行。

(三)中间层

从平流层顶向上到达85 km高度的高空范围称为中间层。中间层的主要特点是气温随高度的升高而降低,这是因为这里几乎没有臭氧吸收太阳紫外线辐射,下部气温高而上部气温低,有相当强烈的垂直运动,所以又叫高空对流层。该60~90 km高度上,有一个只有在白天出现的电离层,叫作D层。

(四)暖层

从中间层顶部到达500 km高度的范围称为暖层(热层)。暖层空气密度很小,含有大量的氧原子,能够强烈吸收太阳紫外线辐射,因而该层气温随高度的升高而急剧升高。该层空气因受太阳紫外线辐射和宇宙线作用而处于高度电离状态。因此,此层常常出现极光现象。

气温的日变化与年变化

(五)散逸层

暖层顶以上的大气层称为散逸层,其上界为3 000 km左右,是地球大气层与星际空间的过渡区域。散逸层空气极其稀薄,高速运动的分子甚至可以挣脱地球引力的束缚而逃逸到宇宙空间去。

三、大气运动

大气的运动能引发天气的变化,促进地球表面上热量、水汽的输送和交换,不同性质的空气得以交流,从而产生各种天气现象和天气变化,对地理环境的形成和人类的生活有着重要的作用。大气运动包括垂直运动和水平运动,以垂直运动为主的空气运动称为上升气流或下沉气流。大气运动的能量来源于太阳辐射。太阳辐射对各纬度地区加热的不均匀,造成高低纬度间热量的差异,这是引起大气运动的根本原因。

气压及其空间分布

(一)大气的水平运动

大气的水平运动通常称为风。风的产生主要受水平气压梯度力、地球自转偏向力、离心力和摩擦力等作用。风总是由气压高的地方流向气压低的地方。

当某地等压线呈平行的直线分布时,该地区的大气在水平方向就出现了气压差。通常把单位距离间水平方向的气压差叫作水平气压梯度。有了水平气压梯度,就必然产生促使该地区空气由高压区流向低压区的力,这种力称为水平气压梯度力。水平气压梯度力的方向永远垂直于等压线,并且由高压区指向低压区。水平气压梯度力是大气水平运动的原动力,是形成风的直接原因。

空气质点受水平气压梯度力的作用,沿梯度力的方向运动,但由于地球自转的关系,大气在水平运动的同时要受到地球自转偏向力的影响。在高空,大气在水平气压梯度力和地转偏向力的共同作用下,风向总是与等压线平行。近地面大气的水平运动还要受到地面摩擦力的影响。当气压梯度力与地转偏向力、摩擦力两力的合力平衡时,大气水平运动的方向与等压线保持一个夹角,使得近地面的风斜交于等压线(如图10-7、图10-8)。

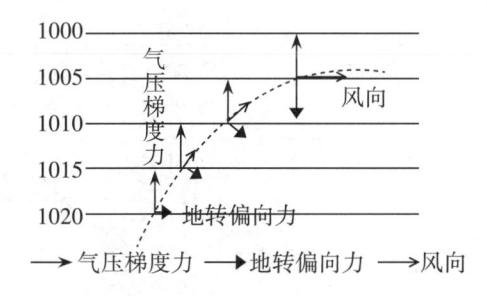

图10-7 在水平气压梯度力和地转偏向力共同作用下的风(北半球高空)

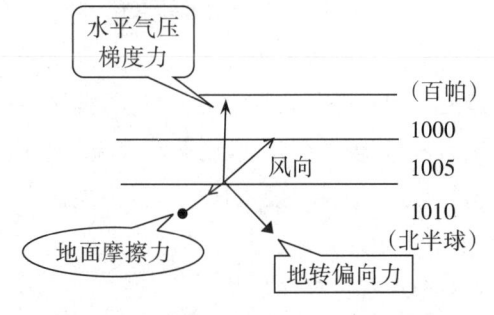

图10-8 在水平气压梯度力、地面摩擦力和地转偏向力共同作用下的风(北半球近地面)

（二）大气环流

大气每时每刻都在不停地运动着，具有全球性的有规律的大气运动，通常称为大气环流。大气环流是一种较为复杂的大气运动形式，其主要包括低纬环流、中纬环流和高纬环流。

假设地球不自转，且表面均匀，由于赤道与两极受热不均，赤道上空的空气流向极地，在低层气流自极地流向赤道，补偿赤道上空流出的空气，这样在赤道与极地之间就会形成一个南北向的闭合环流。但是地球在不停地自转，空气一旦开始运动，地转偏向力就会发生作用，从而形成三圈环流。

1. 低纬环流

由于赤道地区终年炎热，大气受热膨胀上升，赤道近地面形成一条沿赤道方向延伸的低压带。受热上升到高空的气流在赤道上空形成高压，从而在赤道高空出现向南、向北的水平气压梯度，等压线与纬线平行。在水平气压梯度力的作用下，赤道高空出现向南、向北的气流。随着地转偏向力的不断加大，气流方向逐渐加大偏转，并在大约南北纬30°的高空与等压线平行，也就是与纬线平行。气流不能再继续向南或向北流动，因而空气在南、北纬30°的高空聚积，产生下沉气流，致使近地面气压增高，形成副热带高压带。在近地面，由南北半球近地面的副热带高压带向赤道低压带之间形成了水平气压梯度。在水平气压梯度力、地转偏向力和地面摩擦力的作用下，形成了北半球的东北信风和南半球的东南信风，这就是在赤道与南、北纬30°之间形成的低纬环流。

2. 中纬环流及高纬环流

在极地附近，由于终年寒冷，大气冷却收缩，形成了南北极地高气压带。在副热带高气压带与极地高气压带之间，形成了一个相对低压地区，即副极地低气压带。在近地面南北纬35°~65°之间的地带，在水平气压梯度力、地转偏向力和地面摩擦力的共同作用下，由极地高气压向副极地低气压形成极地东风带，由副热带高气压带向副极地低气压形成偏西风，叫盛行西风。极地东风与盛行西风在副极地低气压带地区相遇，形成锋面天气，有一支上升的气流到达副极地地区上空，又分别受到地转偏向力和水平气压梯度力的影响，分别流向副热带和极地的上空，形成下沉气流，这样就在副热带、副极地以及极地地区的近地面和高空，形成了中纬环流和高纬环流。

3. 全球气压带和风带

由于太阳辐射在地表分布的不均匀，以

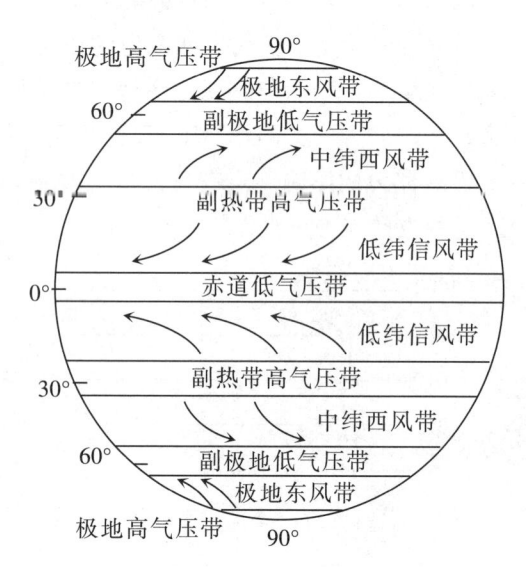

图10-9 地球上的气压带和风带

及地球自转偏向力等因素的影响,使得地球上气压呈带状分布,高、低气压带从北向南相间分布,出现七个气压带和六个风带(如图10-9):南北半球极地高气压带、南北半球副极地低气压带、南北半球副热带高气压带和赤道低气压带。六个风带是南北半球的低纬信风带、南北半球的中纬西风带以及南北半球的极地东风带。由于太阳直射点随季节的变化而南北移动,从而导致全球的气压带和风带也会随着季节的移动而南北移动。

季风环流

四、天气与气候

(一)天气

天气是指一定区域时段内的大气状态(如干湿、阴晴、风雨、冷暖等)及其变化的总称。影响一个地区天气的主要因素是气团、锋、气旋和反气旋等气压系统。

1.气团及其分类

在广大范围内,水平方向上,温度、湿度、垂直稳定度等物理属性较均匀的大块空气,称为气团。其水平范围由数百千米到数千千米,垂直范围由数千米到十余千米甚至伸展到对流层顶。

2.锋及锋面天气

气团的形成及分类

冷暖不同的气流相遇,它们中间的交界线叫锋面。锋面与地面相交的线叫锋线,习惯上又把锋面和锋线统称为锋。锋面两侧的空气温度、湿度、气压、风等气象要素有明显的差异,整个锋区常伴有云、雨、大风等天气。因此,当锋经过某地时,必然使该地天气产生明显的变化。根据锋面两侧的冷暖气团的移动方向,可以将锋分为冷锋、暖锋和准静止锋。

冷锋、暖锋及准静止锋

3.气旋和反气旋

气旋是指中心气压低于四周的水平空气涡旋,也是气压系统中的低压。北半球气旋中,低层的水平气流呈逆时针方向向中心辐合,南半球的气旋则呈顺时针方向向中心辐合。当气流从四面八方流入气旋中心时,气旋中心的空气被迫抬升,在气旋的中心地区形成垂直上升气流,从而出现多云或阴雨天气。

反气旋是指中心气压高于四周的水平空气涡旋,也是气压系统中的高压。北半球反气旋中,低层的水平气流呈顺时针方向向四周辐散,南半球的反气旋则呈逆时针方向向四周辐散。当低层气流从中心向四周扩散后,反气旋中心的上层空气自然会下降补充,从而形成自上而下的下沉气流。一般来说,被反气旋控制的地区常常会出现晴朗天气。

(二)气候

气候是指一个地区多年天气特征的综合,包括其平均状况和极端天气变化。影响气候的因素主要包括太阳辐射、大气环流、下垫面状态和人类活动等。

1. 太阳辐射

太阳辐射是大气中一切物理过程和物理现象形成的最基本动力,所以它是气候形成的基本因素。由于太阳辐射在地球表面的分布随纬度的变化而变化,使得地球表面各地的热量也由低纬地区向高纬地区逐渐减少,地球上从赤道向两极形成了热带、温带和寒带等气候带的分异。

2. 大气环流

大气环流是由于地表冷热源的差异而产生的。大气环流把热量由低纬度向高纬度传输,调节高低纬度间的温度,因而大气环流在缓和赤道与极地之间南北温差上,起到了巨大的作用。同时大气环流还调节了海陆之间的热量。冬季大陆是冷源,海洋是热源,盛行海洋气团的沿海地带,热量由海洋输向大陆;夏季大陆是热源,海洋相对是冷源,大陆向海洋输送热量。这种海陆间的热量交换是造成同一纬度带上,大陆东西两岸和大陆内部气温有显著差异的重要原因。

3. 下垫面状况

下垫面是大气的主要热源和水源,它对气候的影响十分显著,海洋与大陆之间的差别是最基本的。海洋的热容量比陆地大,它的增温冷却比大陆慢。与同纬度的大陆相比,海洋具有冬暖夏凉的特征。相对于大陆,冬季海洋是个热源,夏季海洋是个冷源。海陆间巨大的热力性质差异也会大范围盛行风,且随季节而有显著改变,即形成季风气候。

4. 地形因素

地形对气候的影响也很明显。地形本身不但会产生多种多样的气候特点,而且高大的地形又往往是气流移动的屏障。例如秦岭山脉是我国温带和亚热带的重要分界线;高大的青藏高原影响我国西北地区的气候,使得西北地区更为干旱;迎风坡的降水量显著高于背风坡。

5. 人类活动

人类的活动改变了地面状况,进而影响或改变了局部地区的气候。例如植树造林,修建水库、灌溉农田等生产活动,都能使气候朝着有益于人类生存、发展的方向变化。但是也有些活动,如大规模垦荒、毁林等,使地面的状况发生变化,改变了近地面大气中的热量和水分,导致沙尘暴肆虐、水旱灾害横行等气候恶化的现象。人类向大气直接排放大量有害物质,改变大气成分,导致气候变化。例如人类向大气中过多排放二氧化碳等"温室气体",有可能导致全球变暖;人类向大气中排放的氯氟烃等气体,严重破坏了臭氧层;向大气中排放的大量酸性气体,导致酸雨的发生。

你知道"温室效应""热岛效应""阳伞效应""沙漠化效应""湖泊效应"吗?

第三节　水圈

> **学习提要**
>
> 1. 理解河流的补给形式、水情要素及影响河流径流的因素。
> 2. 理解湖泊与沼泽。
> 3. 掌握地下水的分类及埋藏条件。(重点)
> 4. 理解洋流的分类及水循环的类型及意义。(重点、难点)

一、地球上的水体

(一)陆地水

陆地水可分为地表水和地下水两类。地表水主要有河流、湖泊、沼泽、冰川等水体。

1. 河流

(1) 水系和流域

陆地水在重力作用下,经常沿着陆地表面的浅形洼地流动,称为河流。河流与人类的关系最为密切,它对自然地理环境有着重要的影响。水系是在一定集水区内,大大小小的河流构成的脉络相连的水道系统。直接流入海洋或湖泊的河流叫干流,直接流入干流的河流叫一级支流。流域是地表水或地下水汇入河流并补给河流的区域,两个相邻流域之间的界线称为分水线或分水岭。直接或间接流入海洋的河流叫外流河,外流河的流域称为外流区。中途消失或注入内陆湖泊的河流叫内流河,内流河的流域叫内流区。河流的发源地叫河源,河流的终端叫河口。从河源到河口,河流一般可以分为上游、中游和下游三段。

(2) 河流的补给

河水的来源叫作河流的补给。大气降水是河流最主要的补给。根据河流补给形式的不同,一般把河流的补给分为雨水补给、融水补给、地下水补给、湖泊和沼泽水补给等。

雨水补给是世界上大多数河流最重要的补给来源。以雨水补给为主的河流,其水量变化同当地降水变化关系十分密切。降水量大的季节,河流的水量也大,降水量少的季节,河流的水量也少。我国大部分地区降水为雨水,因此,雨水补给是我国河流最普遍也是最重要的补给形式。我国东部地区的河流雨水补给一般占这些河流年径流量的60%~90%。洪水期多在夏秋季节,而枯水期多在冬春季节。

纬度较高的地区,冬季固态降水主要是降雪的形式,随着第二年春季气温回升,积雪融化,形成河流的补给源,使河流水量增大,往往形成春汛。这种补给形式主要分布在我国东北山区的河流,春汛期间流量增大。季节性积雪融水补给的河流变化一般同气温变化一致,并且平稳。在高山永久积雪地区,冰雪融水是河流的重要补给源。冰雪融化量也是与气温的变化相一致的:一年中最高气温出现在夏季,因而夏季河流的径流量最大;冬季封冻,许多小河流断流,河流的径流量最小。这种补给形式主要分布在我国西北部的有些河流,夏季水量大部分是由天山、昆仑山、祁连山的冰雪融水补给的。

地下水是河流稳定而可靠的补给源。其中,深层地下水因受外界气候条件的影响较小,其补给水量几乎没有季节变化,浅层地下水常常与河水有互为补给的关系:落水时浅层地下水补给河水,涨水时河水补给浅层地下水。我国大部分河流都有一定数量的地下水补给,如我国黄土高原地区沟壑区的地下水补给比重较大。

湖泊对河流的补给既可以发生在河源,成为河流的源头,也可以发生在河流的中下游位置。例如长白山天池是松花江的源头。它们不仅能补给河流,而且能接纳河水,对河流径流起着调节的作用。例如我国长江中下游的许多天然湖泊和人工水库,对长江及其支流的洪水起着天然的调节作用。沼泽水的水量不大,对河流的补给作用不是很明显,对河流的调节作用也有限。

实际上,一般较大的河流,都是由多种水源共同补给的,不过每一条河流的补给总以某一种形式为主,靠单一水源补给的河流很少。

河流的水情要素

2. 湖泊与沼泽

湖泊是陆地上面积较大的有水洼地。湖泊水是地表水的重要组成部分。全世界湖泊面积约270万平方千米,占全球大陆面积的1.8%。芬兰、瑞典、加拿大、美国北部都是世界上湖泊集中的地区,其中美国和加拿大边境的五大湖,是世界上最大的淡水湖群。我国共有湖泊25 000多个,是一个多湖泊的国家。

沼泽一般是指土壤经常被水饱和、地表积水、长有沼泽植物、有泥炭或有潜水层的地段。沼泽中生长着各种喜湿性植物,并有泥炭堆积。全球沼泽主要集中在亚洲西伯利亚、北美洲加拿大及欧洲。我国沼泽集中分布在东北和四川等地。

3. 地下水

地下水是指埋藏于地表以下的水。一般埋藏在岩石裂隙、碎屑物堆积层和土壤空隙之中。按照埋藏条件,地下水可分为潜水和承压水两大类(如图10-10、图10-11)。

湖泊的分类

潜水是埋藏在地表以下第一个隔水层以上的地下水。潜水有一个自由水面,通常由地形高处向低处渗流。潜水埋藏深度在山地区域往往可达数十米甚至数百米,但平原地区埋藏较浅,通常只有数十厘米至数米,易于开采利用。潜水受外界条件影响很大,在引用地表水灌溉的地区,如果经常大水漫灌,又没有相应的排水设施,则会引起潜水水位不断上升,在干旱、半干旱地区造成土壤盐渍化。在大规模开采潜水的地区,如果开采过量,往往引起潜水水位下降,严重的会导致地面下沉,在沿海地带还会引起海水入侵。

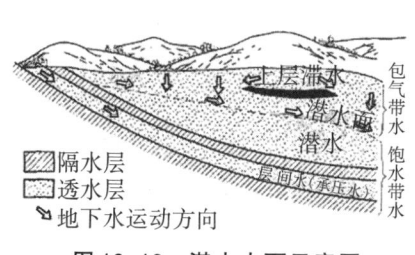

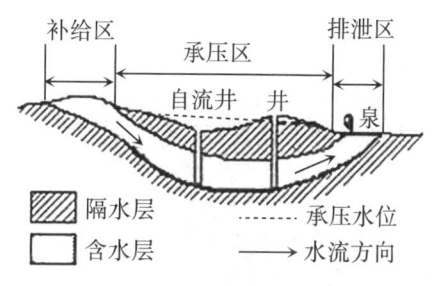

图 10-10　潜水水面示意图　　　图 10-11　自流水盆地示意图

承压水是埋藏在上下两个隔水层之间,承受一定压力的地下水,又叫自流水。承压水分布的地区很多成为盆地状,这种地区叫自流水盆地。在自流水盆地上,只要把上面的隔水层钻穿,地下水会就在压力作用下,沿钻孔自流上涌,甚至喷出地表。承压水因埋藏较深,受气候的影响较小,不易受污染,水质好,是很好的供水水源。在城市和工矿企业供水中具有重要意义。

(二)海洋水

1.海和洋

海是指大洋边缘,被大陆、半岛、岛屿所分割的水域。它是大洋的附属部分,既受大洋的影响,又受大陆的影响。洋是指地球表面连续的广阔水体,是海洋的主体部分。洋的深度大、面积广,不受大陆影响,理化性质较稳定。世界大洋有太平洋、大西洋、印度洋和北冰洋。

2.洋流

海洋表层海水,常年比较稳定地沿着一定方向做大规模的流动叫作洋流,又叫海流。

洋流的产生,最基本的原因,一是海面风的作用,二是海水密度分布不均。据此可将洋流分成风海流、密度流、补偿流。

风海流是在盛行风长期作用于海面所形成的稳定流。风海流的强弱同风速大小、海水深浅、海域面积和海区的地理纬度等因素有关。

密度流是由于海水的温度、盐度不同,使海水密度分布不均匀,导致压力分布不均,在压力梯度和地球自转偏向力的作用下产生的海水运动。例如地中海与相邻的大西洋因海水蒸发不同,导致大西洋表层海水经由直布罗陀海峡流入地中海,地中海的海水由直布罗陀海峡底层流入大西洋。

补偿流是因海水从一个海区流出而导致另一个海区的海水流入进行补充的海流。

根据洋流的水温高低,洋流又可分成暖流和寒流。洋流的水温比流经海区高的叫暖流,例如由低纬流向高纬的洋流。洋流水温比流经海区低的叫寒流,如由高纬流向低纬的洋流。

二、水循环

(一)水循环的类型

海洋、大气和陆地上的水,随时随地都通过相变和运动进行着连续的大规模的交换,这种交换过程就是水循环。

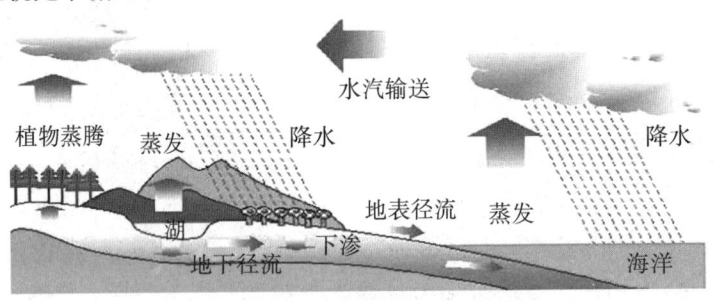

图 10-12 海陆间循环示意图

1.海陆间循环

海陆间循环是指海洋水和陆地水之间,通过一系列过程所进行的相互转换运动(如图 10-12)。海洋水通过蒸发变成水汽,被气流带到陆地上空,其中一部分水汽在适当条件下凝结,形成降水,降落到地表。降落到地表的水,一部分被蒸发进入大气,一部分被植被截留,而大部分沿着地表流动,形成地表径流,有的渗入地下,形成地下径流。地表径流和地下径流又汇入江河。这就是海陆间循环,是水循环中最重要的一种形式。陆地上的水主要就是靠这种循环运动不断得到补充,水资源得以再生。

2.陆上内循环

降落到陆地上的水,其中一部分经陆面、水面的蒸发和植物的蒸腾返回大气,冷却凝结形成降水,仍降落到大陆上。其一般消耗在陆地内,不再返回海洋,这种循环运动叫陆上内循环,又称小循环。这种情况多发生在大陆腹地的内流区域。

3.海上内循环

海洋表面的水蒸发成为水汽进入大气,在海洋上空凝结形成降水,又降落到海面的循环运动叫海上内循环。这种循环只在海洋领域内进行,但从参与水循环的量来说却是主要部分。

(二)水循环的意义

水循环是自然界物质运动和能量转化的重要方式之一。通过蒸发、植物蒸腾、降水、地表径流、下渗、地下径流等各个环节,水循环把大气圈、水圈、岩石圈、生物圈相互联系起来,并在它们之间进行能量交换,而水中挟带的泥沙、溶解物质、有机质等也随之而发生迁移。正是通过水的循环活动才使得地球上的水体得以沟通,大气降水、地表水等水体之间相互转化,不断更新。也正是通过水循环,使地球上的水一直处于动态的平衡之中。

【基础2】

你知道"南水北调工程"吗?

第四节　土壤圈

> **学习提要**
>
> 1. 了解土壤的形成过程。
> 2. 了解土壤的肥力状况。
> 3. 了解土壤的分层。(重点、难点)

一、土壤的形成及肥力

土壤是指陆地表面由矿物质、有机质、水分和空气四种物质组成的,具有一定肥力,能够生长植物的疏松表层。它处在岩石圈、水圈、大气圈和生物圈相互紧密接触的地带,是地理环境的组成要素之一。土壤是气候、生物、地形、岩石(成土母质)等自然环境要素综合作用下的产物。首先,裸露在地表的岩石,在风化作用下形成疏松的成土母质,这就给土壤的形成打下了基础。接着,一些微生物和低等生物开始生存,逐渐在母质中积累有机质,这些有机质改善了母质的蓄水条件和养分条件,特别是加入了成土母质所没有的氮素养分,从而为高等植物的生长提供了可能性。而高等植物的生生死死,又使有机质更加丰富。有机质在微生物的作用下形成腐殖质。腐殖质促使土粒团聚。在气候影响下,干湿交替,融冻变化,加上植物根系的穿插,逐渐形成具有蓄水性能的团粒结构,这样成土母质就发育成具有一定肥力的土壤层。

二、一般土壤垂直分层

枯枝落叶层。它由森林植被的枯枝落叶在地面堆积而成。

腐殖质层。土壤有机质经腐烂、分解后成为腐殖质。腐殖质在表土积累、聚集,形成颜色较深、富含养分的腐殖质层。

淋溶层。因水分的下渗淋溶作用,使一些易溶物质淋失,因而质地较轻、颜色较浅。

淀积层。由上层淋溶下来的物质,淀积在这里,通常比较紧实、黏重、不透水。

母质层。受成土作用影响较小,仍保持风化物或风化堆积物的性状,多为粗糙的砂粒或黏重的胶泥。

自然界成土因素复杂多样,形成的土壤也多种多样(如图10-13)。在不同气候、地形和植被的条件下,土壤的类型也是不同的。冰沼土主要分布在苔原带;灰化土主要分布在亚寒带针叶林带;棕壤和褐土主要分布在温带落叶阔叶林带;黄壤和红壤主要分布在热带草原和亚热带常绿阔叶林带;砖红壤主要分布在热带雨林带;黑钙土主要分布在温带草原带;荒漠土主要分布在热带和温带荒漠地区。

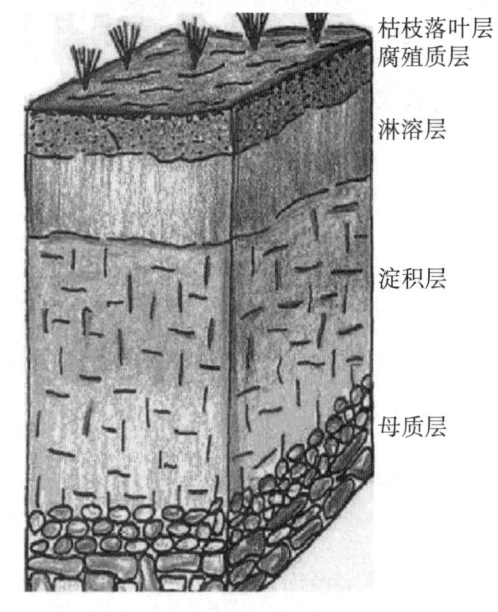

图 10-13　土壤剖面示意图

第五节　自然环境的整体性和差异性

学习提要

1. 理解自然环境的整体性。
2. 掌握自然地理环境的纬度地带性、经度地带性及垂直地带性分异规律。(重点、难点)

一、自然地理环境的整体性

地球环境是指人类在其中生存与发展的地球表层,即自然地理环境。地球环境是由地质、地貌、气候、水文、植被、动物界和土壤等组成的一个整体,这些要素并非简单地汇聚在一起或偶然地在空间上结合起来,而是在相互制约和相互联系中形成的一个特殊的自然综合体。各自然要素在特定地理边界约束下,通过能量流、物质流和信息流的交换和传输,形成具有一定有序结构、在空间分布上相互联系、可完成一定功能的多等级动态开放系统。因此,自然地理环境可以分成多级的子系统,或者说它是由各个子系统组合而成的自然地理系统。

关于自然地理环境的整体性认识,有一个发展的过程,大致经历了三个发展阶段。第一个阶段为自然综合体学说阶段,其特点是从自然环境要素具有相互联系来认识整体性。例如,当地球气候变冷,冰川覆盖面积扩大,海水相应减少,海平面降低,陆地面积增大;气候转暖,冰川退却,引起海平面上升,海岸线后退,陆地面积缩小。第二个阶段为地理系统学说阶段,其特点是从地理环境的结构和功能来认识其整体性。即作为一个有机整体,自然地理环境具有各单独组成要素或各单独组成部分所不具备的统一结构和功能,强调其整体效应。第三个阶段为耗散结构理论阶段,其特点是从地理环境是一个非平衡有序的开放系统的角度认识其整体性。认为自然地理环境是一个远离平衡态的开放系统,各要素之间存在着非线性关系,它通过与外界不断交换物质与能量,有可能在一定条件下形成新的稳定的有序结构,即地理耗散结构。它具有一定的抵抗外界干扰的能力,可吸收外界环境的一般性涨落。其结构水平愈高,涨落回归能力即保持系统稳定性的能力愈强。如果在发生巨涨落时,这一结构将崩溃或解体,并逐渐形成新的耗散结构形式。例如,沙漠之中出现水草丰美的绿洲,历经千年不衰,其实就是绿洲系统不断从外界获得能量和物质,即水源、光热、负熵流的源源输入,使其有序状态得以维持。

二、自然地理环境的地域分异规律

地域分异是指地球表层大小不等、内部具有一定相似性的地域单位的分化,以及由此而产生的各自然地理条件的差异。其中带有普遍性的地域分异现象和地域有序性就是地域分异规律。表征地域分异规律是自然地带性。

陆地上的自然带分布十分复杂。但是由于构成自然带的地理要素,特别是对自然分布具有决定性影响的气候(主要是热量和水分条件),以及作为自然带明显标志的植物和土壤,它们的分布是有规律的,所以自然带的分布也具有明显的规律性。自然地带性包括三个组成部分:纬度地带性、经度(干湿度)地带性、垂直地带性。

(一)纬度地带性

太阳辐射在地球表面的分布,因纬度不同而有差异,由此在地球表面产生了不同的热量带或温度带。在不同的热量带,又因水热条件不同,形成了不同的气候类型、植被类型和土壤类型,从而构成了不同的自然带。这些以热量为基础的自然带,沿着纬度变化方向做有规律的更替,每个地带大体上与纬线平行伸展成带状。这种分布规律称为纬度地带性。在理想大陆上,无论沿着哪条经线前进,几乎都要有规律地经历多种自然带。例如,沿非洲理想大陆东岸从赤道往北极去,依次呈现的自然带是:热带雨林带、热带草原带、热带荒漠带、亚热带常绿阔叶林带、温带落叶阔叶林带、亚寒带针叶林带、苔原带(如图10-14)。

(二)经度地带性

陆地上各个地区的水分条件差异很大。在中纬度地区,由于距离海洋远近的不同,使得距离海近的地区气候湿润,距离海远的地区气候干旱。这种从沿海向内陆水分递减的结果,使得各种自然带沿着东西方向显示出逐渐更替的现象。如由森林带变为森林草原带、草原带、荒漠带。每个自然带大致与经线并行伸展成带状。自然带的这种分布规律称为经度地带性。在低纬和高纬地区,水分条件沿经线变化方向差异较少,所以经度地带性不很明显。

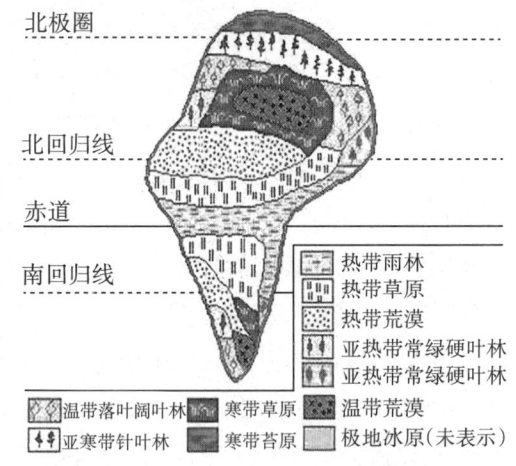

图10-14 非洲自然带分布图

(三)垂直地带性

地球表面有许多高大的山脉。在有足够高度的高山地区,从山麓到山顶的水热状况随着海拔高度的增加而发生相应的变化,从而形成山地垂直地带性。自下而上便可出现一系列的垂直自然带,垂直带底部第一带称为基带。任何垂直地带都是纬度、经度和高度变化因素对自然环境共同影响的结果。赤道附近的最高山岭,山地垂直气候带同自赤道向两极出现的水平气候带有些相似。例如珠穆朗玛峰的南侧,从下而上依次为亚热带常绿阔叶林带、落叶阔叶林带、针阔混交林带、针叶林带、灌丛草甸带、高山苔原带、冰雪带。

第六节 人与自然关系发展史

学习提要

1. 了解人与自然关系的发展阶段。
2. 建立环境保护意识。(重点)
3. 树立人地关系和谐发展观念。(难点)

人类是自然地理环境的产物,是地理环境众多要素中的一员。人类区别于环境中其他地理要素最为显著的特点,是我们能有意识地适应和改造自然,使其更适合人类生存,并且有意识地提高这种适应和改造能力。因此,人类在自身发展的同时,对自然地理环境的影响也越来越大。人类与自然环境的关系随着时间的变化而变化,根据其特点可以概括为"崇拜自然、征服自然、人地和谐"三个主要阶段。

一、崇拜自然

自古以来,人们一直在寻找便于生活与生存发展的场所,从山洞到草房,从山地到平原,从采集、渔猎到使用石器、铁器,在生产力比较低下的时代,人们不得不依赖自然,并顺应自然地理环境的种种变化。

二、征服自然

进入农业文明,随着耕作技术的发展,生产力水平明显提高,粮食供应变得稳定和可靠,人口开始迅速增长。人口的大幅度增加,土地资源、水资源等需求量暴增,人类开始大规模地开发和利用土地资源、水资源等,环境遭到破坏。

从工业革命开始,科学和技术突飞猛进,生产力不断发展,人类为了满足不断增长的物质需求,片面地向自然索取,对自然无节制地开发,甚至改变自然面貌。20世纪50年代,"征服自然"这一口号更成了流行标语。这一阶段,人类活动对自然地理环境的扰动强度大幅度提高,人地关系全面呈现不协调,人地矛盾愈演愈烈。

三、人地和谐

从地理学来看,人地关系即地球表层人与自然的相互影响和反馈作用。[1]人类是环境的组成部分。一方面,人类的生存和发展要占据一定的环境空间,从环境中获取物质和能量;另一方面,人类消费活动的废弃物要排放到环境中。在人与环境互相作用的过程中,人类对待自然的态度和行为,会得到环境的响应。由于人类一味地索取,环境不断遭到破坏,环境问题应运而生,人地关系日益紧张。面对环境问题,人们逐渐认识到,如果单靠科学技术和工业文明的思维定式去修复遭到破坏的环境,是无法从根本上解决问题的。故此"人地协调论"主张:人类应主动谋求与地理环境的和谐,把保护自然作为社会经济活动的出发点,学会调控自己的社会行为,以及改变支配自己社会行为的思想,创造一个各要素相互依存、相互作用的环境。[2]

---

[1] 李小云,等. 中国人地关系的历史演变过程及影响机制[J]. 地理研究,2018,37(8):1495-1514.
[2] 胡荣华,等. 我国食物、能源、环境、经济和人口(FEEEP)相关性研究[M]. 南京:南京大学出版社,2015:79.

资料链接

人地关系的核心内涵及表征[1]

时间轴		核心需求	主要人类活动	核心要素	人对"地"作用的维度/强度
史前文明	公元前200万年以前	果腹生存需求	采集、渔猎	—	原点/微不足道
原始文明	公元前200万年至公元前1万年	果腹生存需求	渔猎、刀耕火种等	—	原点/微不足道
农业文明	公元前1万年至1700年	生存安全需求	农耕等	土地	一元人地关系/浮动中加强
工业文明	1700年至今	以工业品为主导的物质需求	工业生产,能矿开发,城市扩张等	能源、矿产、土地、淡水	无边界的多维(围绕土地、水、能源、矿产等)/范围和强度急速扩大
生态文明	现代至未来	以生态品为主导的精神需求	区分主体功能,核算生态价值等	生态环境	有边界的多维(围绕土地、水、能源、矿产等)/以生态环境容量作为约束边界

本章小结

本章比较系统地介绍了有关地球表层系统的基本知识。通过地球圈层结构理论,对岩石圈、大气圈、水圈等的结构、功能和基础知识定义并进行分析;要求掌握以三大类岩石为核心概念的知识体系,能从全球角度掌握大气的运动、天气系统和影响气候的因素;以及对水体以及水循环的类型和意义的掌握。通过对土壤的学习,要求掌握土壤的形成及肥力特征,以及土壤的分层结构。通过对自然环境的整体性和差异性以及人与自然关系发展史的学习,要求掌握自然带的地域分异规律,认清人地和谐的重要性。

---

[1] 李小云,等.中国人地关系的历史演变过程及影响机制[J].地理研究,2018,37(8):1495–1514.

【思维导图】

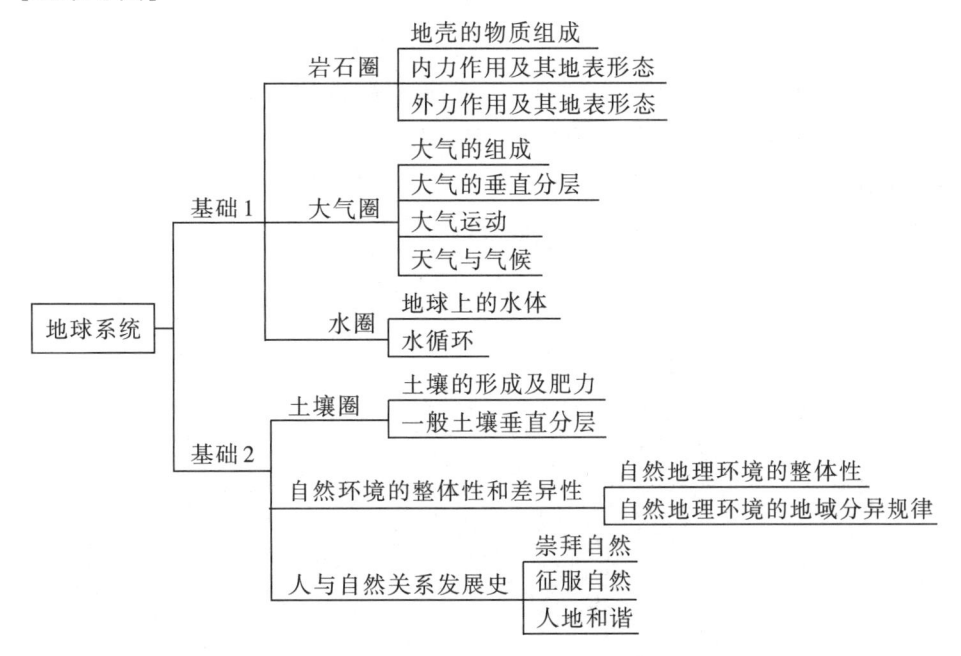

```
                            ┌─ 地壳的物质组成
                  ┌─ 岩石圈 ─┼─ 内力作用及其地表形态
                  │         └─ 外力作用及其地表形态
                  │
                  │         ┌─ 大气的组成
         ┌─ 基础1 ┼─ 大气圈 ─┼─ 大气的垂直分层
         │        │         ├─ 大气运动
         │        │         └─ 天气与气候
地球系统 ─┤        │
         │        └─ 水圈 ──┬─ 地球上的水体
         │                  └─ 水循环
         │
         │        ┌─ 土壤圈 ─┬─ 土壤的形成及肥力
         │        │          └─ 一般土壤垂直分层
         └─ 基础2 ┤
                  ├─ 自然环境的整体性和差异性 ─┬─ 自然地理环境的整体性
                  │                            └─ 自然地理环境的地域分异规律
                  │
                  └─ 人与自然关系发展史 ─┬─ 崇拜自然
                                        ├─ 征服自然
                                        └─ 人地和谐
```

【思考与练习】

【基础1】

1.简述内力作用与地表形态的关系。

2.板块构造学说的主要内容是什么？试用板块构造学说的内容分析亚洲东部的深海沟—岛弧链、大西洋等的形成原因,解释世界火山、地震带的分布。

3.画出全球气压带和风带的分布图,并说明副热带高压带和盛行西风带的成因。

4.我国冬季和夏季各主要受什么气团影响？相应出现什么样的天气？

5.潜水和承压水有何不同？利用地下水不当会导致哪些环境问题？

6.自然地理环境的地域分异主要有哪些表现？

7.准确识别常见的几种矿物、岩石的名称,并能大致描述其物质组成及物理特性。

【基础2】

1.什么是土壤肥力,维持和提高土壤肥力的途径有哪些？

2.土壤自然剖面包括哪些基本层次？各层的特点如何？

3.试述主要的成土过程。

4.在我国内蒙古草原上,我们应怎样处理放牧牛羊与保护草原生态环境之间的关系？

【应用拓展】

阅读《义务教育小学科学课程标准》,围绕课程内容之"地球与宇宙科学领域"主要概念之"14.宇宙中的地球系统",针对"学习内容"进行研讨,就"活动建议"涉及的活动开展探究。

【推荐阅读】

1. 伍光和,等.自然地理学:第4版[M].北京:高等教育出版社,2008.

2. 刘本培,蔡运龙.地球科学导论[M].北京:高等教育出版社,2000.

3. 过宝兴.自然科学概论(四)地球科学[M].北京:高等教育出版社,1997.

4. 赵旭阳.地球科学概论[M].北京:人民教育出版社,2008.

5. 刘南.地球与空间科学[M].北京:高等教育出版社,2010.

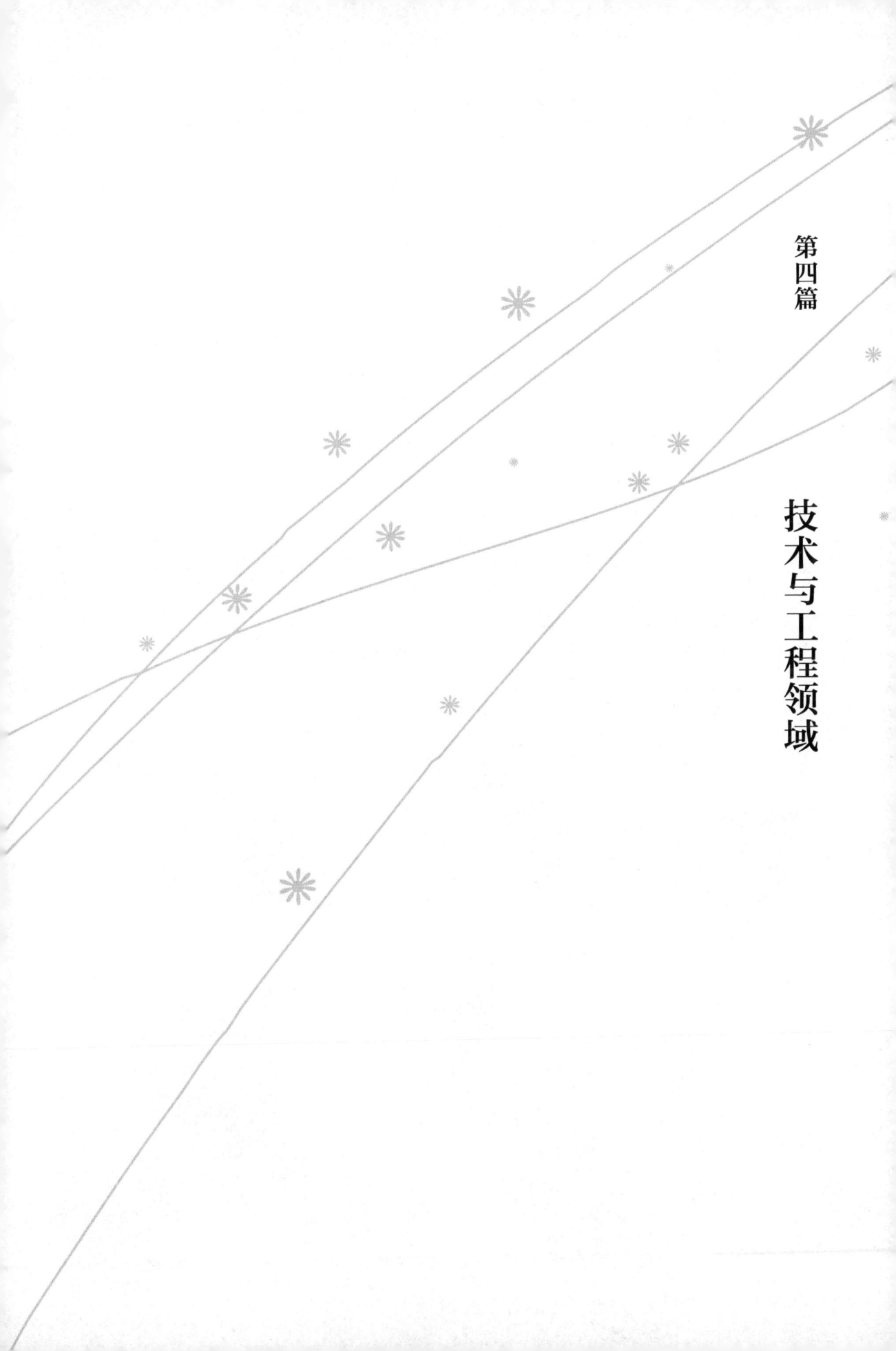

第四篇

技术与工程领域

第十一章
技术与工程概述

> 科学技术是第一生产力,科技进步与创新是推动经济和社会发展的决定性因素。
>
> ——邓小平
>
> 假如生命终结之后能够再生,那么,我仍选择中国,选择核事业。
>
> ——邓稼先
>
> 如果像你所断言的,技术在很大程度上依赖于科学状况,那么科学状况却在更大的程度上依赖于技术的状况和需要。
>
> ——[德国] 恩格斯

进入21世纪以来,科技发展突飞猛进,日新月异,不断涌现出大量的科技成果,科学技术转化为生产力的速度大大加快。与科学紧密联系的技术与工程极大地推动了社会的进步,改变了人类生活的面貌。每一位公民不仅要提高科学素养,还要提高技术素养和工程素养。本章【基础1】将讨论技术、工程的含义及其性质,并对现代技术与工程做简要介绍。【基础2】将对科学、技术与工程的关系进行讨论,同时介绍科学、技术与工程发展的特点与趋势。本章的学习有助于我们从科学、技术、工程发展的视角深刻地理解当前国际科学教育界广泛提倡开展STEM教育的价值。

【基础1】

第一节 技术的含义与性质

学习提要

1. 了解技术的含义。
2. 理解技术的性质。(重点)

一、技术的含义

当今社会,技术在人们的生活、学习、工作、生产、交流中处处可以看到、听到、感受到。比如,信息技术、纳米技术、生物技术、空间技术、海洋技术等。那么什么是技术?技术一词来源于希腊文techne,意指"工艺""技能""技艺"。17世纪,英国人巴克爵士创造了"technology"表示技术一词,意为对工艺、技能的论述,也指技术原理和过程。18世纪,法国思想家狄德罗在其主编的《百科全书》中第一次给"技术"下定义:技术就是为了完成某种特定目标而协调动作的方法、手段和规则的完整体系。到20世纪初,技术的含义逐渐扩大,涉及工具、机器及其使用方法。20世纪后半期,随着人类技术活动的不断丰富发展,技术本身的内容和形式变得越来越复杂,人们对技术的定义表述也越来越多样化。正如美国学者奥格伯恩说:"技术像一座山峰,从不同的侧面观察,它的形象就不同。"目前国内外学者对"技术"含义的理解有广义与狭义之分。一般来讲,广义的技术是指人类在改造自然、改造社会和改造人本身的全部活动中所应用的一切手段和方法的总和。而狭义的技术是指人类在能动地改造和控制自然界的实践中所创造的劳动手段、工艺方法和技能体系的总和。

综上所述,我们可以认为技术是人类为满足自身的需求,在实践活动中,根据实践经验或科学原理所创造或发明的各种物质手段及方式方法之总和。所谓的物质手段,包括工具、机器、仪器、仪表、设备等;所谓方式方法,包括实践型的知识(做什么?怎么做?)、软件、经验、技能、技巧等。

二、技术的性质[①]

(一)自然属性

第一,它是人类规模化改造和工程化变革自然的活动,本质上反映着人对自然的能动关系。第二,技术符合自然规律。现代技术是在自然科学的指导下产生的,是对自然规律的自觉运用,当然是符合自然规律的。古代的技术也是符合自然规律的,虽不是在自然科学的指导下取得的,却是对自然规律的不自觉地运用。第三,技术总要造成较大的自然后果。人类之所以需要技术,就是因为它总能造成较具规模的自然后果,技术的自然后果无疑是其自然属性的具体表现。

(二)社会属性

首先,技术发明和应用具有鲜明的目的性。技术的目的性是其社会性的集中表现。任何技术都是人创造的,是人有计划、有目的的活动的结果。技术的目的性是在社会中

[①] 巨乃岐,王恒桓,田华丽,欧仕金.试论工程技术的性质和特点[J].经济研究导刊,2011(34):219-220.

产生的,并且随着社会的发展而变化。其次,技术的发明和应用受到社会的制约和影响。各种技术的发明和应用不仅要服从自然规律,而且要满足社会需要,接受社会评价,符合社会发展规律。

(三)生产力属性

技术的自然属性和社会属性决定了它具有直接现实的生产力属性。技术作为一种特殊的、典型的和高级的方法和手段,是人与自然界之间交互作用的系统方式,最集中、最典型地反映和代表了主体与客体之间改造与被改造的本质关系。任何一项技术从其发展过程看,一般总是根据社会需要,应用科学知识和生产经验形成的技术原理,经过技术规划、设计,使其具体化为产品研制,最后制造出合乎要求的产品。这一实践过程,实际上是把技术原理知识同具体的物质手段相结合转化为直接生产力的过程。

(四)商品属性

任何时代的技术都是该时代的典型技术和高级技术,它集中并集成了社会的多种优秀技术,具有高智力的品格。

资料链接

技术的哲学视角[①]

卡普:技术是人体器官的投影。

德韶尔:技术是自然规律和目的性的统一体。

芒福德:技术是生命形式之象征性的表现。

海德格尔:技术是工具性和人类学的整体设置。

埃吕尔:技术是人类活动中理性地获得的具有绝对效率的所有方法。

马克思:技术是一本打开了的关于人的本质力量的心理学。

芬伯格:技术是与自然和社会环境等结合在一起的工具化存在。

杜威:技术是社会改良的工具。

米切姆:技术是客体、知识、活动和意志的完整集合体。

[①]乔瑞金,牟焕森,管晓刚.技术哲学导论[M].北京:高等教育出版社,2009.

第二节　工程的含义与性质

学习提要

1. 了解工程的含义。
2. 理解工程的性质。(重点)

一、工程的含义

工程起源于人类生存的需要,包括人类对器物、工具、居所以及所有非自然物生成的有用物的需要。比如,道路、运河、水利、城墙、桥梁、房屋的建造等。制作、建造这些活动,我们习惯上称之为"土木工程"。从人类诞生到今天,工程的发展经历了漫长的历史过程,工程的形式伴随着科学技术的发展和人类社会实践的不断深入而不断地变化发展。比如,现代的能源工程、环境工程、生物工程等。那么,什么是工程?"工程"一词在我国早在1060年的北宋欧阳修的《新唐书·魏知古传》中就有:"会造金仙、玉真观,虽盛夏,工程严促。"这里的"工程"意指金仙、玉真这两个土木构筑项目的施工进展,着重过程。[1] 18世纪,欧洲创造了"工程"一词,其本来含义是有关兵器制造、具有军事目的的各项劳作,后扩展到许多领域,如建筑屋宇、制造机器、架桥修路等。从词源上看,工程的英文"engineering"来源于拉丁文"ingenerare",包含着"创造"的意思。

在现代社会中,"工程"一词有广义和狭义之分。广义的工程可定义为人们为达到某种目的,在一个较长时间内进行协作活动的过程,外延也包含了人文社会科学领域的内容,譬如"希望工程""五个一工程""知识创新工程"等。就狭义而言,工程被定义为人们为了特定的目的,应用有关的科学知识和技术手段进行计划和设计,解决实际问题,创造或者改进某些事物的活动。

工程活动的分类

二、工程的性质[2]

(一)社会性

工程旨在造福人类,工程实践过程受社会政治、经济、文化制约,工程的产物满足社会需要。可见,工程的出发点离不开社会,过程离不开社会,最后归宿也离不开社会,社

---

[1] 姚立根,王学文.工程导论[M].北京:电子工业出版社,2012:20.
[2] 李正,林凤.从工程的本质看工程教育的发展趋势[J].高等工程教育研究,2007(2):20.(有改动)

会属性贯穿于工程的始终。

(二)创造性与艺术性

创造性是工程与生俱来的本质属性。美国前国家工程院院长 William Wulf 对此做了进一步阐释,他说:"工程师所做的就是在限制条件下设计(Design under Constraint),工程是非常具有创造性的活动,而追求精致的设计则是最具创新性的活动之一。"英国土木工程师协会认为,工程是利用丰富的自然资源为人类造福的一种艺术。美国土木工程师协会指出,工程是把科学知识和经验知识应用于设计(制造)或完成对人类有用的建设项目、机器和材料的艺术。

(三)综合性与复杂性

工程的产出是技术及其产品,但是技术上最优并不等于工程上最优。工程在确保能源消耗低、环境污染少、设计与生产可持续发展的前提下寻求低成本的技术最优,因而它是在众多边界条件的制约下追求最佳折中点的极具综合性和复杂性的过程。美国学者 K.Er-ic Drexler 认为:科学家一般不需要通过合作的方式整合他们的结论,他们是在描述同一样东西的不同方面,他们的结论最终能汇聚成一个单独的图景。但工程不同,它的设计过程实际上是一个信息递增和信息综合的过程,即将简单的东西创造性地复杂化的过程,因此通常需要团队合作,需要一个能够致力于把工程师完成的各个部分衔接整合起来、形成共同图景的团队。这是工程综合性和复杂性的另一个方面。

(四)道德制约性

工程的最终目的是为了造福人类。因此,为了确保工程的力量用于造福人类而不是摧毁人类,工程在应用的过程中必须受到道德的监视和约束。法国剧作家 Marcel Pagnol 早在 1949 年就告诫人们要小心工程,因为它"始于缝纫机,止于原子弹"。工程是市场行为,时刻都会受到来自各方面的利欲诱惑以及人类认识能力局限的蒙蔽。因此,尽管工程对人类做出了巨大贡献,但是如果缺乏道德制约,它对人类生活也会产生破坏性的乃至毁灭性的影响。

(五)全球性与开放性

工程现在已经成为一种全球事业。现代工程的全球性首先是由于经济竞争的全球化,而不仅仅是因为工程师使用的是国际性"语言"(数学、科学与技术);其次,由于现代科技的迅猛发展,工程满足不断扩大的市场需求及其在能源、环境乃至社会文化方面也变得无远弗届。

第三节　现代技术简介

学习提要

1. 了解通信技术的概念和应用领域。
2. 了解生物技术的概念和应用领域。
3. 理解新能源技术的概念和应用领域。(重点)
4. 理解现代信息技术的概念和应用领域。(重点)
5. 理解环境科学技术的概念和应用领域。(重点)
6. 了解空间与海洋技术的概念和应用领域。

一、通信技术

(一)通信技术概述

通信技术，又称通信工程，是电子工程的重要分支，同时也是其中一个基础学科。该学科关注的是通信过程中的信息传输和信号处理的原理和应用。通信工程研究的是，以电磁波、声波或光波的形式把信息通过电脉冲，从发送端(信源)传输到一个或多个接收端(信宿)。接收端能否正确辨认信息，取决于传输中的损耗功率高低。信号处理是通信工程中一个重要环节，其包括过滤、编码和解码等。

通信技术就是通信系统和通信网的技术。通信系统是指点对点通信所需的全部设施，而通信网则是由许多通信系统组成的多点之间能相互通信的全部设施。通信技术和通信产业是20世纪80年代以来发展最快的领域之一，是人类进入信息社会的重要标志之一。通信在远古的时代就已存在，人与人之间的对话是通信，用手势表达情绪是通信，用烽火传递战事情况是通信，快马与驿站传送文件也是通信。现代的主要通信技术有数字通信技术、程控交换技术、信息传输技术、通信网络技术、数据通信与数据网、ISDN与ATM技术、宽带IP技术、接入网与接入技术。

资料链接

现代的通信一般是指电信，国际上称为远程通信，经历了三个发展阶段：

第一阶段是语言和文字通信阶段。在这一阶段，通信方式简单，内容单一。

第二阶段是电通信阶段。1844年，莫尔斯用发明的电报机发出了第一份长途电报。1876年,贝尔发明电话机。这样,利用电磁波不仅可以传输文字,还可以传输语音,由此大大加快了通信的发展进程。1895年,马可尼发明无线电设备,从而开创了无线电通信发展的道路。

第三阶段是电子信息通信阶段。

(二)通信技术的应用领域

1.通信技术在航空航天技术发展中的应用

进入19世纪以来,现代人类的科学技术发展迅猛,对天空甚至对太空的探索不止停留在人们的想象之中。进入21世纪,我国的航空航天技术也得到长足发展,我国航空航天英雄杨利伟的顺利升空,标志着我国航空航天技术迈向成熟,神州及天宫系列宇宙飞船更是国人的骄傲。未来的国际社会对航空航天的重视更会进一步加强,计算机通信技术将会越来越多地被使用到航空航天工作方面,其发展前景十分广阔。

2.通信技术在未来工业生产中的应用

通信技术发展的根本目的是服务于人类的更好发展,所以未来通信技术发展的方向一定也是致力于解放劳动力方面。在工业动力方面,工业革命为人类带来了蒸汽发动机、汽油发动机,第一次实现了对传统动力来源的转变;电气时代,一种更加清洁、高效的动力——电力被发现;21世纪的人们将会为全人类的发展带来怎样的成果,是现在摆在人们面前一份还没有做完的问卷。通信技术将是未来人类对技术问题探索的方向,通信技术的发展及成熟,将会为人们带来发展的新篇章。

二、生物技术

(一)生物技术概述

生物技术是指用活的生物体(或生物体的物质)来改进产品、改良植物和动物,或为特殊用途而培养微生物的技术。它是应用生物学、化学和工程学的基本原理。近些年来,以基因工程、细胞工程、酶工程、发酵工程为代表的现代生物技术发展迅猛,并日益影响和改变着人们的生产和生活方式。利用生物转化特点来生产化工产品,特别是用一般化工手段难以得到的新产品,改变现有工艺,解决长期被困扰的能源危机和环境污染两大棘手问题,愈来愈受到人们的关注。

(二)生物技术的应用领域

1.生物技术在细胞工程中的应用

生物技术在细胞工程方面的应用体现主要是通过对分子生物学、细胞生物学等相关理论以及方法的引用,根据预先的设计蓝图,进行大规模的组织培养和细胞培养,在细胞的水平上进行遗传操作。在该技术的支持下,制药行业可以研制出更多的具有更高实用价值的生物产品。一般常见的生物产品主要有抗生素、抗体、菌苗以及疫苗等。特别是在疫苗的制造上,过去的方法主要是从动物组织中进行提取,这种方法较为浪费时间,且产量不高。但是在细胞工程技术下,可以大大地提高疫苗的生产效率,疫苗的作用也有了更大范围的应用。

2.生物技术在基因工程中的应用

基因工程主要是对基因方面的改造,它的理论基础是分子遗传学,主要的方法是利用微生物学和分子生物学的现代方法,依据设计的方案,对体外来源不同的基因构建DNA分子,把活细胞导入,实现对生物基因的原有遗传特性的改变,进而创造出新的产品和品种。它的这一工作原理为基因功能和结构研究提供了强有力的支持。基因工程的顺利实现必须要有一系列的相关技术做支持,包括DNA序列分析、基因定点突变、聚合酶链反应、细菌转化转染、核酸凝胶电泳等技术,这些技术体系共同构成了基因工程的无性扩增和跨物种性的特点。

3.生物技术在发酵工程中的应用

所谓的发酵工程主要是在现代化工程技术下,按照微生物自身所具有的特定功能,研制出具有很高实用价值的产品。它可以把微生物以直接应用的方式运用到实际的生产生活中,具体的发酵工程一般是培养基配制、菌种的选择和发育、发酵、灭菌、扩大培养和接种等。发酵工程在制药业中的应用,主要是把发酵工程与现代的计算机技术相结合,在计算机的作用下,可以对药物发酵的整个过程进行实时的监督监测,确保各个环节不会出现问题,从而保证药物的质量,减少人工的投入,实现对制药环节的简化操作。

4.生物技术在酶工程中的应用

酶工程在现代制药业中的应用是对酶制备的改造,通过对工程技术的利用,对一定生物反应装置中的动植物细胞、细胞器、微生物细胞等,在酶特定的生物催化作用下,把相应原料进行有用物质的转化,并广泛应用于社会生产生活当中。从酶工程在制药业中应用的实际来看,这一过程主要涉及酶固定化、酶制剂制备、酶改造、酶修饰以及酶反应等。在酶工程技术的支持下,制药业可以对酶制品进行大规模生产,从而增加临床酶的品种数量并提高其质量。

5.生物技术在生物反应器的应用

生物反应器装置系统是指可以提供生物活性环境的任何工程设备以及设备的制造。它主要是在生物体外,根据生物体或者酶所特有的生物功能,进行更进一步的生物化学反应的装置系统,它的应用范围较为广泛,具有研制成本低、效率高、设备简单且污染小的特点。一般应用在酒类、有机污染物、浓缩果酱以及医药生产等行业。

三、新能源技术

(一)新能源技术概念

新能源技术是高技术的支柱,包括核能技术、太阳能技术、洁净煤、磁流体发电技术、地热能技术、海洋能技术等。其中核能技术与太阳能技术是新能源技术的主要标志,通过对核能、太阳能的开发利用,打破了以石油、煤炭为主体的传统能源观念,开创了能源的新时代。该技术包括:洁净煤、太阳能、地热能、核能、海洋能、超导节能。

(二)新能源技术的应用领域

1. 新能源技术在纯电动汽车的应用

纯电动汽车是直接采用电机作为驱动器,全部以电力作为汽车的驱动力,这种车的难点在于电力的储存技术。传统汽车消耗石油等不可再生能源,造成能源消耗和环境污染,而电能可以从核能、水力和风力等可再生能源中获得,且无污染。电动汽车还可以利用其空余的时间进行充电,使发电设备日夜都能充分使用,大大提高它的行驶效率。

2. 新能源技术在燃料电池汽车的应用

燃料电池汽车是以液化石油气(LPG)和压缩天然气为燃料,采用先进的电子控制技术和高性能的污染净化装置来减少污染,再以有机材料的化学反应产生的电流作为汽车的驱动力。近年来燃料电池技术已经取得了重大的突破。燃料电池汽车零排放,而且减少了机油泄漏带来的水污染和温室气体的排放等问题,还提高了燃油经济和发动机燃烧效率,运行平稳,没有噪声。

四、现代信息技术

(一)现代信息技术概念

以计算机及其网络技术和现代通信技术等为代表的现代信息技术是当代科学技术发展的主导领域。现代信息技术是主要用于管理和处理信息所采用的各种技术的总称。它主要是应用计算机科学和通信技术来设计、开发、安装和实施信息系统及应用软件,它也常被称为信息和通信技术。信息技术的研究包括科学、技术、工程以及管理等学科。

现代信息技术是借助以微电子学为基础的计算机技术和电信技术的结合而形成的手段,对声音的、图像的、文字的、数字的和各种传感信号的信息进行获取、加工、处理、储存、传播和使用的能动技术。它的核心是信息学。现代信息技术是一个内容十分广泛的技术群,它包括微电子技术、光电子技术、通信技术、网络技术、感测技术、控制技术、显示技术等。

(二)现代信息技术的应用领域

1.现代信息技术在汽车方面的应用

现代信息技术在当前的汽车中得到了非常广泛的应用。比如,汽车集成安全系统中包括了膝部保护装置、头部气囊以及安全带预张紧及过张紧装置等,这些安全保障措施对行车安全都有着非常重要的意义。即使汽车出现了交通事故,也能够最大限度地保障驾驶人员以及乘客的生命财产安全。

2.现代信息技术在教育方面的应用

现代信息技术进入课堂教学,改变了学生传统的知识获得模式。学生不仅可以通过教师的传授获得知识,还可以通过现代信息技术,利用网络让教师与同学进行交流,利用互联网搜索更多与学习内容相关的信息。现代信息技术为学生提供了多渠道获得知识的平台,从而使学习由被动的接受性学习转变为主动的探究性学习。

3.现代信息技术在医学方面的应用

现代信息技术在医学中的应用达到了更高水平。CT、超声成像、心电图、脑电图等先进的检测技术,为疾病的诊断提供了方便,赢得了很多治疗时间。

4.现代信息技术在军事领域的应用

现代信息技术在军事领域也有十分广泛的应用,对现代化武器装备、指挥方式、作战形式、军队结构以及战略、战术等都产生了巨大的影响。如,现代化军用飞机的速度可达音速的几倍、飞行高度可达万米以上,只有用雷达才能发现、跟踪它们,从而得到有关机型、速度、方位等方面的信息;只有利用计算机技术,才能在极短的时间内算出防空导弹的发射参数,并指挥导弹攻击入侵的敌机。此外,在现代战争中,电子侦察、电子预警、电子干扰、声呐探测、雷达系统、红外瞄准与夜视装置等,都离不开现代信息技术。

五、环境科学技术

(一)环境科学技术概述

环境科学所研究的社会环境是人类在自然环境的基础上,通过长期有意识的社会劳动所创造的人工环境。它是人类物质文明和精神文明发展的标志,并随着人类社会的发展不断丰富和演变。环境科学是把环境作为一个整体来进行综合研究的。环境具有多种层次,多种结构,可做各种不同的划分。按照环境要素可分为大气、水、土壤、生物等环境;按照人类活动范围可分为车间、厂矿、村落、城市、区域、全球、宇宙等环境。

(二)环境科学技术的应用领域

环境保护是当今世界各国人民共同关心的重大社会经济问题,也是科学技术领域里重大的研究课题。环境科学为跨学科领域专业,研究领域包括社会学、经济学、法学等方面,既包含物理、化学、生物、地质学、地理、资源技术和工程等自然科学,也含有资源管理和保护、人口统计学、经济学、政治和伦理学等社会科学。

环境科学技术工作本着以人为本、关注民生、科学发展的要求,以气象与气候、地震与防震、"三废"治理与利用、野生动物保护、生态环境建设等为研究重点。

六、空间与海洋技术

(一)空间技术和海洋技术概念

1. 空间技术

空间技术是探索、开发和利用太空以及地球以外天体的综合性工程技术,亦称航天技术。它包括运载器、航天器和地面测控技术三个重要组成部分。航天技术的发展使人类挣脱地球引力的羁绊进入广袤无垠的外层空间成为现实,同时,也为军事活动提供了新的场所。外层空间已成为一个新战场。

2. 海洋技术

海洋技术包括海洋探测技术和海洋开发技术,海洋开发技术是核心。现代海洋技术是20世纪50年代后,围绕着海洋探测技术和海洋开发技术两个方面的变革发展起来的,是当代新兴的科学技术之一,同样是一门涉及许多门类的综合性学科。

(二)空间与海洋技术的应用领域

1. 空间技术在地球资源勘测的应用

在人类面临的众多问题中,最重要的莫过于食物、环境和能源问题。这些问题只有依靠科学技术的进步才能获得解决。目前已经从空间航天器获得大量信息,用于促进生产力的发展和环境的监督与保护。例如,这些信息被广泛用于地质、测绘、农业、森林、水资源管理、捕鱼、海洋地图、土壤改良以及城市规划。人们已经认识到,利用空间技术进行地球自然资源研究和环境的监督与保护,对人类社会有着极其重要的作用。

2. 空间技术在工业的应用

在很多领域,地球上应用的常用技术实际已达到它们的极限。发展费用急剧增长,有时候所得成果不能证明其合理性。这就是为什么要探求空间特殊环境下的潜力。专家们相信,在空间工厂生产大约500种能给工业带来革命性变化的新材料是可能的。

对于太空工厂的建设与发展,国外,包括美国和俄罗斯在内,要建立航天站及其共轨空间平台、异轨空间平台、轨道间飞行器等组成的航天复合系统。他们认为,航天站是系统的核心,它的周围可运行多个专业化生产空间平台,如砷化镓生产、特种合金生产等。航天站是服务基地,为周围平台提供各种服务;平台则是自动进行工业化生产的基地。

3. 空间技术在新材料技术试验的应用

空间技术试验表明,在失重或微重力条件下的半导体晶体生产具有很好的前景。在地球上用溶液或沉淀蒸发增长方法来生产晶体,都会受到地心引力对增长过程的干扰。而在空间没有重力生产时,半导体材料中有着更均匀的成分和渗进物分布,有可能获得实际上无尺寸限制的晶体。今天还很难预测它将对电子工业产生何种巨大影响。不过,在"礼炮7号"航天站上安装的第一个半商业性半导体晶体生产炉,就生产了若干千克纯半导体。这就意味着使用空间技术有可能满足电子工业的需要。

4. 海洋技术的应用

海洋开发利用是指应用海洋科学和相关工程技术,开发利用各种海洋资源的活动,主要包括海洋物资资源开发、海洋空间利用、海洋能利用。按地域分,有岸滩、海岸、近海和深海的开发利用。要依赖各种海上建筑物或其他工程设施,以及相应的配套技术设施。海洋新技术突破正催生新型蓝色经济的兴起与发展,多功能水下缆控机器人、高精度水下自航器、深海海底观测系统、深海空间站等海洋新技术的研发应用,将为深海海洋监测、资源综合开发利用、海洋安全保障等提供核心支撑。

【基础2】

第四节 现代工程简介

学习提要

1. 理解基因工程的概念和应用领域。(重点)
2. 理解核能工程的概念和应用领域。(重点)
3. 理解水利水电工程的概念和应用领域。(重点)

一、基因工程

(一)基因工程概述

基因工程,又称基因拼接技术和DNA重组技术,是以分子遗传学为理论基础,以分子生物学和微生物学的现代方法为手段,将不同来源的基因按预先设计的蓝图,在体外构建DNA分子,然后导入活细胞,以改变生物原有的遗传特性,获得新品种,生产新产品。基因工程技术为基因的结构和功能的研究提供了有力的手段。

基因工程很像技术科学的工程设计,即按照人类的需要把这种生物的这个"基因"与那种生物的那个"基因"重新"施工","组装"成新的基因组合,创造出新的生物。这种完全按照人的意愿,由重新组装基因到新生物产生的生物科学技术,就被称为基因工程,或者遗传工程。

基因工程最突出的优点是打破了常规育种难以突破的物种之间的界限,可以使原核生物与真核生物之间、动物与植物之间,甚至人与其他生物之间的遗传信息进行重组和转移。人的基因可以转移到大肠杆菌中表达,细菌的基因可以转移到植物中表达。

(二)基因工程的应用领域

1. 基因工程在农牧业和食品工业的应用

运用基因工程技术,不但可以培养出优质、高产、抗性好的农作物及畜、禽新品种,还可以培养出具有特殊用途的动、植物。

(1)转基因鱼:生长快、耐不良环境、肉质好。

(2)转基因牛:乳汁中含有人生长激素。

(3)转黄瓜抗青枯病基因的甜椒、马铃薯。

(4)转抗寒基因的番茄。

(5)不会引起过敏的转基因大豆。

(6)超级动物:导入贮藏蛋白基因的超级羊和超级小鼠。

(7)特殊动物:导入人基因具有特殊用途的猪和小鼠。

(8)抗虫棉:苏云金杆菌可合成毒蛋白以杀死棉铃虫,把这部分基因导入棉花的离体细胞中,再进行组织培养就可获得抗虫棉。

2. 基因工程在环境保护的应用

基因工程做成的DNA探针能够十分灵敏地检测环境中的病毒、细菌等污染。

利用基因工程培育的"指示生物"能十分灵敏地反映环境污染的情况,却不易因环境污染而大量死亡,甚至还可以吸收和转化污染物。

3. 基因工程医学的应用

基因作为机体内的遗传单位,不仅可以决定我们的相貌、高矮,而且它的异常会不可避免地导致各种疾病的出现。某些缺陷基因可能会遗传给后代,有些则不能。基因治疗最初是针对单基因缺陷的遗传疾病,目的在于用一个正常的基因来代替缺陷基因或者来补救缺陷基因的致病因素。

二、核能工程

(一)核能工程概述

核能(或称原子能)是通过核反应从原子核释放的能量,符合爱因斯坦的质能方程 $E=mc^2$,其中 E 表示能量,m 表示质量,c 表示光速。核能可通过三种核反应之一释放:

(1)核裂变,较重的原子核分裂释放结合能。

(2)核聚变,较轻的原子核聚合在一起释放结合能。

(3)核衰变,原子核自发衰变过程中释放能量。

(二)核能工程的应用领域

1. 核能工程在工业中的应用

辐射加工在世界各地发展迅速,并形成产业,年产值约为200亿美元,且每年以20%左右的速度增长,年总产值占国民经济总产值的千分之一左右。目前用于辐射加工的电子加速器超过1 000台,其总功率为45 MW;Co60放射源的辐照装置多于200座,强度已达一亿居里。

2. 核能工程在食品业的应用

我国食品辐照于1958年开始,先后批准了18种辐照食品管理方法,制定了17种产品的辐射加工工艺标准。据不完全统计,我国累计辐照食品数量已近60万吨,年辐照的产品达10万吨左右,并且发展迅速,辐照食品已进入了商业化应用阶段。板栗是中国出口量很大的一种农产品,但是每年发霉、生虫造成的损失达50%,用加速器对板栗进行辐照,可使板栗不再发霉、生虫。在板栗产区建立辐照中心,一个辐照中心就可使板栗每年增收260万元。我国有600个种植板栗的乡镇,市场需求很大。比板栗产量大得多的红枣、核桃等农产品同样有霉变、虫害的问题,可见辐照加速器在农业方面有着很大的市场。据估计,它的发展空间相当于我国汽车工业产值总和。

资料链接

1980年,FAO/IAEA/WHO在日内瓦开会宣布"任何食品当其总体平均吸收剂量不超过10 KGy时,没有毒理学危险,不再要求做毒理学实验,同时在营养学和微生物学上也是安全的"。目前全世界已有42个国家批准辐照食品200多种,年市场销售总量达30万吨,食品辐照加工已列为国际重点推广项目。

3. 核能工程在医学的应用

辐射灭菌消毒的医疗用品种类很多,包括金属制品、塑料制品以及一次性使用的高分子材料医疗用品等共计上千种,中西药与化妆品也都可以采用辐射消毒灭菌。辐射消毒灭菌将取代常规的化学消毒方法。

核医学产业可以分为两个方面:第一,放射性药物,包括体内和体外的诊断药物和治疗药物,诊断药剂约有100多种。第二,放射性治疗和诊断装置,包括加速器、钴源装臵、CT、NMR、PET等。

4. 核能工程在农业中的应用

辐射育种,即利用γ、X、β射线或中子流等高能量的电离辐射处理植物的器官,使细胞内产生不同类型的电离作用,进而诱发产生可遗传的突变,从中选择和培育出符合生产需要的新品种。

中国和平利用核能事业有着良好的发展前景,相信随着核能的进一步和平利用,能够更好地为经济和社会发展服务,为人民造福。

三、水利水电工程

(一)水利水电工程概述

水是人类赖以生存的基本要素,电力是社会发展的主要能源。水利水电工程是在水的自然特性研究基础上,以工程或非工程措施调控和利用水能资源的工程。

(二)水利水电工程的应用领域

随着社会的发展和时代的进步,我国现代水利水电工程领域在很大程度上已经得到了发展。同时,这一发展也促进了水利水电工程各领域中的各项施工技术的进一步提高。但是,由于我国目前面临着能源枯竭、社会经济受到严重束缚的紧张局面,为了我国经济的可持续发展,如何更加合理地改善水利水电工程的施工技术已经被纳入该研究领域的重要课题。只有对水利水电工程施工技术的不断完善,才能充分发挥工程建筑的巨大效用,从而带动整个国家经济的快速发展。

现代的水利水电施工技术,主要有GPS定位技术、AutoCAD计算机辅助技术以及跟踪检测技术。

1. 基于GPS定位技术的现代水利水电工程

随着我国科技水平的不断发展,各种各样的新技术不断产生,GPS系统凭借全天候工作、定位精度高以及功能多、应用广等特点在我国得以广泛应用。相对于传统的通过事后进行计算才能获得高精确度的静态、快速静态和动态测量来讲,该系统能够在野外获得较高的定位精度,并且它具有操作简单、易于学习的特点,只需要一人就可以完成,这大大节约了劳动力。

2. 基于AutoCAD计算机辅助技术的现代水利水电工程

计算机辅助技术是以计算机为工具,辅助人在特定应用领域内完成任务的理论、方法和技术,把它投入到水利水电工程领域中使用,大大提高了工程技术人员的工作效率。

3. 基于跟踪检测技术的现代水利水电工程

跟踪检测是指除了在工程建设开始之前进行工程中设备及材料的检查工作,还要在工程建设的过程中,对工程的各个施工流程和工程的材料质量进行实际试验检测。跟踪检测,不仅能加快施工进度,还能保证工程建设的实际质量。

【基础2】

第五节　科学、技术、工程的联系与区别

学习提要

1. 理解科学、技术与工程的相互联系。
2. 理解科学、技术与工程之间的区别。(重点)

一、科学、技术、工程之间的联系

(一)科学、技术、工程都是协调人和自然关系的重要中介

科学、技术、工程三者都反映了人对自然的能动关系及其成果,这是它们的共同本质之一。科学活动是以发现为核心的人类活动,它使那些完全脱离于人的天然自然在实践中变成人化自然;技术活动是以发明为核心的人类活动,它使一种崭新的人工自然的诞生成为可能;工程活动是以建造为核心的人类活动,它使完全造福于人类的人工自然物成为现实。显然,科学、技术和工程是联结人与自然关系的重要桥梁,它们反映了由人与天然自然到人化自然再到人工自然的能动关系及其指向,三者在这一过程中有着必然的内在联系,都是不可割裂的一个基本环节。

科学与技术之间是相互联系、相互影响的。虽然发现不等于发明、科学不同于技术,但它们都是由处理人与自然关系所取得的积极成果。在由人与天然自然到人化自然再到人工自然的关系协调发展过程中,科学发现是技术发明的前提和基础,技术发明是科学发现的延伸和发展。

同样,技术与工程之间也是相互渗透、相互作用的。虽然发明不等于建造,技术不同于工程,但它们都是人与自然作用的产物,并同属于改造自然的实践范畴。没有不依托于工程的技术,也没有不运用技术的工程。技术是工程的前提和基础,没有技术就没有工程;而工程又是技术的深化和拓展,并为技术的成熟化和产业化开拓道路。

(二)科学、技术、工程在历史进程中融合发展

古代的技术和科学基本上处于分离状态。它们有着各自独特的文化传统,各自独立地发挥着社会作用。从19世纪第二次技术革命开始,科学与技术的联系日益突出地显现出来。20世纪中叶以后,随着现代科学研究与技术开发活动的纵深拓展,出现了与

"科学—技术—工程"相融合的新观念。同"基础研究—应用研究—开发研究"三个环节形成对照的是,我国科学家钱学森最早提出了"工程技术"的概念,并把科学技术分为"基础科学—技术科学—工程技术"三个层次。"三个环节""三个层次",充分反映了科学、技术、工程相互作用、相互融合的发展过程,这是从解释世界到改造世界实现第一次飞跃,又从科学理论回到工程技术实践中去实现第二次飞跃的全过程,这实质上就是一个从科学理论经由技术理论转化为现实生产力的过程。

此外,现代科学、技术、工程的融合发展,已呈现出科学技术化、技术科学化、技术工程化、工程技术化,以及科学、技术、工程的整体化、社会化、国际化等明显的特征和趋势,这是科学、技术、工程之间内在联系的表现和反映。

(三)科学、技术、工程都与社会具有相互作用

科学、技术、工程之间的内在联系,还比较突出地表现在它们与社会之间的相互作用方面。科学、技术和工程的社会性,是指科学、技术、工程与社会之间的相互作用、相互制约,以及科学、技术、工程与社会的互动。一方面表现为科学、技术、工程的社会化。当代科学、技术和工程越来越摆脱了"纯粹"的形态,与社会诸多方面的联结越来越广、越来越紧密。另一方面表现为社会的科学化、技术化和工程化。当今人们越来越按照科学、技术和工程的运行模式和操作方式来从事社会性的活动。科学、技术和工程的思维方式越来越多地被运用于社会过程,以至于社会发展与管理领域出现了许多"社会工程"。

二、科学、技术、工程之间的区别

科学、技术、工程之间是相互联系、相互促进的,但是它们之间也存在一些区别。通常认为,科学的核心是科学发现,技术的核心是技术发明,工程的核心是工程建造。[①]具体地说,三者之间的主要区别表现在以下几个方面:

(一)目的不同

科学研究的目的在于认识世界,揭示自然界的客观规律,它要解决有关自然界"是什么"和"为什么"的问题,从而为人类增加知识财富。

技术研究的目的在于改造世界,实现对自然物和自然力的利用,它要解决变革自然界"做什么"和"怎么做"的问题,从而为人类增加物质财富。

工程研究的目的和任务不是获得新知识,而是获得新的人工物,是要将人们头脑中的观念形态的东西转化为现实,并以物的形式呈现出来,其核心在于观念的物化。一个工程要运用多项技术,包括通用技术和专用技术。通用技术,如计算技术、GPS技术等,是独立于工程之外的,这类技术的开发与工程本身无关,工程活动中只是把它们拿来应

[①] 全国工程硕士政治理论课教材编写组.自然辩证法:在工程中的理论与应用[M].北京:清华大学出版社,2007:34-37.

用而已,而专用技术则构成了工程研究与开发的主要对象和任务。

(二)过程和方法不同

科学研究过程追求的是精确的数据和完备的理论,要从认识的经验水平上升到理论水平,属于认识由实践向理论转化的阶段,探索性很强。这就决定了科学研究应主要采用实验、归纳、演绎、假说等探索性方法。

技术过程追求的是比较确定的应用目标,要利用科学理论解决实际问题,属于认识由理论向实践转化的阶段,有的放矢,或然性较小。由此决定了技术活动大多运用预测、设计、试验、修正等方法。

工程主要涉及工程目标的选择、工程方案的设计和工程项目的实施等,对工程知识的判断直接影响到工程的进展以及效率。工程知识的结构要比科学和技术复杂得多。一项工程的实现往往是多学科知识、多领域技术的综合集成,也是人力、财力、物力的综合集成,工程负责人的组织协调能力亦至关重要。在这一过程中,对于技术的组织化程度要求相对较低,即发明家的个人素质仍然起着较大的作用。

(三)成果性质和评价标准不同

科学研究获得的最终成果主要是知识形态的理论或知识体系,具有公共性或共享性,一般是不保密的。因此,对科学的评价标准为是非正误,以真理为准绳。

技术活动获得的最终成果主要是科学知识和生产经验的物化形态,是某种"原始发明"、技术专利、技术诀窍、工艺图纸、样品或样机等,这些都具有商品性,可以在保密的同时转让和出卖。因此,对技术的评价标准是利弊得失,以功利为尺度。

工程是以已有的科技成果为对象,将其进一步实现产业化的过程。从工程成果的性质和评价标准看,工程所遵循的是以"目标—计划—实施—监控—反馈—修正"路线评价成败,工程达不到预期目标就意味着失败。

(四)价值取向不同

科学是以好奇为取向的,与社会现实的联系相对较弱,在某种意义上可以说是价值中立的。

技术是以任务为取向的,与社会现实的关系密切,在技术中处处渗透价值,时时体现价值,与价值有着不解之缘。

工程则显示出更强的实践价值取向。一项工程的实施不仅与科学、技术相关,还与资源的利用、环境保护、经济效益等密切相连。工程对资源的合理利用、环境保护都负有责任,在这些问题上工程都不是价值中立的。在经济问题上,工程也绝非价值中立。一项工程不可能在各个方面都做到最优,工程要在各方利益间权衡,工程的这种妥协性正是其价值性的体现。

(五)规范不同

科学的研究规范正如默顿(R.K.Merton)主张的那样,科学具有普遍性、公有性、无私性、创造性。

技术以获取经济效益和物质利益为目的,具有"事前多保密,事后有专利"的规范特征。

工程作为改造自然的实践活动的实施过程,尤其是较大规模并有着复杂组织系统的实践活动的实施过程,在工程项目的实施中特别强调团结和协作,发挥团队精神。科学、技术与工程的相互关系见表11-1。

表11-1 科学、技术、工程的相互关系[①]

	比较的依据	科学	技术	工程
相互区别	研究的目的和任务	认识世界,揭示自然界的客观规律,解决自然界"是什么""为什么"的问题	改造世界,实现对自然物和自然力的利用;解决变革自然界"做什么""怎么做"的问题	改造世界,将头脑中的观念形态的东西转化为现实,以物的形式呈现出来
相互区别	研究的过程和任务	追求精确的数据和完备的理论,从认识的经验水平上升到理论水平;主要运用实验、归纳、演绎、假说等方法	追求比较确定的应用目标。利用科学理论解决实际问题,认识由理论向实践转化;多用预测、设计、试验、修正等方法	工程目标的选择、工程方案的设计和工程项目的实施等,其实现过程为综合集成
相互区别	成果性质和评价标准	知识形态的理论或知识体系,具有公共性或共享性;评价标准是是非正误,以真理为准绳	科学知识和生产经验的物化形态,发明、专利、诀窍、图纸、样品或样机,具有商品性;评价标准是利弊得失,以功利为尺度	遵循以"目标—计划—实施—监控—反馈—修正"路线评价成败,工程达不到预期目标就意味着失败
相互区别	研究取向和价值观念	好奇取向,与社会现实联系转弱	任务取向,与社会现实关系密切;处处渗透、时时体现价值	用好与坏、善与恶评价,在各方利益间权衡
相互区别	研究规范	普通性、公有性、无私性、创造性和有条理的怀疑主义	以获取经济和物质利益为目的;保密和专利	团结、协作,团队精神
相互联系	科学体系	基础科学—技术科学—工程技术			
相互联系	研究过程	基础研究—应用研究—开发研究			
相互联系	一体化	科学—技术—生产			
相互联系	生产力	潜在的、知识形态的生产力,现实的、直接的、物质的生产力			
相互联系	认识过程	从实践到理论,第一次飞跃,又从理论回到实践中去,第二次飞跃			
相互联系	重要关系	三者都是人与自然关系的中介,在历史进程中融合发展,并与社会相互作用			
相互联系	其他	此外,现代科学、技术、工程的融合发展,已呈现出科学技术化、技术科学化、技术工程化、工程技术化,以及科学、技术、工程的整体化、社会化、国际化等明显的特征和趋势,这是科学、技术、工程之间内在联系的表现和反映。			

[①] 杨水旸.论科学、技术和工程的相互关系[J].南京理工大学学报(社会科学版),2009(3):84-88.

【基础2】

第六节　现代科学、技术、工程发展的特点与趋势

学习提要

1.理解现代科学、技术、工程发展的特点和趋势。(重点)

一、现代科学发展的特点与趋势

(一)科学知识呈现加速化发展趋势

当代科学知识更新速度加快。据统计,人类科学知识总量在19世纪大约50年增加1倍;20世纪初期大约30年增加1倍,50年代大约10年增加1倍、70年代大约5年增加1倍、80年代大约3年增加1倍;进入21世纪,已呈突飞猛进增长态势。有学者认为科学知识的增长呈指数或者几何级数规律增长,呈现"知识爆炸"。

(二)科学发展的整体化趋势日益显著

现代科学发展到今天,其分支学科越来越多,但是呈现出既分化又综合,而且总的趋势是综合。各门学科相互交叉、渗透,越来越成为一个整体。科学与技术、工程的相互结合,自然科学与社会科学的相互渗透等导致众多的边缘学科、综合学科、横断学科的出现。比如,产生了环境科学、空间科学、海洋科学、分子生物学、脑科学等。

(三)科学与技术高度融合

科学与技术之间高度融合,相互作用、相互转化更加迅速,逐步形成统一的科学技术体系。在这个统一体系中,一方面,基础科学的作用日益增强,不断为技术进步开辟新的方向,比如,产生了信息技术、生物技术、新材料技术、新能源技术、空间技术和海洋技术等新技术;另一方面,技术发展又为科学发展提供了有效手段,促进科学向着更复杂的方向发展。比如,基因芯片、蛋白质芯片等新技术的发明,对生命科学研究的思维方式产生了深刻的变革,同时加速了生物信息学的发展。

(四)科学研究的全球化趋势加快发展

经济全球化、信息网络化和跨国公司的活动,促进了全球科学研究资源的流动和科学信息的共享。因此,当代许多科学研究活动规模越来越大、复杂性不断增加,非一国之

力所能承担。某些科学研究活动具有国际性、全球性。比如,人类基因组计划(Human Genome Project)的研究,由美国、英国、法国、德国、日本、中国等国家科学家共同参与完成。

二、现代技术发展的特点与趋势

(一)现代技术成为引领经济社会发展的主导力量

进入21世纪,技术活动将显现出更多的社会功能,出现了技术高度社会化、社会高度技术化的趋向。经济社会发展中重大技术问题的解决已经远远超出了自然科学的范畴。当代技术成为经济社会发展的先导,科学革命引发技术革命,带来产业革命和社会变革。"科学发现—技术实现—生产应用"时间缩短,新技术、新产品更新换代快,许多高新技术产业群迅速崛起壮大,成为经济发展的主要推动力。综合运用自然科学、工程技术和社会科学的手段促进经济社会与生态的和谐统一。

(二)现代技术进入了一个前所未有的创新密集时代

现代信息技术、生物技术、纳米技术、航空航天技术、环保技术等也正在孕育一系列重大突破。建立在多学科基础上的复杂系统研究,如对大脑和生命系统、生态系统、网络系统的研究,已经被列入科学研究的议程,将对经济、社会和人类自身的发展产生重大影响。对微观系统的深入探索,如对基本粒子和受控核聚变、基因、微机械、微加工和纳米材料等的研究,完全突破了人类的传统认识,可能引发全新的技术革命,产生大量的新兴技术,比如,纳米材料技术、靶向治疗、量子通信技术等。此外,新兴技术的智能型日益增强,出现了如自动驾驶、无人机、自主机器人、数字药物、智能保健、智能微尘、智慧农业、数字制造等新技术。再比如,随着大规模网络技术的发展,产生了工业互联网与触觉互联网、智能电网、战术通信和网络技术、超大规模实时物联网系统等新技术。

(三)现代技术之间高度融合

20世纪50年代以前,技术革新的特点是以突破居多,新技术代替原有技术,如晶体管代替电子管,喷气式飞机代替螺旋桨飞机,合成材料代替天然材料等。20世纪50年代后,技术革新的特点以融合居多,特别是70年代以来,依靠全新的科学发现而产生的技术突破越来越少,代之而起的是从社会市场需要出发的"需求"综合型技术。机电一体化、光电一体化、软硬件技术相结合等,都是当代技术发展最快、最有前途的领域。当前,信息技术、生物技术、材料技术、环境技术、空间技术、制造技术、能源技术等,每一个技术领域均发展迅速,且渗透能力和溢出效应逐渐增大。其中任何技术的两两或交叉碰撞或者集成,都将产生难以估量的影响。如量子信息技术、大数据技术、人工智能技术等在各个行业中均有大量的应用,材料技术中的各种新型材料如拓扑材料、石墨烯等,将对信息技术、制造业、生物医药等行业产生巨大的影响。新兴技术的前沿领域,包括量子人工智能、合成生物学、精准医疗、触觉互联网、神经计算等。

> **资料链接**
>
> **使能技术**
>
> 使能技术(Enabling Technology)是指具有多学科特性,跨越多个应用领域,对其他技术创新能够起到基础支撑、推动和催化作用的技术。其特点是知识密集化、研发强度高、创新周期短、资本投入大、技能要求高、对经济活动具有系统相关性、能够协助技术领先者利用既有研究成果向其他领域拓展。比如,纳米技术、网络物理系统、材料开发、机器人技术、生物识别、能量存储、基因编辑、机器学习等。

三、现代工程发展的特点与趋势

(一)工程理念发生重大变革

工程理念影响着工程战略、工程决策、工程设计、工程建设、工程运行、工程管理以及工程价值评价等各个阶段和各个环节。当前提倡"和谐工程"的工程发展理念,即工程活动需要建立在自然规律和社会规律的基础上,遵循社会道德、社会伦理以及社会公正、公平的准则,以促进人与自然、人与社会、工程与自然、工程与社会的协调发展为依归。在这种新的工程理念引导下,未来的工程活动将会有助于人与自然的和谐共处、人与社会的和谐发展,并在工程系统的决策、设计、建构和运行中充分体现人性化。

(二)与工程相关的各类知识正在迅速走向交叉和融合

首先,人类与工程相关的知识已经从宏观深入微观乃至超微观。在这个过程中,工程造物的"精度"也在不断提高,从经验时代进入毫米时代、微米时代、纳米时代。这种发展趋势的明显结果是:深度加工技术和精确加工技术作为通用的技术平台,促使众多工程领域不断走向交叉和融合。例如,纳米技术在纳米尺度(0.1~100 nm)上对原子与分子进行操纵和加工,带来了信息工程、生物工程、医疗工程、机械工程的交叉和融合。纳米技术用于生物工程领域,可以实现对基因片段和蛋白质这类生命体基本单元的观察、研究、裁剪、拼接、转移等。

其次,社会科学知识日益融入工程创新活动之中。目前,许多企业的研究开发中心不仅包括工程技术专家、科学家和工程管理者,还将社会科学家与人文学者囊括其中,共同从事研究开发和工程创新活动,充分体现了工程创新活动的跨学科特征。例如,英特尔的人类学家和工程师一道,通过系统的研发工作,推出面向客户的平台解决方案,定义出用户喜欢的产品。

(三)大尺度工程系统将成为工程创新活动的重点

随着工程活动规模的不断扩展，工程的系统性将越来越强，工程的集成度将越来越高。从地理空间上看，工程发展已经从地面工程、地下工程拓展到海洋工程、航空航天工程。从社会空间上看，一些大工程已经超越国界成为全球工程，如全球定位系统、太空开发系统等。这些大型工程涉及众多的工程要素、社会要素和环境要素，它们之间存在着极其复杂的相互作用。可以说，大尺度工程系统(军用飞机生产与维护系统、商业和军用卫星网络、全球航空交通控制系统、互联网、汽车生产与回收系统、消费者供应网络、电力生产与配送系统等)是工程发展的重要趋势，它们都是跨学科、跨领域的综合性工程，规模大，复杂性强，包括多种时间尺度和不确定性以及社会、自然与工程之间的互动。尽管当前大多数工程人员的注意力仍然放在工程系统的中观或微观层面，但是对未来的发展需要来说，需要更多的工程人员关注宏观系统的建构，并基于新的技术发明和工程科学知识，寻找根本性变革或替代现有宏观工程系统的机会。

(四)工程的国际化程度越来越高

随着信息技术设施的成熟和经济的全球化，诸如应用研究、设计、金融、技术咨询等高端服务，已经能够在发展中国家的境内完成并回馈到发达国家，许多先进工程设计都开始运用由分布在世界各地的研究者组成的高度集成的全球虚拟工程团队。可以想象，未来工程问题的解决将更多地在全球范围内协同进行，参与主体将包含遍布全球的跨学科团队成员、公共官员以及全球客户等。这些团队的运转可以跨越多个时区、跨越多种文化甚至跨越多种语言。在这种情况下，只有充分尊重民族文化的多样性，才能使工程活动符合建设和谐世界的需要。

(五)绿色工程将逐步成为环境友好载体

资源匮乏、环境污染和生态失衡已经对人类提出了严峻挑战，也给未来的工程活动提出了新课题。随着生态问题的不断凸现，人们的生态意识不断增强，生态平衡和生态健康已开始成为工程建设的一个硬指标，生态价值也成为工程活动的内在价值追求。在未来的工程活动中，人类在展示自己认识自然、适应自然以及合理改造自然的智慧和力量的同时，将会更加注重人与其他生物、人类与环境的友好相处。无论是工程决策、工程设计，还是工程实施、工程的价值评价，都要渗透生态保护的思想，渗透人与自然和谐相处的发展理念，从而通过绿色工程支撑循环经济，实现资源节约、环境友好的目标。

(六)公众理解和参与将成为未来工程建设的重要社会基础

工程直接关系到大众的利益和社会的福祉，工程绝不是被专家垄断的领域，公众作为重大工程创新的利益相关者，有权参与这类工程创新的决策和实施过程。工程活动必须得到公众的理解，也必须有公众的参与。因此，社会应鼓励公众作为有资质的行动者，介入重大工程的决策、设计和价值评价过程，从而促成重大工程活动的科学决策和民主决策，从根本上将未来可能发生的利益冲突尽量解决在工程实施之前，或消灭在萌芽之中。因此，我国应从中小学开展工程教育，提高公众的工程素养，目前广泛实施开展的 STEM 教育是一个重要的途径。

本章小结

本章对技术、工程的含义与性质进行了简要讨论，同时介绍了通信技术、生物技术、新能源技术、现代信息技术、环境技术、空间与海洋技术等六大现代技术的概念和应用领域，介绍了基因工程、核能工程、水利水电工程等三大现代工程的概念和应用领域。在此基础上，讨论了科学、技术、工程之间的区别和联系，以及现代科学、技术与工程发展的特点和趋势。通过本章学习，我们认识到科学的核心是科学发现，技术的核心是技术发明，工程的核心是工程建造。科学、技术、工程之间是相互联系，相互促进的，也存在一些区别。在科学研究取得突飞猛进发展的今天，新的技术发明，特别是高技术的不断创新及其产业化，将对一个国家综合国力的提高、人类文明的进步、全球化的竞争产生巨大而深刻的影响，与此同时人们的生活方式、思想观念都将发生新的革命性变革。

【思维导图】

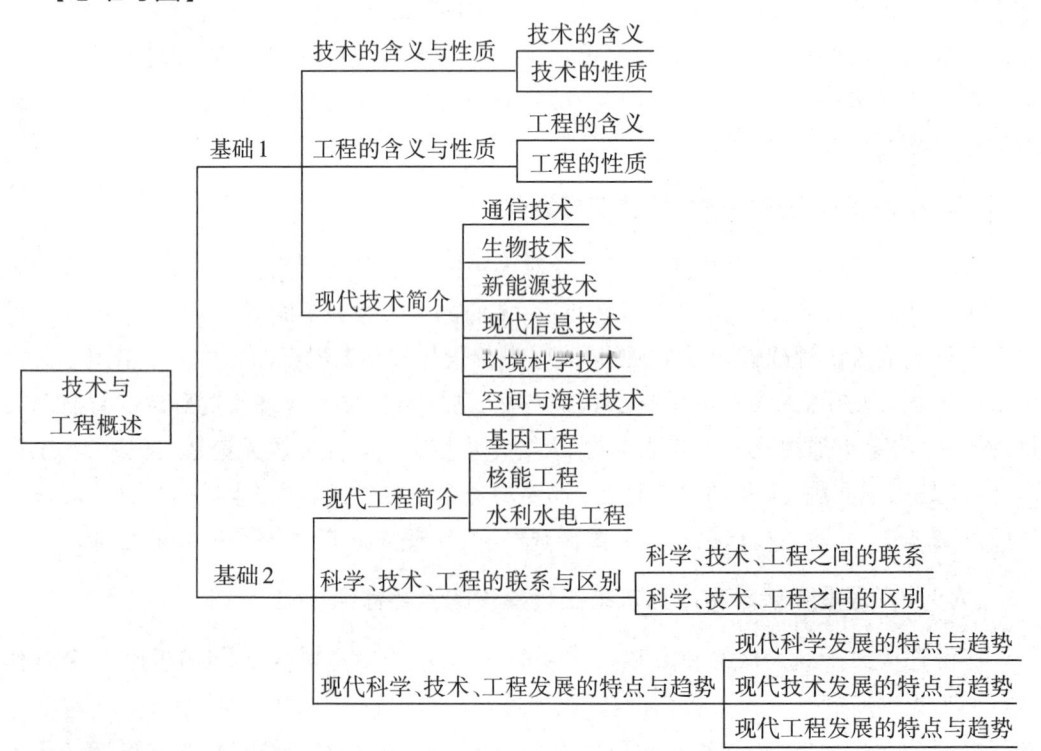

```
                          ┌─ 技术的含义与性质 ─┬─ 技术的含义
                          │                    └─ 技术的性质
                   基础1 ─┤
                          └─ 工程的含义与性质 ─┬─ 工程的含义
                          │                    └─ 工程的性质
                          │                    ┌─ 通信技术
                          │                    ├─ 生物技术
                          ├─ 现代技术简介 ─────┼─ 新能源技术
技术与                    │                    ├─ 现代信息技术
工程概述 ─┤                │                    ├─ 环境科学技术
                          │                    └─ 空间与海洋技术
                          │                    ┌─ 基因工程
                          ├─ 现代工程简介 ─────┼─ 核能工程
                   基础2 ─┤                    └─ 水利水电工程
                          ├─ 科学、技术、工程的联系与区别 ─┬─ 科学、技术、工程之间的联系
                          │                                └─ 科学、技术、工程之间的区别
                          │                                      ┌─ 现代科学发展的特点与趋势
                          └─ 现代科学、技术、工程发展的特点与趋势 ┼─ 现代技术发展的特点与趋势
                                                                 └─ 现代工程发展的特点与趋势
```

【思考与练习】

【基础1】

1. 阐述技术、工程的含义及其本质是什么。

2. 查阅资料,进一步总结科学、技术、工程的相互关系。

3. 为什么现在常常将科学与技术统称为科学技术或者科技?

4. 查阅相关资料,梳理世界技术、工程的发展简史。

5. 什么是通信技术?通信技术有哪些优缺点?

6. 什么是生物技术,它包括哪些基本内容?它将会对人类社会产生怎样的影响?

7. 简述新能源的定义和特点。

8. 在我们日常生活中接触到哪些新能源?

9. 现代信息技术包含哪三个层次的内容?做简要说明。

10. 在我们日常生活中,现代信息技术有哪些应用领域?请举例说明。

11. 人类是如何开发海洋能源的?

12. 简述中国为什么发展核电,简述核电发展的远景规划是什么。

【基础2】

1. 以现代科学、技术、工程的典型发展为例,阐述其对社会发展的影响。

2. 我国《义务教育小学科学课程标准》(2017)提出了STEM跨学科学习,请查阅相关文献,了解STEM教育的由来、内涵、价值等问题。

3. 查阅网络资源,看一看除了本章介绍的现代工程以外,还有哪些工程?其背后包含哪些科学、技术的应用?这些工程的作用和价值是什么?

【应用拓展】

1. 阅读《义务教育小学科学课程标准》第14、15页,第52~58页,围绕课程目标"科学、技术、社会与环境目标"、课程内容"技术与工程领域",针对课程目标、学习内容进行研讨,就"活动建议"涉及的活动开展进一步的学习与探究。

2. 结合本章的知识内容,阅读《义务教育小学科学课程标准》第55~58页,学习、研究18.2"工程的核心是设计"以及18.3"工程设计需要考虑可利用的条件和制约因素,并不断改进和完善"涉及的知识方法和技能,并就《义务教育小学科学课程标准》中相应的"活动建议"内容开展探究活动设计。

【推荐阅读】

1. 王银玲.工程技术概论[M].北京:清华大学出版社,2013.

2. 殷瑞钰,汪应洛,李伯聪.工程哲学:第2版[M].北京:高等教育出版社,2007.

3. 乔瑞金,牟焕森,管晓刚.技术哲学导论[M].北京:高等教育出版社,2009.

4. 刘大椿.科学技术哲学概论[M].北京:中国人民大学出版社,2011.

5. 王丽娜. 现代通信技术:第2版[M]. 北京:国防工业出版社,2016.

6. 宋思扬,楼士林. 生物技术概论:第4版[M]. 北京:科学出版社,2016.

7. 赵忠明,等. 空间信息技术原理及其应用[M]. 北京:科学出版社,2013.

8. 陈鹰. 海洋技术基础[M]. 北京:海洋出版社,2018.

9. 金红星. 基因工程[M]. 北京:化学工业出版社,2016.

第十二章
技术与工程的原理和方法

科学需要幻想,发明贵在创新。

——[美国]爱迪生

我们在享受着他人的发明给我们带来的巨大益处,我们也必须乐于用自己的发明去为他人服务。

——[美国]富兰克林

技术的核心在于技术发明,工程的关键在于设计。改造自然、造福于人类的技术发明和工程设计活动,都充满了创造性思维。人类在技术发明和工程设计活动中,不断积累和总结其规律和方法。本章基础1主要介绍技术发明的一般过程与方法、常见的技术工具;工程设计的一般原理好方法;基础2将讨论技术方法、技术发明方法与科学方法的含义及其相互关系;简要介绍科学创新、技术创新与工程创新的含义及其关系。

【基础1】

第一节　技术发明的一般过程与方法

学习提要

1. 了解技术发明的含义、特点与类型。
2. 理解技术发明的一般过程与方法。(重点,难点)
3. 理解常见技术工具的工作原理及其应用。(重点)

一、技术发明的含义、特点与类型

(一)技术发明的含义

简单地说,技术发明泛指创造新事物或者新方法的活动。[1]也有学者认为:技术发明是指技术专家在变革自然对象的过程中,凭借智慧,以知识驱动、科技推力、需求拉力为导引,对技术要素进行思维整合和实体运作,创造出自然界和社会中前所未有的东西的活动。技术发明的结果是创造出自然界和社会前所未有的新产品、新工艺、新流程、新方法,成果具有可感知性和创造性。技术发明本质上是以把自然科学的成果转化为直接生产力为宗旨,以改造自然、造福人类为目的,是历史上某个时期、某个人头脑中的想象怎样变成人类文明的进程,它主体能动地变革,改造自然客体,使想象变为现实,使世界与我们的意图、愿望相符合的过程。[2]也有学者认为:技术发明是技术创造者为满足某种特定社会需要或实现某种特定技术目的,根据自然法则,借助现有的人工客体(工具、机器、设备及其他人工制品),开发利用自然物和自然力所进行的一种创造活动,其成果是硬件形态的技术实体和软件形态的工艺、程序、方法以及能够加以物化的技术设想和技术原理。

(二)技术发明的特点

1.具有原创性

虽然科学发现也具有原创性,但技术发明是前人或他人没有进行过的创造性活动,其原创性比科学发现更强。因为科学发现是指首先揭示出客观固有的事实与内在规律,是对固有规律的认识,其对象是已经存在的。而技术发明则是指优先创造出具有一定结构、功能、方法的客观没有的人造物与技术方案,是从无到有的创造对象。所以,技术发明比科学发现更具原创性,这一点对理解技术发明的本质特征非常重要。

2.具有目的性

技术发明是为了实现某种目的而进行,这表明技术发明是受人的意愿和目的控制的。英国的A.鲁伯特·霍尔和诺尔曼·A.F.史密斯关于发明有着较为精辟的论述:"一项发明需要一个目的,发明者必须知道他所希望达到的目标究竟是什么。""发明包含着某种深思熟虑的结果,它企图利用某些特殊的现象以达到一个预定的目标,它依赖于用各种目标一致的手段和方法进行有意识的较量。"技术发明的目的总是与国家社会的发展需求和人类实际生活密切联系的,因此,其目的性比科学发现更强。

3.具有社会性

技术发明的主体是人,人是社会关系的总和,人的任何实践活动都是在社会中进行的,技术发明也不例外。因此技术发明作为人的一种社会实践活动,和科学发现一样,都具有社会性。

---

[1]刘大椿.科学技术哲学概论[M].北京:中国人民大学出版社,2011:225.
[2]蒋卫东.科学发现与技术发明的区别[J].发明与创新,2004(8):13-14.

(三)技术发明的类型

关于技术发明类型,按照不同的标准有不同的划分。这里仅介绍几种常用的划分方法。

1. 按技术发明的理论应用程度划分

(1)原理性发明。是指直接建立在科学原理或科学发现基础上的技术发明。这种发明的核心是寻找科学原理物化为技术原理的可能性和途径。如晶体管的发明是建立在量子力学、固体力学、能带论、扩散理论、导电机理模型等科学理论基础之上的原理性发明。

(2)经验性发明。是指以技术经验为基础或由偶然性发现所导致的技术发明。这类发明的关键在于发明者在某一技术领域所积累的经验和构思的起点。如瓦特蒸汽机的发明。

2. 按技术发明的创新程度划分

(1)全新发明。是指对自然界某个新领域或原领域中的某一新现象的本质、规律、特性的新认识,或运用科学原理于某一新领域,或前所未有地在某一技术方面所创造的新发明成果。这种类型的技术发明目前在技术创新领域被称为原始性创新,一旦被应用到技术或生产领域,将可能导致技术革命和产业革命的发生。

(2)再造发明。是指某一领域里的技术成果包括原始性创新的成果转到新的领域进行应用,并实施再创造所形成的发明。这实际上是一种跨学科、跨专业、跨领域的技术性借鉴和移植。

(3)改进发明。是指针对某一领域、某项技术或某个物品所进行的技术功能、物品形状等方面的改进所形成的创造发明。其特点是基本技术原理不变,仅做局部性的改造。

3. 按技术发明是否取得专利权划分

(1)专利发明。是指依据有关专利法的申报程序,并获得专利局批准的受国家法律保护的创造发明。我国专利法中明确规定,构成专利发明的成果必须具备新颖性、创造性和实用性。

(2)非专利发明。是指除不具有专利权的其他所有的创造发明。如我国专利法明确规定以下科研成果不受国家专利法保护或不属于专利授权的范围:科学发现;智力活动的规则和方法(如思维方法、创造技术等);疾病的诊断和治疗方法;食品饮料和调味品;药品和化学方法获得的物质;动物和植物的品种;用原子核变方法获得的物质等。同时,非专利发明还包括具备申报专利条件而未申报的发明等。

20世纪人类的重大发明

二、技术发明的一般过程与方法

技术发明是一个极其复杂的创造性过程,很难找到一个固定的程序模式,但也不是没有规律可循的。我们可以从各种各样的发明案例中,概括总结出技术发明的一般过程和方法。

(一)技术发明的一般过程

1.提出技术发明的课题

首先,进行技术的需求分析,即了解、分析社会和市场对技术的需求情况,即需要什么样的技术?有多高的要求?需要量有多大?其次,是开展技术现状调查分析,即对已有的技术状况进行全面调查分析,测试技术的性能,了解已有技术存在的问题,然后再确定需要什么样的技术发明,提出技术发明课题。

2.制订技术发明方案

技术发明方案的构思,一般来说是根据已确定的技术发明课题,利用已有的科学理论知识和实践经验,在头脑中形成一种或几种实现技术目的的设想或方案。技术发明方案的构思是一个创造性的过程,是技术发明的关键性环节。一般来说,制订方案需要有以下四个步骤:第一步,列出明确的技术发明目标。第二步,剖析目标。把已确定的目标分解成一些小目标,然后逐个解决为实现各小目标所必须解决的每个小问题。第三步,形成构思。为实施每个小目标和解决每个小问题寻找可行的途径和办法,并进行参数分析和方案选择,构思、制订出本项发明的初步实施方案。第四步,对总体构思、实施方案进行补充和修正,要用文字、图表、图纸等形式表达技术发明的方案。

3.制作技术发明样品

制作技术发明产品是技术原理的物化,也就是把以上构思所形成的技术发明方案,通过技术试验的途径,转化为具体的技术模型、最初的技术装置或实验室的最初产品。同科学实验一样,技术试验的过程是把技术试验所需的技术手段、物资设备与科学知识、经验技能巧妙结合的过程。因而,对于技术发明者来说,不仅需要丰富的科学知识和经验,掌握精湛的试验技术,而更重要的是要具备把它们与试验设备巧妙结合起来的高超技艺。其中,经验因素起着很大的作用。

4.评估验证

任何一件发明,只有经过实践的检验,才能判断它是否合格。有些发明构思虽好,但在制作中,常遇到许多意想不到的问题,不能达到预想效果,不能使用。那么就要想办法加以补救或重新构思、制作,直到达到预想效果为止。

在整个实施过程中,制订方案、制作样品、评估验证都会随着构思的变化而改进变化,这三个过程也常常会反复交替进行。

(二)技术发明的方法

技术发明的方法又称技术原理的构思方法。纵观技术发展的历史轨迹,分析技术发明创造的源泉和动力,可知技术发明的方法是十分丰富的。下面简要介绍几种常用的技术发明方法。

1.科学原理推演法

科学原理推演法是指由基础科学中的关于自然界的普遍规律,向技术科学和工程技术中的特殊规律的推演,由此实现科学原理向技术原理的转化。如,发电机、电动机技术原理是在电磁理论的指导下而产生的;肖克莱、巴丁、布拉坦等人对晶体管技术的发明是建立在量子力学、固体物理学、能带论、扩散理论和导电机理模型等科学理论基础之上的,从而为微电子技术、通信技术、电子计算机技术奠定了基本的技术原理;基因工程技术、蛋白质工程技术则是人们在对生物体的遗传变异规律、生物遗传物质DNA的双螺旋结构模型、中心法则、三联密码、基因结构的认识以及工具酶、基因载体发现的基础上,并通过对DNA的切割和重组而实现的。

2. 实践经验发明法

这类技术发明和技术创新具有很强的经验性、意外性和偶然性。它不是依靠已有的科学原理进行的,而是在观察实验中,凭借对经验的总结或偶然的顿悟所完成的。如,纽可门和瓦特对蒸汽机的发明,是在没有发现热力学定律的前提下,经过反复试验而成功的,从而引发了第一次技术革命;像爱迪生对电灯的发明,贝尔对炸药的发明,诺依曼对电子计算机的发明,莱特兄弟对飞机的发明,詹纳对牛痘接种技术的发明,巴斯德对苯酚消毒法的发明,弗莱明对青霉素的发明等都是在科学实验、技术试验、生产实践中通过偶然的意外现象,进行潜心的研究而获得的。

3. 自然模拟法

这是指以自然界的某种事物作为原型,通过对其形态、结构、功能或过程的认识,来构思技术原理,以模拟和建构能够满足人们的某种需要的人工系统的方法。在这样的技术发明中,人工系统的技术原理就是通过模拟自然物的结构和功能或自然过程构思出来的。在生物的漫长演化过程中,自然的选择和生物竞争的自然法则,使某些生物的体形和器官具有精巧的结构和高超的技能。仿生法就是以生物为原型的模拟方法,它在技术发明中已成为一种重要的方法。而且随着人们对生物体认识的不断深化和细化,仿生法也分化出了更为具体的方法。例如,生物信息仿生法、控制仿生法、力学仿生法、化学仿生法、医学仿生法等。

4. 联想发明法

这是指从某一概念想到其他概念,或从某一事物想到其他事物而进行创造发明的一种方法。如,人们从对自身大脑结构和功能的认识,而联想到对电子计算机的发明;从对各种生物形态、结构、功能的认识,而联想到了飞机、潜艇、坦克、大炮等的发明,这既是一种自然模拟发明法,也是一种相似联想发明法。又如,从水库想到水力发电站,从河想到了桥,从发电机想到了电动机,从蒸汽机想到了内燃机,从晶体管想到了集成电路。再如,日本人从引进晶体管技术开始,相继把它应用到收音机、录音机、电唱机、照相机、洗衣机、电冰箱、汽车等上面去,这些都是使用接近联想法所产生的发明成果。我们在实践现代人提出的"在离产品最近的地方下功夫"这句话时,其实也少不了接近联想的思维方法。

5. 类比发明法

这是指在比较和分类的基础上,将两个或两类事物的某些形态、结构、特性或功能进行比较,发现它们在某些方面相同或相似,从而推断出它们在其他方面也可能相同或相似的一种思维方法。类比发明法是一种富有创造性的发明方法,有利于发挥人的想象力,从异中求同,从同中见异,产生新的知识,得到创造性成果。

【案例分析】

法国微生物学家巴斯德为了征服狂犬病对人类带来的危害,在多年研究蚕病、鸡霍乱和炭疽病的过程中,他发现病原菌能诱发免疫性。于是他从狗的神经组织中培养了菌苗,在狗和兔子身上做了许多实验,都获得了成功。但他还没有在人身上应用过。一天,有一个9岁的小男孩——小约瑟夫被狗咬伤14处,伤势严重,巴斯德就给这个小孩小心地注射了菌苗,小约瑟夫活蹦乱跳,没有任何反应。后来,他连续给这个小孩注射了11天,且剂量逐渐增大,亦没有什么异常现象。到了第12天,他将从当天死去的患狂犬病的人体内取出的菌苗注射给小约瑟夫,一般来说,种上这种菌苗一定会发作狂犬病。可是,小约瑟夫平安地度过了一个夜晚,呼吸均匀,身体一切正常。就这样巴斯德的试验获得了成功。巴斯德发明的这种"以毒攻毒"的新疗法,就是运用了类比法。

三、常见的技术工具

(一)杠杆

在力的作用下能绕着固定点转动的刚体棒被称为杠杆。杠杆有五个要素:①支点:杠杆绕着转动的点,通常用字母 O 来表示。②动力:使杠杆转动的力,通常用 F_1 来表示。③阻力:阻碍杠杆转动的力,通常用 F_2 来表示。④动力臂:从支点到动力作用线的垂直距离,通常用 l_1 表示。⑤阻力臂:从支点到阻力作用线的垂直距离,通常用 l_2 表示。杠杆的平衡条件为:$F_1 l_1 = F_2 l_2$(如图12-1)。

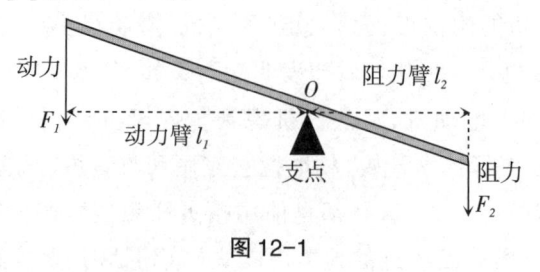

图 12-1

使用杠杆时,杠杆处于平衡状态时必须满足平衡公式。也就是说,在阻力和阻力臂一定的情况下,欲使动力最小,就必须使动力臂最长。

杠杆应用时可分为三类:省力杠杆($l_1>l_2$);费力杠杆($l_1<l_2$);等臂杠杆($l_1=l_2$)。

省力杠杆省力。如,榨汁器、胡桃钳、工地上使用的撬棍、玻璃瓶的起瓶器、扳手、指甲刀。

费力杠杆节省距离。如,理发剪刀、钓鱼竿、裁缝专门使用的长剪刀、医疗上使用的镊子。

等臂杠杆可以改变用力方向。如,跷跷板、天平。如果跷跷板两端的人的体重相当,与中心点距离大小一致,则跷跷板会处于一种平衡状态。跷跷板符合杠杆定义,左右两侧 A 和 B 的重力可以分别看作动力和阻力即 F_A 和 F_B,A 和 B 距离中点的距离可以看作动力臂和阻力臂即 L_A 和 L_B,所以跷跷板是一个杠杆(如图12-2)。

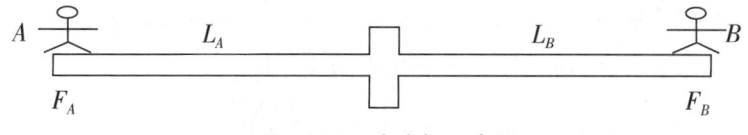

图12-2 跷跷板示意图

值得注意的是,选择何种杠杆都是根据实际需要来决定的,千万不要误认为使用机械都是为了省力。省力和省距离不能兼顾。根据杠杆平衡条件,即省力又省距离的杠杆是违反力学原理的,是不存在的。

(二)滑轮

滑轮是一种可以用来提升重物且可能省力的简单机械,是一个周边有槽,能够绕轴转动的小轮。由有沟槽的圆盘和跨过圆盘的柔索(绳、胶带、钢索、链条等)所组成的可以绕着中心轴旋转的简单机械叫作滑轮。

按滑轮中心轴的位置是否移动,可将滑轮分为定滑轮和动滑轮。使用滑轮时,轴的位置固定不动的滑轮称为定滑轮。其特点是轴固定不动,轮绕轴心转动,实质上是等臂杠杆,其作用是改变施力方向(如图12-3)。如,升旗的旗杆、晾衣架、吊机、起降机等上都有定滑轮。

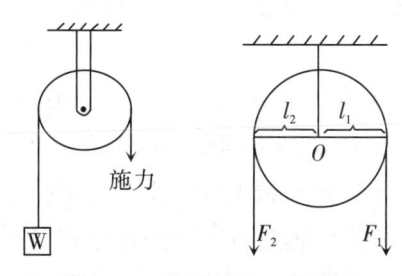

图12-3 定滑轮的工作原理

使用滑轮时,轴的位置随被拉物体一起运动的滑轮称为动滑轮。动滑轮实质上是动力臂为阻力臂二倍的杠杆,作用在于能省一半力(如图12-4)。如,船帆、缆车、建筑起重机和电梯中使用的举重机等都安装有动滑轮。

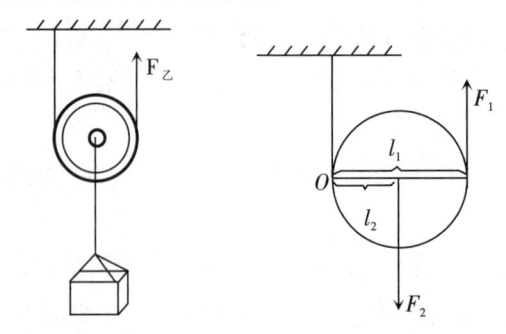

图 12-4　动滑轮的工作原理

定滑轮和动滑轮各有各的优势和劣势。而将定滑轮和动滑轮组装在一起可构成滑轮组，滑轮组不但省力而且还可以改变力的方向（如图 12-5）。如，建筑工地上使用的塔吊、吊臂、升降机、起重机、卷扬机等都有滑轮组的应用。

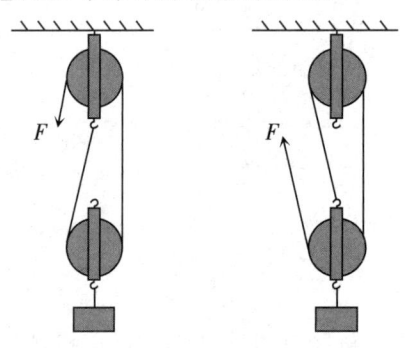

图 12-5　滑轮组的工作原理

（三）轮轴

由两个半径不同的轮子固定在同一转轴的装置叫作轮轴。半径大的轮叫作轮，半径小的轮叫作轴。该系统能绕共轴线旋转，相当于以轴心为支点、半径为杆的杠杆系统。因此，轮轴可以看作杠杆的变形，是不等臂杠杆（如图 12-6）。平衡条件满足：$F_2/F_1=R/r$，其中，R 为轮半径，r 为轴半径，F_1 为作用在轮上的力，F_2 为作用在轴上的力。

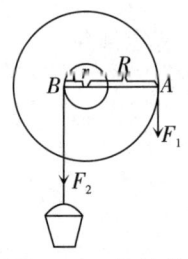

图 12-6　轮轴的工作原理

轮轴能够改变扭力的力矩，从而改变扭力的大小。使用轮轴时，一般情况下作用在轮上的力和轴上的力的作用线都与轮和轴相切，因此它们的力臂就是对应的轮半径和轴半径。由于轮半径总是大于轴半径，因此当动力作用于轮时，轮轴为省力费距离杠杆，如，自行车脚踏与牙盘是省力轮轴。当动力作用于轴上时，轮轴为费力省距离杠杆。如，自行车后轮与轮上的飞盘是费力轮轴。轮轴在日常生活中应用十分广泛，比如辘轳、绞盘、石磨、汽车的驾驶盘、扳手、手摇卷扬机、自来水龙头的扭柄等都是轮轴类机械。

(四)斜面

斜面是一种倾斜的平板，人们通常把与水平方向不为零的夹角的平面叫作斜面。斜面能够将物体以相对较小的力从低处提升至高处，但提升这物体的路径长度也会增加。因此，斜面是一种省力但费距离的简单机械。其工作原理如图12-7所示。

直接用手竖直提升物体所做的功：$W_1 = Gh$。

在不计算任何阻力时，通过斜面所做的功：$W_2 = Fs$。

由动能定理有 $W_1 = W_2$，则 $Gh = Fs$，可得，$F = \dfrac{Gh}{s}$。

因此，斜面与平面的倾角越大，即斜面较短，则省力越小，但省距离。斜面与水平面之间的夹角越小，即斜面较长，则需施加于物体的作用力会越小，但移动距离也越长。

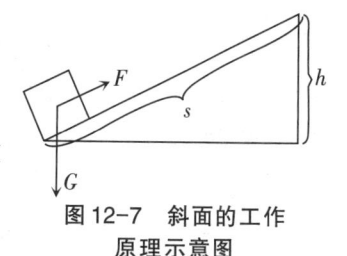

图12-7 斜面的工作原理示意图

斜面原理的在日常生活中具有十分广泛的应用。比如，我们所用的螺丝钉、楼梯、登机桥、商场斜式电梯、盘山公路、高速公路立交桥的引道、搬运滚筒、斜面传送带等。由斜面衍生的简单机械主要有滑梯、螺旋起重机、楔子等（如图12-8）。

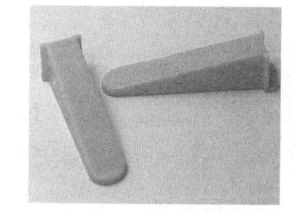

螺旋起重机　　楔子型瓷砖找平器

斜面的研究简史

图12-8 两种应用斜面的简单机械

第二节　工程设计的一般过程与方法

学习提要

1. 了解设计的含义、特点。
2. 理解工程设计的含义、特点。（重点）
3. 理解工程设计的一般过程与方法，能进行简单的设计。（重点、难点）

一、设计与工程设计的含义及特点

(一)设计的含义及特点

1.设计的含义

设计(design)一词由拉丁文"designare"一词转变而来,包含着人类对事物的构想、规划、起草和研究之意。无论是在现代汉语中还是英语中,"设计"都兼具名词和动词的功能。当设计作为一个名词,主要指给定的设计过程的结果;当设计作为一个动词,主要指构思或者形成计划。《麦克劳—吉尔科学、技术术语词典》中认为"设计"指的是对"某个系统、设备、过程或是艺术品构思和规划行为",也就是说"设计"其实是将传统的"制作"(making)变成了"思考"(thinking),"而且还是一种在如何制作之前就进行的思考",有些类似于科学中的思想实验。

美国著名技术哲学家卡尔·米切姆认为:"有关人造物的设计构成了工程的本质,因为只有设计才能建立、规划独特的工程架构,设计将整个工程活动联结成了一个整体。"[①]美国工程技术管理学家巴布科克认为:"设计是最能够体现工程师工作内容的活动。"[②]

在工程活动中,设计工作具有特殊的重要性。成功的设计是工程顺利建设和成功运行的前提、基础和重要保证;平庸的设计预示着平庸的工程;而拙劣、错误的设计则必然导致未来工程的失败。完善的设计可以提高工程的可行性和安全性,建立健全工程实施方案,减少工程建设中可能存在的风险。通过工程设计活动,工程才可能具有合规律性与合目的性的特点。

历史上著名的工程灾难　　绿色设计与世界绿色组织

2.设计的特点

(1)创新性

设计是一种新产品的创新活动,设计是在已有条件下的创造。受到现有条件的约束,设计主体必须运用所掌握的科技知识和自身的能动性,才能创造出能够满足人类需要的工程物。设计所需解决的问题往往是来源于现实世界生产或生活的结构不良问题,没有现成的解决方案,亦没有唯一正确的解决方案。设计过程是解决问题过程亦是创造过程,正如卡曼所言:"科学家研究已有的世界,工程师创造未来的世界。"因此,设计的本质是创新,创新是设计的生命。

---

① Carl Mitcham. Thinking through Technology: The Path between Engineering and Philosophy. Chicago: The University of Chicago Press, 1994:216.
② [美]丹尼尔·L.巴布科克,露西·C.莫尔斯.工程技术管理学[M].金永红,奚玉芹,译.北京:中国人民大学出版社,2005:198.

（2）技术性

从科学技术的角度看，设计的发展，经过了手工技艺、机械技术和电子计算机技术三个阶段。设计是用一定的科学技术来创造一种理想的生活方式。技术对设计产生了直接影响，尤其是产业革命以后，创造了与其相应的日常生活用品，不断改变着人们的生活方式，设计师就成为名副其实地把科学技术日常化、生活化的先锋。

（3）艺术性

"人是按照美的规律创造事物。"人类创造的物品不仅可以满足功能上的需求，而且可以让人在精神上获得愉悦感、舒适感和美感。因此，设计是艺术和技术的集合，从传统理论意义上讲，设计一直被美学学科和建筑理论所包容。设计和艺术一样，可能成为设计者的自我表达。艺术与设计的基础是相同的，两者都具备线条、空间、形状、结构、色彩与纹理等共同的元素，这些元素又通过统一与多样、平衡、节奏、强调、比例与尺度等相同的原则联结起来。艺术中掺杂着设计，不少设计作品也可以成为艺术品。

（4）经济性

设计是创造商品高附加值的重要方法。所谓商品附加值，简单地说，是指企业的生产活动附加于原料费上所增加的价值。设计创造高附加值的这一特性，已为不少企业所熟知，也有不少国家将设计视为振兴民族经济的手段。比如，二战后，百废待兴的日本从西方引进了现代工业设计，从20世纪50年代到70年代，经历了从起步到模仿到创造自己特色几个阶段，日本在短短的20年之内成长为设计大国，同时也成为当时仅次于美国的经济强国，因此国际经济界认为，日本经济等于设计力。

（5）文化性

人类发展的历史，就其本质来讲是一部创造、发明、造物的历史，而所有这一切物质活动都包含在体现人类本质力量这一过程中，人类造物的历史本身是与设计息息相关、紧密相连的。人类的一切文化都开始于造物，原始人的造物活动是一种设计行为，文化是人类生活、生产实践中所创造的一切器物、语言行为、制度、观念、宗教信仰等方面的综合。

> **资料链接**
>
> ### 设计的4C[①]
>
> 创造性（creativity）：需要创造未曾存在或者未曾在设计师头脑中出现过的事物。
>
> 复杂性（complexity）：需要对很多变量和参数进行决策。
>
> 选择性（choice）：需要在许多可能方案之间，从基本概念到最小形状等细节的各个层次上进行选择。
>
> 妥协性（compromise）：需要平衡多个且时常冲突的需求。

---

① [美]乔治 E.迪特尔(George E.Dieter)，[美]琳达 C.施密特(Linda C.Schmidt).工程设计 翻译版[M].北京：机械工业出版社，2017.

(二)工程设计的含义及特点

1.工程设计的含义

什么是工程设计？工程设计的正式定义出现在美国工程技术认证委员会(ABET)的教学大纲中：工程设计是为满足目标需求而创造某种系统、部件或方法的过程，这是一个决策过程(通常是反复的)，在这个过程中，需要使用基础科学、数学以及工程科学来优化转换组合资源以实现特定目标。[①] 工程设计是以人的目的为导向的，运用人的思维、想象、意志及手段，对工程进行总体筹划的过程。工程设计本质上是求解一个工程问题的构思和实现构思的过程，也就是在一定的初始状态和各种约束条件下，经过构思和创造，以解决有关系统参数的选择与优化问题、设备工具与工序的选择问题、各种界面的衔接与匹配问题、工程组织管理问题、效率与效力和功能的提升与优化问题等，从而确立一个能够从初始状态、经过一系列中间环节转化为现实目标的设计结果的活动过程。从方法论的观点看，工程设计是按给定的目标，在一些相互矛盾的条件下求最优解的过程；从组织学的角度看，工程设计是创造价值，即对毛坯进行精加工、提高产品品质的过程中的主要环节。

2.工程设计的特点

(1)科学性。工程设计的实质，就是运用科学的原理去实现某种社会需求的技术活动，它必须严格遵循科学规律。工程设计工作一旦背离了科学，就会导致失败，造成严重损失。

(2)创造性。工程设计的过程是不断创新的过程，这与工厂制造产品有本质的区别。工厂可以不断生产相同的产品，而工程设计却不允许雷同，因为工程设计的对象是不可能完全相同的。因此，工程设计的内容也会根据需要不断改变、不断创新。

(3)社会性。工程设计任务来源于社会，工程设计的成果要服务于社会，工程设计只有得到了社会的认可，其成果才能得以实现。因此，工程设计应满足社会的要求。

(4)专业性。工程设计的对象不同，所涉及的学科范围也不同。因此，工程设计有较强的专业性。

(5)综合性。要完成一项工程设计，不可能只靠单一的专业知识就能完成，而是需要各领域人员来共同完成，且各专业之间必须密切配合，协调工作，才能完成高质量的工程设计工作。

(6)约束性。工程设计要受到很多条件的约束与限制。如，受科学技术条件的限制；受资金、物力、人力等经济条件的限制；受主管部门、建设单位、当地文化风俗、社会意识等社会条件的限制等。因此，工程设计既要尊重科学，又要与实际相结合。

不同时期的工程形态、工程设计、工程观、工程教育及工程设计教育的比较

---
①[美]海克(Haid,Y.),[美]沙新(Shahin,T.M.).工程设计过程[M].曹岩,师新民,杨丽娜,译.北京:化学工业出版社,2012:2.

二、工程设计的一般过程

工程设计是工程设计师根据拟建工程的要求,用科学的方法统筹规划、制定方案,最后通过设计图纸与设计说明书等方式来完整表达设计理念、设计原理、产品外形和内部结构、设备安装等。工程设计一般需要经历以下几个阶段。[①]

(一)提出设计要求

设计要求通常由用户以设计任务书形式或订货合同形式提出,通常包括项目内容、设计用途、各项性能指标、使用环境、使用条件等,另外还包括相关设备的情况及彼此之间的配合关系和信息交换方式等。

(二)初步分析研究

设计者要充分运用所掌握的基础理论知识及具有的多方面的实践经验,进行综合分析,发挥想象和创造性思维,初步提出几种可行的设计方案。

(三)调查研究

针对初步提出的各种设计方案进行调查研究,以便为最终确定一个最合理、可行的方案提供依据。调查研究可从两个方面进行:一是检索文献资料(已有的设计档案、期刊、专利文献等);二是对同类工程或产品进行考察和研究,并与现行方案比较。

(四)提出初步设计

以通过调查研究得到的信息和资料为依据,对初步提出的各种设计方案做进一步的研究分析,并相互比较,修正不足,综合优点,最终确定出最适当的方案作为设计的基础,并进行工程的概预算。

(五)建模与计算分析

在初步设计的基础上,再进行更详细和更确切的论证。在这一阶段,应对基本方案的主要参数进行分析和计算。为此,可以为设计对象建立计算模型(通常用计算机仿真的方法),必要时也可采用实物模型,对所提出的设计模型进行性能分析。如果性能指标达不到要求,应对现有的设计方案进行修改。

(六)详细的设计计算

经过建模与计算分析,证明基本设计方案可行后,可转入结构尺寸、结构材料和加工等方面的参数设计计算。

[①] 郭世明.工程概论:第3版[M].成都:西南交通大学出版社,2010:218-219.

(七)绘图与编制技术文件

绘制完整的图纸,编制各种有关的技术文件。

(八)施工图设计

施工图设计也称详细设计,它是工程设计的最后阶段。施工图是工程建设或产品试制的依据。完整的施工图包括全部工程的图样、尺寸、结构、形状、构造、设备等,以及施工安装的图纸、说明书、计算书和预算书。施工图是为施工建设服务的,要求详尽、细致、准确、简明、清晰,以保证设计意图从技术上、经济上、施工方法上均能合理实现。

实际中,工程设计是一个需要反复论证、不断完善的过程,往往需要花费很多的时间和人力才能完成。上述的工程设计流程可以概括为图12-9所示。

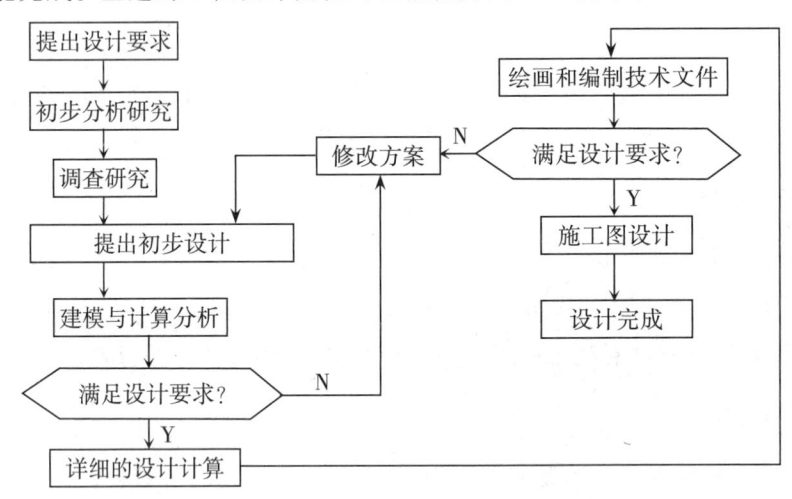

图12-9 工程设计的一般过程

三、工程设计的方法

(一)模型试验设计法

模型试验设计法是指设计、创造出与设计对象相似的模型,通过对模型的测量和研究来考察设计对象的性能、结构、功能等的合理程度,然后以实验数据为依据,对设计对象的结构及功能等进行修改,从而使设计达到更加完善的方法。

(二)常规设计法

常规设计法是从现有的技术规范、技术手段、技术信息中寻找解决问题的方案,是最常见的设计方法。其最大特点是立足于现有技术思想。

(三)系统设计法

系统设计法是运用系统的观念和原理，着眼工程系统中整体和要素、要素和要素之间的各种相互作用关系，以求得整体最优化的设计方案。系统设计方法是设计师进行工程设计的一种重要思维方法和工作方法。

(四)功能设计法

功能设计法着眼于设计对象的功能，并从本质的功能角度考虑经济因素，使功能与经济效果达到平衡统一。

(五)可靠性设计法

运用数理统计工具处理含有不确定因素的设计数据，能使设计的产品在满足给定可靠性指标前提下，做到结构合理、尺寸适宜，从而避免凭经验选定安全系数的过于保守或过于冒险的偏颇。

(六)创造性思维法

所谓创造性思维就是通过对过去的经验和知识的分解与综合，使之成为新事物的过程。它有两种方式：①动态思维式。它是一种超常的构思方法，通过创造性思维提出不同凡俗的新观念、新方案。②发散与收敛式。发散性思维就是开阔思路。一般来说，思路越开阔，即思维的发散量越大，有价值的答案出现的概率就越大。所谓思维收敛，就是遵循逻辑推理，进一步完善发散思维设想的方案。收敛的过程也就是综合、评价、鉴别的过程。

(七)优化设计法

所谓优化设计法是指以数学最优化理论为基础，在满足给定的各种约束条件的前提下，合理地选择设计变量值，使工程设计方案尽量满足设计原则的各项要求，以获得最佳方案，具体有直觉优化、进化优化、探索实验优化、数值计算优化。[1]

(八)价值工程方法

价值工程方法对于设计师来说，也是非常重要的思考方法和设计方法。具体方法有选择最佳方案、确定目标成本、方案验证和实施、成果评价等。

四、工程设计的评价

工程设计评价是根据预定的工程目的，对构思和设计出来的各种方案，在技术措施、经济效果和社会影响等方面进行分析比较，就各种工程设计方案所能满足需要的程度及

---

[1] 郭世明.工程概论：第3版[M].成都：西南交通大学出版社，2010：225-226.

消耗和占用的各种资源进行评审和选择，从中筛选出最佳或满意方案的过程。

(一)工程设计评价的原则

1. 客观性

工程设计评价的目的是为了决策，因此评价的质量影响着决策的正确性。也就是说，必须保证评价的客观性，必须弄清资料是否全面、可靠、正确，防止评价人员的倾向性，并注意评价人员的组成应具有代表性。

2. 系统性

组成工程设计方案的各要素组成一个有机整体，每个元素都要服从整体，追求整体最优。这在工程设计技术方案的分析与设计中十分重要，只有把握了方案的整体和宏观的概念(特征)，进一步详细分析才是有效的。

3. 可操作性

影响工程设计评价功能发挥的因素非常多，在建立相关的评价指标体系时，不可能面面俱到。因此，在突出重点的前提下，尽量做到先进合理，坚持可操作性。可操作性主要表现在评价指标的设置上，要具有可行性。

(二)工程设计评价的内容

1. 技术评价

技术评价是以所提出的方案能否满足要求的技术性能及其满足程度为目标，来评价方案在技术上的先进性和可行性。具体包括性能指标、可靠性、有效性、安全性、操作便利性和能源消耗等方面。

2. 经济评价

经济评价是围绕工程方案的经济效益进行的评价。经济评价要考虑以下一些指标和内容，比如，成本、利润、价值、经营寿命周期、市场规模及竞争企业、竞争产品等情况，还包括工程设计实施方案的措施费用、损失费用、节约额与回收期、方案实施的生产条件等。

3. 社会评价

社会评价评定方案实施后对社会带来的利益和影响。一般视不同情况而有所侧重。需要评价：是否符合国际科技政策和国家科技发展规划的目标，是否有益于改善劳动环境和社会环境，是否有益于提高人民生活，是否有益于提高生产力，是否有益于资源利用等。

(三)工程设计评价的程序

1. 确定评价标准

实际评价时的情况复杂，评价方案要考虑多种指标，各指标的重要性又不尽相同，有的指标满意即可,不要求最优,有的指标却是越理想越好。而且,各指标之间的互相制约和冲突,往往要求为优化一个指标而不得不以降低甚至牺牲其他指标为代价。此外,方案实施的运行过程中还会遇到许多随机的风险因素。因此,明确评价标准十分重要。

2.评估设计方案的实施条件

方案实施运行遇到的条件很多,多数不能直接给出,需要预测各种可能出现的状况。条件包括资金情况、原材料和能源供应、劳动力人数和技术水平、市场需求、技术政策、竞争对手等。对这些环境条件有了基本估计后,才能进一步研究各个备选方案能否满足和适应环境条件,产生什么样的技术、经济和社会后果。

3.评估设计方案实施运行的后果

这一步骤十分重要,如果没有它,设计方案的优劣就无从识别,最后选择也就无法进行。对简单的任务或技术性较强的问题,各设计方案的执行结果较易估计;对复杂的问题,方案的执行结果无法直接计算,需要运用预测技术。

4.选择最佳设计方案

这一步骤是依据评价标准,对备选方案进行分析比较,选出最佳设计方案。评选方案要求评价者做到以下几点:第一,善于依据实际问题选择合适的评价标准、评价内容和评价方法;第二,要实事求是,不掺杂个人偏见;第三,树立全局观念,运用辩证唯物主义观点和工程技术方案评价观点。这样既能正确处理方案与环境之间错综复杂的关系,又能正确处理环境中各因素之间的相互关系。

【基础2】

第三节　技术方法、技术发明方法与科学方法的关系

> **学习提要**
>
> 1.了解技术方法与技术发明方法、科学方法的含义。
> 2.理解技术方法与技术发明方法、科学方法的相互联系和区别。(重点)

一、技术方法、技术发明方法与科学方法的相互联系

(一)技术方法、技术发明方法与科学方法的含义

技术方法是指人类在技术实践中所利用的各种方法、程序、规则、技巧的总称。技术

方法大致可分为具体技术方法和一般技术方法两类。具体技术方法是指各门专业技术所使用的具体方法。如医学中的同位素示踪法,化工中的光谱分析法。一般技术方法是指各个工程技术领域都通用的方法。如实验法、试验法、选题法、情报资料搜集法、方案设计法。

技术发明是应用自然规律解决技术领域中特有问题而提出创新性方案、措施的过程和成果。技术发明的核心在于构思一种新的技术原理,或创造一种技术原理的新的运用方式。技术发明按照创新程度可分为两大类型:开创性技术发明和改进性技术发明。

科学方法有广义和狭义之分。我们这里的科学方法是狭义上的自然科学方法,是指人们在认识和改造自然世界中遵循或运用的且符合科学一般原则的各种途径和手段,包括在理论研究、应用研究、开发推广等科学活动过程中采用的思路、程序、规则、技巧和模式。科学方法是科学研究的必备条件,是导致科学发现的有效手段,是推动科学发展的有力杠杆。科学方法大体可以分为两类:经验方法和理论方法。科学观察和科学实验是最基本的经验性科学方法。科学抽象、模型、假说等是最基本的理论性科学方法。

(二)技术方法、技术发明方法与科学方法的联系

三者具有一些共性。比如,都必须以对自然规律的认识为前提,都要应用已有的成果,都以实践为基础,都有自己的实践基础,有一定的可操作性、规则性;选题的一般原则类似,都需要进行信息的收集和资料的处理;技术的试验、技术发明的试验、科学实验,都是在一定的技术(或科学)原理下进行,其试验(或实验)的结果同样要进行数据的处理和分析;工程技术原理的构思、技术发明与技术原理的构思、科学假说的提出,都需要经历创造性思维的过程,都要使用逻辑的与非逻辑的思维方法;技术成果、发明创造成果、科学成果都需要实践的检验,才能确定其可靠性或真实性。

二、技术方法、技术发明方法与科学方法的相互区别

技术方法、技术发明方法是改造自然、创造人工自然的实践方法,是以科学认识为基础,从利用、控制、改造自然为目的的实践活动中总结概括出来的,并为技术实践服务。它强调发明,巧思创造人工物,使主观见之于客观。科学方法是一种认识方法,是从以认识自然、探索未知的科学实践中总结概括出来的,并为科学认识服务的。它强调发现、反映、陈述自然过程和客观规律。

技术方法、技术发明方法注重技术原理、技术方案、设计图纸或原理模型的产生,崇尚实践,讲求技能,重视经验,力求合理有效地解决技术实践中遇到的问题,变革和控制客观对象,促进物质文明的发展。科学方法注重定理、定律、原理、学说的提出,崇尚理性,扬弃经验性认识,力求全面正确地把握客观对象,解释因果性和规律性。

技术方法、技术发明方法的选择和使用,在很大程度上与社会政治、民族文化、社会心理、伦理道德等因素有关,尤其是现代的工程技术研究、工程技术设计、建筑工程方案的设计等,在不同的国家、民族和地域,都有各自不同的风格。科学方法的选择和使用一般与社会体制、社会政治、人文艺术不直接关联,通过科学方法研究出来的科学成果(科学发现)没有专利、没有国界,更没有社会阶级性。

第四节　科学创新、技术创新与工程创新

学习提要

1. 了解科学创新、技术创新、工程创新的含义。
2. 理解科学创新、技术创新、工程创新之间的关系。(重点、难点)

一、科学创新、技术创新、工程创新的含义

(一)科学创新

科学创新就是用新猜测的原因去解释用以前的原因不能解释的自然现象,即用新假说去解释用旧理论无法解释的自然界中的新现象。例如,当人们在实验中发现光电效应现象时,用原来的光的波动说就无法解释,这时爱因斯坦大胆提出了光量子假说,对之进行了合理解释,后来光量子假说得到了验证,爱因斯坦也因此获得了1921年的诺贝尔物理学奖。换言之,科学创新是人们在科学活动中的一种高度创造性的精神劳动。这种高度创造性的精神劳动的本质是什么呢?就是科学发现。自古希腊以来,众多哲学家、史学家、心理学家就试图探求科学创新过程的实质,从而使科学家更有效地做科学创新。认知心理学家西蒙认为,科学创新不是一个"啊哈"时刻,在最后那个激动人心的发现结果背后,真正的科学创新工作在细节上是"一个折磨人的缓慢而痛苦的过程"。因此,西蒙特别强调科学创新和常规科学工作的连续性,即科学创新是一个累积的过程。最终成为发现者的人除了幸运之外,可能还有两个必要条件:第一,他比同时代人探索的时间更长、更艰苦;第二,他比别人使用了更有效的工作策略。例如,实验证明优秀的象棋大师比一般下棋者使用了更有效的策略。在科学创新中,更有效的研究策略通常来自先进的观察实验技术和表达技术。

(二)技术创新

技术创新,是指人类通过新技术改善经济福利的商业活动。可以从以下几个方面来理解：一是技术创新是一种生产活动,也是一种经济活动。其实质是为企业生产经营系统引入新的技术要素,以获得更多的利润。二是技术创新的关键,是研究与开发成果的商品化。三是技术创新的主体是企业家；四是技术创新的最终效果是创新的技术得以扩散,从而推动社会经济增长,加快社会进步。技术创新具有市场性、创造性、综合性等特点。

(三)工程创新

工程创新就是发生在工程活动中的创新活动。这些活动发生在不同的环节上,具有不同的内容和表现形式,正是这些创新活动使得一项工程具有不同于其他工程的新特点,呈现出自己的独特个性。一项工程活动的开展需要综合多种因素,如科学、技术、经济、管理、政治、伦理、心理、审美等,对一个工程项目的认识、分析和研究也要从"全要素"的高度进行。在工程的各个活动环节和不同因素上都可以表现出创新,如工程理念、工程观念、工程规划、工程设计、工程技术、工程管理、工程制度、工程运行、工程维护等。这些不同方面的创新是通常意义上的单项创新,而对于一项工程活动来说,这些单项创新是紧密融合、相辅相成的。

二、科学创新、技术创新、工程创新的关系

科学创新包含三个方面的创新。第一,对研究对象蕴含的客观规律的认识,如形态、结构、运行规律的揭示等,可以称作研究对象的创新。第二,针对某个研究对象,提出或建立全新的研究方法,使研究效率大大提高,或者降低成本。原来的方法也可达到研究目标,但是没有新的方法好,可以说是一种升级换代。这种创新可以称作研究方法的创新。第三,数理分析方法的创新。科研工作者可以研究相同的对象、采用相同的测试方法,但是得到的数据,可运用不同的数据处理、分析、推导方法,使研究对象蕴涵的客观规律得到发现。

技术创新一般被理解为"发明成果首次商业应用",通常表现为新产品、新工艺、新系统、新装备等形式。那些围绕技术创新而引起的组织创新、制度创新和市场创新等通常也被纳入技术创新的范畴中。技术创新以技术为主线,聚焦于发明成果的首次商业应用。

工程创新则着眼于工程,指涉"造物"活动中的创新。从过程看,技术创新必然要经过工程化环节才能实现；从要素看,工程创新中包含了技术创新。只强调技术创新,并不能保证工程创新的成功。工程创新若不成功,技术创新也容易走向失败。

资料链接

STEM 教育

STEM 是科学（Science）、技术（Technology）、工程（Engineering）、数学（Mathematics）四门学科英文首字母的缩写，其中科学在于认识世界、解释自然界的客观规律；技术和工程则是在尊重自然规律的基础上改造世界、实现对自然界的控制和利用、解决社会发展过程中遇到的难题；数学则作为技术与工程学科的基础工具。由此可见，生活中发生的大多数问题需要应用多种学科的知识来共同解决。STEM 教育要加强对学生四个方面的教育：一是科学素养，即运用科学知识（如物理、化学、生物科学和地球空间科学）理解自然界并参与影响自然界的过程；二是技术素养，也就是使用、管理、理解和评价技术的能力；三是工程素养，即对技术工程设计与开发过程的理解；四是数学素养，也就是学生发现、表达、解释和解决多种情境下的数学问题的能力。当然，STEM 教育并不是简单地将科学、技术、工程与数学组合起来，而是要把学生学习到的零碎的知识与机械过程，转变成一个探究世界相互联系的不同侧面的过程。

本章小结

本章着重讨论技术发明、工程设计的含义与特点，以及一般过程和方法，介绍了常用的技术工具。在此基础上，简要介绍了技术方法、技术发明方法、科学方法之间的联系与区别，科学创新、技术创新、工程创新之间的相互关系。通过本章学习，我们认识到技术发明、工程设计在改造自然和创造世界的过程中的巨大贡献。同时，理会到其中蕴涵的创造性智慧和方法，这些都是人类文明的重要表现形式。我们也体会到，科学创新、技术创新、工程创新之间的相互促进、相互联系，它们共同推进社会、经济的迅速发展。因此，我国新时代的中小学科学教育要加强 STEM 教育，既要加强科学知识教育，同时要重视技术与工程知识教育，更要加强科学方法、技术与工程方法教育，加强创新精神与实践能力培养，重视科学、技术、工程与数学的整合能力培养，为建设科技强国做出新贡献。

【思维导图】

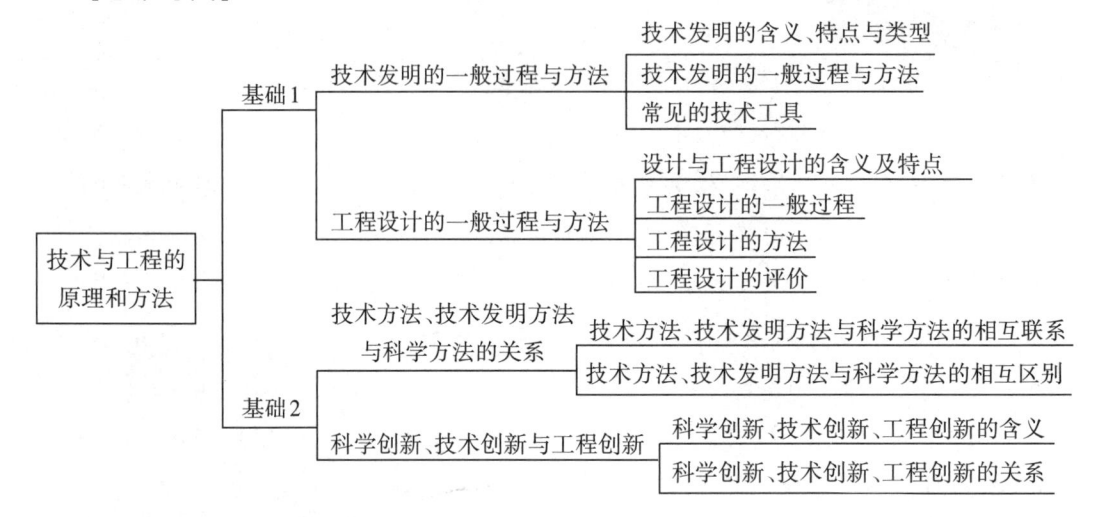

```
                    ┌─ 技术发明的一般过程与方法 ─┬─ 技术发明的含义、特点与类型
                    │                           ├─ 技术发明的一般过程与方法
                    │                           └─ 常见的技术工具
            基础1 ──┤
                    │                           ┌─ 设计与工程设计的含义及特点
                    │                           ├─ 工程设计的一般过程
                    └─ 工程设计的一般过程与方法 ─┼─ 工程设计的方法
技术与工程的                                     └─ 工程设计的评价
原理和方法
                    ┌─ 技术方法、技术发明方法 ──┬─ 技术方法、技术发明方法与科学方法的相互联系
                    │   与科学方法的关系         └─ 技术方法、技术发明方法与科学方法的相互区别
            基础2 ──┤
                    │                              ┌─ 科学创新、技术创新、工程创新的含义
                    └─ 科学创新、技术创新与工程创新 ┴─ 科学创新、技术创新、工程创新的关系
```

【思考与练习】

【基础1】

1.试述技术发明、设计、工程设计的含义及特点。

2.举例说明杠杆、滑轮、轮轴、斜面等4种简单机械在日常生活、生产中的应用。

3.试结合青少年技术小发明的具体案例,分析其实用性、创新性,以及存在的问题。

4.设计一种新型削皮器应该考虑哪些因素?试画出其设计图,并评估自己设计的产品的可行性和使用效果。

5.比较技术发明过程与工程设计过程的异同。

【基础2】

1.举例说明技术方法、技术发明方法、科学方法在工农业生产、国防、军事、医药发展,以及科学研究中的应用。

2.结合本章内容,进一步查阅相关文献资料,列表比较科学创新、技术创新与工程创新的关系。

3.结合科学方法的分类,分析任意一套小学科学教科书中涉及的科学方法有哪些。

【应用拓展】

阅读《义务教育小学科学课程标准》第52~58页,围绕课程内容"技术与工程领域",针对相关的"学习内容"进行研讨,就"活动建议"涉及的活动开展进一步的学习与探究。

【推荐阅读】

1.[美]迪特尔(Dieter,G.E.),[美]施密特(Schmidt,L.C.).工程设计:翻译版:原书第5版[M].于随然,等译.北京:机械工业出版社,2015.

2.[美]海克(Haid,Y.),[美]沙新(Shahin,T.M.).工程设计过程[M].曹岩,师新民,杨丽娜,译.北京:化学工业出版社,2012:2.

3.殷瑞钰,汪应洛,李伯聪.工程哲学:第2版[M].北京:高等教育出版社,2007.

4.王银玲.工程技术概论[M].北京:清华大学出版社,2013.

5.郭世明.工程概论:第3版[M].成都:西南交通大学出版社,2010.